> DROIT PÉNAL
  GÉNÉRAL

mémentosdalloz
série droit privé

> **DROIT PÉNAL GÉNÉRAL**

Jean Larguier
Professeur agrégé des Facultés de droit
Philippe Conte
Professeur à l'Université Panthéon-Assas
(Paris II)
Patrick Maistre du Chambon
Professeur à l'Université
Pierre Mendès France (Grenoble II)
21ᵉ édition – 2008

 Le pictogramme qui figure ci-contre mérite une explication. Son objet est d'alerter le lecteur sur la menace que représente pour l'avenir de l'écrit, particulièrement dans le domaine de l'édition technique et universitaire, le développement massif du photocopillage.

Le Code de la propriété intellectuelle du 1ᵉʳ juillet 1992 interdit en effet expressément la photocopie à usage collectif sans autorisation des ayants droit. Or, cette pratique s'est généralisée dans les établissements d'enseignement supérieur, provoquant une baisse brutale des achats de livres et de revues, au point que la possibilité même pour les auteurs de créer des œuvres nouvelles et de les faire éditer correctement est aujourd'hui menacée.

Nous rappelons donc que toute reproduction, partielle ou totale, de la présente publication est interdite sans autorisation de l'auteur, de son éditeur ou du Centre français d'exploitation du droit de copie (CFC, 20 rue des Grands-Augustins, 75006 Paris).

31-35 rue Froidevaux, 75685 Paris cedex 14

Le Code de la propriété intellectuelle n'autorisant, aux termes de l'article L. 122-5, 2° et 3° a), d'une part, que les « copies ou reproductions strictement réservées à l'usage privé du copiste et non destinées à une utilisation collective » et, d'autre part, que les analyses et les courtes citations dans un but d'exemple et d'illustration, « toute représentation ou reproduction intégrale ou partielle faite sans le consentement de l'auteur ou de ses ayants droit ou ayants cause est illicite » (art. L. 122-4).

Cette représentation ou reproduction, par quelque procédé que ce soit, constituerait donc une contrefaçon sanctionnée par les articles L. 315-2 et suivants du Code de la propriété intellectuelle.

© ÉDITIONS DALLOZ – 2008
ISBN 978-2-247-07862-2

SOMMAIRE

1	Introduction
11	**PREMIÈRE PARTIE** › L'infraction
12	**Titre 1** › ÉLÉMENTS CONSTITUTIFS DE L'INFRACTION
14	Chapitre 1 › L'élément légal
21	Chapitre 2 › L'élément matériel
31	Chapitre 3 › L'élément moral
46	Chapitre 4 › L'élément injuste
61	**Titre 2** › CLASSIFICATIONS DES INFRACTIONS
62	Chapitre 1 › La distinction légale : crimes, délits, contraventions
66	Chapitre 2 › Les autres distinctions
74	**Titre 3** › PLURALITÉ DE PARTICIPANTS À L'INFRACTION
75	Chapitre 1 › La complicité
90	Chapitre 2 › La responsabilité pénale du fait d'autrui
95	Chapitre 3 › La responsabilité pénale des personnes morales
101	**DEUXIÈME PARTIE** › La peine
103	**Titre 1** › NOTIONS GÉNÉRALES SUR LA PEINE
104	Chapitre 1 › Caractères et fonctions des peines
110	Chapitre 2 › Classifications des peines
118	**Titre 2** › ÉTUDE DES DIFFÉRENTES PEINES
119	Chapitre 1 › Les peines privatives de liberté
124	Chapitre 2 › Les peines restrictives de liberté
128	Chapitre 3 › Les peines patrimoniales
135	Chapitre 4 › Les peines privatives ou restrictives de droits

140	Chapitre 5 › Les peines morales
141	Chapitre 6 › Les mesures de sûreté
143	Chapitre 7 › Les mesures applicables aux mineurs délinquants
147	**Titre 3 › MESURE DES PEINES**
149	Chapitre 1 › Aggravation, atténuation, exemption des peines
162	Chapitre 2 › La pluralité d'infractions
184	**Titre 4 › SUSPENSION ET EXTINCTION DES PEINES**
186	Chapitre 1 › La suspension des peines
210	Chapitre 2 › Extinction des peines avec effacement de la condamnation
221	Chapitre 3 › Extinction des peines sans effacement de la condamnation
231	ÉTUDE COMPLÉMENTAIRE 1 › Conflit de lois pénales dans le temps : non-rétroactivité de la loi pénale
240	ÉTUDE COMPLÉMENTAIRE 2 › Conflit de lois pénales dans l'espace (droit pénal international) et droit international pénal
263	**Index alphabétique**
271	**Table des matières**

INTRODUCTION

Section 1 > DÉFINITION DES SCIENCES CRIMINELLES

§ 1 – OBJET DES SCIENCES CRIMINELLES, DROIT PÉNAL ET SCIENCES ANNEXES

Le **droit pénal** ou **droit criminel** est la branche du droit qui détermine :
– certains faits ou abstentions (**infractions**) ;
– les sanctions applicables à chaque infraction (**peines**).

Le **droit pénal général** étudie les règles applicables à toutes les infractions (ex. théorie de la tentative). Au sens large, il englobe aussi l'étude des peines.

La **procédure pénale** définit l'organisation judiciaire en matière répressive et le déroulement du procès pénal (v. Mémento de *Procédure pénale*).

Le **droit pénal spécial** comporte l'étude des différentes infractions (meurtre, vol, diffamation, etc. : v. Mémento de *Droit pénal spécial*).

La **science pénitentiaire** (ou *pénologie*) est l'étude des peines, de leur nature, de leurs modes d'exécution (v. Mémento de *Criminologie et science pénitentiaire*).

La **criminologie** étudie les causes de l'infraction et la personne du criminel (v. le Mémento *précité*).

La **criminalistique** recherche les infractions et les criminels à l'aide de :
– l'anthropométrie ;
– la médecine légale ;
– la police scientifique (recherche des indices, études des armes, etc.).

La **politique criminelle** étudie les moyens de lutte contre le crime (en liaison avec la criminologie).

§ 2 – RAPPORTS DES SCIENCES CRIMINELLES AVEC LES AUTRES DISCIPLINES

A. Rapports des sciences criminelles avec les autres sciences humaines

• La psychologie intéresse le droit pénal, plus subjectif et moins abstrait que le droit civil (problème de la responsabilité).

- La **morale** est *distincte* du droit pénal, doublement :
– quant à ses *sanctions*, moins positives et immédiates ;
– et quant à son *domaine* : des faits interdits en morale (ex. le mensonge) ne sont pas nécessairement atteints par le droit pénal ; de même en sens inverse (ex. stationnement irrégulier).
Mais certains problèmes sont communs à ces disciplines (problème des rapports de l'individu et de la société). Et l'on doit observer que la morale traditionnelle, à bien des égards fondement du droit, surtout du droit pénal, est aujourd'hui parfois contestée, au profit d'une notion sociale de la morale, souvent imprécise, qui risque de provoquer l'incertitude dans l'interprétation de la règle de droit.

- La **sociologie** a d'étroits contacts avec les sciences criminelles.

- La **métaphysique** elle-même intéresse le droit pénal lorsque, par exemple, elle envisage le problème de la liberté de l'homme.

- La **médecine** apporte une importante contribution à l'œuvre des criminalistes et criminologues (psychiatrie, pathologie mentale).

B. Rapports du droit pénal avec les autres branches du droit

- Avec le **droit civil** : il arrive que les sanctions pénales viennent renforcer des *sanctions civiles insuffisantes*. Ex. abandon de famille, détournement d'objets constitués en gage.

- Avec le **droit commercial** : le débiteur soumis à une procédure de redressement ou de liquidation judiciaire et qui commet certains faits se rend coupable de *banqueroute*, infraction pénale. Il existe un **droit pénal des sociétés**, principalement destiné à lutter contre les agissements frauduleux mettant en péril, au moyen des sociétés, l'épargne publique : on parle aujourd'hui de *droit pénal des affaires* (ex. abus des biens sociaux) ; un *droit pénal économique*, d'ailleurs émoussé en 1986, est né de l'économie dirigée.

- Avec le **droit du travail** : des sanctions pénales sont nées également dans le droit du travail, le plus souvent destinées à renforcer les obligations de l'employeur. Ex. sécurité du travail.

- Il existe aussi un droit pénal rural, un droit pénal de l'environnement (ex. chasse, pêche), un droit pénal de la santé publique.

- La **procédure civile** fait parfois appel aux sanctions pénales. Ex. délits de bris de scellés, de détournement d'objets saisis.

- Il existe des rapports étroits entre le droit pénal et le **droit administratif** :
– certains délits font appel à la notion de fonctionnaire (*auteur*, ex. corruption de fonctionnaire, ou *victime*, ex. outrage à fonctionnaire) ;
– mais surtout, l'administration peut être appelée à jouer un rôle de premier plan en ce qui concerne la prévention des infractions (problèmes de l'hygiène, des taudis, éclairage des rues : c'est la théorie des *substituts pénaux* de Ferri).

• Le **droit constitutionnel** intéresse le droit pénal, lié à l'évolution politique de l'État (problème de l'infraction politique), et mettant en jeu la liberté de l'individu face à la société (*cf.* le rôle du Conseil constitutionnel). Des dispositions de la Constitution concernent l'immunité du président de la République, la responsabilité pénale des membres du Gouvernement, et les immunités des membres du Parlement.

§ 3 – NATURE DU DROIT PÉNAL

A. Droit privé ou droit public ?

La question est controversée.

• En faveur du rattachement du droit pénal au **droit public**, on invoque comme argument l'intervention de la *puissance publique*, notamment dans l'exécution des peines.

• En faveur du rattachement du droit pénal au **droit privé**, on invoque comme arguments l'intervention des tribunaux *judiciaires*, et le rôle des *particuliers* dans la poursuite des infractions.

• Mieux vaut voir dans le droit pénal une branche du droit **distincte** du droit public et du droit privé. On rencontre le même débat en procédure civile : il s'agit aussi de règles juridiques destinées à sanctionner d'autres règles de droit.

B. Caractères du droit pénal

• Les règles de droit pénal impliquent l'existence d'une **sanction**, et d'une sanction d'un caractère spécial : la peine. À la différence de la sanction civile, qui est essentiellement *réparatrice* (dommages-intérêts, restitutions), la sanction pénale est **répressive** (châtiment infligé au coupable ; l'amende va à l'État, non à la victime).

Remarques :

1. Ces définitions ne sont pas absolues : la mesure pénale tend aujourd'hui à perdre son caractère purement répressif (**mesures de sûreté, réinsertion** par la **réadaptation**).

2. La sanction *pénale* et la sanction *civile* :
— *peuvent coexister* (ex. en cas d'atteinte à l'intégrité de la personne par imprudence, il y a répression et réparation) ;
— *mais ne coexistent pas nécessairement* : il peut y avoir répression pénale sans réparation (ex. la simple tentative, sans dommage) ; il peut y avoir réparation sans répression (tous les cas où il y a réparation civile en l'absence d'infraction pénale).
— *en viennent parfois à se confondre* (sanction-réparation, introduite par une loi du 5 mars 2007 : la peine consiste, pour le condamné, à indemniser la victime).

• Le droit pénal ne devrait intervenir qu'en cas d'insuffisance des sanctions civiles (caractère subsidiaire). En réalité, les lois modernes multiplient les sanctions pénales. Il n'est pas vrai de dire que l'histoire de la peine se ramène à une abolition constante. On a même abouti parfois à faire du droit pénal une discipline autonome, ayant ses définitions propres, différentes de celles du droit civil ou du droit commercial : on a parlé alors d'« **autonomie du droit pénal** ».

Section 2 › ÉVOLUTION DES SCIENCES CRIMINELLES

Cette évolution doit être retracée du point de vue des idées, et du droit positif.

§ 1 – LES IDÉES : FONDEMENT DU DROIT DE PUNIR

Une vie sociale normale implique nécessairement un système de sanctions organisées et mises en œuvre par la puissance publique. Mais se pose la question de savoir sur quoi se fonde ce droit de punir : elle est liée à celle des **fonctions de la peine** (v. à ce sujet 2ᵉ partie, titre 1).

A. Doctrines fondées sur l'idée de justice : « *punitur quia peccatum est* »

La peine se rattache à l'acte coupable.

L'idée se trouve sous des formes diverses :
– dans les *civilisations primitives* (sacrifice du coupable destiné à apaiser la divinité : loi du **talion** : œil pour œil, dent pour dent – ce qui en réalité peut vouloir modérer la justice privée : pour un œil, pas plus d'un œil. Code d'Hammourabi) ;
– chez les *philosophes grecs* anciens (Platon) ;
– dans la *doctrine chrétienne*, où apparaissent les notions de responsabilité morale et de pardon, le repentir pouvant effacer la faute ;
– dans la philosophie de la *justice absolue* (Kant).

B. Doctrines fondées sur l'utilité sociale : « *punitur ne peccetur* »

L'objet essentiel de la sanction est d'éviter les crimes futurs. C'est l'idée de **prévention** (Bentham). « La peine doit se faire craindre plus que le plaisir désiré ».
Critique : cette conception risque d'amener une répression rigoureuse.

C. École néoclassique

Doctrines de **synthèse** (Rossi, Guizot).
Le droit de punir est fondé à la fois sur la justice (dans son principe) et sur l'utilité sociale (dans son application). Ne punir « **pas plus qu'il n'est juste, pas plus qu'il n'est utile** » : on éliminera les peines trop sévères et les peines superflues.
Critique : il sera souvent difficile de concilier le juste et l'utile (ex. répression de la récidive, socialement dangereuse, mais moralement moins coupable).

D. École positiviste italienne

Sont abandonnées les notions de justice, considérées comme dépassées. L'infraction ne résulte pas du libre exercice des facultés humaines, mais de facteurs naturels, dont l'étude conduit à la formation de deux écoles :

1. L'école anthropologiste

Cette école met l'accent sur les **facteurs individuels** du crime. **Lombroso**, dans son ouvrage, *L'homme criminel*, expose la théorie du criminel-né, d'après laquelle certains hommes, par leur constitution physique même, sont destinés à devenir des criminels. Certains signes (stigmates) permettent de distinguer ces personnes (front fuyant, asymétrie faciale, oreilles décollées, etc.).

2. L'école sociologique

Cette école, avec **Ferri**, s'attache plutôt aux facteurs sociaux du crime, qui résident dans la civilisation, l'économie (ou le climat). C'est une doctrine utilitaire en ce qu'elle considère l'infraction comme la traduction de la puissance de nuire ou *nocuité* (**temibilita**) du délinquant, plus importante que l'infraction elle-même. La peine sera donc une *mesure de défense* de la société, parmi bien d'autres.

E. Le pragmatisme

Il retient les systèmes qui, après expérience, donnent les meilleurs résultats.

F. Époque actuelle

On assiste parfois à une synthèse de tous les courants précédents, parfois à des orientations nouvelles.

• La doctrine de la **défense sociale** nouvelle (Marc Ancel) est préoccupée d'étudier, en même temps que le crime, la personnalité du criminel ; cette doctrine entend protéger la société et défendre les droits individuels : **prévention et réinsertion.**

• Parfois se manifeste une contestation du système social, et en réalité du droit de punir : par exemple, le crime est considéré comme un acte politique ; ou bien l'on propose l'assimilation (hasardeuse) du crime à une simple « situation-problème », devant se régler par la conciliation, ou, au pire, par la justice civile.

• Parfois au contraire d'autres prônent un retour à la notion de responsabilité.

• Parfois, en raison notamment de l'accroissement général de la criminalité, se produit un regain de faveur pour la notion de châtiment, d'intimidation et de neutralisation des personnes dangereuses.

• Beaucoup souhaitent tenir compte de données sociologiques, ou médicales et biologiques (sur différentes recherches et théories, v. Mémento de *Criminologie et science pénitentiaire*).

§ 2 – LE DROIT POSITIF

L'histoire du droit pénal est parfois présentée comme faisant passer ce droit par des étapes distinctes :

• **Droit pénal-vengeance :** il y aura évolution de la *justice privée* à la *justice publique*. À l'origine, loi du *talion* ; puis compensation en argent *(composition)*, d'abord facultative, puis obligatoire ; enfin apparaît la *vengeance publique*.

• **Droit pénal-expiation :** la peine revêt une signification morale.

• **Droit pénal utilitaire :** la peine doit intimider (le coupable et la collectivité).

• **Droit pénal** orienté vers la **réinsertion sociale** du coupable.

Cette description est trop tranchée : l'évolution est toujours beaucoup plus souple. On peut cependant schématiser l'histoire du droit pénal de la façon suivante :

A. Période ancienne

1. Droit pénal romain

- importance de l'intention coupable ;
- sévérité de la peine ;
- distinction des *delicta privata* (délits privés) et des *crimina* (délits publics) :

— *delicta privata* (survivance de la vengeance privée) :
1. la poursuite appartient à la victime ;
2. le procès obéit aux règles de la procédure civile ;
3. la réparation va à la victime.

— *crimina* :
1. la poursuite appartient à tout citoyen ;
2. c'est la procédure criminelle qui s'applique ;
3. la sanction n'est pas prononcée au nom de la victime, mais de la société.

2. Droit pénal barbare

- peines d'élimination pour les infractions menaçant la structure du groupe ;
- peines de composition pour les infractions lésant les membres d'un groupe.

B. Moyen Âge

1. Droit pénal coutumier

Double évolution : l'infraction devient délit public. Parallèlement, la peine, de composition privée à l'origine, tend à devenir peine publique.

2. Droit canonique

— importance de l'intention coupable ;
— adoption de peines d'incarcération *(ecclesia abhorret a sanguine)*.

C. Droit pénal monarchique

Se révèle une tendance à l'unification, par l'absorption des juridictions seigneuriales et ecclésiastiques, et par l'adoption de règles uniques pour toute la France (codification de la procédure criminelle par **l'Ordonnance de 1670**. Mais pas de codification pour le droit pénal proprement dit).

Le droit pénal de cette époque est :

— *rigoureux* (peines sévères et parfois collectives ; idée d'intimidation) ;

— *arbitraire* : « Les peines sont arbitraires en ce royaume ». C'est le principe de l'arbitraire des incriminations et des peines ; ex. les pouvoirs du roi, avec les lettres de cachet ;

— *inégal :* l'application du droit pénal dépend parfois du rang du coupable, et peut être plus sévère pour les nobles (« Noblesse oblige »).

Les excès de ce système provoquent des critiques (Voltaire, Diderot, Beccaria).

D. Droit pénal révolutionnaire

- Œuvre de principe : une réaction se produit contre l'arbitraire de l'ancien régime ; sont consacrés les principes de **personnalité**, d'**égalité**, de fixité et de **légalité** des peines ; abolition des châtiments corporels.
- Œuvre de droit positif : les Codes de 1791 *(ancien code pénal)*

E. Droit pénal contemporain

Le droit pénal a longtemps été régi par le Code pénal de 1810, et de nombreuses lois postérieures à l'entrée en vigueur de ce Code, qui n'y ont pas toujours été intégrées, et qui ont apporté à ce Code d'importantes modifications ou additions (il était faux de dire que notre droit pénal datait de 1810).

Il existe aujourd'hui, *en dehors du Code pénal*, des milliers d'incriminations définies par des textes extérieurs à ce Code (autres codes, ou lois et décrets). Quelques exemples de codes : Code de commerce (ex. droit pénal des sociétés, de la banqueroute, de la concurrence), Code monétaire et financier (ex. chèques, droit pénal de la bourse), Code du travail, Code de la consommation, Code des douanes (droit pénal douanier), Code général des impôts (droit pénal fiscal), Code de la route, Code de l'environnement, Code rural, Code de l'entrée et du séjour des étrangers et du droit d'asile, Code du sport. Il est nécessaire aussi de tenir compte des traités internationaux, dont l'autorité est supérieure à celle des lois internes (*v. l'élément légal de l'infraction*).

1. Rappel de l'évolution législative depuis 1810 jusqu'au Code actuel

Trait caractéristique du Code pénal de 1810 : ce Code avait été dominé par l'idée d'intimidation ; ses dispositions étaient animées d'un esprit répressif aigu (lien avec les troubles de l'époque).

L'évolution postérieure (XIXᵉ siècle) a contribué à adoucir cette rigueur (influence du romantisme et apaisement social). Ex. 1832 : révision générale du Code de 1810 (ex. généralisation des circonstances atténuantes, suppression de la peine de mort dans plusieurs cas ; disparition de certaines mesures empruntées à l'ancien régime : fer rouge, carcan) ; 1863 : déclassement de nombreuses infractions, transformées de crimes en délits ; institution de la libération conditionnelle (1885) et du sursis (1891).

Ce libéralisme s'est soldé par un échec. Le XXᵉ siècle, tout en conservant la plupart des réformes du XIXᵉ, a introduit dans certains domaines du droit pénal, une **rigueur** assez grande (ex. infractions portant atteinte à la sûreté de l'État, infractions d'ordre économique, trafic de stupéfiants, proxénétisme).

Puis d'autres réformes importantes ont donné en revanche plus de **libéralisme** au droit pénal et d'**humanité** au régime des peines (ex. régime des mineurs en 1945), tout en devant répondre au sentiment d'insécurité (ex. la période de sûreté). Ex. : 1970, ex. sursis partiel ; 1972, ex. relèvement ; 1975 : ex. **dispense de peine** ; substituts à l'emprisonnement ; L. 9 oct. 1981 : suppression de la peine de mort ; 1983 : travail d'intérêt général, pouvant remplacer l'emprisonnement ; 1986 : ex. large dépénalisation en matière économique ; 1989 : ex. travail d'intérêt général après condamnation.

2. Le Code pénal actuel

Ce Code résulte de quatre lois du **22 juillet 1992** ; sa mise en vigueur a finalement été reportée au 1ᵉʳ mars 1994 (L. 19 juill. 1993). Il est ainsi divisé :

Livre 1ᵉʳ : <u>Dispositions générales</u> ; Titre 1ᵉʳ : <u>De la loi pénale</u> ; Titre II : <u>De la responsabilité pénale</u> ; Titre III : <u>Des peines</u> ;

Livre II : <u>Des crimes et délits</u> contre <u>les personnes</u> ;

Livre III : Des crimes et délits contre <u>les biens</u> ;

Livre IV : Des crimes et délits contre <u>la nation,</u> l'État et la paix publique ;

Livre V : <u>Des autres</u> crimes et délits ; Titre 1ᵉʳ : Des infractions en matière de <u>santé publique</u> ; Titre II : Autres dispositions (chapitre unique : Sévices graves ou actes de cruauté envers <u>les animaux)</u> ; il rassemblera plus tard notamment des <u>infractions économiques et financières.</u>

Livre VI (<u>contraventions</u>) : pour l'instant sans contenu législatif.

Livre VII : Dispositions applicables dans les <u>territoires d'outre-mer</u> et dans la collectivité territoriale de Mayotte.

Le **Code pénal** contient une **2ᵉ partie** (décr. 29 mars 1993) ; décrets en Conseil d'État : art. R. ... (Livres I à V, correspondant aux cinq premiers Livres du Code pénal ; le Livre VI définit et réprime les contraventions : art. R. 610-1 et s.) ; le Livre VII contient les dispositions applicables dans les territoires d'outre-mer et dans la collectivité territoriale de Mayotte.

Numérotation du Code

Les articles du Code pénal, dans sa partie législative, sont numérotés (cf. l'informatique) avec un nombre dont le premier chiffre est celui du Livre, le deuxième celui du Titre, le troisième celui du chapitre, suivi du numéro de l'article lui-même : le premier article est donc l'art. 111-1. Par exemple, l'art. 221-1, définissant le meurtre, est le premier article du Livre II, Titre II, chapitre I.

Codes pilotes et codes suiveurs

La multiplication des codifications a conduit, pour les dispositions devant figurer dans plusieurs Codes, à inscrire celles-ci dans un premier Code, « pilote », et dans les Codes « suiveurs » (ex. le Code pénal et le Code de la route, une modification du premier entraînant de plein droit modification du second).

Observations sur le contenu du Code pénal

On distinguera les principes du droit pénal général, et la définition des incriminations (droit pénal spécial).

a) En ce qui concerne les principes du droit pénal général

Les rédacteurs du nouveau Code pénal se sont efforcés de répartir entre Code pénal et Code de procédure pénale les règles de fond (inscrites dans le Code pénal) et les règles de forme (inscrites dans le Code de procédure pénale), ce qui, en matière pénale, n'est pas toujours facile.

Les observations sur le contenu du Code pénal concernent tant les éléments de l'infraction que la peine.

• *Quant aux éléments de l'infraction* ; le Code :
— a *conservé des principes généraux fondamentaux*, par ex. le principe de légalité, le principe de la non-rétroactivité de la loi nouvelle plus sévère ;
— a parfois *conservé intégralement* des règles antérieures (ex. la définition de la tentative) ;
— a parfois *modifié les termes* des textes, sans que les solutions antérieures s'en trouvent profondément affectées (ex. les troubles psychiques ou neuropsychiques causes d'irresponsabilité) ;
— a parfois innové quant au texte, mais en consacrant des solutions *jurisprudentielles* antérieures (ex. état de nécessité) ;
— a parfois *innové* quant au fond (ex. en admettant la responsabilité pénale des personnes morales) ;
— a *précisé et modifié* certaines règles consacrées par la jurisprudence (ex. l'appréciation par le juge pénal de la légalité des règlements administratifs) ;
— a *modifié* certaines règles (ex. complicité) ;

• *Quant aux peines* ; le Code :
— a parfois conservé des principes déjà acquis, mais en les *formulant* expressément (ex. les pouvoirs du juge quant à la personnalisation de la peine) ;
— a *élargi l'éventail des peines*, dans leur nature (ex. multiplication des peines complémentaires) et dans leur taux ;
— a *accru les pouvoirs du juge* en matière de peines : ex. suppression des minimums (sauf des limites en matière criminelle), donc suppression des circonstances atténuantes, devenues inutiles ; suppression du caractère automatique des peines accessoires, en ce qui concerne les peines prévues par le Code lui-même, et pour la déchéance de certains droits ;
— a modifié certaines règles (ex. concours d'infractions, sursis).

b) En ce qui concerne la définition des incriminations (droit pénal spécial : v. Mémento de *Droit pénal spécial*)
Le Code :
— a bien entendu *conservé* la plupart des incriminations du Code antérieur (ex. provocation au suicide, fraudes informatiques), et *intégré* des incriminations contenues jusque-là dans des textes extérieurs au Code (ex. trafic de stupéfiants) ;
— a opéré certaines *dépénalisations*, en supprimant des incriminations ne correspondant plus à la société d'aujourd'hui (ex. le vagabondage) ;
— a opéré certaines correctionnalisations (transformation de crimes en délits), ou contraventionnalisations ;
— a parfois consacré des solutions élaborées par la jurisprudence (ex. la notion de recel de choses) ;
— a défini de *nouvelles incriminations*, même si les textes antérieurs permettaient de réprimer les agissements sous d'autres qualifications (ex. terrorisme) ;
— a défini des *incriminations entièrement nouvelles* : ex., à certaines conditions, la mise en danger délibérée de la personne d'autrui.

3. Textes postérieurs aux lois du 22 juillet 1992
Certains de ces textes sont exclusivement pénaux ; d'autres contiennent des dispositions pénales, sans que ces dispositions soient leur objet principal (beaucoup de

ces textes modifient le Code pénal) ; certains textes ont été par la suite intégrés dans une codification ; sur les conventions internationales, et surtout la Convention européenne de sauvegarde des droits de l'homme, v. *l'élément légal de l'infraction*.

• L. 16 déc. 1992 (dite « loi d'adaptation »), modifiant d'autres codes et d'autres textes en fonction du nouveau Code pénal, et modifiant certaines dispositions de celui-ci.

• L. 27 janv. 1993, abrogeant certaines dispositions du nouveau Code pénal.

• Décr. 29 mars 1993 (2e Partie du Code pénal, v. *supra*, et modifications de certaines dispositions de droit pénal et de procédure pénale) ; décr. 25 févr. 1994.

• L. 19 juill. 1993 (fixant l'entrée en vigueur du nouveau Code pénal).

• Entre 1993 et 2007 : plus de 150 lois et ordonnances – sans compter les textes réglementaires. Cette inflation législative est-elle bien raisonnable ?

• En **2008**, notamment, L. 25 févr. relative à la rétention de sûreté et à la déclaration d'irresponsabilité pénale pour cause de trouble mental.

De nombreux problèmes se posent au législateur d'aujourd'hui, sous une forme nouvelle (même si les mobiles des hommes sont permanents) : ex. évolution des mœurs, pollution, violence, prises d'otages. La loi pénale, qui doit être essentiellement *protectrice des règles*, risque de perdre en efficacité ce qu'elle gagne en étendue : si, en effet, elle accroît son domaine par la prolifération des incriminations, elle est moins efficace, par exemple du fait de la multiplication des amnisties et de l'atténuation des peines telles qu'elles sont prévues par les textes, et telles qu'elles peuvent être abaissées par les juges en vertu de ceux-ci (car l'assouplissement des règles augmente actuellement les pouvoirs du juge seulement dans le sens de l'*indulgence*). La criminalité actuelle devrait inquiéter le législateur (sur les causes de la criminalité, v. Mémento de *Criminologie et science pénitentiaire*).

Remarques :

1. La **jurisprudence pénale**, tenue strictement par les textes (v. *l'élément légal de l'infraction*), est moins créatrice que la jurisprudence civile : néanmoins, on a pu remarquer que, profitant de ce que le Code pénal de 1810 ne contenait aucune prise de position philosophique, elle a souvent pu, quand c'était utile, faire œuvre d'adaptation.

La jurisprudence *antérieure au Code pénal actuel* conserve évidemment toute sa valeur pour les règles qui n'ont pas été modifiées (ex. les éléments de la tentative), sans parler des solutions jurisprudentielles qui ont été intégrées dans ce Code.

2. La **procédure pénale** : v. Mémento de *Procédure pénale*.

Le **Code de procédure pénale** a remplacé en 1958 le Code d'instruction criminelle de 1808 et a été modifié par de nombreuses lois. D'autres règles de procédure sont inscrites dans le **Code de l'organisation judiciaire** (1978).

Cet ouvrage sera divisé en **deux parties** :

Première partie – **L'infraction**.

Seconde partie – **La peine**.

Il comportera en outre **deux études complémentaires : Le conflit de lois pénales dans le temps, et le conflit de lois pénales dans l'espace (droit pénal international), et le droit international pénal**.

Première partie
L'INFRACTION

> **Définition :** l'infraction est un acte ou une omission interdit par la loi sous menace d'une peine.
>
> **Remarques :**
> 1. *Acte ou omission :* la plupart des infractions sont des actes positifs (ex. meurtre, vol) ; il arrive cependant que la loi pénale sanctionne des abstentions (ex. omission de secours à personne en péril).
> 2. On emploie souvent, pour désigner l'infraction, les termes de *crime* ou *délit*. Il ne faut pas oublier que ces expressions ont un sens technique bien précis, se référant à la gravité de l'infraction (v. titre 2).
> 3. Ont échoué les essais de définition universelle d'un *délit « naturel »*, pouvant valoir à toute époque et en tout pays.

TITRE 1 > ÉLÉMENTS CONSTITUTIFS DE L'INFRACTION
- 14   Chapitre 1 > L'ÉLÉMENT LÉGAL
- 21   Chapitre 2 > L'ÉLÉMENT MATÉRIEL
- 31   Chapitre 3 > L'ÉLÉMENT MORAL
- 46   Chapitre 4 > L'ÉLÉMENT INJUSTE

TITRE 2 > CLASSIFICATIONS DES INFRACTIONS
- 62   Chapitre 1 > LA DISTINCTION LÉGALE : CRIMES, DÉLITS, CONTRAVENTIONS
- 66   Chapitre 2 > LES AUTRES DISTINCTIONS

TITRE 3 > PLURALITÉ DE PARTICIPANTS À L'INFRACTION
- 75   Chapitre 1 > LA COMPLICITÉ
- 90   Chapitre 2 > LA RESPONSABILITÉ PÉNALE DU FAIT D'AUTRUI
- 95   Chapitre 3 > LA RESPONSABILITÉ PÉNALE DES PERSONNES MORALES

Titre 1
ÉLÉMENTS CONSTITUTIFS DE L'INFRACTION

L'infraction suppose la réunion de quatre éléments constitutifs : l'élément légal, l'élément matériel, l'élément moral, l'élément injuste.

Indépendamment de ces éléments généraux, chaque infraction comporte des éléments qui sont particuliers à sa définition légale : ils sont étudiés en droit pénal spécial (v. Mémento de *Droit pénal spécial*). Par exemple, pour le meurtre, l'élément légal est l'article du Code pénal réprimant ce crime, l'élément matériel l'acte tendant à donner la mort à autrui, l'élément moral, notamment l'intention de donner la mort, l'élément injuste l'absence de justification par exemple par la légitime défense.

Mais pour toute infraction, les quatre éléments généraux doivent exister, et sont étudiés en droit pénal général : **l'élément légal, l'élément matériel, l'élément moral, l'élément injuste**.

Remarques :

1. Certains auteurs ramènent à trois les éléments de l'infraction, en rattachant l'élément injuste à l'élément légal, ou à l'élément moral.

2. Même si tous les éléments de l'infraction sont réunis, il arrive qu'une **immunité légale** fasse obstacle aux poursuites :

– **immunités familiales**, ex. pour les vols et d'autres infractions entre certains parents ou conjoints, pour la non-révélation d'infractions commises par certains parents ou conjoints ou concubins ;

– **immunité des plaideurs**, pour les discours et écrits devant les tribunaux, constituant une diffamation ou une injure ; de même pour les comptes rendus judiciaires ;

– **immunité du président de la République**. Art. 67 Constitution (L. constit. 23 févr. 2007). **Pendant son mandat**, seule la responsabilité politique du président de la République peut être engagée, à l'issue d'une procédure de nature parlementaire, pour manquement à ses devoirs manifestement incompatible avec l'exercice de son mandat : il peut être destitué par le parlement constitué en Haute cour (art. 68). **Pour les autres actes** (ceux antérieurs à son mandat, ou ceux accomplis pendant son mandat mais pas en sa qualité de président de la République), s'ils sont délictueux, les poursuites sont suspendues, mais pourront être reprises ou engagées contre lui à l'expiration d'un mois après la cessation de ses fonctions (art. 67). Il ne peut, durant son mandat et devant aucune juridiction ou autorité administrative française, faire l'objet d'une action, d'un acte d'information, d'instruction ou de poursuites ; tout délai de prescription est donc suspendu.

— **immunité parlementaire**, pour les propos devant les assemblées, constituant une diffamation ou une injure (il faut distinguer cette immunité, de fond, de l'immunité de procédure ou inviolabilité, qui peut être levée, v. Mémento de *Procédure pénale*) ; immunité des **parlementaires européens** (protocole 8 avr. 1965) ; immunité du **médiateur** de la République, pour les opinions et actes dans l'exercice de ses fonctions ;

— **immunité de juridiction pour les chefs d'État étrangers** en exercice (coutume internationale), sauf convention internationale (ex. pour les poursuites pour crimes de guerre et pour crimes contre l'humanité, *devant les juridictions pénales internationales*, Tribunal pénal international, Cour pénale internationale).

— **immunité diplomatique**, pour les infractions commises par les représentants d'un État étranger (v. Convention de Vienne, 1961 et 1963) ; mais cette immunité ne joue pas pour un Français agent diplomatique à l'étranger. V. aussi l'immunité de certains agents (ex. Unesco, Conseil de l'Europe, Cour européenne des droits de l'homme, OIPC [Interpol], OCDE). V. l'immunité des États étrangers et de leurs organes, à propos du naufrage de l'*Érika*.

— immunité pour l'étranger entré irrégulièrement en France s'il est réfugié politique (art. 31 Convention de Genève 1951).

Chapitre 1 > L'ÉLÉMENT LÉGAL

> Le principe est celui de la **légalité des incriminations** et des peines, article 111-3 C. pén. (*section 1*).
>
> Il faut donc aussi préciser la notion de **loi**, source de droit pénal (*section 2*).

Section 1 > LE PRINCIPE DE LÉGALITÉ

Ce principe emporte trois conséquences.

- **Ni infraction, ni peine, sans texte légal** (loi, pour les crimes et délits, ou règlement, pour les contraventions) : § 1.
- **Interprétation stricte** de la loi pénale : § 2.
- **Non-rétroactivité** de la loi pénale ; cette question de l'application de la loi pénale *dans le temps* sera étudiée à la fin de l'ouvrage, dans *l'étude complémentaire 1*.

Pour l'application de la loi pénale dans l'espace (principe de **territorialité** de la loi pénale), *v. cette question, étude complémentaire 2*.

§ 1 – NI INFRACTION, NI PEINE, SANS TEXTE LÉGAL

(Nullum crimen, nulla pœna sine lege)

A. Sens du principe

Le juge ne peut créer de nouvelle incrimination (ou peine) ; seuls peuvent le faire la loi pour les crimes et les délits, le règlement pour les contraventions ; le juge ne peut compléter une loi insuffisante ni appliquer une sanction autre que celle prévue.

1. Avantage

Ce principe constitue une *garantie des droits individuels* contre l'arbitraire.

2. Inconvénient

Le Code devient en quelque sorte une garantie pour les auteurs d'actes nuisibles ou dangereux : ils échapperont à toute répression dès lors qu'ils sauront se tenir en dehors des qualifications pénales ; on a pu dire que le Code pénal était « *La grande charte des malfaiteurs* ». En effet, un texte nouveau est nécessaire pour incriminer un fait non prévu, et ce texte ne sera pas rétroactif (ex. ont été créées les incriminations de filouteries, car ces faits ne pouvaient être qualifiés ni vol, ni escroquerie, ni abus de confiance).

Cet inconvénient explique que les systèmes soucieux de favoriser la répression écartent, ou au moins assouplissent, la règle de légalité.

B. Portée du principe

1. Interprétation rigoureuse

Une interprétation de la règle (comme à l'époque révolutionnaire) conduit à priver le juge de tout pouvoir, pour l'incrimination comme pour la peine.

2. Interprétation souple

Une interprétation plus souple est préférée aujourd'hui, ce qui manifeste un déclin du principe.

• *Incriminations* : la loi (ou même, pour les contraventions, le règlement) détermine toujours les incriminations. Il n'y a pas d'infraction punissable si les éléments n'en sont pas définis en termes clairs et précis. Parfois cependant la loi use de formules larges (ex. « tout acte », « d'une manière quelconque »), qui portent atteinte au principe de légalité.

• *Peines* : la loi détermine toujours la *sanction*, mais le juge dispose de pouvoirs si considérables que le principe *nulla pœna sine lege* en est ébranlé, dans le dessein de personnalisation (on a longtemps dit individualisation) de la peine (ex. dispense de peine, possibilité d'abaisser la peine au-dessous du taux prévu, réduction de peine, libération conditionnelle).

Ces pouvoirs, toutefois, qui comportent un risque d'arbitraire :
– sont toujours accordés dans le sens de *l'indulgence* ;
– restent toujours soumis aux *limites légales* : on peut considérer que cela sauvegarde le principe.

§ 2 – INTERPRÉTATION STRICTE DE LA LOI PÉNALE

La loi doit être générale : elle ne peut prévoir tous les cas particuliers ; il faut donc l'interpréter, c'est-à-dire en déterminer le sens pour l'appliquer exactement.

Le principe en droit pénal est l'interprétation stricte (corollaire du principe *nullum crimen*) : art. 111-4 C. pén. ; *pœnalia sunt restringenda*.

A. Sens du principe

Le juge, qui ne peut créer de nouvelles incriminations, ne peut davantage élargir les incriminations existantes. « En matière criminelle, disait Portalis, il faut des lois précises et point de jurisprudence ». Le juge pénal doit s'en tenir à la loi, sans pouvoir étendre le texte légal à un cas non prévu.

A été remarquée la formule de plusieurs arrêts de la chambre criminelle (signalée *supra*), souvent à propos d'un texte réglementaire, mais la formule étant générale : « toute infraction doit être définie en des termes clairs et précis ».

B. Portée du principe

1. Application absolue

On peut concevoir l'application absolue du principe, le juge étant réduit au rôle d'un automate : c'est en réalité impossible.

2. Pouvoir d'appréciation du juge

Force est bien de reconnaître au juge un certain **pouvoir d'appréciation** (*cf.* la méthode *« téléologique »*, consistant à rechercher le but de la loi).

• Dans le cas d'un *texte absurde* (la loi a manifestement dit le contraire de ce qu'elle voulait dire) : on autorise le juge à ne pas s'en tenir à la lettre du texte.

• Dans le cas d'un *texte obscur*, susceptible de plusieurs interprétations : le juge ne doit pas choisir automatiquement le sens le plus rigoureux ou le plus favorable à la personne poursuivie :
– il doit rechercher le sens véritable du texte (travaux préparatoires) ;
– s'il n'y parvient pas, et seulement dans ce cas, il retiendra l'interprétation la plus favorable à l'accusé.

• Dans le cas d'un *texte précis* : le juge n'a en principe pas de pouvoir d'appréciation pour étendre ce texte à un cas non prévu : c'est la **prohibition en matière pénale du raisonnement par analogie**, admis en droit civil ; on a cité plus haut l'exemple des lois ayant dû réprimer les *filouteries* (d'aliments, de transport, de logement, de carburant), auxquelles ne pouvaient s'appliquer les textes sur le vol, l'escroquerie, l'abus de confiance (elles sont aujourd'hui visées par le Code pénal, art. 313-5). Cependant :

• Les *transformations techniques* obligent parfois le juge pénal à appliquer un texte à des hypothèses que la loi ne pouvait prévoir (ex. dès avant 1972, la loi de 1881 sur la diffamation a été appliquée à la radio, au cinéma, au disque, à la télévision ; vol d'électricité, v. aujourd'hui le délit spécial de l'art. 311-2 C. pén.).

• La jurisprudence a interprété largement certaines qualifications : ex. on a retenu la qualification de voies de fait pour les appels téléphoniques intempestifs (aujourd'hui spécialement incriminés par le Code, art. 222-16) ; celle de *recel*, pour le simple passager sachant qu'il est dans une voiture volée (notion large consacrée depuis par le Code, art. 321-1).

• Des notions définies par *d'autres branches du droit* ont été étendues : ex. répression des infractions de chèque, même si le chèque est nul au point de vue du droit commercial (théorie de l'apparence).

• Le raisonnement par analogie peut être utilisé pour l'interprétation des lois prévoyant une règle générale **favorable** à la personne poursuivie.
Remarque : les systèmes étrangers qui ont admis le raisonnement par analogie en matière pénale ont mis en péril les libertés individuelles.

Section 2 > LA NOTION DE LOI, SOURCE DU DROIT PÉNAL

Un droit pénal légal suppose un droit pénal écrit. *La coutume* n'est pas source de droit pénal ; elle peut cependant jouer un rôle en matière de *faits justificatifs* (v. cette question). Pour les usages, *v. infra*. Sur le contrôle de la constitutionnalité, *v. 4*.
Au point de vue du principe de légalité, constituent des lois au sens large de source du droit pénal :
1. Le Code pénal et les lois en vigueur extérieures au Code
2. Les traités internationaux
Ils ont une autorité supérieure à celle de la loi interne, sauf pour les dispositions législatives de valeur constitutionnelle (sur le contrôle de la constitutionnalité, *v. § 4*) : ainsi, *le droit européen prévaut sur le droit français*. Ex. de traités internationaux :

a) Le traité de Rome

Pour l'*Union européenne (UE) – auparavant Communauté économique européenne (CEE) –*, en cas de difficulté d'interprétation du traité, la juridiction compétente est alors la Cour de justice des Communautés européennes (CJCE).

• Le juge pénal français **doit écarter le texte pénal de droit interne s'il méconnaît une disposition du traité** – *droit originaire (les traités de l'UE) ou droit dérivé (les actes des institutions européennes* : *règlement ou même simple directive).* Dans ces cas, le juge français doit donc écarter l'application d'une loi interne non conforme à la convention (*contrôle dit de conventionnalité*), alors qu'il ne pourrait pas le faire pour une loi non conforme à la Constitution.

• Mais la violation de la convention internationale ne peut être *sanctionnée pénalement* que :
– si une *loi interne* a, en application de la convention, prévu une sanction pénale ;
– ou, pour les *règlements* de la Communauté, si le droit interne réprime la violation d'un « règlement » ; ou bien si un décret renvoie au règlement communautaire (« *intégration par référence* »).

• Par principe, le droit pénal ne relève pas de la compétence de la Communauté, les États n'ayant pas voulu renoncer, ici, à leur souveraineté ; mais la CJCE, par un arrêt que d'aucuns ont qualifié de « coup d'État », a affirmé que, dans les domaines qui relèvent de cette compétence (en l'occurrence, en matière environnementale), le législateur communautaire peut imposer le recours à des sanctions pénales aux autorités nationales lorsqu'il en va de la pleine effectivité des normes qu'il édicte (CJCE, 13 sept. 2005, D. 2005. 3064, note Monjal). En application du futur traité sur le fonctionnement de l'UE, des directives communautaires pourraient établir des règles minimales relatives à la définition des infractions pénales et à leurs sanctions (« *communautarisation du droit pénal* »).

b) La Convention européenne de sauvegarde des droits de l'homme et des libertés fondamentales

Elle est dite le plus souvent *Convention européenne des droits de l'homme* (elle sera citée : Conv. EDH) ; la juridiction saisie est la Cour européenne des droits de l'homme (Cour EDH).

La Convention ne constitue pas une source d'incrimination, mais est souvent invoquée par les personnes poursuivies pour éviter l'application de la loi interne ; la chambre criminelle a décidé que certaines règles pénales internes n'étaient pas contraires à la Convention ; ex. la liberté d'opinion ne dispense pas du paiement des impôts ; il en est de même pour la procédure pénale (ex. garde à vue).

Si, au contraire, un texte de droit pénal français est contraire à la Conv. EDH, le juge français **doit** décider qu'il ne s'applique pas : tout se passe comme si ce texte était abrogé. Mais les arrêts de la Cour EDH, qui sont censés exprimer des vérités définitives (et dont les critères qu'ils retiennent sont parfois imprécis), risquent alors de provoquer, contre les décisions internes dictées par les lois nationales, des recours systématiques.

3. Certains actes du pouvoir exécutif
a) Nature des actes
Le législateur renonce donc lui-même à la « légalité » au sens strict, dont le principe décline alors. Certains auteurs préfèrent évoquer en conséquence un « **principe de textualité** ».

• *Décisions présidentielles et ordonnances ayant valeur de loi.*

• *Ordonnances du président de la République* sur autorisation du Parlement (ex. les codifications à droit constant en 2000).

• *Décrets pris en Conseil d'État* (art. R… C. pén.), pour les **contraventions (incrimination** et **peine)**.

• *Décrets, arrêtés ministériels, préfectoraux et municipaux.*
La violation des interdictions ou le manquement aux obligations édictées par les **décrets et arrêtés de police** constitue une **contravention** de 1re classe : **art. R. 610-5 C. pén**. Mais cette sanction suppose des *textes visant à assurer le bon ordre, la sécurité ou la salubrité ou la tranquillité.*
L'article R. 610-5 ne s'applique pas lorsque la méconnaissance d'un décret ou d'un arrêté de police est sanctionnée par un texte spécial (pour le retrait de points du permis, *v. infra*).
Donc, pour les contraventions, le principe de légalité s'exprime ainsi : « Pas d'infraction, pas de peine, sans règlement ».

Remarques : selon la chambre criminelle :
– une loi peut prévoir des peines correctionnelles pour la violation d'un décret à venir.
– l'annulation d'un acte administratif individuel pénalement sanctionné est sans effet sur l'infraction constituée par sa violation.

b) Pouvoirs du juge pénal : appréciation de la légalité de l'acte administratif
L'acte administratif doit être légal, pour les actes visés en *2* (jusqu'à ratification), en *3* et en *4*.

• Selon la jurisprudence, l'*exception d'illégalité* doit être soulevée *avant toute défense au fond* ; mais le juge peut aussi déclarer *d'office* cette illégalité.

• Le juge pénal apprécie la légalité de l'acte administratif, **réglementaire ou individuel, lorsque, de cet examen, dépend la solution du procès pénal ; il interprète cet acte** (art. 111-5 C. pén.). Le juge ne condamne pas si l'acte est illégal, même si un recours en annulation a été rejeté par une juridiction administrative. Mais il ne peut déclarer l'acte illégal que s'il étend ou modifie la portée de la loi.

• Ce pouvoir du juge pénal existe même pour des actes administratifs *individuels* ; ex. jurisprudentiels : arrêté d'expulsion, d'assignation à résidence, de reconduite à la frontière. Mais le texte suppose un acte *réglementaire* : il ne vise pas les actes *contractuels* (ex. contrat administratif dans une escroquerie ; toutefois, le juge pénal peut, pour caractériser les éléments de l'infraction, se prononcer sur la validité du contrat) ; mais n'est pas un acte administratif individuel une sanction prise en application des dispositions statutaires d'une association.

• Ce pouvoir existe non seulement à l'égard des actes *pénalement sanctionnés*, mais aussi pour des actes constituant des *faits justificatifs*, puisque la solution du procès pénal peut dépendre de ces actes.

La chambre criminelle a jugé que le texte ne vise pas le fondement légal de mesures comme le retrait de points du permis, qui ne constitue pas une sanction pénale, mais que, dans le cas de perte totale des points, invalidant le permis, et de refus de restituer celui-ci, le juge pénal peut apprécier la conformité du texte à la Conv. EDH.

• Le juge pénal peut donc apprécier la valeur de l'acte du point de vue de sa conformité à la loi :
– quant au *pouvoir compétent*, à la *forme* et à la *publicité* de l'acte ;
– quant *au fond*, ex. *détournement de pouvoir* (ex. décret punissant la violation d'une décision émanant d'une personne privée) ; *texte trop vague* : ex. arrêté préfectoral de suspension de permis pour excès de vitesse, ne précisant pas cette vitesse ; arrêté municipal édictant une interdiction générale et absolue, ex. vente ambulante de glaces aux endroits et heures les plus favorables ; arrêté municipal soumettant l'exercice d'une profession à l'autorisation discrétionnaire du maire.

Ex. d'arrêté légal : interdiction de la planche à roulette en dehors de l'espace aménagé.

• Le pouvoir du juge pénal s'exerce aussi en cas d'**erreur manifeste d'appréciation** par l'autorité administrative (Crim., 21 oct. 1987, D. 1988. 58, note Kehrig : arrêté d'expulsion, comportant une erreur sur la menace pour l'ordre public constituée par la présence d'un étranger).

• Mais les pouvoirs du juge pénal ont des limites :
– le juge ne peut apprécier *l'opportunité* de l'acte.
– le juge ne peut annuler l'acte *irrégulier*. Il peut seulement refuser d'en faire application dans l'espèce qui lui est soumise. Le texte, par conséquent toujours en vigueur, continue de pouvoir fonder d'autres poursuites.

4. Contrôle de la constitutionnalité

Le juge pénal n'a *pas le pouvoir* d'apprécier la **constitutionnalité** :
– *d'une loi ou d'un règlement*, sauf pour les règlements dits *autonomes*, par opposition aux règlements d'application d'une loi, subordonnés à elle ; toutefois, comme le juge doit écarter une loi interne contraire à une convention internationale, il pourra le faire notamment si le texte est contraire à la Conv. EDH, qui contient plusieurs principes consacrés par la Constitution...

On sait que le contrôle de la constitutionnalité d'une loi est le rôle du Conseil constitutionnel : mais celui-ci s'interdit de contrôler la constitutionnalité d'une loi qui ne fait que transposer en droit interne une **directive communautaire** ; il peut cependant déclarer contraire à la Constitution une loi de transposition contraire à une disposition expresse de celle-ci.

– *d'un traité international* ; mais il peut *l'interpréter*.

Remarques :

1. La violation d'un **usage** ne constitue pas en principe une infraction. La *coutume internationale* ne peut pallier l'absence d'un texte d'incrimination – mais elle peut jouer un

rôle en procédure, ex. pour l'immunité de juridiction des chefs d'État étrangers en exercice.

Pour des usages pouvant au contraire constituer des autorisations, v. *ce fait justificatif*.

2. Les principes généraux du droit sont de plus en plus souvent invoqués par la chambre criminelle, parfois d'une manière qui risque d'être arbitraire : en droit pénal, comme source d'exonération (ex. toute infraction suppose que son auteur ait agi avec intelligence et volonté), et en procédure pénale (ex. le principe d'égalité).

3. Les **circulaires** ne sont pas source de droit pénal, sauf exception, ex. en période de contrôle des changes. Elles pourraient toutefois, dans le sens de l'exonération de la responsabilité, être la source d'une erreur de droit.

4. Les **lois et règlements**, même non expressément abrogés, ne sont plus applicables s'ils sont *inconciliables* avec une loi nouvelle ou une convention internationale. Mais, selon la jurisprudence, quand une loi abroge une loi précédente, les *textes réglementaires* pris pour l'application de celle-ci sont maintenus, s'ils ne sont pas inconciliables avec les règles nouvelles ; la solution est la même lorsque la loi ancienne est abrogée après avoir été intégrée sans modification dans une codification (codification *« à droit constant »*).

POUR ALLER PLUS LOIN

BIBLIOGRAPHIE :

> B. Bouloc, *Droit pénal général*, 20ᵉ éd., coll. « Précis », Dalloz, 2007.
> J.-P. Delmas Saint-Hilaire, « Les principes de la légalité des délits et des peines », *Mélanges Bouzat*, p. 149.
> G. Levasseur, « Une révolution en droit pénal : le nouveau régime des contraventions », *D.* 1959, chron., p. 121.
> J.-C. Soyer, « La loi nationale et la Convention européenne des droits de l'homme », *Mélanges J. Foyer*, PUF, 1997, p. 125.

EXEMPLES DE SUJETS POSSIBLES D'EXAMENS :

Dissertations :
> Le déclin de la légalité criminelle
> Les sources internationales du droit pénal
> Le contrôle de conventionnalité de la loi pénale
> Le règlement et le droit pénal

Chapitre 2 › L'ÉLÉMENT MATÉRIEL

Principe : notre droit pénal n'admet pas que l'on réprime la *simple pensée coupable* (*nemo cogitationis pœnam patitur*).

L'infraction n'existe comme telle qu'avec un minimum de *matérialisation de l'attitude coupable*.

D'un point de vue utilitaire, la répression du simple « **état dangereux** », préconisée par l'école positiviste italienne, permettrait d'éviter la commission de certaines infractions. Elle se heurte en France à la crainte de l'arbitraire et au respect de la liberté individuelle. Mais plusieurs textes récents ont pris en compte la dangerosité d'un condamné (ex. placement sous surveillance électronique mobile, placement sous surveillance judiciaire, rétention de sûreté).

En outre, certains états dangereux ont été érigés par la loi en infractions, ex. conduite en état alcoolique ou après usage de stupéfiants, mise en danger délibérée de la personne d'autrui (v. aussi les *mesures de sûreté*, *2ᵉ partie*). Et le juge peut, quand il apprécie les faits, prendre en considération l'état dangereux.

L'élément matériel existe :
— dans le cas de l'infraction consommée (*section 1*),
— mais aussi dans le cas de l'infraction seulement tentée (*section 2*).

Section 1 › NATURE DE L'ÉLÉMENT MATÉRIEL EN CAS D'INFRACTION CONSOMMÉE

Principe : le plus souvent, l'infraction consiste à commettre un acte interdit par la loi : il s'agit des *infractions de commission*.

Exceptionnellement, l'infraction peut consister à omettre un acte prescrit par la loi : il s'agit des *infractions d'omission*.

§ 1 – LES INFRACTIONS DE COMMISSION

Ce sont les plus *fréquentes*. Ex. meurtre, vol, diffamation.

Elles supposent, pour leur consommation :

- Une **initiative physique** de la part du coupable (ex. geste du meurtrier qui appuie sur la détente, du voleur qui s'empare de la chose).

- Un **résultat** qui va constituer le dommage ; celui-ci peut être :
— matériel (meurtre) ;
— ou immatériel (diffamation).

Remarques :

1. Il s'agit alors des infractions *matérielles* : les infractions *formelles* sont punissables indépendamment de leur résultat (*v. section 2, à propos du désistement volontaire*).

2. Certaines attitudes sont punissables indépendamment d'un préjudice causé. Ex. mise en danger, contraventions en matière de circulation.

3. En principe, le degré de responsabilité pénale ne dépend pas du *résultat* ; parfois, cependant, l'infraction *n'existe qu'en raison du résultat* (ex. atteintes à l'intégrité de la personne par imprudence), ou bien *la peine est aggravée* quand le dommage est plus grave (même exemple que ci-dessus, ou infractions de violences).

• Un **lien de causalité** entre l'acte et le résultat.

Une difficulté se présente en cas de causes multiples (de même en droit civil, pour l'application des art. 1382 à 1384 C. civ.). La jurisprudence apprécie de façon extensive, donc sévère, la causalité dans l'homicide et les atteintes à l'intégrité de la personne *par imprudence.*

Il y a même des cas où ce délit est retenu bien que la causalité ne soit pas établie : ex. dans le cas de deux chasseurs tirant imprudemment en direction d'une autre personne, blessée par l'un des coups seulement : condamner les deux revient à condamner l'un d'eux pour sa seule faute.

Toutefois, on le verra à propos de la faute d'imprudence, pour les personnes qui n'ont pas causé directement le dommage, le délit est défini plus étroitement (*v. la faute d'imprudence*).

Le Code pénal actuel a créé l'incrimination de *mise en danger*, mais qui suppose réunies plusieurs conditions : notamment, il doit y avoir un lien immédiat entre la violation des règles et le risque. V. Mémento de *Droit pénal spécial*.

§ 2 – LES INFRACTIONS D'OMISSION

On distingue l'infraction d'omission proprement dite, et l'infraction de commission par omission.

A. L'infraction d'omission proprement dite

Il s'agit d'une abstention *sans résultat positif direct* : la loi pénale prévoit certaines obligations d'agir. Ex. omission de déférer à la citation à juré, omission de déclarer la naissance d'un enfant.

Ces infractions sont *exceptionnelles*. Mais la tendance du XXe siècle a été de les **multiplier**, et le nouveau Code pénal a repris ces incriminations (v. Mémento de *Droit pénal spécial*) :

• **non-révélation de crime** aux autorités judiciaires ou administratives (art. 434-1 C. pén. ; une immunité est prévue au profit de certains parents du coupable, sauf s'il s'agit d'un crime commis sur un mineur de 15 ans).

• **non-révélation** à ces autorités de **privations, mauvais traitements ou atteintes sexuelles à mineur de 15 ans ou à personne vulnérable** (art. 434-3).

• **non-témoignage en faveur d'un innocent** poursuivi (art. 434-11 ; même immunité que ci-dessus).

• **non-révélation d'une atteinte aux intérêts fondamentaux de la nation,** ou d'un acte de terrorisme (art. 434-2).

Il existe certaines infractions d'omission dans le *droit pénal des sociétés* (ex. non-révélation, par les commissaires aux comptes, de certains délits) : le droit pénal entend imposer des règles de conduite dans la vie économique ; on a dit que, longtemps seulement « moralisateur », le droit pénal devenait alors **planificateur.**

B. L'infraction de commission par omission

1. Notion

• Cette infraction se rapproche de *l'infraction d'omission* proprement dite, en ce que son auteur est resté passif.

• Cette infraction se rapproche de *l'infraction de commission* par le résultat, dommageable de la même manière. Ex. laisser intentionnellement quelqu'un se noyer sans lui porter secours.

2. Origine

Le Code pénal de 1810 ne contenait pas de disposition générale à ce sujet (sauf pour l'homicide et les blessures par imprudence ou négligence). Quelques dispositions particulières ont été prévues ensuite (L. 19 avr. 1898 réprimant, pour certaines personnes, la privation d'aliments ou de soins dont l'enfant est victime, aujourd'hui art. 227-15 et 16 C. pén.).

D'où un débat célèbre : *peut-on assimiler l'abstention à l'action* ? Punir comme meurtrier celui qui n'a fait que laisser mourir ?

La question s'est posée dans l'affaire de la *séquestrée de Poitiers* (Poitiers, 20 nov. 1901, D. 1902. 2. 81, note Le Poittevin ; femme laissée sans soins, dont la santé avait été compromise) : la Cour de Poitiers estima que le manque de soins n'équivalait pas à la voie de fait réprimée par le Code pénal d'alors. La solution est juridiquement exacte, mais moralement *assez choquante* (dans l'ancien droit, Loysel écrivait : « Qui peut et n'empêche pèche »).

3. Droit positif

En l'absence de texte spécial, *l'abstention n'équivaut pas à l'action* (on le verra aussi à propos de la complicité), même pour des infractions ne visant pas la personne physique, ex. l'escroquerie : il n'y a pas de manœuvres frauduleuses par abstention. Mais le législateur a créé plusieurs incriminations, permettant de réprimer *certaines abstentions* (v. aussi, mais pour des personnes tenues de certaines obligations, la répression du fait de *laisser* s'accomplir un acte, ex. laisser figurer certains noms dans la publicité d'une entreprise : art. 433-18 C. pén.).

Dans le Code pénal antérieur, deux incriminations importantes avaient été introduites en 1945 (par modification d'un texte de 1941) ; elles ont été reprises par le Code pénal actuel (art. 223-6 : v. Mémento de *Droit pénal spécial*) :

• **Le non-obstacle à la commission** d'un crime, ou d'un délit contre l'intégrité corporelle de la personne.

• Et surtout : **l'omission de porter secours à une personne en péril.** Il faut pour qu'il y ait délit :
– péril menaçant la santé, l'intégrité corporelle ou la vie d'une personne ;
– abstention de porter secours ou de demander secours à un tiers ;
– abstention alors que l'on pouvait intervenir sans risque pour soi ou pour un tiers ;
– abstention volontaire et consciente.

L'incrimination d'omission de secours, peut-être trop *large et imprécise*, a suscité une abondante jurisprudence, et de nombreuses difficultés ; ex. les guérisseurs ont tenté de soutenir qu'ils pouvaient intervenir, ou même qu'ils le devaient, en présence de malades en péril de mort, sans commettre le délit d'exercice illégal de la médecine, ainsi justifié par l'ordre de la loi de porter secours : cette thèse a été condamnée.

Remarques :

1. Ces textes réprimant l'abstention coupable sont parfois salués comme permettant de réprimer des égoïsmes excessifs. Il faut pourtant souligner que leur nécessité même témoigne d'un affaiblissement certain du sens moral.

2. Il est à noter que ces dispositions ne créent pas, juridiquement, d'infractions de commission par omission, puisque, *même à résultat égal* (ex. mort de la victime), il n'y a *pas équivalence de répression entre l'action et l'omission* : le meurtre ordinaire est puni de 30 ans de réclusion criminelle (art. 221-1 C. pén.), alors que les abstentions coupables sont punies de peines seulement correctionnelles (art. 223-6 : 5 ans d'emprisonnement et 75 000 € d'amende). Pénalement, laisser mourir n'équivaut toujours pas à tuer (sauf pour les parents à l'égard d'enfants de moins de 15 ans : art. 227-16).

Section 2 > NATURE DE L'ÉLÉMENT MATÉRIEL EN CAS D'INFRACTION NON CONSOMMÉE : LA TENTATIVE

Question : à partir de quand la loi pénale doit-elle frapper la matérialisation de l'infraction ? Le plus souvent, il s'écoule, entre la naissance de la pensée criminelle et le résultat dommageable, une **série de phases**, variables, mais pouvant être ainsi schématisées :

1. **Phase interne**

Pensée : l'infraction est envisagée comme une éventualité.
Désir : on souhaite commettre l'infraction.
Projet : on forme un plan pour mener à son terme l'infraction.

2. **Phase externe**

Préparation : en vue de l'infraction, on étudie les lieux, on se procure des instruments, des armes.
Exécution : si l'exécution est parfaite (par ex. victime atteinte mortellement dans le meurtre), on parle d'infraction « **consommée** ».
Si, par la volonté de l'agent ou pour toute autre raison, les agissements criminels sont interrompus avant ce stade, l'infraction est seulement « **tentée** ».
Le principe est que la tentative est **punissable comme l'infraction consommée** ; art. 121-4 C. pén. : l'auteur de la tentative est considéré comme « auteur » de l'infraction ; mais le juge peut naturellement abaisser la peine prévue.
Cette règle traduit la tendance de la loi à tenir compte de la puissance de nuire plus que de l'acte matériel, et cela déjà dès le Code pénal de 1810.
Ce principe a l'avantage de mettre en relief l'aspect subjectif de l'infraction : à intention coupable égale, répression égale. Mais il a l'inconvénient de heurter le sentiment de jus-

tice et la notion de compensation entre la peine et l'infraction. Le remède réside dans les pouvoirs du juge, permettant de ne pas appliquer la même peine à celui qui a tué sa victime et à celui qui l'a manquée tout en désirant la tuer, le juge restant libre, lorsqu'il l'estimera bon, d'appliquer dans les deux cas une peine semblable.

On sait ainsi *comment* est punissable la tentative. Mais il faut déterminer *quand* elle l'est : il faut pour cela définir les éléments de cette tentative, et préciser son domaine.

§ 1 – ÉLÉMENTS DE LA TENTATIVE PUNISSABLE

Art. **121-5 C. pén. La tentative punissable suppose la réunion de deux éléments :**
a) un commencement d'exécution (notion que la jurisprudence *élargit*) ;
b) une interruption involontaire de l'exécution : le désistement volontaire (notion que la jurisprudence *restreint*) fait obstacle à la répression de la tentative.

A. Commencement d'exécution

• Ne peut constituer la tentative la simple *intention* coupable.
Il arrive que la loi pénale paraisse réprimer de simples états d'esprit (ex. menaces, complot). En réalité, ces incriminations visent des situations ayant dépassé le stade purement psychologique ; et la *menace* est punissable même s'il est établi que son auteur n'avait pas l'intention de la mettre à exécution. En outre, juridiquement, ces infractions sont des infractions consommées.

• Seuls peuvent constituer la tentative des **agissements extérieurs**. Encore faut-il distinguer sur ce point les actes préparatoires, et le commencement d'exécution.

• **Les actes préparatoires** ne sont pas punissables sur le plan de la tentative ; mais ils peuvent parfois être réprimés à titre d'*infractions distinctes* consommées (ex. offres en vue d'un assassinat ou d'un empoisonnement, association de malfaiteurs, embuscade en vue de violences commises à l'encontre de certaines personnes), ou comme *cas de complicité* (ex. aide par fourniture d'armes) à la condition que le fait principal soit punissable (*v. la complicité*).

• **Les actes d'exécution** sont seuls susceptibles de constituer la tentative punissable. Il faut exposer le principe de la distinction entre actes préparatoires et commencement d'exécution, et son application.

1. Principe de la distinction

a) Thèses objectives
Elles tendent à restreindre la répression de la tentative :

• La tentative suppose *l'exécution commencée* (ex. mainmise du voleur sur la chose).
Critique : la thèse restreint par trop la répression ; elle confond la tentative et l'exécution.

• L'acte d'exécution est celui qui *révèle par lui-même le délit* : acte univoque, opposé à l'acte équivoque, susceptible de plusieurs interprétations (ex. l'escalade d'un mur ne révèle pas par elle-même son objet : c'est un acte équivoque).
Critique : trop d'actes dangereux resteront impunis.

b) Thèse subjective

Elle *élargit* la répression de la tentative, par l'importance de l'intention et de la puissance de nuire de l'agent. Elle prend en considération le danger futur *(temibilité)* : il y aura acte d'exécution, et non pas seulement acte préparatoire, lorsqu'il apparaîtra que l'agent, au moment où il a été arrêté dans son action, était *résolu à aller jusqu'au bout* : il y avait une faible *« distance morale »* entre l'acte et le but *(volonté délictueuse irrévocable)* ; l'agent a « coupé les ponts derrière lui ».

c) Conception mixte de la jurisprudence

Pour la jurisprudence, constituent l'acte d'exécution **l'acte devant avoir pour conséquence directe et immédiate de consommer l'infraction**, et qui est accompli dans l'intention de la commettre ; l'acte tendant directement à l'infraction avec l'intention de la commettre. V. affaires *Lacour* et *Schieb*, Crim., 25 oct. 1962, D. 1963. 221, note Bouzat.

Remarques :

1. Ce critère psychologique explique que la jurisprudence puisse considérer un même acte tantôt comme acte préparatoire, tantôt comme acte d'exécution, selon que son auteur est un *délinquant primaire* ou un *récidiviste* (c'est une application de la notion d'état dangereux).

2. La notion d'acte d'exécution peut aussi *varier* d'une infraction à l'autre : le désir d'une répression sévère à l'égard de certains délits peut conduire les tribunaux à voir dans tel acte qui, ailleurs, sera considéré comme simplement préparatoire, un commencement d'exécution.

2. Application de la distinction

a) Exemples de commencements d'exécution :

Briser la vitre d'une voiture pour voler à l'intérieur ; pénétrer dans une voiture pour voler celle-ci ; venir pour commettre un vol, avec instruments d'effraction et camion, et éprouver la solidité des barreaux d'une fenêtre ; se tenir en embuscade avec véhicules et armes, pour une agression contre des convoyeurs de fonds ; accepter un achat de stupéfiants ; recruter le destinataire d'une importation de stupéfiants ; commencer à scier un barreau pour une évasion ; exposer des véhicules à la vente avec de fausses indications, pour une tromperie ; demander l'ouverture de la porte d'une banque et attendre quelqu'un pour commettre un vol avec arme ; pour une escroquerie à l'assurance, déclarer à l'assureur, comme accidentel, un incendie volontairement provoqué, ou un vol de véhicule avec faux certificat de marquage ; pour une agression sexuelle, se présenter faussement comme médecin pour un prétendu examen, avec demande de se déshabiller ; fait de mettre un préservatif pour tenter un viol ; proposer de montrer des photos et de pratiquer des actes sexuels pour la corruption de mineurs ; rechercher des pilotes acceptant de poser un hélicoptère dans la cour d'une prison en vue d'une évasion.

b) Ne sont pas des commencements d'exécution :

L'incendie volontaire d'un bien assuré, pour une escroquerie, mais sans aucune démarche auprès de l'assureur ; la remise d'argent en vue de faire commettre un meurtre (mais si le meurtre a été commis ou tenté, la remise d'argent sera une *complicité* punissable, *v. la complicité*) ; mais depuis L. 2004, les offres ou promesses en vue d'un assassinat ou d'un empoisonnement constituent *un délit distinct*, donc punissable même si le crime n'est ni commis ni tenté (art. 221-5-1 C. pén. : 10 ans d'emprisonnement et amende) ; ce texte pourrait donc être retenu dans des cas tels que les affaires *Lacour*, *Schieb*, dans lesquelles, pour une remise en vue d'un assassinat non commis ni tenté, le commencement d'exécution n'avait pas été retenu).

B. Interruption involontaire de l'exécution (absence de désistement volontaire)

Même s'il y a commencement d'exécution, il n'y aura pas tentative punissable si l'agent renonce assez tôt, et volontairement, à accomplir l'acte coupable.

Mais ce désistement doit réunir deux conditions, pour qu'il n'y ait pas tentative punissable : il doit être antérieur à la consommation de l'infraction, et volontaire de la part de l'agent.

1. Le désistement doit être antérieur à la consommation de l'infraction

a) Inefficacité de principe du repentir actif

• Le remords tardif, même actif (« repentir actif », ex. restituer la chose volée, donner des soins à sa victime blessée) est *sans effet sur les éléments de l'infraction*.

Il y a cependant des cas où l'attitude du coupable après l'infraction peut avoir un effet, même si l'infraction subsiste : ainsi, sur l'initiative du procureur de la République, la possibilité, notamment, de réparation du dommage, ou de médiation pénale, qui peuvent conduire à un classement sans suite (art. 41-1 C. pr. pén.), ou, pour certains délits, une composition pénale (ex. avec réparation du dommage), dont l'exécution éteint l'action publique (art. 41-2 C. pr. pén.), v. Mémento de *Procédure pénale* ; v., pour les mineurs, art. 12-1 Ord. 1945 ; v. aussi la cure de désintoxication en matière de stupéfiants, qui, ordonnée ou même spontanée, même à l'étranger, et menée à son terme, interdit d'exercer l'action publique, pour un délinquant primaire (art. L. 3423-1 C. santé publ.).

• Mais, *quant aux peines*, le repentir, sous diverses formes, peut valoir en fait atténuation de peine, ou même dispense de peine à certaines autres conditions (*v. cette question*).

Les repentis.
La loi a prévu une autre forme de repentir, qui n'est pas un désistement et qui n'a d'effet que sur la peine (*v. la diminution et l'exemption de peine*). Dans certains cas il y a **exemption de peine** (*v. cette question*) : le texte vise la personne qui, ayant tenté de commettre un crime ou un délit, a averti l'autorité et permis ainsi d'éviter la réalisation de l'infraction et d'identifier les autres auteurs ou complices (art. 132-78, al. 1 ; ex. assassinat, empoisonnement : art. 221-5-3, stupéfiants : art. 222-43-1, proxénétisme : art. 225-11-1 al. 1, terrorisme : art. 422-1, association de malfaiteurs : art. 450-2).

Il y a dans certains cas **réduction de peine** si la personne ayant *commis* un crime ou un délit et ayant averti l'autorité, a permis de faire cesser l'infraction, d'éviter que l'infraction ne produise un dommage, ou d'identifier les auteurs ou complices (art. 132-78, al. 2 ; dans les textes spéciaux prévoyant cette réduction de peine, il est souvent écrit « et » d'identifier) ; ex. art. 221-5-3 (assassinat ou empoisonnement), 222-43 (trafic de stupéfiants).

b) Conséquence de l'exigence d'un désistement antérieur

Il est important de déterminer le **moment exact** où l'infraction est commise. On distingue à cet égard :

– *les infractions matérielles* que seul un résultat consomme (ex. meurtre, vol) ;
– *les infractions formelles* consommées indépendamment du résultat ; ex. l'empoisonnement est punissable, même si la victime survit ; l'omission de secours est punissable, même si le péril a été évité par d'autres moyens. On peut rapprocher de ces cas les *« délits-obstacles »*, qui révèlent un état dangereux : ex. conduite en état alcoolique, mise en danger délibérée de la personne d'autrui.

Un même acte pourra donc être désistement antérieur dans le cas des infractions matérielles, repentir tardif dans le cas des infractions formelles.

2. Le désistement doit être volontaire

• On ne tient pas compte du *mobile* qui a poussé l'agent à s'arrêter (remords, peur ; ex. après avoir commencé à creuser pour s'évader, cesser volontairement – mais il y a dégradation de bien) : c'est un **système utilitaire** de prime au repentir intervenant assez tôt.

• Mais il faut un désistement *vraiment volontaire*, **spontané**. La tentative demeurera punissable si le désistement est causé par un événement extérieur. Il y a là une question de fait parfois délicate.

Exemples d'interruptions involontaires : arrivée de la police ; présence imprévue de tiers sur les lieux où devait se commettre le vol ; se sentir épié par des tiers, et ne pouvoir obtenir le concours d'un comparse ; renoncer à s'évader à cause d'un mouvement des gardiens découvrant l'évasion d'un autre détenu ; renoncer à un vol dans une banque en raison du manque de coordination avec des complices ; ne pas commettre un viol en raison d'une déficience momentanée ; évasion manquée en raison du refus de pilotes d'hélicoptère de la favoriser ; renoncer à un enlèvement en raison des appels au secours de la victime ; renoncer à une escroquerie à l'assurance en raison de la demande d'expertise de l'assureur.

Il y a **deux cas** dans lesquels la **non-consommation** de l'infraction est indiscutablement **indépendante de la volonté** de l'agent : **l'infraction manquée**, par maladresse par exemple, le tireur manquant sa victime : il y a tentative punissable ; **l'infraction impossible**, cas qui a été plus discuté.

Le problème de l'infraction impossible

L'infraction impossible est un cas particulier d'infraction manquée : comme l'infraction manquée ordinaire, l'infraction impossible est manquée, mais parce qu'elle ne pouvait pas réussir (ex. vol dans une poche vide, meurtre d'un cadavre).

• *La répression de l'infraction impossible.*

La **doctrine** a été longtemps hostile à la répression.

La **jurisprudence** a manifesté une tendance subjective, donc répressive, à partir de la fin du XIXe siècle. La tentative révèle en effet, dans tous ces cas, la même puissance de nuire. Ont ainsi été réprimées comme tentative d'infraction impossible : la tentative de meurtre : affaires *Laurent* (Agen, 1849, fusil non chargé), *Ours* (Crim., 1877, coup de fusil sur l'emplacement où la victime désignée ne se trouvait pas).

Au XXe siècle, cette jurisprudence s'est confirmée : ex. tentative d'escroquerie à l'assurance alors que les clauses de la police font obstacle à l'exécution du contrat ; la chambre criminelle s'est prononcée nettement, dans l'hypothèse dite de « coups à cadavre » : tentative de meurtre sur une personne en réalité déjà morte (affaire *Perdereau*, Crim., 16 janv. 1986, D. 1986. 265, note Mayer et Gazounaud) ; ont été déclarées punissables : la tentative d'assassinat par une explosion devant être déclenchée par sonnerie de téléphone, mais n'ayant pu se produire, le téléphone étant électronique ; la tentative de vol par effraction dans une voiture vide, ou dans une maison sans objets de valeur.

• *Exceptions à la répression de l'infraction impossible.*

Il n'y a pas répression :
– lorsque l'impossibilité provient de ce que l'acte est sans lien réel avec le résultat recherché (absence d'élément matériel), ex. vouloir tuer par envoûtement ;
– dans le cas du délit *« putatif »* (c'est-à-dire qu'on croit avoir commis sans l'avoir réellement commis, faute d'un élément) ; ex. il n'y a donc pas tentative d'empoisonnement punissable si l'on a utilisé une substance inoffensive, puisque la loi exige, en matière d'empoisonnement, l'emploi d'une substance mortelle ; il n'y a pas bigamie punissable si un homme veuf sans le savoir contracte un deuxième mariage ;
– si la tentative elle-même n'est pas incriminée (v. § 2) : ex. omission de porter secours à une victime en réalité déjà morte.

§ 2 – DOMAINE DE LA TENTATIVE PUNISSABLE

La répression de la tentative est exclue par la loi parfois pour des raisons tenant à la faible gravité de l'infraction, parfois en raison de la nature de l'infraction.

A. Distinction selon la gravité des infractions

• La tentative de **crime** est **toujours punissable**, sauf texte contraire formel (121-4 C. pén.).

• La tentative de **délit** n'est **pas punissable** en principe, **sauf texte contraire** formel (art. 121-4 C. pén.) : mais ces textes sont nombreux ; ex. pour le *vol* (art. 311-1), pour *l'escroquerie* (art. 313-6), pour les infractions en matière d'*informatique* (art. 323-7).

En l'absence d'un tel texte, il n'y a donc répression que si l'infraction est consommée ; d'où l'importance de la distinction, déjà rencontrée, des infractions matérielles et formelles (ces notions sont parfois délicates).

• La tentative de **contravention** n'est **pas punissable**.

B. Les infractions étrangères par leur nature à la notion de tentative

Certaines infractions ignorent la notion de simple tentative :
– soit parce que la répression suppose un résultat,
– soit parce que c'est la tentative qui est considérée comme une infraction consommée.

1. Quand la loi exige un **résultat**, la répression n'intervient pas si celui-ci n'est pas atteint : c'est donc tout ou rien.

Ainsi en est-il en matière d'**homicide et atteinte à l'intégrité de la personne par imprudence ou négligence** (art. 221-6 et 222-19 C. pén.) : la notion même de tentative implique un effort tourné vers un but, alors que l'imprudence ou la négligence supposent que le résultat n'a pas été recherché ; il n'y a donc pas ici de tentative punissable (*cf.* le problème des questions en cour d'assises : « tenter » implique la volonté de commettre l'acte ; il n'est donc pas nécessaire de dire « aura volontairement tenté »).

Cependant, la répression de certaines « tentatives » serait souhaitable en la matière ; ex. automobiliste traversant la ville à une vitesse excessive : il y a certes *contravention ou délit d'excès de vitesse*, voire, si les conditions en sont réunies, **délit de mise en danger délibérée** de la personne d'autrui (art. 223-1 C. pén.), mais la répression pour homicide ou atteinte à l'intégrité de la personne par imprudence n'interviendra que si un résultat (dommage corporel) se produit, alors que ce dernier n'ajoute rien à la culpabilité vraie de l'agent. De même la *conduite en état alcoolique*, érigée en infraction autonome, est punissable, indépendamment de tout résultat.

2. Dans certaines infractions, la tentative n'a pas de place du fait que ces infractions constituent elles-mêmes des **tentatives, érigées par la loi en infractions consommées.** Ex. la corruption est consommée par une offre même non acceptée (ex. art. 433-1 C. pén.).

Cependant, la jurisprudence fait place, parfois, à la répression de la tentative dans ces hypothèses. Ainsi, l'empoisonnement (administration d'une substance mortelle), qui est au fond, avant la mort de la victime, une tentative de meurtre, est punissable, *dès l'administration*, comme infraction consommée (formelle, *v. cette notion*) : mais la jurisprudence voit une tentative punissable dans le fait, par ex., de proposer des mets empoisonnés à une personne.

POUR ALLER PLUS LOIN

EXEMPLES DE SUJETS POSSIBLES D'EXAMENS :

Dissertations :
> L'omission en droit pénal
> Le commencement d'exécution
> L'infraction impossible

Chapitre 3 > L'ÉLÉMENT MORAL

Pour que l'infraction soit constituée, il ne suffit pas que l'agent soit l'auteur matériel de l'acte. L'acte n'est une infraction punissable que s'il y a responsabilité pénale, c'est-à-dire si son auteur matériel est un *être humain* responsable, jouissant de ses *facultés mentales* (c'est *l'imputabilité*), à défaut de quoi il n'y a pas *responsabilité*, et ayant commis une *faute* (c'est la *culpabilité*). Pour les personnes morales, v. cette question.

Il n'y a pas d'infraction sans élément moral ; cela est vrai même pour les infractions pour lesquelles ce principe a été parfois contesté :
• pour l'*imputabilité* :
– l'imputabilité est nécessaire même pour les infractions longtemps dites, de ce point de vue, infractions *« matérielles »* (« sans élément moral ») : il n'y a pas infraction si l'acte n'est pas imputable à son auteur matériel (en cas de force majeure par exemple). On ne confondra pas cette ancienne notion d'infraction matérielle et l'infraction dite matérielle par opposition à l'infraction formelle, vue plus haut.
– l'imputabilité est nécessaire *même pour les contraventions* : le Code pénal déclare : « Il n'y a point de contravention en cas de force majeure » (art. 121-3, al. 5).
• pour la *culpabilité*.
La culpabilité est nécessaire à l'existence de l'élément moral ; mais elle est dans certains cas présumée (ex. pour certaines contraventions, et même pour certains délits). Le Code pénal déclare qu'il n'y a point de *crime* ou de *délit* **sans intention de le commettre** (art. 121-3, al. 1) : mais certaines *contraventions* supposent elles aussi une faute intentionnelle (ex. les violences). Le Code pénal prévoit aussi, dans des cas déterminés, **la mise en danger délibérée de la personne d'autrui** (art. 121-3, al. 2), et **la faute d'imprudence, de négligence ou de manquement à une obligation de prudence ou de sécurité** (art. 121-3, al. 3 et 4).

Observation sur la terminologie du Code pénal. Le Code pénal emploie une même formule (« N'est pas pénalement responsable la personne qui... ») pour des notions différentes : c'est une simplification formelle, qui ne doit pas conduire à une confusion des concepts. Il faut distinguer ce qui constitue en réalité :
• l'absence d'*élément moral*,
– par l'effet des *causes de non-imputabilité* (troubles psychiques, contrainte) ;
– par l'absence de *culpabilité* (absence, selon le cas, de faute intentionnelle ou d'imprudence) ;
• l'existence de *faits justificatifs*, supprimant l'élément injuste de l'infraction (ordre de la loi, commandement de l'autorité légitime, légitime défense, état de nécessité) ; plusieurs auteurs, d'ailleurs, on l'a dit, ramènent ces faits justificatifs à d'autres éléments de l'infraction : certains à l'élément légal, d'autres à l'élément moral.
L'élément moral suppose donc que l'acte soit imputable à son auteur matériel, et qu'il s'agisse d'un acte coupable.

Section 1 > L'IMPUTABILITÉ

L'acte ne peut être imputé qu'à la personne dotée de facultés intellectuelles normales, et librement exercées. D'où deux sortes de causes de non-imputabilité, tenant à l'état des facultés intellectuelles, et à leur exercice.

§ 1 – L'ÉTAT DES FACULTÉS INTELLECTUELLES

Il n'y a pas imputabilité en cas d'insuffisance des facultés ; et des problèmes se posent en cas d'altération passagère.

A. Insuffisance des facultés

Elle peut tenir à l'âge, ou à certains troubles.

1. L'âge

L'insuffisance des facultés intellectuelles peut tenir à l'âge (**minorité**).

On est majeur à 18 ans. Il existe cependant certaines règles spéciales entre 18 et 21 ans : ex. en matière pénitentiaire, *v. le chapitre sur les mesures applicables aux mineurs délinquants* ; pour le casier judiciaire, *v. cette question.*

Au-dessous de 18 ans : les **mineurs capables de discernement sont pénalement responsables** des crimes, délits ou contraventions « dont ils ont été reconnus coupables » (art. 122-8) ; si le mineur n'est pas capable de discernement, aucune mesure ne peut être prise à son égard. « Capables de discernement » : il faut donc que le mineur ait compris et voulu l'acte matériel reproché ; une infraction, même non intentionnelle, suppose intelligence et volonté : le principe peut conduire à une relaxe (ex., dans un cas de blessures non intentionnelles par un enfant de 6 ans : affaire *Laboube*, Crim., 13 déc. 1956, D. 1957. 349, note Patin), ou à une décision de culpabilité (ex. pour un incendie volontaire par un enfant de 9 ans : Cass. ass. plén., 9 mai 1984, D. 1984. 525, concl. Cabannes, note Chabas).

a) Pour les mineurs de 10 ans capables de discernement

Seules des *mesures éducatives* peuvent être décidées (art. 122-8, al. 1 C. pén. ; art. 2, al. 1 Ord. 2 févr. 1945).

b) Pour les mineurs de 10 à 13 ans

Peuvent être décidées des *mesures éducatives*, et des *sanctions éducatives* (*v. cette question*), selon les circonstances et la personnalité du mineur (art. 2, al. 2, 15-1 Ord. 1945) ; aucune *peine* ne peut être prononcée.

c) Pour les mineurs de 13 à 18 ans

Peuvent être décidées des mesures éducatives et des sanctions éducatives ; mais des *peines* peuvent être prononcées, selon les circonstances et la personnalité du mineur (art. 2, al. 2 Ord. 1945) : dans ce cas la loi prévoit une *diminution de peine* (art. 20-2 Ord. 1945 ; pour les effets de la diminution de peine, *v. cette question*),

– obligatoire entre 13 et 16 ans.

– pouvant être écartée entre 16 et 18 ans, sauf cas particulier (nouvelle récidive d'un crime d'atteinte volontaire à la vie ou à l'intégrité physique ou psychique de la personne, d'un délit de violence, d'un délit d'agression sexuelle ou d'un délit commis avec la circonstance aggravante de violences ; mais la juridiction peut en décider autrement et maintenir la diminution de peine : art. 20-2, al. 7 Ord. 1945).

Remarques :
1. L'âge du mineur s'apprécie non au jour de la comparution en justice, mais au jour où l'infraction est commise.
2. Pour le problème de la délinquance des mineurs, v. Mémento de *Criminologie et science pénitentiaire*.
3. Pour la *garde à vue* et la *détention provisoire* des mineurs, v. Mémento de *Procédure pénale*.
4. L'*âge avancé* n'est pas en soi une cause d'irresponsabilité pénale, sauf s'il constitue en même temps une cause de grave trouble psychique, mais alors pour cette dernière raison ; il existe parfois des règles légales spéciales pour la peine (ex. interdiction de séjour, *v. cette mesure*).

2. Les troubles psychiques ou neuropsychiques

L'insuffisance des facultés intellectuelles peut tenir à des **raisons congénitales** ou à la **maladie mentale** : il s'agit des troubles psychiques ou neuropsychiques (art. 122-1 C. pén.) ; c'est le problème des **psychopathes délinquants**. L'existence et la nature de ces troubles seront établies par l'expertise médicale.
Les juges du fond doivent s'expliquer sur l'état mental du prévenu *à la date des faits*, et sans se borner par exemple à viser le comportement du prévenu à l'audience.
Ces troubles peuvent avoir deux degrés de gravité.

a) Trouble psychique ou neuropsychique ayant aboli le discernement et le contrôle des actes (art. 122-1, al. 1 C. pén.)

N'est pas responsable la personne qui était atteinte de ce trouble au moment des faits (une question spéciale est posée en cour d'assises si ce moyen de défense est invoqué : art. 349-1 C. pr. pén.).
Les troubles « psychiques ou neuropsychiques » (peut-il y avoir trouble psychique qui ne soit pas neuropsychique ?) comprennent non seulement la *démence* au sens strict, mais par exemple une *psychose paranoïde aiguë*, dont est atteint par ex. le meurtrier de plusieurs personnes, ou une grave *schizophrénie*.
Il y aura donc, selon le moment de la procédure où ces troubles au moment des faits sont établis :
— classement sans suite,
— au stade de l'instruction, ordonnance du juge d'instruction ou arrêt de la chambre de l'instruction prononçant l'**irresponsabilité pénale pour cause de trouble mental** et précisant qu'il existe des charges suffisantes établissant que l'intéressé a commis les faits qui lui sont reprochés (art. 706-120, 706-125 C. pr. pén.), et
— au stade du jugement, un jugement ou un arrêt de **déclaration d'irresponsabilité pénale pour cause de trouble mental**, avec déclaration que le prévenu ou

l'accusé a commis les faits qui lui étaient reprochés (art. 706-129, 706-133 C. pr. pén.).

En outre, la chambre de l'instruction, le tribunal correctionnel ou la cour d'assises peuvent prononcer des **mesures de sûreté**, comme l'interdiction d'entrer en relation avec la victime, l'interdiction de paraître en certains lieux, l'interdiction de détenir une arme, etc. (art. 706-136 C. pr. pén.). La décision d'irresponsabilité pénale pour trouble mental est portée au casier judiciaire (art. 768 C. pr. pén.). L'intéressé figure au fichier judiciaire national des auteurs d'infractions sexuelles ou violentes (art. 706-53-1 C. pr. pén.). S'il viole la mesure de sûreté prononcée, il commet un délit, sauf s'il a agi sous l'empire d'un trouble psychique ou neuropsychique (art. 706-139).

Cependant, le prévenu relaxé en raison de ces troubles est obligé à réparation, s'il a causé un dommage à autrui (art. 489-2 C. civ.). La juridiction de jugement répressive qui prononce l'irresponsabilité pénale pour cause de trouble mental est compétente pour statuer sur l'éventuelle demande de réparation de la partie civile (art. 706-131, 706-133 C. pr. pén. ; pour la chambre de l'instruction, renvoi possible au tribunal correctionnel afin qu'il statue sur l'action civile : art. 706-125 C. pr. pén.)

En outre, et indépendamment des articles du Code de la santé publique prévoyant l'hospitalisation d'office des malades dangereux, la juridiction qui prononce une déclaration d'irresponsabilité pénale pour trouble mental peut ordonner, sur expertise psychiatrique, une hospitalisation d'office de l'intéressé (art. 706-135 C. pr. pén.).

Remarques :

1. Si le trouble ne survient qu'**après l'infraction**, l'altération des facultés empêchant la personne mise en examen d'assurer sa défense, il est sursis au renvoi devant la juridiction de jugement.

2. Si le trouble ne survient qu'**après condamnation définitive**, il ne fait pas obstacle à l'application des peines pécuniaires ou des peines privatives de droit, mais il fait obstacle à l'exécution des peines privatives de liberté. Pour l'hospitalisation administrative des détenus atteints de troubles mentaux, v. art. L. 3214-1 et s. C. santé publ.

3. Si, ayant existé au temps de l'acte, le trouble n'a été découvert qu'après la condamnation, il peut y avoir révision du procès (v. Mémento de *Procédure pénale*).

b) Trouble psychique ou neuropsychique ayant altéré le discernement ou entravé le contrôle des actes

L'acte est punissable, mais la juridiction tient compte de cette circonstance lorsqu'elle détermine la peine et en fixe le régime (art. 122-1, al. 2 C. pén.). Comme auparavant pour ce qu'on a appelé la *« demi-folie »*, cas dans lequel les juges retenaient les « circonstances atténuantes », les juges abaisseront la peine applicable, ou choisiront une peine mieux adaptée. Ex. malade schizophrène qui entend une voix lui dire de lever le pied, lequel heurte la jambe de la victime (la Cour d'appel de Paris a prononcé une dispense de peine, avec dispense d'inscription au casier judiciaire). Certains auraient préféré, dans ces hypothèses, des mesures « répressivo-curatives » spéciales, et non des peines ordinaires (pour certaines infractions, en cas de condamnation, un suivi socio-judiciaire est possible).

Il ne s'agit pas d'une cause *légale* de diminution de peine : une question n'a donc pas à être posée à ce sujet en cour d'assises.

Ces troubles ne sont pas constitués par tout « syndrome anxio-dépressif réactionnel », le manque d'équilibre nerveux n'altérant ni le discernement ni la volonté.

Pour la description des diverses formes de troubles psychiques, on se reportera au Mémento de *Criminologie et science pénitentiaire*.

B. Altération passagère

L'altération passagère des facultés intellectuelles peut provenir d'**événements accidentels** : il s'agit ici d'une personne adulte et normale, mais qui est soumise provisoirement à une influence la privant du jeu normal de ses facultés.

La question se pose rarement à propos du *somnambulisme* ou de l'*hypnose* : il y aurait dans ces cas irresponsabilité (sauf à retenir, dans le cas d'hypnose, la responsabilité de l'hypnotiseur).

Mais la question se pose très souvent pour l'*ivresse* (indépendamment de la répression de l'ivresse elle-même en cas d'ivresse publique, ou de la conduite d'un véhicule sous l'empire d'un état alcoolique ou après usage de stupéfiants, v. Mémento de *Droit pénal spécial*).

1. Notion

• L'ivresse se *distingue de l'alcoolisme*, état pathologique durable (on peut être alcoolique sans avoir jamais été ivre). *Pour l'alcoolique*, on appliquera éventuellement l'article 122-1 du Code pénal en cas de maladie mentale alcoolique, le texte ne distinguant pas selon l'origine du trouble psychique.

• L'ivresse est un *état passager*, pouvant d'ailleurs être dû à d'autres causes que l'absorption d'alcool (ex. haschisch). Elle trouble cependant, aussi longtemps qu'elle dure, les facultés de l'agent.

2. Influence de l'ivresse sur la responsabilité pénale

Principe : on tient compte de la *proportion de volonté* dans la source de l'ivresse (*cf.* la faute antérieure du dément en droit civil).

Conséquences :

a) Si la personne a *recherché* l'ivresse, pour commettre l'infraction : il y a responsabilité ;

b) Si la personne s'est enivrée de manière fortuite, absorbant un liquide sans connaître son pouvoir enivrant : il y a irresponsabilité (ou *responsabilité* atténuée en cas d'ivresse incomplète) ;

c) Si la personne s'est enivrée *en se rendant compte* de ce qu'elle faisait (ivresse complète ou incomplète ; de même par inhalation de vapeurs d'alcool en connaissance de cause, due au métier exercé, ex. manipulation de solvants, ou travail dans un chai) ; deux conceptions sont possibles : *atténuation de responsabilité* découlant de l'obscurcissement des facultés mentales, ou *appréciation* sévère comme sanction de l'ivresse (en cour d'assises, il y a parfois une tendance des jurés à l'indulgence).

• La loi prévoit dans certaines situations une aggravation de peine, par exemple en cas d'homicide par imprudence commis par un conducteur sous l'empire d'un état alcoolique ou après usage de stupéfiants (art. 221-6-1 C. pén.) ; de même pour certaines infractions intentionnelles en cas d'ivresse manifeste ou sous l'empire manifeste de stupéfiants (ex. viol, art. 222-24, 12° ; agressions sexuelles, art. 222-28, 8° ; certaines violences, art. 222-12, 14°).

• En dehors de ces cas, la *Cour de cassation* estime qu'il y a là une question de fait, à apprécier par les juges du fond ;
– elle a admis la responsabilité même pour une infraction intentionnelle, en consacrant la thèse du *dol éventuel* (responsabilité des suites d'un acte initial volontaire), notamment dans l'affaire « du marin déserteur », qui avait été déserteur parce que retenu par la police en raison de son ivresse (Crim., 29 janv. 1921, S. 1922. 1. 185, note Roux).
– elle admettra sans doute la responsabilité dans les cas où la loi prévoit des peines plus fortes en raison de la *violation délibérée* (ou manifestement délibérée) d'une obligation de prudence (art. 221-6, 222-19, al. 2, 222-20, 223-1 C. pén.) – alors même que l'ivresse est un obstacle à la « délibération » –, ou de la conduite de véhicule sous l'empire de l'alcool ou de stupéfiants (art. 221-6-1, 222-19-1, 222-20-1). La chambre criminelle décide que la conduite d'un véhicule sous l'empire d'un état alcoolique est un délit intentionnel.

§ 2 – LE LIBRE EXERCICE DES FACULTÉS INTELLECTUELLES : LE PROBLÈME DE LA CONTRAINTE

Définition (art. 122-2 C. pén.) : n'est *pas responsable* la personne qui a agi sous l'empire d'une force ou d'une contrainte **à laquelle elle n'a pu résister** (c'est la force majeure, événement indépendant de la volonté de l'agent).

Conséquence : il y a **irresponsabilité** pénale. Mais cela suppose des conditions, *larges* quant au *domaine* de la contrainte, *étroites* quant à ses *sources* :

A. La contrainte peut être (indifféremment)

1. Physique

Exemples :
– force naturelle (tempête ; réduction du débit d'une rivière, cause d'une pollution industrielle) ;
– force humaine (séquestration du témoin, coureur cycliste dans un peloton, ayant renversé la victime) ;
– malaise brutal et imprévisible d'un conducteur.

2. Morale

Exemple : menaces de mort.

B. Mais la contrainte doit être (cumulativement) extérieure à l'agent, irrésistible et imprévisible

Cf. la force majeure en droit civil.

1. Extérieure à l'agent (en principe, sauf exception : *cf. supra* le malaise)

• La notion de contrainte a parfois été invoquée dans le cas d'infractions dues à des *besoins physiologiques* (vol de pain par affamé) : certaines juridictions ont parfois retenu dans ces cas l'état de nécessité.

• Ne constituent pas la contrainte morale l'action des passions (colère, haine, amour, jalousie, jeu), les convictions religieuses ou politiques. Mais les cours d'assises sont parfois indulgentes pour les auteurs de crimes passionnels.

2. Irrésistible

La contrainte doit *supprimer la liberté de choix de l'agent* (à la différence de l'état de nécessité).

La jurisprudence de la chambre criminelle est assez rigoureuse : par exemple, le devoir d'obéissance de l'employé n'est pas la contrainte. N'est pas une force majeure, effaçant un abus de confiance, la brusque décision d'une banque de retirer son appui.

Exemples de cas où la non-imputabilité a été admise : la chambre criminelle a admis la contrainte pour celui qui avait dû abriter une quarantaine de rebelles armés (elle avait été plus sévère en 1900, dans l'affaire « des brigands corses » : le recel de malfaiteurs avait été considéré comme constitué pour les propriétaires d'un bois où séjournaient des brigands, malgré les sérieuses menaces dont ils avaient fait l'objet). La non-imputabilité a été admise en matière fiscale, dans un cas où l'infraction avait été due aux fraudes de tiers, que le prévenu était dans l'impossibilité de déceler : la force majeure était constituée ; de même une assignation à résidence pourrait rendre impossible l'exécution de l'interdiction du territoire.

Remarques :

1. Les juridictions du fond admettent souvent la contrainte plus facilement que ne le fait la chambre criminelle (ex. pour le délit de non-représentation d'enfant, en cas de résistance de l'enfant ; pour la conduite en état alcoolique, si le conducteur a été invité par des gendarmes à déplacer le véhicule).

Elles ont également consacré parfois une application très extensive de cette cause de non-imputabilité dans les cas où l'auteur avait été poussé à l'infraction par la « provocation » des agents (par exemple des douanes) désireux d'établir la preuve de certaines infractions.

2. À défaut de contrainte, on pourra parfois invoquer l'état de nécessité.

3. Imprévisible

La jurisprudence se montre sévère à ce sujet. En principe, il n'y a pas contrainte en cas de défaillance mécanique du véhicule, ou physique du conducteur ; le verglas ne peut constituer une force majeure que s'il apparaît soudainement.

Selon la jurisprudence, il n'y a pas contrainte en cas de **faute antérieure** de l'auteur des faits (*v.* ci-dessus, à propos de l'ivresse, l'affaire du marin déserteur).

On peut **critiquer** cette prise en compte de la faute antérieure : les éléments de l'infraction doivent en effet s'apprécier au moment où celle-ci est matériellement commise (*cf.* le dol éventuel, *v. cette question section 2*).

Section 2 › LA CULPABILITÉ

Notion : la personne à laquelle est matériellement imputable peut n'être pas « coupable » (le cas fortuit est l'absence de faute). Elle ne le sera que si elle a commis une **faute**. La faute peut être :
– soit **d'intention**, élément en principe nécessaire de tout crime ou délit (art. 121-3, al. 1 C. pén.), même si la loi ne le précise pas dans chaque cas ;
– soit **d'imprudence ou de négligence**, élément suffisant lorsque la loi le précise.

§ 1 – LA FAUTE INTENTIONNELLE

Cette faute ne se confond ni avec la simple volonté, ni avec le mobile. Mais, une fois que l'on sait ce qu'elle n'est pas, il faut analyser ce qu'elle est.

A. Distinction de l'intention et de la volonté

L'intention coupable est la **volonté orientée vers l'accomplissement d'un acte interdit**. Tout acte intentionnel est un acte volontaire, mais l'acte volontaire peut n'être pas intentionnel.

B. Distinction de l'intention et du mobile

Le mobile est le sentiment qui détermine à l'action (ex. meurtre par haine, jalousie, cupidité), **variable** d'un cas à l'autre, même pour une infraction semblable.
L'intention, elle, demeure toujours semblable pour une même infraction (cette distinction rappelle, en droit civil, celle que l'on fait, pour un même contrat, entre la cause, identique, et les motifs, différents) : tout meurtrier a l'intention de tuer.
Intérêt de la distinction : alors que *l'intention* constitue un *élément* de l'infraction intentionnelle, **le mobile, en principe, n'est pas pris en considération par le droit pénal** : ex. *euthanasie, excision* pour se conformer à des coutumes ancestrales (v. Mémento de *Droit pénal spécial*) ; *vol* généreux, *refus de payer ses impôts* pour des raisons idéologiques ; *violences* commises « pour plaisanter », *omission de secours* pour motifs religieux, *accès frauduleux à un système informatique* par pur amusement, *mobile « légitime »* (ex. reprendre l'argent prêté et non restitué : c'est un vol), etc. ; pour le mobile politique, v. l'infraction politique.
Mais d'assez **nombreuses atténuations** importantes sont apportées à la règle ci-dessus.

1. En fait

a) Par la prise en considération du mobile par les juges, et surtout par les jurés, pouvant aller jusqu'à l'acquittement si le mobile est considéré comme « noble ».

La cour d'assises est parfois indulgente dans les cas d'euthanasie, ou pour les *crimes passionnels*. Autre exemple : en 1984, une cour d'assises a acquitté un fils qui avait tué son père, à l'expresse et insistante demande de celui-ci, qui était certain de ressusciter sans tarder.

b) Par la confusion faite par certains tribunaux entre l'intention et les mobiles, pour écarter les solutions trop sévères. On dira par exemple : le prévenu n'avait « pas l'intention de nuire » (ce qui constitue en principe un mobile) ; cela rappelle la confusion cause et motifs en droit civil.

2. En droit

a) Le mobile, circonstance aggravante

Certaines dispositions légales font intervenir le mobile comme *circonstance aggravante* (ex. *meurtre* d'un témoin **pour** l'empêcher de déposer ; *enlèvement* **pour** obtenir une rançon ; *modification de l'état des lieux* d'un *crime* **pour** entraver la manifestation de la vérité) ; pour certaines infractions, mobile *tenant à la race, de la victime*, à sa nationalité, religion ou orientation sexuelle (ex. menaces, vol, extorsion) ; dans certains cas, le mobile est à la fois circonstance aggravante et condition d'application de règles spéciales, ex. pour certaines infractions en relation avec une entreprise à *but terroriste* (art. 421-1 C. pén.).

b) Le mobile, élément de l'infraction

Des lois, de plus en plus souvent, font du mobile un *élément de l'infraction*, ex. *génocide* (ex. par meurtre en exécution d'un plan concerté tendant à la destruction d'un groupe par exemple racial), autres *crimes contre l'humanité* (par des actes comme des exécutions sommaires, inspirés par des motifs politiques, philosophiques, raciaux ou religieux) ; *provocation à la discrimination raciale*. La simple intention ou *dol général* ne suffit donc plus alors, il faut, en plus du dol général, un *dol spécial*.

C. Analyse de l'intention

Trois éléments sont nécessaires : la prévisibilité du résultat, le désir de ce résultat, l'action en connaissance du caractère illégal de l'acte.

1. La prévisibilité du résultat

L'intention suppose que l'agent ait pu **prévoir le résultat**.

2. Le désir du résultat

L'intention suppose que l'agent ait **désiré le résultat**.

Conséquences :

a) En principe

En droit pénal français, le **dol éventuel** n'équivaut pas au dol général ; il n'y a pas faute intentionnelle si le résultat était *prévu comme possible sans avoir été désiré* (sauf si le résultat de l'action devait nécessairement découler de celle-ci). Ainsi un automobiliste qui dépasse un véhicule au sommet d'un dos d'âne et tue un conducteur circulant sur la voie opposée n'est pas un meurtrier (encore moins « un assassin de la route »).

• Est cependant incriminée, mais non punie comme infraction intentionnelle, la *mise en danger* exposant autrui à un risque immédiat de mort ou de blessure grave, par la *violation manifestement délibérée d'une obligation particulière de sécurité* (art. 223-1 C. pén. : un an d'emprisonnement et 15 000 € d'amende). Il y a même aggravation des peines applicables à l'homicide et aux atteintes à l'intégrité de la personne par imprudence (art. 221-6, 221-20), en cas de manquement *délibéré* à une obligation de sécurité et de prudence ; c'est l'application partielle de la notion de dol éventuel ; on est à mi-chemin entre la faute d'imprudence et la faute intentionnelle, mais on n'assimile cependant pas cette faute à l'intention.

• De même, l'infraction *praeterintentionnelle* (« dol dépassé »), dans laquelle le résultat qui survient est plus grave que le résultat désiré n'équivaut pas à l'infraction intentionnelle : ex. les violences ayant entraîné la *mort sans l'intention de la donner* sont des infractions différentes du meurtre, punies moins sévèrement (art. 222-7 : 15 ans de réclusion criminelle, au lieu de 30 ans pour un meurtre).

b) Exceptions

Cas où le dol éventuel équivaut à l'intention, la peine encourue étant alors la même que s'il y a intention.

• La loi le décide pour certaines infractions : ex. incendie volontaire (art. 322-10), ou détournement d'avion, de navire ou de transport collectif (art. 224-7), ayant causé la mort (réclusion criminelle à perpétuité), violences habituelles sur mineur de 15 ans ou personne vulnérable ayant entraîné la mort (art. 222-14, 1° : 30 ans de réclusion criminelle).

• Certaines circonstances aggravantes s'appliquent à tous les participants à l'infraction, y compris à ceux ne les ayant pas voulues (*v. le chapitre sur la complicité*).

• Parfois le *dol indéterminé* est puni comme le dol déterminé (ex. violences ayant entraîné une infirmité permanente, punies même si l'on n'a pas voulu précisément cette infirmité).

3. L'action en connaissance de cause du caractère illégal des actes

L'intention suppose en principe que l'agent ait eu **connaissance du caractère illégal de ses actes** ; c'est en ce sens que la chambre criminelle affirme que **l'intention existe dès lors qu'il y a eu violation en connaissance de cause de la prescription légale ou réglementaire.**

Cela pose le problème de **l'erreur**, sous ses deux formes.

a) Erreur de droit

Malgré l'adage « *Nul n'est censé ignorer la loi* », créant une présomption de mauvaise foi (non seulement pour la loi et les règlements, mais aussi pour leur interprétation, et pour la jurisprudence), il peut y avoir **erreur sur le droit**. Le nouveau Code pénal admet (art. 122-3) que « N'est pas pénalement responsable la personne qui justifie avoir cru, par une erreur sur le droit qu'elle n'était pas en mesure d'éviter, pouvoir légitimement accomplir l'acte ».

La solution est nouvelle : la jurisprudence antérieure, fondée sur la règle « Nul n'est censé... », refusait en principe de tenir compte de l'erreur de droit (erreur sur la loi et sur son interprétation), quelle que soit sa cause. La règle, présumant la mauvaise foi, était il est vrai en partie artificielle, d'autant qu'elle valait par exemple même pour les étrangers (ce qui pouvait être excessif). Des juridictions du fond avaient parfois admis l'erreur portant sur certaines *lois civiles* invoquées devant un tribunal répressif (ex. art. 716 C. civ., et vol commis par l'inventeur d'un trésor). Mais la chambre criminelle était plus sévère : l'erreur de droit était en principe rejetée.
L'art. 122-3 suppose réunies plusieurs conditions pour que l'erreur sur le droit exonère de sa responsabilité la personne qui l'invoque :
– la charge de la preuve repose sur cette personne, et seule la personne poursuivie peut invoquer l'erreur ; l'erreur doit être invoquée devant les juges du fond ;
– la personne a cru pouvoir légitimement accomplir l'acte ;
– l'erreur de droit ne pouvait être évitée par elle (erreur « *invincible* »). Ainsi n'est pas punissable celui dont l'erreur a été provoquée par « l'administration » compétente qu'il a préalablement consultée sur la légalité de son acte (ex. attestation erronée délivrée par un procureur de la République). Pour les tolérances administratives, *v. l'autorisation de la loi*.
La chambre criminelle **n'admet pas l'erreur de droit lorsque celle-ci peut être évitée** : c'est le cas soit que le prévenu, de par ses fonctions, ait dû *connaître la règle*, soit que, ne la connaissant pas, il ait dû *s'entourer de conseils appropriés*. L'erreur de droit ne peut être invoquée sur le fondement d'une divergence de jurisprudence entre la chambre criminelle et une autre chambre de la Cour de cassation. Le simple avis d'un professionnel du droit n'est pas en lui-même exonératoire (ex. pour la durée du travail, pour une erreur qui pouvait être évitée par une consultation auprès de l'inspecteur du travail) ; pour une violation de domicile, pour un prévenu qui avait consulté un avoué sur son droit de pénétrer dans l'appartement de son épouse dont il vivait séparé.
Remarque : l'art. 41-1 C. pr. pén., permet au procureur de la République de rappeler à l'auteur de l'infraction ses obligations légales...

b) Erreur de fait
Principes :

- L'erreur **supprime l'intention** coupable si elle porte sur un *élément essentiel* à l'existence de l'infraction ; ex. personne distraite s'emparant d'un vêtement du voisin : elle ne commet pas un vol ; pharmacien donnant par erreur un poison comme remède – sauf à retenir la faute de négligence, mais pour une infraction qui ne sera pas l'empoisonnement – ; dans certains cas, peuvent effacer l'intention : l'erreur sur l'âge en matière de détournement de mineur, si l'on a pu raisonnablement se tromper ; l'erreur sur l'état de légitime défense. Parfois, la faute n'est exclue que s'il y a eu erreur *invincible*, mais non si l'erreur a été seulement fautive.

- L'erreur **laisse subsister l'intention** coupable *si elle ne porte pas sur un élément essentiel* à l'existence de l'infraction. Ex. erreur commise par l'auteur de violences : *erreur du coup* (par maladresse, on atteint une personne autre que celle que l'on visait), ou *sur la personne* (on est trompé par une ressemblance ou l'obscurité).

On tiendra compte toutefois de la qualité de la victime si celle-ci constitue une circonstance aggravante de l'infraction : ex. il y a aggravation de la peine du meurtre si l'on tire intentionnellement sur un ascendant (art. 221-4, 2° C. pén.) et qu'on tue un tiers par erreur. Ne retenir que le meurtre sur le tiers atteint par erreur (réclusion criminelle de 30 ans) serait paradoxal, puisqu'il y aurait tentative de meurtre aggravé (réclusion criminelle à perpétuité) en cas de balle perdue…

§ 2 – LA FAUTE D'IMPRUDENCE OU DE NÉGLIGENCE

Cette faute pose un problème de notion, et un problème de répression.

A. La notion de faute d'imprudence ou de négligence

1. La faute d'imprudence ou de négligence ou de manquement à une obligation de prudence ou de sécurité (art. 121-3, al. 3)

Cette faute **ne comporte pas le désir du résultat**. Elle suppose la prévision du résultat comme possible, et consiste, avec les nuances qu'on va voir, à ne pas avoir pris les précautions qui auraient empêché le dommage de survenir (ou même, pour la **mise en danger délibérée**, art. 121-3, al. 2, de pouvoir survenir).

Le domaine principal de cette faute est l'atteinte à la personne humaine. Mais la loi réprime certaines imprudences dans d'autres domaines : ex. en matière de divulgation de secret de la défense nationale (art. 413-10, al. 3), de détournement de biens publics (art. 432-16).

L'art. 121-3, al. 3 a été modifié depuis la publication du Code pénal.

À la suite de la L. 10 juill. 2000 (pour les contraventions, art. R. 610-2, al. 1 décr. 10 sept. 2001) :

• Le délit n'existe *que si les diligences n'ont pas été accomplies* (l'accusation doit établir cet élément), alors qu'auparavant le délit existait *sauf si* ces diligences avaient été accomplies.

• L'art. 121-3, al. 4, limite la responsabilité des personnes physiques **qui n'ont pas causé directement le dommage**.

On remarquera que la réforme pourra profiter à d'autres personnes qu'à celles pour lesquelles elle a été faite (fonctionnaires – art. 11 *bis* A L. 1983 –, et élus locaux dans l'exercice de leurs fonctions) : ainsi pour d'autres « décideurs », ex. dans le secteur privé, et, plus généralement, pour tous ceux qui jusqu'alors étaient condamnés pour faute ayant causé indirectement le dommage, ex. automobiliste fautif causant un accident et victime décédant des suites d'une faute opératoire (sur de multiples exemples de cette infraction, v. Mémento de *Droit pénal spécial*).

On remarquera aussi que dans la répression de l'homicide et des atteintes à l'intégrité de la personne par imprudence, il suffisait pour la jurisprudence, on l'a vu dans l'étude de l'élément matériel, qu'il y ait eu un lien indirect entre la faute et le dommage. La règle nouvelle donne une grande importance à la distinction des cas où le dommage a été causé directement et des autres hypothèses : cette distinction n'est pas toujours facile, et risque d'aboutir à des solutions arbitraires.

Les personnes qui ont causé indirectement le dommage sont celles qui :
– ont *créé ou contribué à créer la situation* qui a permis la réalisation du dommage,
– ou n'ont *pas pris les mesures* permettant de l'éviter.

Leur responsabilité pénale n'existe alors que :
– si elles ont « **violé de façon manifestement délibérée** » une obligation particulière de prudence ou de sécurité prévue par la loi ou par le règlement »,
– **ou** si elles ont « commis une **faute caractérisée** et qui exposait autrui à un *risque d'une particulière gravité qu'elles ne pouvaient ignorer* ».

Ces restrictions *ne concernent pas les personnes morales*, qui pourront donc être condamnées pour des infractions non intentionnelles alors que leur représentant ne le sera pas (art. 121-2, al. 3).

Elles *ne concernent pas non plus les infractions d'imprudence ne comportant pas le dommage dans leurs éléments constitutifs*, ex. les pratiques commerciales trompeuses. Mais elles peuvent s'appliquer en dehors des atteintes à la personne par imprudence : ainsi en matière de pollution.

2. Faute d'imprudence et intention, ou volonté

On dit souvent ici infractions « involontaires », ex. l'homicide « involontaire », et les atteintes « involontaires » à l'intégrité de la personne (on disait « blessures », dans le Code antérieur) : mais la volonté, distincte de l'intention, a une part dans ces infractions (ex. excès de vitesse autrement que par distraction), comme le montre l'incrimination de la mise en danger délibérée. Cette analyse est importante en matière de complicité (*v. cette question*).

On verra, dans l'étude de la *légitime défense*, que ce fait justificatif est exclu par la chambre criminelle en matière d'homicide et atteintes à l'intégrité de la personne par imprudence.

3. L'unité ou la dualité des fautes pénale et civile

Depuis la L. 2000 (art. 4-1 C. pr. pén.), il peut y avoir relaxe au pénal pour absence de faute d'imprudence ou de négligence et, au civil, condamnation à réparation pour faute de même type (art. 1383 C. civ.) : il y a sur ce point non plus unité des fautes, comme en cas de condamnation, mais dualité (v. Mémento de *Droit pénal spécial*).

On remarquera qu'en cas de *dommage causé indirectement* (la loi pénale exige alors, on l'a vu, une faute plus grave), s'il y a relaxe au pénal, *le juge civil* ne pourra accorder réparation qu'en concluant à une causalité directe jugée pourtant absente, par hypothèse, par son homologue pénal. Mais la jurisprudence pourrait profiter de cette réforme pour renoncer complètement au principe de l'unité de fautes consacré par elle en 1912.

B. La répression de l'imprudence ou de la négligence : faute et résultat

Distinguons l'imprudence avec résultat et l'imprudence sans résultat.

1. Répression de l'imprudence ayant causé un résultat

a) Imprudence et intention

À résultat égal, les fautes d'imprudence ou de négligence ou de mise en danger sont traitées **moins sévèrement** que les fautes intentionnelles, puisqu'elles ne comportent pas le désir du résultat (*cf.* la gradation des fautes en droit civil) : *meurtre*, réclusion de *30 ans* ; *homicide par imprudence*, maximum de *3 ans*, sauf circonstance aggravante, par exemple 5 ans en cas de manquement délibéré à une obligation de prudence.

b) Imprudence et causalité

En cas de résultat, un effort de répression se manifeste par *l'appréciation très large, par la jurisprudence, de la causalité* entre faute et résultat : les juges remontent souvent très haut dans la chaîne des causes, sauf à respecter, en cas de causalité indirecte, l'exigence légale d'une faute caractérisée, *v. A.* (v. Mémento de *Droit pénal spécial*).

2. Répression de l'imprudence n'ayant pas causé de résultat

L'homicide et les atteintes à l'intégrité de la personne supposent un résultat, on l'a vu à propos de la tentative. Mais des incriminations permettent de réprimer des imprudences n'ayant pas causé de résultat.

a) La mise en danger délibérée d'autrui

Indépendamment de tout résultat, **est punissable la mise en danger délibérée d'autrui** : exposer directement autrui à un risque immédiat de mort ou de blessure de nature à entraîner une mutilation ou une infirmité permanente par la violation délibérée d'une *obligation particulière de sécurité ou de prudence imposée par la loi ou par le règlement* (art. 223-1 C. pén.).

• Le délit suppose un lien immédiat entre la violation des règles et le risque (v. Mémento de *Droit pénal spécial*) : c'est une sorte de « tentative » d'homicide ou d'atteintes à l'intégrité de la personne par imprudence ; ex. admettre des passagers en surnombre sur un navire ; laisser son chien dangereux en liberté ; procéder à un dépassement dangereux ; franchir délibérément plusieurs feux rouges. Il y a évidemment un risque d'arbitraire dans cette appréciation ; la chambre criminelle a décidé qu'une vitesse de 211 km/h dans une grande circulation sans comportement particulier exposant directement autrui à un risque immédiat ne constitue pas le délit.

• Ce délit, selon la jurisprudence, ne peut se cumuler avec le délit d'homicide ou atteintes à l'intégrité de la personne par imprudence. Mais, on l'a vu, les peines de l'homicide par imprudence sont aggravées.

• Il ne s'agit pas là d'une infraction intentionnelle, même si, pour la chambre criminelle, mêlant ici volonté et intention, l'élément « intentionnel » de l'infraction résulte du caractère manifestement délibéré de la violation de l'obligation de prudence ou de sécurité ; on verra que la chambre criminelle a retenu la *complicité* de ce délit pour le fait d'enjoindre à un préposé conducteur de franchir un feu rouge en lui disant : « Vas-y, vas-y, ça passe ». Si l'on estime qu'il n'y a pas de complicité d'infraction d'imprudence, on pourrait donc considérer que l'infraction est intentionnelle ; mais on peut tout aussi bien estimer que la complicité d'imprudence est punissable, ainsi qu'en témoigne la solution de la Cour de cassation…

b) Autres incriminations

Même en l'absence de résultat, et en dehors de l'incrimination de *mise en danger*, des incriminations du *Code de la route* et du *Code du travail*, notamment, permettent de réprimer des imprudences même en l'absence de résultat : mais ces textes ne concernent que leur domaine.

Dans une civilisation technique, où les imprudences peuvent avoir des conséquences dangereuses (expériences atomiques), *il est des fautes d'imprudence qu'il faudrait pouvoir punir*, parfois même en l'absence de résultat (surtout en cas d'imprudence consciente), *avec autant de rigueur que les fautes d'intention* (v. le délit de mise en danger, punissable indépendamment de tout résultat, mais de peines moins élevées que celles prévues pour les infractions intentionnelles).

POUR ALLER PLUS LOIN

BIBLIOGRAPHIE :

> M.-E. Cartier, « La nouvelle définition des délits non-intentionnels », *Rev. sc. crim.* 2001, p. 725.

EXEMPLES DE SUJETS POSSIBLES D'EXAMENS :

Dissertations :
> La personne agissant sous l'emprise d'un trouble psychique ou neuropsychique
> L'intention et le mobile
> L'erreur en droit pénal général

Commentaire d'arrêt :
> Crim., 13 déc. 1956, *affaire Laboube*.

Chapitre 4 > L'ÉLÉMENT INJUSTE

> **Définition :** cet élément consiste dans **l'absence de fait justificatif** ; s'il y a un fait justificatif, l'infraction disparaît, même si elle était constituée dans ses autres éléments (légal, matériel, moral) : il y aura donc, selon le stade de la procédure, non-lieu (à l'instruction), ou relaxe ou acquittement (par les juridictions de jugement).
>
> On a déjà indiqué que la formule du Code pénal (« N'est pas pénalement responsable la personne qui… ») risque de conduire à une confusion des concepts : un fait justificatif, par exemple la légitime défense, est différent de l'absence d'intention coupable.
>
> Certains auteurs, on l'a dit, rattachent l'élément injuste à l'élément légal ou à l'élément moral de l'infraction.
>
> On doit étudier ici les faits justificatifs généraux (il existe des faits justificatifs spéciaux à certaines infractions, ex. la provocation effaçant l'injure : v. Mémento de *Droit pénal spécial*).
>
> On étudiera l'ordre de la loi ou le commandement de l'autorité légitime, la légitime défense, l'état de nécessité, et le problème du consentement de la victime.

Section 1 > L'ORDRE DE LA LOI OU LE COMMANDEMENT DE L'AUTORITÉ LÉGITIME

Art. 122-4 C. pén. Le texte est général, visant les dispositions législatives et réglementaires : **la loi ou le règlement ne peuvent à la fois ordonner ou autoriser un acte et faire de cet acte une infraction** (ex. l'arrestation d'une personne dans des formes légales ne saurait constituer l'infraction de violence). Le texte fait produire le même effet justificatif au commandement de l'autorité légitime, si l'acte ordonné n'est pas manifestement illégal.

§ 1 – L'ORDRE DE LA LOI

La justification peut en réalité résulter soit de l'ordre de la loi (ou du règlement), soit de l'autorisation de la loi (ou du règlement), soit parfois de la coutume ou de l'usage.

A. L'ordre de la loi (ou du règlement)

Il suffit par lui-même à justifier l'acte si l'ordre du supérieur n'est pas nécessaire.

Exemple : l'obligation de porter secours justifie, par exemple, une violation de domicile ; l'obligation pour le médecin de révéler certaines maladies contagieuses justifie la violation de secret professionnel ; l'obligation pour le commissaire aux comptes de révéler certaines infractions dans les sociétés justifie la violation de secret professionnel.

Mais l'on ne peut dépasser la mesure, par ex. il ne faut pas porter secours aux personnes menacées en cassant le bras d'un enfant lanceur de pierre.

B. La simple autorisation de la loi (ou du règlement)

Elle constitue également un fait justificatif.

Exemples de permission de la loi :

• L'art. 16-3 C. civ. autorise *a contrario* à porter atteinte à l'intégrité du corps humain en cas de nécessité médicale pour la personne, ou, à titre exceptionnel, dans l'intérêt thérapeutique d'autrui.

• L'exercice des professions médicales et chirurgicales, autorisé par la loi, justifie des délits de violence matériellement commis par les chirurgiens lors des opérations.

• La possibilité, notamment pour les médecins, de faire révélation (non obligatoire pour eux) aux autorités judiciaires, médicales ou administratives, de privations ou sévices (ex. atteintes sexuelles), sur mineur de 15 ans ou sur personne vulnérable, justifie la **violation du secret professionnel** ; il en est de même, avec l'accord de la victime, pour la révélation, par le médecin au procureur de la République, de sévices, sur n'importe quelle personne, faisant présumer des violences sexuelles.

• En cas de *crime ou délit flagrant*, même un particulier peut en appréhender l'auteur (art. 73 C. pr. pén.) : l'acte de violence commis pour cela est justifié.

• En matière de **criminalité et délinquance organisées** (ex. terrorisme, stupéfiants), les art. 706-81 et s. C. pr. pén., justifient, pour la police judiciaire, des opérations d'*infiltration (*ex. acquisition ou transport de stupéfiants), avec l'accord du procureur de la République ou du juge d'instruction.

• Les art. 100 et s. C. pr. pén. autorisent les *écoutes téléphoniques*, justifiant ainsi le délit d'atteinte à la vie privée (v. Mémento de *Procédure pénale*).

• L'art. 174 décr. 20 mai 1903, autorise les gendarmes à faire usage des armes dans certains cas ; selon la jurisprudence, la justification ne joue que si l'usage de l'arme est « absolument nécessaire », et n'expose pas les tiers à des risques disproportionnés ; mais elle joue même pour des infractions non intentionnelles comme l'homicide par imprudence ; la justification ne peut être étendue au gendarme en civil : il peut y avoir légitime défense, mais il faut l'établir.

• La **légitime défense** est également un cas de justification par autorisation de la loi.

• N'est pas un viol punissable l'exécution d'une expertise légalement ordonnée, pour découvrir de la drogue.

• L'obligation légale d'énoncer les motifs de licenciement justifie la diffamation non publique.

Au contraire :

• En principe la *tolérance administrative* ne vaut pas autorisation : ex. l'agrément d'un médicament n'a pas justifié l'homicide par imprudence commis par le fabricant ; il en est de même en matière de sécurité du travail, pour des tolérances concernant les dispositifs de sécurité. Mais il pourra parfois y avoir *erreur de droit*.

• Pour les **crimes contre l'humanité** : l'ordre ou l'autorisation de la loi ou du règlement *ne justifient pas* l'acte : la juridiction en tient seulement compte dans la détermination de la peine (art. 213-4 C. pén.).

C. La simple autorisation de l'usage ou de la coutume

La simple autorisation de l'usage ou de la coutume (appelés ainsi à jouer un rôle indirect en matière pénale) peut constituer un fait justificatif.

Exemples : il n'y aura pas infraction de violence punissable pour des actes commis dans l'exercice de sports violents (ex. boxe, rugby : mais l'on doit rester dans les limites des usages), ni dans l'exercice du droit de correction, limité, des parents sur leurs enfants, ni pour des corrections bénignes infligées par des instituteurs à des élèves insolents (mais pas pour des violences excessives), ni pour la publication de fausses nouvelles inspirées par la tradition du 1er avril, etc.

Mais la justification ne joue pas si l'usage est spécialement contredit par un texte ; le « bizutage », même sans violence, menace, ni atteinte sexuelle, est un délit s'il comporte des actes dégradants ou humiliants (art. 225-16 et s. C. pén.).

L'usage est parfois visé par la loi (ex. le Code pénal autorise les courses de taureaux et les combats de coqs, dans les localités où une tradition ininterrompue peut être établie : art. R. 654-1 et R. 655-1).

Il faut tenir compte, dans l'appréciation de l'usage, de *l'évolution des mœurs*, ex. pour les tenues jadis prohibées, en reproduction (ex. les images publicitaires, les films), ou même en original (sur les plages).

Mais tout usage n'est pas bon : ex. l'excision n'est pas justifiée par les coutumes ancestrales de ceux qui la pratiquent : il a été jugé que c'est une mutilation, constituant un crime.

§ 2 – LE COMMANDEMENT DE L'AUTORITÉ LÉGITIME

On a longtemps discuté du principe, lorsque ce commandement n'était pas accompagné de l'ordre de la loi : pouvait-on obliger les subordonnés qui reçoivent un ordre à en vérifier la légalité (ex. dans l'armée) ? En cas d'*ordre illégal*, peut-on refuser de l'exécuter ? Si on l'exécute, commet-on une infraction (ex. conducteur obéissant à l'agent lui enjoignant d'emprunter un sens interdit) ?

A. Anciennes thèses

1. Théorie de l'obéissance passive

On doit toujours obéir aux ordres.

Conséquences en cas d'ordre illégal : si l'ordre n'est pas exécuté, peines du refus d'obéissance ; si l'ordre est exécuté, il constitue la *justification* de l'acte : pas d'infraction.

Critique : la théorie risque de conduire à des coups de force, et elle est contraire à la tradition française, selon laquelle on n'obéit pas à n'importe quel ordre.

2. Théorie de l'obéissance raisonnée (ou des « baïonnettes intelligentes »)

Le subordonné doit apprécier le caractère légal de l'ordre.

Conséquences en cas d'ordre illégal : si l'ordre n'est pas exécuté, il n'y aura pas de peine pour refus d'obéissance ; mais en contrepartie si l'ordre est exécuté, il n'y aura *pas fait justificatif* : il y a infraction punissable.

Critique : cette théorie est souvent difficile à appliquer : on ne peut demander à tous les subordonnés d'apprécier la légalité des ordres reçus.

B. Le Code pénal (art. 122-4, al. 2)

Il a consacré la **distinction**, proposée et adoptée auparavant, fondée sur le **caractère de l'illégalité** : il peut en effet y avoir illégalité **manifeste ou non manifeste.**

1. Si l'ordre est manifestement illégal

Le subordonné ne doit pas obéir ; s'il obéit, il n'est pas couvert par l'ordre du supérieur (ex., faux en écriture publique sur instructions d'un maire, destruction d'une paillote sur ordre d'un préfet).

2. Si l'illégalité de l'ordre n'est pas manifeste

Solution inverse : l'exécution de l'ordre est justifiée par l'ordre du supérieur.

La difficulté est que, sauf dans des cas extrêmes, qui sont fort rares, la distinction entre les deux illégalités est difficile et risque d'être arbitraire.

D'autres textes vont pourtant dans le même sens :

– le **règlement militaire** de 1975 : si l'ordre prescrit d'accomplir un acte manifestement illégal (ou contraire aux coutumes de la guerre et aux conventions internationales), le subordonné ne doit pas obéir (instruction 2005 : il fait savoir son refus) ; mais si le motif d'illégalité a été invoqué à tort pour ne pas exécuter l'ordre, il y a refus d'obéissance.

– le **statut des fonctionnaires** (L. 1983) excepte du devoir d'obéissance le cas de l'ordre manifestement illégal et de nature à compromettre gravement un intérêt public (v. aussi le *Code de déontologie de la police nationale*, 1986, art. 17).

C. La jurisprudence

• Elle a souvent distingué moins selon la nature de l'ordre que selon les *possibilités présumées de réflexion* du subordonné : pour l'exécution du même ordre illégal, le fait justificatif sera plus facilement admis au bénéfice d'un agent très subalterne qu'à celui d'un agent de grade supérieur (ainsi un colonel de gendarmerie ne peut se méprendre sur l'illégalité de l'ordre d'un préfet d'incendier une paillote illégale).

• Elle a parfois fait appel, indépendamment de la théorie du fait justificatif, à *d'autres causes d'irresponsabilité*, par exemple l'erreur (non-culpabilité), ou la contrainte morale (non-imputabilité).

Remarques :

1. *Ne constitue pas un fait justificatif le commandement d'une simple* **autorité privée** ; ex. Supérieur hiérarchique ordonnant une dénonciation calomnieuse, l'ordre de l'employeur à son comptable pour une présentation de bilan inexact.

2. Pour les *crimes contre l'humanité* (art. 213-4 C. pén.) : le commandement de l'autorité légitime ne justifie pas l'acte ; mais la juridiction en tient compte dans la détermination de la peine. Dans le même sens : lors du procès des *criminels de guerre nazis* (Nuremberg), l'ordre des supérieurs a pu être retenu à titre de « circonstance atténuante », mais non de fait justificatif.

Section 2 › LA LÉGITIME DÉFENSE

Art. 122-5 et 6 C. pén. C'est un fait justificatif au profit de la personne qui riposte à une atteinte injustifiée envers *elle-même ou autrui*, ou, mais à des conditions plus étroites, en cas d'atteinte à *un bien*.

Le texte justifie en principe toute infraction commise en réponse, en cas d'agression contre la personne : ex. violence, menace en réponse à l'agresseur, soustraction de l'arme de l'agresseur.

La chambre criminelle apporte toutefois une importante exception à ce principe : ne sont pas justifiés *l'homicide et les atteintes à l'intégrité de la personne par imprudence* commis en se défendant (Crim., 16 févr. 1967, *JCP* 1967. II. 15034, note Combaldieu) ; ainsi, ne sont pas justifiées les blessures par imprudence, pour la personne ayant coincé les doigts de celui qui, illégitimement, se refusait à sortir, et tentait d'empêcher la fermeture de la porte.

Cette solution est très contestable, car la volonté n'est pas absente de l'infraction (*v. la faute d'imprudence*) ; elle conduit à la condamnation en cas d'homicide par imprudence commis en se défendant, alors que sera justifié, si les autres conditions sont réunies, l'homicide intentionnel.

Remarque : selon la chambre criminelle, la légitime défense exclut la faute : donc l'agresseur devenu victime ne peut obtenir réparation ; il ne peut même pas agir contre l'agressé considéré comme gardien (art. 1384, al. 1 C. civ.) de l'arme qu'il a utilisée pour se défendre.

Il faut rechercher le fondement de la légitime défense, déterminer ses conditions générales, et préciser les cas dans lesquels la légitime défense est présumée.

§ 1 – FONDEMENT DE LA LÉGITIME DÉFENSE

- On ne peut faire appel à la notion de *contrainte morale*, qui supprime la liberté de choix, ce que ne fait pas la légitime défense (notamment lorsque c'est un tiers que l'on défend).

- On ne peut faire appel à l'idée de *compensation* (selon Hegel, l'attaque est la négation du droit, la défense la négation de cette négation, donc l'affirmation du droit) : car cela conduirait à ne pas appliquer de peine à l'agresseur, contrairement aux solutions admises.

- Dans la légitime défense, il s'agit moins de réprimer que de *prévenir*. Mieux vaut donc dire : l'agression prouve la *défaillance de la protection sociale*, à laquelle va porter remède la légitime défense ; il n'y a pas remplacement de la justice publique par la justice privée, car le droit de punir reste réservé à la société, ce qui explique la possibilité d'appliquer une peine à l'agresseur (un principe important est que « *Nul ne peut se faire justice à soi-même* »).

§ 2 – CONDITIONS GÉNÉRALES DE LA LÉGITIME DÉFENSE

Ces conditions concernent l'agression, et la défense.

A. L'agression

Il faut préciser de qui peut émaner l'agression, contre qui ou contre quoi elle peut être dirigée, et ensuite déterminer tous les caractères qu'elle doit revêtir.

1. L'agression peut émaner de n'importe qui

Être humain adulte normal, malade mental, enfant, animal, puisqu'il s'agit de prévention, non de répression.

2. L'agression peut être dirigée

a) Contre n'importe qui :
– l'auteur de la riposte lui-même ;
– un tiers que l'auteur de la riposte entend défendre : ex. victime sans connaissance en raison de coups reçus (il peut s'ajouter ici l'obligation d'intervenir).
L'agression peut être physique (intégrité corporelle, ou sexuelle), ou même morale.

b) Contre les biens ?
La justification est aujourd'hui **admise**, mais, on le verra, à des conditions plus étroites, par l'art. 122-5 C. pén. (v. aussi art. 122-6). Le problème a été longtemps discuté :

• *Contre* l'existence du fait justificatif, on observait que la défense risque d'avoir des conséquences corporelles irréparables, alors que l'agression ne menace qu'une chose, ou le droit qu'on a sur elle.

• *Pour* l'existence du fait justificatif, on faisait valoir que l'atteinte aux biens est souvent, en fait, définitive (voleurs insolvables) ; mais on pouvait dire surtout que beaucoup d'agresseurs de biens ne dédaignent pas de s'attaquer aux personnes si cela leur paraît utile, à un moment où il risque d'être trop tard pour réagir. On peut ajouter que la distinction, évidente et nécessaire, entre les personnes et les biens ne tient pas assez compte de ce que certaines agressions contre les biens peuvent légitimement être ressenties comme atteignant la personne : ex. le « vol à l'arraché » ; les considérer, et les comptabiliser, comme on le fait, uniquement comme des atteintes aux biens procède en réalité d'une conception trop matérialiste.

Le Code pénal admet la légitime défense des biens, mais en la limitant : non seulement quant à la *défense* (v. B), mais aussi quant à *l'agression*. La légitime défense suppose en effet qu'il s'agit d'**interrompre** l'exécution d'un **crime ou d'un délit contre un bien** (on exclut donc l'agression constituant une contravention).

3. L'agression doit être présente, et réelle

• **Présente** : art. 122-5 : l'acte de défense doit être accompli « dans le même temps » que l'atteinte.
Il n'y a donc pas légitime défense si l'on porte des coups à l'issue d'une poursuite, ou si on lance un cône de signalisation après l'agression. Toutefois, il n'est pas nécessaire d'attendre, pour riposter, d'être atteint par l'agresseur (puisqu'il s'agit ici de prévention), ni que l'on soit menacé dans sa vie ;

• et **réelle**. On admet cependant qu'il y a légitime défense si l'on a pu raisonnablement se croire attaqué (ex. quelqu'un faisant mine de tirer) : il y a alors *légitime défense putative*.

4. L'agression doit être inévitable

Il n'y a pas fait justificatif si l'on pouvait éviter l'agression par un autre moyen que la riposte (ex. agression d'un enfant non armé ; la chambre criminelle a jugé qu'il n'y a pas légitime défense non plus si, alors qu'on pourrait se barricader et appeler la police, on va chercher une arme et l'on tire sur l'agresseur). La possibilité de fuite exclut-elle la légitime défense ? Pas nécessairement, car la fuite peut mettre la personne attaquée dans une situation plus dangereuse encore.

5. L'agression doit être injustifiée

Il n'y a pas défense légitime si l'attaque est justifiée.

• *Il n'y a pas légitime défense* contre la personne qui agit en vertu d'un *ordre de la loi* ou du *commandement de l'autorité légitime* (ex. le malfaiteur frappant le policier qui l'arrête ne peut invoquer la légitime défense).

Problème : y a-t-il légitime défense *contre l'action illégale* (ex. « passage à tabac ») ? À la différence, parfois, des juridictions du fond, la chambre criminelle (depuis 1821, 1864) n'est pas favorable au fait justificatif (sauf en cas d'illégalité manifeste ; ex. une attitude très agressive justifie l'usage d'une bombe lacrymogène ; mais l'illégalité d'un contrôle d'identité ne justifie pas un coup de pied, ni une rébellion, ni un outrage ; l'acte illégal d'un agent de contrôle du métro ne justifie pas la menace d'un couteau).

• *Il n'y a pas de légitime défense contre la légitime défense* : pas de légitime défense pour l'agressé si l'agresseur est lui-même *en état de légitime défense* pour avoir été d'abord attaqué (car sa propre agression est alors elle-même justifiée). Il y aura cependant légitime défense pour l'agresseur X si Y, attaqué par X d'une manière légère, riposte d'une manière excessive.

B. La défense

Il faut distinguer selon que l'agression est dirigée contre une personne ou contre un bien.

1. Atteinte envers une personne

Condition essentielle : la défense doit être **proportionnée à l'attaque** (*cf.* Pascal, 13ᵉ Provinciale : Peut-on « tuer pour un soufflet » ?).

Exemples : *sont justifiés* la violence par bombe lacrymogène pour se défendre contre une séquestration, un léger coup à la jambe d'une élève en riposte à de grossières injures ; mais *ne sont pas justifiés* : un violent coup de bouteille pour une prise à la gorge ; un coup de fusil vers le sol pour éloigner un perturbateur ; des coups de feu mortels sur un agresseur ayant interrompu son agression, si la vie de l'agressé n'était pas en danger ; un coup de chaussure à talon aiguille ayant entraîné une lésion du nerf optique, avec ITT de plus de 8 jours, donné par une femme saisie par le col de son chemisier et secouée ; le fait d'une personne frappant et attachant deux individus ayant pénétré par escalade dans son terrain clôturé ; l'usage d'une bombe lacrymogène en réponse à des injures, des coups de tête en réponse à du gaz lacrymogène.

En cas d'*excès de légitime défense*, et alors que l'infraction existe, les juges pourront parfois atténuer la peine.

Selon la chambre criminelle, celui qui, d'abord menacé, sollicite la défense d'un tiers, lequel frappe l'agresseur, a l'obligation de porter secours à ce dernier si les conditions de l'omission de secours sont réunies.

2. Atteinte contre un bien

On rappelle que cette atteinte doit constituer un crime ou un délit. La défense légitime suppose :
– un acte **strictement nécessaire** au but poursuivi ;
– une **proportion** entre les moyens employés et la gravité de l'infraction ;
– une riposte qui ne constitue **pas un homicide intentionnel**.

La question s'est posée pour la « **défense automatique** » des biens (pièges, détonateurs). La jurisprudence y fut jadis favorable, fondée (1902) sur le caractère absolu du droit de propriété. La solution pourra être différente aujourd'hui, eu égard aux conditions légales (v. toutefois le premier cas de légitime défense présumée, § 3).

À noter que l'art. 122-5 C. pén. réserve la justification au fait d'« interrompre » l'exécution d'un crime ou d'un délit : on pourrait soutenir que le fait d'installer à l'avance un dispositif de défense automatique ne satisfait pas au vœu de la loi, l'agression étant future. Mais en cas, notamment, d'agressions répétées (et en tempérant la solution par exemple par l'exigence d'avertissements, ex. panneaux), et en respectant bien entendu les autres conditions de la justification, la légitime défense peut être admise : sinon, c'est à cet égard en toute quiétude que les voleurs pourraient opérer dans des résidences secondaires inoccupées.

Les solutions d'espèce devront donc tenir compte de ce que l'atteinte apparemment dirigée contre un bien peut comporter une sérieuse menace d'atteinte à la personne, lorsque par exemple l'auteur d'une tentative de vol est ostensiblement armé, même s'il veut bien faire savoir, à haute et intelligible voix, qu'il n'a en vue que la soustraction de biens matériels.

Au surplus, même s'il est évident que la personne est plus précieuse qu'un bien, comme on l'a vu à propos de l'agression, il ne faut pas dire trop sommairement que toute riposte sur la personne est plus grave que toute attaque contre les biens. Par exemple, il ne faut pas blesser grièvement le voleur de radis ; mais on doit pouvoir saisir vigoureusement le bras de celui qui allait lacérer la Joconde ou incendier Chambord (ou même voler 10 € à une personne sans ressources).

§ 3 – PRÉSOMPTIONS DE LÉGITIME DÉFENSE

La loi établit deux présomptions de légitime défense, dont il faut préciser la force.

A. Les deux cas de légitime défense présumée (art. 122-6 C. pén.)

1. Il y a légitime défense lorsque l'on repousse **pendant la nuit** *l'entrée par effraction, violence ou ruse*, dans un lieu habité (clôtures, murs et entrées d'une maison ou d'un appartement habité ou de leurs dépendances). La règle fait partie de celles qui tendent à la protection nocturne des citoyens (ex. l'interdiction de principe des perquisitions nocturnes).

2. Il y a légitime défense lorsque l'on réagit contre les auteurs de *vols ou de pillages exécutés avec violence* (dans le Code pénal de 1810, c'était le souvenir des bandes de « chauffeurs », torturant les victimes par le feu pour leur faire dire l'endroit où l'argent était caché ; la disposition a été maintenue dans le Code pénal actuel, en raison de la réapparition d'agressions de ce type).

B. Portée du texte

1. À la différence du cas général de légitime défense de l'article 122-5, qui oblige celui qui l'invoque à établir l'existence du fait justificatif, il suffit, dans les cas de l'article 122-6, de prouver les faits matériels visés par ce texte (ex. nuit, ou vols avec violence) : la légitime défense est alors présumée.

2. Mais cette présomption admet la **preuve contraire**. La victime de la riposte pourra invoquer l'excès de légitime défense.

Remarques :

• Dans de telles circonstances, il arrive que l'acquittement intervienne, pour des raisons de fait (ex. C. assises, dans l'affaire des *dames de Jeufosse*, 1857, l'affaire *Pochon*, 1958), l'acquittement supposant d'ailleurs qu'il y a eu renvoi devant la cour d'assises. Mais le caractère **relatif** ou simple de la présomption a été consacré par la Cour de cassation : l'acte peut n'être pas justifié, selon les circonstances. La chambre criminelle admet que la défense est justifiée si elle n'est pas disproportionnée à l'attaque (ainsi pour le commerçant blessant l'auteur d'une tentative de vol aggravé). La légitime défense a été admise dans un cas où l'occupant d'un immeuble, bruyant (la nuit), irrité par l'intervention de la police demandée par des voisins, avait voulu identifier le dénonciateur, brisé la fenêtre de celui-ci, avait voulu le saisir, le voisin ayant alors tiré dans sa direction et l'ayant tué.

• Le cas de vols ou pillages avec violence, à la différence du premier, tend à la protection de l'ordre public : on pourrait donc soutenir que la présomption est ici absolue ; mais dans un arrêt, la chambre criminelle n'a pas distingué les deux hypothèses.

Section 3 > L'ÉTAT DE NÉCESSITÉ

Définition : c'est l'état dans lequel est la personne qui commet une infraction **pour éviter un danger actuel ou imminent.** Ex. enfoncer une porte pour sauver une maison de l'incendie, voler des aliments pour ne pas mourir de faim.

Ce fait justificatif a été **consacré par le nouveau Code pénal**, art. 122-7.

Il n'était auparavant visé que dans des dispositions spéciales : ex., comme aujourd'hui, en cas de légitime défense, en cas d'embarras de la voie publique par des matériaux sans nécessité (aujourd'hui art. 644-2 C. pén.), en matière de circulation (aujourd'hui art. R. 412-7 C. route) ; *cf.* l'interruption volontaire de grossesse par un médecin pour motif thérapeutique, dit aujourd'hui médical.

Mais il avait été généralisé dans son principe par la Cour de cassation (Crim., 25 juin 1958, *JCP* 1959. II. 10941, note Larguier). Le plus souvent, toutefois, les arrêts de la chambre criminelle en rejetaient l'application, parce que ses conditions n'étaient pas réunies.

§ 1 – FONDEMENT RATIONNEL DE L'ÉTAT DE NÉCESSITÉ

• L'état de nécessité *n'est pas le défaut d'intention* coupable (il peut être invoqué aussi par l'auteur d'un délit non intentionnel) : il y a seulement, chez celui qui agit, un mobile particulier : éviter le danger (on évitera d'employer la formule critiquable utilisée par certains arrêts, selon lesquels l'état de nécessité serait « exclusif de la faute »).

• L'état de nécessité *n'est pas la contrainte* (bien que les tribunaux confondent parfois les deux notions : affaire *Ménard*, le « bon juge » Magnaud). Il n'y a pas en effet force irrésistible poussant à commettre l'infraction, mais **libre choix** entre deux partis : *subir le dommage ou commettre l'acte* (sauf dans les cas extrêmes, *mourir ou tuer*).
L'exemple donné par Cicéron est célèbre : deux naufragés sur le radeau fragile ne pouvant en supporter qu'un seul ; le plus vigoureux décidera s'il doit attendre la mort, ou sacrifier son compagnon ; on rappelle aussi les affaires de meurtre (et d'anthropophagie) du radeau de la Méduse (1816) ; de la Mignonnette (1884), ayant inspiré la chanson « Il était un petit navire ».

• L'état de nécessité *n'est pas la légitime défense* : la légitime défense est un cas particulier d'état de nécessité, dans lequel *la nécessité de se défendre* en commettant une infraction a été *provoquée par l'agresseur* qui va devenir victime. Dans l'état de nécessité, la victime n'a en rien lésé l'auteur de l'infraction.

• On doit dire en réalité que l'état de nécessité constitue un fait justificatif trouvant sa source dans des *considérations d'ordre social* :
– l'auteur d'un acte commis sous l'empire de la nécessité ne témoigne d'*aucune puissance de nuire* particulière ;
– *la menace d'une peine serait impuissante* à empêcher la commission de l'infraction. « Nécessité n'a pas de loi ». La société n'a pas d'intérêt à intervenir. Mais des limites sont indispensables.

§ 2 – CONDITIONS DE L'ÉTAT DE NÉCESSITÉ

Ces conditions concernent le danger couru, et l'acte justifié.

A. Le danger

1. Il doit être réel, actuel ou imminent

Il peut être physique, moral ou matériel (visant un *bien*), et menacer *soi-même ou autrui* (« autrui » n'a pas à être nécessairement identifié).

Il a été jugé qu'il y a *justification* dans le cas où, un malfaiteur ayant tiré, un policier, après sommation et coup de feu en l'air, tire au sol, le ricochet blessant le malfaiteur ; de même pour l'étranger qui se soustrait à la reconduite à la frontière pour éviter ce qui le menace dans son pays ; pour l'aide au séjour irrégulier d'un étranger, *v. B*.

Il n'y a *pas justification*, parce que le péril n'est qu'hypothétique, dans le cas de l'éducateur qui, pour ne pas perdre la confiance des jeunes dont il a la charge, reste passif devant leurs violences ; de même en cas de destruction de récoltes pour protester contre les dangers de certaines cultures, danger en l'espèce inexistant.

2. Il doit être injuste

On ne saurait prétendre commettre une infraction pour se soustraire à une situation imposée ou autorisée par la loi ou le règlement : l'entrave à l'IVG pour sauver l'enfant à naître n'est pas justifiée, l'IVG étant autorisée par la loi ; il n'y a pas non plus justification pour le détenu évadé qui fait usage d'un faux nom et de faux documents pour ne pas être arrêté.

3. Doit-il être dû à un fait indépendant de l'agent ?

La jurisprudence avait décidé qu'il n'y avait pas fait justificatif si l'agent, par sa *faute antérieure*, s'était mis en état de nécessité : ainsi, la Cour de Rennes (1954) avait condamné pour délit de dégradation de barrière, sans admettre la justification par l'état de nécessité, dans un cas où un conducteur avait défoncé la barrière d'un passage à niveau (après s'être engagé malgré l'avertissement du garde-barrière) pour éviter le train qui arrivait.

Mais cette solution pouvait être contestée, car les éléments de l'infraction doivent s'apprécier au moment où celle-ci est matériellement commise : on a vu le même débat au sujet de la contrainte ; et comme l'art. 122-7 du nouveau Code ne vise pas cette condition, on pourrait estimer qu'elle n'est pas exigée : mais la chambre criminelle a persisté à écarter la justification en raison d'une faute antérieure (ne pas s'être conformé à la réglementation).

B. L'acte justifié

1. Il doit être proportionné à la gravité de la menace que l'on évite

Sinon, le fondement du fait justificatif, tiré de l'utilité sociale, disparaît.

• Il y aura fait justificatif si le bien sacrifié est inférieur au bien sauvegardé.
Exemples :
– vol de pain par affamé (*cf.* affaire *Ménard*, 1898 ; en 1997, une mère qui avait volé des aliments pour nourrir mieux ses enfants a été condamnée à une amende avec sursis) ; mais aujourd'hui on vole moins souvent du pain que du whisky : luxe « nécessaire » ? ou désir d'égalité ? c'est parfois pour une revente pour se procurer de la drogue ;
– stationnement illicite justifié par le risque d'agression si l'on stationne ailleurs ; automobiliste qui franchit la ligne continue pour ne pas heurter un piéton ; vol de documents par un salarié pour l'exercice des droits de la défense.

Se pose le problème du médecin qui commet un excès de vitesse pour se rendre plus rapidement au chevet d'un malade.

• On admet la même solution en cas d'égalité entre les biens.

• Il n'y a pas fait justificatif si le bien sacrifié est supérieur au bien sauvegardé ; par ex., un meurtre n'est pas justifié pour une menace sur un bien, même si la loi ne le précise pas comme elle l'a fait pour la légitime défense (on l'a vu dans l'étude de cette question).

2. Il doit être nécessaire pour sauvegarder la personne ou le bien (« nécessité »)

Ainsi dans le cas de l'automobiliste qui franchit la ligne continue pour ne pas heurter un piéton. Mais la rupture de stocks ne justifie pas la contrefaçon commise pour pallier de simples difficultés commerciales ; celui qui entend protester contre le danger de certaines cultures a d'autres moyens que leur destruction. On évoquera le problème des constructions sans permis par des sans-logis, et celui des « *squatters* ».

Remarques :

• *État* de nécessité, n'est pas *droit* de nécessité. L'auteur de l'acte « n'est pas pénalement responsable ».

Mais, *sur le plan civil*, des *dommages-intérêts* devraient pouvoir être accordés à la victime. Cela n'est possible que :
– sur le fondement de l'art. 1384, al. 1 C. civ. ou de la L. 1985, et cela même par les juridictions pénales dans certains cas (art. 470-1 C. pr. pén.) ;
– ou si l'on admet qu'il peut y avoir faute malgré la nécessité ;
– ou sur le fondement de l'enrichissement sans cause.

Pour certains dommages, la victime peut obtenir indemnisation d'un Fonds de garantie. V. Mémento de *Procédure pénale*.

• Certains textes font expressément réserve de l'infraction commise en état de nécessité : ainsi l'art. R. 655-1, al. 1 C. pén. ne punit que le fait de tuer un animal domestique « sans nécessité » ; de même, est justifiée l'aide au séjour irrégulier d'un étranger si l'acte est nécessaire à la sauvegarde de sa vie ou de son intégrité physique, sauf disproportion ou contrepartie (art. L. 622-4 C. entrée et séjour des étrangers). Ainsi ratifiée légalement, la nécessité est moins un fait justificatif que son absence, un élément constitutif de l'infraction considérée.

Section 4 › LE PROBLÈME DU CONSENTEMENT DE LA VICTIME

Il ne s'agit évidemment pas ici des infractions consistant à obtenir frauduleusement ce consentement (ex. l'escroquerie) : il s'agit des cas où la victime consent consciemment à l'infraction.

Ce consentement a été parfois présenté comme un fait justificatif (*volenti non fit injuria*) : ce n'en est pas un. Les cas souvent choisis comme exemples (opérations chirurgicales, boxe), ne sont que des hypothèses d'infractions justifiées par l'autorisation de la loi ou du règlement, ou de la coutume (on l'a vu dans l'étude de ces faits justificatifs).

Il arrive cependant que le consentement de la victime s'oppose à la poursuite de l'infraction, mais pour d'autres raisons.

§ 1 – LE CONSENTEMENT DE LA VICTIME N'EST PAS UN FAIT JUSTIFICATIF

Un système de *délits privés* conduirait à la solution inverse, la poursuite étant alors l'affaire de la victime. Mais tel n'est pas notre système juridique, qui adopte le principe déniant au consentement de la victime le rôle de fait justificatif, et même parfois étend ce principe de telle sorte que le consentement de la victime nuit à celle-ci.

A. Principe : le consentement de la victime ne bénéficie pas au coupable

Ce consentement à l'infraction n'efface pas le caractère délictueux de celle-ci. La responsabilité du coupable reste entière (même s'il peut y avoir atténuation judiciaire de la peine).

Exemples :

1. Cas du meurtre sur demande :

Il y a meurtre (avec souvent indulgence de la cour d'assises quant à la peine, on l'a vu à propos du mobile) ; ainsi dans le cas de meurtre sur un malade atteint incurablement (problème de l'euthanasie ; règles particulières du Code de la santé publique, toutefois, pour le médecin auquel la loi ordonne de respecter la volonté du malade).

Il ne faut pas confondre ces cas avec la *provocation au suicide*, délit spécial (art. 223-13 à 15 C. pén.), ni avec le cas où l'on se borne à « laisser mourir », même sur demande : il y a alors omission de secours.

On rappellera le cas du *duel*, jadis meurtre (ou assassinat, en raison de la préméditation) ;

2. Cas des violences :

Le consentement de la victime ne justifie pas davantage les violences (v., pour le « bizutage », art. 225-16-1 C. pén.). Cela explique que si le chirurgien commet une faute grave, ou pratique un traitement dangereux sans utilité (chirurgie esthétique parfois), il redevient pénalement responsable. Est actuellement débattu, en législation, ex. devant le Comité d'éthique, le problème des stérilisations non médicalement nécessaires, ex. pour certains handicapés mentaux.

Dans deux cas, il y a en réalité justification par autorisation de la loi, le consentement de l'intéressé étant nécessaire, et son absence étant pénalement sanctionnée : le prélèvement d'organes sur personne vivante consentante ; les recherches biomédicales sur l'être humain, avec bénéfice individuel direct, avec consentement ;

3. Le consentement de la victime n'est pas davantage un fait justificatif pour *l'incitation à user de produits dopants* en matière sportive (l'usage lui-même n'étant plus pénalement punissable) ;

4. Il en est de même pour le proxénétisme, punissable malgré le consentement de la personne prostituée ;

5. Il en est de même en droit du travail : l'infraction au *repos dominical* est constituée, même si les salariés ont consenti à travailler (il est vrai que l'interdiction concerne aussi d'autres intérêts) ;

6. Il en est de même dans le droit pénal des sociétés : le quitus de l'assemblée n'efface pas *l'abus des biens sociaux* des dirigeants ;

7. En droit pénal de la consommation : la loi elle-même précise que le *démarchage à domicile* est punissable même s'il est effectué sur demande (art. L. 121-21 C. consom.).

Remarque : en matière de *secret professionnel*, pour le secret médical particulièrement, la chambre criminelle affirme depuis longtemps que ce secret est « absolu » : le consentement du malade ne peut donc justifier la violation de ce secret par le médecin. Cette position heurte la logique et va contre la réalité : la loi elle-même, d'ailleurs, va dans beaucoup de cas à l'encontre de cette solution ; ainsi, l'art. 226-14 C. pén. autorise la révélation par le médecin au procureur de la République de certains sévices, avec l'accord de la victime : le consentement autorise alors la violation du secret professionnel.

B. Extensions : le consentement de la victime nuit parfois à celle-ci.

Ce consentement aboutit parfois à faire de la victime un coupable, à des degrés divers :
— en tant qu'*auteur principal* : ex. acceptation en connaissance de cause d'un chèque émis dans certaines conditions irrégulières ;
— en tant que *complice* : ex. vente « boule de neige » (art. L. 122-6 et 7 C. consom.).

§ 2 – LE CONSENTEMENT DE LA « VICTIME » EST DANS CERTAINS CAS UN OBSTACLE À L'EXERCICE DES POURSUITES

A. Consentement existant à l'origine

Dans certains cas où il y a consentement, il n'y a pas alors d'infraction, non par l'effet d'un fait justificatif, mais parce que certaines infractions supposent, parmi leurs éléments, **l'absence de consentement** (de la personne, plus que de la « victime »). Encore faut-il, dans ces cas, que le consentement remplisse certaines conditions.

Cas :

• Infractions contre les *personnes*, ex. interruption volontaire de grossesse dans les conditions légales, séquestration arbitraire, atteintes à la vie privée.

• Infractions contre les *mœurs*, ex. viol, agression sexuelle.

• Infractions contre les *biens*, ex. vol, détournement d'objets saisis.

Conditions :

• Le consentement doit être *libre* : il ne l'est pas s'il est provoqué par violence, contrainte, menace, surprise, ou s'il émane d'un inconscient ou d'un enfant (ex. atteintes sexuelles sur mineur de 15 ans, ou même de 18 ans si l'acte est commis par exemple par un ascendant).

• Le consentement doit être *antérieur* à l'acte, ou *concomitant* ; s'il intervient après l'infraction, il peut, dans certains cas seulement, on va le voir, faire obstacle à la poursuite.

B. Consentement apparaissant *a posteriori*

Il y a des cas dans lesquels la plainte de la victime est nécessaire aux poursuites, le parquet ne pouvant donc de lui-même déclencher l'action publique : on dit alors qu'il s'agit de « délits privés ». Ex. : *atteintes à la vie privée* (ex. par enregistrement d'image d'une personne dans un lieu privé, sans son consentement) ; la *diffamation*, dans la plupart des cas (*v*. Mémento de *Droit pénal spécial*).

Le défaut de cette plainte peut être considéré comme un *assentiment* donné après coup à l'infraction.

Dans ces mêmes cas, ainsi qu'il est logique, le *désistement* arrête les poursuites (art. 6 C. pr. pén.) : v. Mémento de *Procédure pénale*.

Remarque : en dehors de ces cas, il arrive que le parquet attende la plainte de la victime pour déclencher les poursuites.

POUR ALLER PLUS LOIN

EXEMPLE DE SUJET D'EXAMEN :

Dissertation :
> L'infraction nécessaire

Titre 2
CLASSIFICATIONS DES INFRACTIONS

Il existe de multiples façons de classer les infractions, en raison de leur grande diversité. Mais la classification **dite légale** est la plus importante et mérite, pour cette raison, d'être étudiée distinctement des autres.

Chapitre 1 > LA DISTINCTION LÉGALE : CRIMES, DÉLITS, CONTRAVENTIONS

C'est la distinction fondamentale, prévue par la loi (art. 111-1 C. pén.).
Principe : le Code classe les infractions selon leur gravité (crimes, délits, contraventions) : mais c'est ensuite la nature de la peine prévue qui permet de définir la nature de l'infraction. La loi ayant établi une échelle des peines criminelles, correctionnelles et contraventionnelles, c'est cette échelle qui permet de déterminer si l'infraction est un crime, un délit, ou une contravention (*v., pour cette classification, cette question, 2ᵉ Partie*). Ex. si une infraction est punie de réclusion criminelle, elle est un crime (art. 131-1 C. pén.) ; si elle est punie d'emprisonnement, elle est un délit (art. 131-3 C. pén. ; art. 381 C. pr. pén.) ; si elle est punie d'une amende jusqu'à 3 000 €, elle est une contravention (art. 521 C. pr. pén.).
Remarques :
1. Les mots « crimes », « délits », « contraventions », ont ici un sens technique précis.
2. La nomenclature du Code (crimes et délits « **contre les personnes, contre les biens, contre la nation, l'État et la paix publique** ») n'a pas beaucoup d'intérêt en tant que classification. Cependant la durée de la détention provisoire peut être différente selon les infractions dont il s'agit (art. 145-2, al. 2 C. pr. pén.). V. aussi art. LO 149 C. élect.

Section 1 > INTÉRÊTS DE LA DISTINCTION

La distinction a de très **nombreux intérêts**. On la retrouve dans la plupart des problèmes pénaux : aux points de vue de l'incrimination, de la peine, et de la procédure.

§ 1 – AU POINT DE VUE DE L'INCRIMINATION

• **La tentative** *(v. cette question)* :
– est toujours punissable, par principe, en matière criminelle ;
– n'est pas punissable, sauf texte contraire (et ces textes sont nombreux), en matière correctionnelle ;
– n'est pas punissable en matière de contravention.

• **La complicité** *(v. cette question)* :
– est punissable en matière de crime et de délit ;
– est punissable seulement pour certains cas en matière de contravention.

• **La non-révélation de crime ou de certains délits est seule punissable** *(v. ce délit, à propos de l'omission).*

• **Le non-obstacle à la commission de crime ou de certains délits est seul punissable** *(v. ce délit, à propos de l'omission).*

§ 2 – AU POINT DE VUE DE LA PEINE

(Ces questions sont étudiées dans la *2ᵉ partie*, consacrée à la peine).

• **La diminution de peine** pour les mineurs a un effet variable selon la gravité de l'infraction.

• **Le non-cumul des amendes** ne joue pas en matière de contravention.

• **Les règles de la récidive** sont différentes selon le cas.

• **Le casier judiciaire** varie dans son contenu selon l'infraction commise.

• **Le sursis** ne s'applique qu'aux peines correctionnelles, ou de police dans certains cas.

• **Le délai de prescription de la peine** est (sauf textes particuliers, ex. terrorisme, stupéfiants) :
– 20 ans pour les crimes,
– 5 ans pour les délits,
– 3 ans pour les contraventions.

§ 3 – AU POINT DE VUE DE LA PROCÉDURE

(Ces questions sont développées dans le Mémento de *Procédure pénale*).

• **Compétence.**
Règle : la nature de l'infraction détermine la juridiction compétente :
– *crime* : compétence de la cour d'assises ;
– *délit* : compétence du tribunal correctionnel ;
– *contravention* : compétence du tribunal de police ou de la juridiction de proximité, selon le cas.

• **Instruction.**
Principe : les formes et les garanties sont d'autant plus nombreuses que l'infraction est grave.
– pour les *crimes*, l'instruction préalable est obligatoire.
– pour les *délits*, l'instruction préalable est en principe facultative (parfois obligatoire, ex. pour les mineurs).
– pour les *contraventions* : l'instruction préalable a lieu seulement sur réquisitions du procureur de la République (ou pour la contravention de 5ᵉ classe commise par un mineur).

• **La détention provisoire** ne peut être ordonnée que pour les *crimes*, ou les *délits punissables de 3 ans d'emprisonnement* au moins (en dehors du cas de violation du contrôle judiciaire).

• **La procédure de flagrance** n'est possible que pour les crimes, et les délits punissables d'emprisonnement.

Le délai de prescription de l'action publique (c'est-à-dire le temps après lequel la poursuite n'est plus possible) est (sauf textes particuliers, ex. terrorisme, stupéfiants, certains crimes ou délits contre des mineurs) de :
– 10 ans pour les crimes,

– 3 ans pour les délits,
– 1 an pour les contraventions.
Un rapport a proposé d'allonger le délai de la prescription en matière de délit et de crime.

• **Les voies de recours** sont parfois organisées de manière différente selon la nature de l'infraction. Ex. appel restreint en matière de contravention.
On verra dans *l'étude complémentaire 2* du présent ouvrage que :
Les poursuites des infractions commises par des Français à l'étranger :
– n'interviennent pas pour des contraventions ;
– peuvent intervenir plus souvent pour des délits ;
– peuvent intervenir plus souvent encore pour des crimes.
L'extradition :
– n'est pas applicable en matière de contravention ;
– l'est dans certains cas en matière de délit ;
– l'est en principe en matière de crime.

Remarques :
1. Dans de nombreux cas, la distinction crimes-délits-contraventions laisse place à une **distinction bipartite**, opposant parfois crime et délit, par rapport aux contraventions, parfois crime, par rapport aux délits et contraventions :

• D'un côté **crime et délit**, de l'autre **contravention** : ex. source de l'incrimination (loi ou règlement), agression contre les biens justifiant la défense, complicité, non-obstacle à l'infraction, non-cumul des peines, ordonnance pénale, contrainte judiciaire, infraction flagrante, inviolabilité parlementaire, infraction à l'étranger par un Français, extradition.

• D'un côté **crime**, de l'autre **délit-contravention**, cette distinction étant plus rare que la précédente : ex. aide à malfaiteur (art. 434-6 C. pén.), dispense et ajournement de peine (art. 132-58 et s. C. pén. ; art. 469-1 C. pr. pén.).

2. Certaines des règles applicables aux *contraventions de 5ᵉ classe*, les plus graves, sont empruntées au régime des délits (ex. sursis simple, possibilité de solidarité pour le paiement des amendes, compétence à l'égard des mineurs).

Section 2 › VALEUR DE LA DISTINCTION

1. On lui a reproché son illogisme
Certes, le Code affirme classer les infractions « suivant leur gravité, en crimes, délits et contraventions » (art. 111-1) : mais c'est ensuite la nature de la peine qui permet de savoir si l'infraction définie est un crime, un délit ou une contravention ; ce devrait être le contraire.
Réponse : le Code pénal constate un *résultat*. Les rédacteurs ont d'abord décidé du taux de la peine en fonction de la gravité de l'infraction.

2. On lui a reproché son imprécision

a) Lois extérieures aux Code

Si, dans le Code pénal, la distinction se fait facilement (contravention : art. R...), il peut en aller différemment dans des lois extérieures, quand, pour une infraction, plusieurs peines sont encourues, l'une de ces peines entrant dans la catégorie des peines correctionnelles, alors que l'autre entre dans celles des peines contraventionnelles.

Question : quelle est alors la nature de l'infraction ? La jurisprudence tient compte de la peine la plus sévère, car elle pourra être prononcée : il faut donc faire application des garanties prévues pour cette éventualité.

b) Cas d'atténuation de la peine

Il arrive qu'une atténuation de la peine (*v. cette question*) substitue une peine correctionnelle à une peine criminelle.

Question : le crime est-il du même coup transformé en délit ? La jurisprudence répond en principe par la négative.

3. On lui a reproché son caractère tripartite

Mieux vaudrait, a-t-on dit, une *division bipartite*, par exemple :
— délits, supposant l'intention coupable ;
— contraventions, réprimées en dehors de toute intention coupable (« *délits contraventionnels* »).

Il y a en effet, dit-on, beaucoup de ressemblances entre les crimes et les délits :
— le délit peut aisément devenir crime selon la loi, par adjonction d'une circonstance aggravante légale (ex. vol avec arme) ;
— de même en sens inverse : le crime peut être transformé en délit, par le jeu de la correctionnalisation judiciaire, consistant à omettre, dans la poursuite, la circonstance aggravante qui transformait le délit en crime (v. Mémento de *Procédure pénale*).

Réponse : la critique est exacte sur le plan rationnel. Mais des subdivisions sont toujours nécessaires.

POUR ALLER PLUS LOIN

BIBLIOGRAPHIE :
> Mouly, « La classification tripartite des infractions dans la législation contemporaine », *Rev. sc. crim. 1982*, p. 3.

EXEMPLES DE SUJETS POSSIBLES D'EXAMENS :

Dissertations :
> Les intérêts de la classification légale des infractions
> L'infraction politique

Chapitre 2 › LES AUTRES DISTINCTIONS

> - *Certaines distinctions ont déjà été étudiées :*
> – à propos de l'élément matériel : infractions de commission et d'omission ; infractions *matérielles* et infractions *formelles* ;
> – à propos de l'élément moral : infractions intentionnelles et infractions d'imprudence ou de négligence.
> - *D'autres distinctions seront à étudier en procédure* (elles ne se fondent pas sur la nature propre de l'infraction), v. Mémento de *Procédure pénale* :
> – infractions flagrantes et non flagrantes ;
> – infractions connexes et infractions indivisibles.
> - *Sont à étudier ici trois catégories de distinctions :* la distinction des infractions d'après leur mode de réalisation, la distinction des infractions militaires et des infractions de droit commun, la distinction des infractions politiques et des infractions de droit commun.

Section 1 › DISTINCTION DES INFRACTIONS D'APRÈS LEUR MODE DE RÉALISATION

On distingue de ce point de vue les infractions instantanées et les infractions continues, les infractions permanentes et les infractions successives, les infractions simples et les infractions complexes.

§ 1 – INFRACTIONS INSTANTANÉES – INFRACTIONS CONTINUES

A. Définitions

- **L'infraction instantanée** : c'est l'infraction dont l'exécution se réalise d'une manière **immédiate** (ex. vol, consommé par la soustraction de la chose).

- **L'infraction continue** : c'est l'infraction dont l'exécution **se prolonge dans le temps**, soutenue par une volonté coupable durable – *cf.* « Je n'ai jamais fait qu'une méchanceté dans ma vie » (Chamfort). « Quand finira-t-elle ? »

Exemple : séquestration, recel de choses (consistant par exemple à détenir une chose qu'on sait provenir d'un crime ou d'un délit), stationnement irrégulier de caravane, soustraction de mineur.

Remarques :

1. La nature instantanée ou continue d'une infraction est déterminée par la loi, ou par l'interprétation jurisprudentielle. Elle n'est pas toujours conforme à la logique (ex. l'acte du *voleur* conservant la chose volée aurait pu être considéré comme une infraction continue, alors que la jurisprudence y voit un vol, infraction instantanée ; de même, la *bigamie*, qui consiste à contracter un second mariage alors que l'on est encore dans les liens d'un précédent mariage non dissous, aurait pu être considérée comme une infraction continue, alors qu'elle est traitée comme infraction instantanée).

2. Les *infractions d'omission* peuvent être, selon les cas, instantanées (ex. omission de secours) ou continues (ex. non-représentation d'enfant).

B. Intérêts de la distinction

• **L'incrimination de l'infraction continue** suppose une certaine continuité de criminalité.

Cette continuité est souvent réduite à un minimum par la jurisprudence : ainsi en matière de recel de choses, par une solution qui a été consacrée par le nouveau Code pénal, art. 321-1 (transmettre la chose d'origine délictueuse).

• **La localisation de l'infraction continue**, dans l'espace et dans le temps, est moins aisée que celle de l'infraction instantanée.

Difficultés :
— quant à la *compétence judiciaire ou législative* (le lieu de commission peut être multiple, ex. pour la soustraction de mineur) ;
— quant à l'efficacité du *repentir* postérieur à la consommation du délit instantané ;
— quant à l'*application dans le temps des lois pénales nouvelles* (ex. incrimination par le nouveau Code pénal de l'hébergement contraire à la dignité : il a été jugé que le fait est punissable même si l'hébergement a commencé avant le nouveau Code, s'il se continue après) ;
— quant à la *prescription* : on admet que, pour l'infraction *continue*, le point de départ du délai de prescription se situe *au jour où l'activité délictueuse prend fin* ; ex. séquestration : jour de la fin de la séquestration ; recel de choses : jour où le receleur se dessaisit de la chose.
La solution est la même pour les *infractions d'omission continues* : pour l'infraction consistant à ne pas exécuter les travaux ordonnés, la prescription ne court pas tant qu'il n'y a pas exécution, alors que pour les infractions considérées comme étant d'omission *instantanée*, la prescription court du jour où, au plus tard, l'acte aurait dû être accompli (par exemple pour une vaccination obligatoire).
Pour certaines infractions instantanées, lorsqu'elles ont été dissimulées, la jurisprudence reporte le point de départ de la prescription au jour de la *constatation* de l'infraction, ex. pour l'abus de confiance, l'abus de biens sociaux, pour l'enregistrement illicite de paroles et de données informatisées, pour le délit dit de favoritisme ;
— quant à *l'amnistie* (l'amnistie ne bénéficie pas à l'infraction continue pour la partie qui se prolonge après la date limite fixée par la loi d'amnistie, ex. 17 mai 2002 dans la loi d'amnistie du 6 août 2002).

§ 2 – INFRACTIONS PERMANENTES – INFRACTIONS SUCCESSIVES

A. Définitions

• **L'infraction permanente** crée un **résultat matériellement durable** (ex. fait d'élever un édifice au-delà des limites autorisées).

• **L'infraction successive** suppose une **volonté coupable** qui se **renouvelle** à chaque manifestation de l'infraction (ex. port illégal de décoration).

Remarque : la *jurisprudence* voit parfois dans ces infractions *deux cas d'infractions continues*. Cela est une *erreur* : seule l'infraction successive peut être continue, car elle suppose un renouvellement de la volonté coupable. L'infraction permanente ne peut être continue, puisque son résultat se perpétue sans nouvelle intervention de la volonté (pas d'infraction sans élément moral) : *l'infraction permanente est instantanée* ; le fait que ses conséquences soient durables n'en modifie pas la nature. C'est d'ailleurs en réalité ce qu'admet le plus souvent la jurisprudence.

B. Intérêts de la distinction

• **Point de départ du délai de prescription** : pour l'infraction permanente, c'est le jour où l'infraction est consommée (infraction instantanée) ; pour l'infraction successive : c'est le jour de la cessation de l'activité délictueuse, ex. actes de corruption (v. Mémento de *Procédure pénale*).

• **Application dans le temps d'une loi nouvelle** : l'infraction successive se commet à chaque renouvellement, ex. importation illicite de stupéfiants.

• **Autorité de la chose jugée** : pour l'infraction permanente : la condamnation fait obstacle à une nouvelle poursuite (ex. le stationnement gênant, selon la jurisprudence) ; pour l'infraction successive : de nouvelles poursuites sont possibles, dès lors que l'activité délictueuse ne prend pas fin (ex., pour l'abandon de famille).

Remarque : on trouve parfois, en doctrine, la notion d'**infraction collective par unité de but**, ou infraction « **continuée** », constituée par plusieurs faits dont chacun, isolé, est une infraction (à la différence de l'infraction d'habitude, *v. § 3 B.*) : on considère l'ensemble de l'activité comme un tout. Exemples : fabrication de fausse monnaie, vol de plusieurs objets en un même temps et en un même lieu (dans le cas d'un vol de camion et de marchandises, il y a vol unique, ce qui est important en cas de recel partiel).

Il s'agit de *faits de même nature* : le cas est donc différent de celui du concours idéal ; *une seule peine* sera prononcée ; *un seul délai de prescription court* (son point de départ est la fin de l'opération d'ensemble).

Il s'agit dans ces exemples de *faits simultanés* : si les faits ne sont pas simultanés, comme dans le cas de l'employé prenant un billet par jour dans la caisse, il s'agit d'infractions connexes : par exemple, s'il y a blocage périodique du compteur EDF, il y a autant de vols distincts ; mais joueront les règles du concours réel d'infractions.

§ 3 – INFRACTIONS SIMPLES – INFRACTIONS COMPLEXES

Définitions :

• **Infraction simple** : elle est constituée par un seul fait (instantané ou continu, ex. vol, recel).

• **Infraction complexe** : elle est constituée par plusieurs faits formant une seule infraction. Mais il faut ici distinguer deux sortes d'infractions complexes :

A. Infraction complexe, unique, mais composée de faits distincts

Exemple : l'escroquerie suppose des **manœuvres** aboutissant à se faire **remettre** la chose ; c'est le dernier acte qui consomme l'infraction, ex. pour la prescription.

B. Infraction complexe, unique, mais composée de faits semblables et répétés

Il s'agit de l'**infraction d'habitude**, constituée par plusieurs faits semblables, dont chacun, isolé, n'est pas une infraction. Ex. exercice illégal de la médecine (art. L. 4161-1 C. santé publ.), de la profession de géomètre-expert, selon la jurisprudence.

Intérêts de cette notion :
– pour l'*incrimination* : il faudra plusieurs faits (deux en principe) pour constituer l'infraction d'habitude. Difficulté : conserver la preuve du premier, qui n'est pas une infraction ;
– pour la *prescription* : le point de départ du délai est le dernier fait qui, ajouté au précédent, constitue l'habitude (v. Mémento de *Procédure pénale*) ;
– pour la *compétence* : il faut la régler lorsque les faits se répartissent sur des ressorts différents ;
– pour l'*action civile* : la victime d'un acte resté unique ne peut agir au pénal.

Remarque : il ne faut pas confondre l'infraction d'habitude (dans laquelle le premier fait n'est pas punissable) et les cas dans lesquels *« l'habitude criminologique »* aggrave la peine : dans ces cas, il y a *infraction dès le premier acte réprimé* (ex. violences sur enfant ou personne vulnérable, recel de choses, certains faux en écriture).

Section 2 › DISTINCTION DES INFRACTIONS DE DROIT COMMUN ET DES INFRACTIONS MILITAIRES

Remarque : des textes spéciaux existent pour les infractions militaires : v. le **Code de justice militaire.**

§ 1 – INTÉRÊTS DE LA DISTINCTION

Des règles particulières sont prévues pour les infractions militaires, aux points de vue :

• de l'*organisation judiciaire* : sur le territoire de la République, en temps de paix, sont compétentes les juridictions de droit commun, avec des chambres spécialisées ; pour certains crimes, la cour d'assises avec 7 magistrats en premier ressort (9 en appel), sans jury ; des règles différentes (juridictions militaires) existent hors du territoire (juges judiciaires), et en temps de guerre (juges judiciaires et militaires) ; v. Mémento de *Procédure pénale* ;

• de la *procédure* : v. art. 698-2 C. pr. pén. ; mais des réformes ont rapproché les règles de celles du droit commun (L. 10 nov. 1999) ; ex. on peut décerner mandat à l'audience (art. 465 C. pr. pén.) ;

- de la *répression* : certaines peines sont spécifiquement militaires, ex. perte de grade ; le régime des peines est particulariste, ex. pour le sursis, la récidive.

§ 2 – NOTION

Il y a deux sortes d'infractions militaires.

- **Les infractions purement militaires**

Manquement aux devoirs militaires, elles ne peuvent être commises que par des militaires (ex. désertion).

- **Les infractions militaires mixtes**

Infractions de droit commun, pouvant être commises *par des militaires* (crimes et délits de droit commun dans l'exécution du service ; une agression sexuelle, infraction de droit commun, n'est pas commise dans l'exécution du service), *ou même par des civils* (infractions alors assimilées à des infractions militaires, ex. dépouiller un blessé en zone d'opération militaire).

Section 3 › DISTINCTION DES INFRACTIONS DE DROIT COMMUN ET DES INFRACTIONS POLITIQUES

Les intérêts de cette distinction sont relativement nombreux, mais la définition des infractions politiques est souvent difficile.

§ 1 – INTÉRÊTS DE LA DISTINCTION

1. *En matière criminelle*, la **peine** politique (*détention criminelle*) est différente de la peine de droit commun, alors qu'en *matière correctionnelle*, les **peines** sont en principe *les mêmes* (v. l'étude des peines, 2ᵉ Partie). Mais dans les deux cas, pour l'auteur d'une infraction politique admis au *régime spécial*, le régime pénitentiaire est adouci (la libéralisation du régime de droit commun a d'ailleurs beaucoup rapproché celui-ci du régime spécial).

2. Les condamnations politiques ne font pas obstacle à certaines règles de faveur en matière de *détention provisoire* (art. 145-1 C. pr. pén.).

3. Certaines procédures en partie dépourvues des **garanties** ordinaires (composition pénale, comparution sur reconnaissance de la culpabilité – « plaider coupable » –, convocation par procès-verbal et comparution immédiate devant le tribunal correctionnel) ne jouent pas en matière politique.

4. Les condamnations politiques ne font pas obstacle, en cas de nouvelle infraction, à l'octroi du **sursis**, et ne révoquent pas le sursis obtenu antérieurement (mais elles ne peuvent être assorties du sursis avec mise à l'épreuve : ex. pour la contestation de crime contre l'humanité).

5. Certains condamnés de droit commun sont frappés d'**incapacités** qui n'atteignent pas les condamnés politiques.

6. *Longtemps*, **l'amnistie** est intervenue plus souvent pour les infractions politiques que pour les infractions de droit commun.

7. L'extradition ne joue pas en matière politique (*v. cette question, étude complémentaire 2*).

Ces exemples montrent que, souvent, le délinquant politique est *mieux traité* que le délinquant de droit commun.

Ce principe mérite une *explication*, et connaît aujourd'hui une *évolution*.

• En faveur de *l'indulgence* :
– a joué la tendance à prendre en considération le *mobile*, longtemps souvent désintéressé en matière politique ;
– s'est ajoutée à cela la prise de conscience de ce que la délinquance politique avait un caractère relatif (le XIXe siècle a connu beaucoup de changements de régimes).

• Mais *l'évolution* actuelle tend, dans certains pays, à revenir à un traitement rigoureux à l'égard du délinquant politique, dangereux pour l'ordre social : cela s'explique par l'évolution à la fois de l'État (beaucoup d'États autoritaires sont menacés, ou moins autoritaires, souhaitent ne pas l'être), et des *délinquants politiques* (qui durcissent leurs mobiles et leurs moyens). Il arrive aussi que certaines conduites, se disant « politiques », soient en réalité inspirées de mobiles peu nobles : en 1945, dans un quartier d'hôpital réservé aux condamnés, l'un d'eux avait apposé sur son lit, pour que les visiteurs ne se méprennent pas, « Je suis un condamné de droit commun ».

En France, cette tendance avait conduit, pour certaines infractions politiques, à prévoir la peine de mort (ex. trahison, espionnage), et à adopter des règles de procédure plus rigoureuses (ex. juridiction d'exception) : mais en 1981 la peine de mort a été abolie, comme pour le droit commun, et ces règles de procédure supprimées.

En temps de paix, certains crimes (ex. trahison, espionnage et infractions connexes) sont jugés par une cour d'assises de 7 magistrats en premier ressort (9 en appel), *sans jury*.

À noter que depuis une L. 2004, la contrainte judiciaire peut s'appliquer en matière politique, ce qui n'était pas le cas de la contrainte dite auparavant par corps.

Remarque : lorsque cette évolution, comme il arrive, renforce la répression en matière politique, elle ne s'explique pas seulement par l'autoritarisme des États et la violence des délinquants politiques : elle s'explique aussi par le danger que représente certaine philosophie, excessive, voulant voir dans toute infraction une infraction politique, et par la considération criminologique que l'assassinat politique, notamment, outre le danger qu'il présente pour l'ordre social, est souvent plus froid et plus calculé que l'assassinat de droit commun (même quand il est le fait de délirants paranoïaques), et risque de faire plus d'imitateurs (v. Mémento de Criminologie et science pénitentiaire). Pour le terrorisme, v. § 2, B.

§ 2 – DÉFINITION

Il faut distinguer les infractions purement politiques, les infractions complexes (avec le cas du terrorisme), les infractions connexes.

A. Infractions purement politiques

• **Il n'y a pas de difficulté quand la peine prévue est dans l'échelle politique** des peines criminelles (ex. détention criminelle) : l'infraction est politique (ex. violence de nature à mettre en péril les institutions de la République). Il en est de même pour l'infraction punie d'emprisonnement, alors qu'elle est punie de détention quand elle est aggravée : elle est politique même non aggravée (ex. complot).

• Mais une difficulté se présente quand les textes prévoient seulement une *peine non spécifiquement politique* (ex. peine correctionnelle) : est considérée comme politique l'infraction qui porte atteinte à l'*ordre politique* (ex. fraudes électorales, délits de presse).

Toutefois, il faut distinguer de l'ordre politique l'**ordre social** auquel peuvent porter atteinte des infractions considérées alors comme infractions de **droit commun** (comme dans le cas du *terrorisme*, v. ci-dessous).

B. Infractions complexes

Ce sont des infractions de droit commun, mais commises pour des raisons (**mobiles**) politiques, ex. assassinat d'un chef d'État pour obtenir un changement de régime.

Deux thèses ont été soutenues.

• *Thèse subjective* ; elle met l'accent sur le mobile : donc infraction est politique. C'est la solution admise dans l'application du régime pénitentiaire ; le Code prévoit un régime spécial, de faveur, pour les infractions de presse (sauf par ex. la provocation au meurtre).

• *Thèse objective* ; elle ne prend pas en considération le mobile : donc l'infraction est de **droit commun.**

C'est la solution :
– de la *jurisprudence* (assassinat de Doumer par Gorguloff, Crim., 1932 ; violences, graffiti) ;
– et des *traités d'extradition*, qui excluent la règle de non-extradition en matière politique dans le cas d'assassinat de chef d'État (clause belge).

En dehors de cette hypothèse, la notion d'infraction politique est *plus large*, pour l'application de la règle de non-extradition (*v. étude complémentaire 2*), et cela en raison de l'idée de droit d'asile. Toutefois, il en va différemment pour les infractions dirigées contre toute organisation sociale, et pour certaines infractions graves : c'est le problème du terrorisme.

Cas du terrorisme :

Le développement du *terrorisme* a conduit à prévoir des *règles de procédure* spéciales (art. 706-16 et s. C. pr. pén.) pour certaines infractions de droit commun, ex. meurtre, (et les infractions connexes), liées à une entreprise « ayant pour but de troubler gravement l'ordre public par l'intimidation ou la terreur ».

La notion est reprise par le nouveau Code pénal, qui consacre un titre entier au terrorisme, et prévoit, quant au fond, des peines plus sévères que pour le droit commun (art. 421-1 et s. ; v. Mémento de *Droit pénal spécial*).

L'extradition, pour le terrorisme, est possible pour certains actes graves, ex. attentat, meurtre, prise d'otage, extorsion de fonds, vol à main armée (même la simple appartenance à un mouvement terroriste) ; v. Conv. européenne 1977 (L. et décr. 1987) : pour l'extradition, ces infractions ne sont pas considérées comme politiques (art. 1ᵉʳ) ; d'autres infractions, dirigées contre la vie, l'intégrité corporelle ou la liberté des personnes, peuvent n'être pas considérées comme politiques (art. 2).

C. Infractions connexes

Ce sont des infractions de droit commun, commises à l'occasion d'événements politiques, et liées d'une façon plus ou moins étroite avec ces événements.

• Exemples de *lien étroit* avec ces événements : pillage d'une boutique d'armurier pendant une émeute, pour participer au mouvement (l'infraction est alors complexe en même temps que connexe).

• Exemple de *lien plus lâche* : pillage d'une bijouterie pendant les troubles.
Selon la thèse subjective, l'infraction est politique dans le premier cas, de droit commun dans le second.
Selon une thèse mixte, adoptée par la jurisprudence, l'ensemble peut être politique, mais l'infraction est de droit commun si elle constitue un acte de barbarie.
Remarque : l'infraction complexe n'est pas toujours considérée comme politique pour l'extradition (*v. l'extradition*).

POUR ALLER PLUS LOIN

BIBLIOGRAPHIE :
> S. Fournier, « Le nouveau Code pénal et le droit de la complicité », *Rev. sc. crim.* 1995, p. 475.

EXEMPLES DE SUJETS POSSIBLES D'EXAMENS :

Dissertations :
> Commenter cette phrase : « le complice est puni comme auteur »
> Sort du complice et sort de l'auteur principal de l'infraction
> Existe-t-il une responsabilité pénale du fait d'autrui ?
> La responsabilité pénale des personnes morales est-elle une véritable responsabilité pénale ?

Titre 3
PLURALITÉ DE PARTICIPANTS À L'INFRACTION

L'infraction peut être le fait de **plusieurs participants** :
• Parfois **sans entente préalable.**
Il peut se produire une impulsion collective et soudaine : ex. le « crime des foules ». À l'étranger on distingue parfois les meneurs et les menés : en France, chacun est en principe puni pour son propre fait (avec connexité entre les faits, et souvent des difficultés de preuve, notamment en cas d'action collective). Quelques règles spéciales existent cependant (ex. *pour l'attroupement*, qui peut aussi être prémédité).
• Parfois **avec entente préalable.**
Exemple : *association de malfaiteurs* (art. 450-1, 421-2-1 C. pén.), *complot* (art. 412-2 C. pén.), *groupes de combat* (art. 431-16 C. pén.) ; aggravation de nombreuses infractions quand elles sont commises en *bande organisée* (art. 132-71 : ex. meurtre, enlèvement, tortures, vol, certaines destructions, escroquerie, évasion) ; aggravation de certaines infractions commises *en réunion*, ex. viol, autres agressions sexuelles, vol, outrages, rébellion. V. Mémento de *Droit pénal spécial*.
• Parfois avec en principe *entente momentanée*, en vue d'une infraction déterminée. C'est l'important problème de la complicité, qui sera étudié ici.
Remarque : en cas de complicité, il y a le plus souvent entente ; mais il peut y avoir complicité sans entente (exemple de l'échelle placée intentionnellement, pour aider le voleur, mais à l'insu de celui-ci) ; et si l'entente est le plus souvent momentanée, en vue d'une infraction déterminée, il peut aussi y avoir complicité pour plusieurs infractions.
• Parfois des difficultés se présentent pour la détermination des responsables, dans les cas, qui seront étudiés ici, de la **responsabilité pénale pour autrui, et de la responsabilité pénale des personnes morales**.

Chapitre 1 > LA COMPLICITÉ

Il faut distinguer le **complice** de l'**auteur** ou du **coauteur** (*v. section 1*, à propos de l'aide ou assistance) :
• Le coauteur est traité comme l'auteur (il réunit en sa personne tous les éléments généraux et spéciaux de l'infraction) ;
• Le complice participe moins directement à l'infraction.
Principe : longtemps, le principe a été celui de la **criminalité d'emprunt** et de la pénalité d'emprunt (ou complicité-délit unique), selon lequel le complice emprunte sa criminalité, et sa peine, à celles de l'auteur principal.
Le Code pénal actuel (art. 121-6) décide que le complice est « **puni comme auteur** », c'est-à-dire comme s'il était l'auteur de l'infraction. Il maintient le principe de *criminalité* d'emprunt, selon lequel la complicité suppose un fait principal punissable (*section 1*, sur les conditions de la complicité) ; mais il modifie certaines des règles concernant les peines applicables au complice, en renonçant à la *pénalité* d'emprunt (*section 2*, sur les effets de la complicité).
D'autres systèmes sont concevables (*v. section 3*), notamment celui de la *complicité-délit distinct*, dans lequel le complice est puni pour son acte personnel, ce qui présente de l'intérêt notamment en cas de désistement de l'auteur principal.

Section 1 > CONDITIONS DE LA COMPLICITÉ

Art. 121-7 et R. 610-2 C. pén.
La complicité suppose un fait principal, et un acte de participation à ce fait principal.

§ 1 – CONDITIONS RELATIVES AU FAIT PRINCIPAL

Elles concernent la qualification du fait, et le caractère punissable de ce fait.

A. La qualification du fait principal

1. Si le fait principal est qualifié crime ou délit

La complicité est punissable en principe, pour **tout crime ou délit**, pour tous les cas de complicité définis par la loi.
Problème : **peut-il y avoir complicité d'infraction d'imprudence ou de négligence** : ex. complicité d'homicide ou d'atteinte à l'intégrité de la personne par imprudence (cas du client incitant le chauffeur de taxi à la vitesse par la promesse d'un pourboire, et provoquant ainsi un accident corporel) ?
Non, si l'on pense que l'acte de complicité suppose un acte intentionnel, c'est-à-dire avec désir du résultat ;
Oui, parfois, selon la loi : la complicité était punissable en matière de publicité trompeuse (anc. art. L. 121-5 C. consom.), alors que, selon la chambre criminelle, ce délit n'était pas intentionnel.

La chambre criminelle, elle, traite dans ces cas le coupable comme *coauteur*, car il y a faute, dommage et causalité (par ex. pour ceux qui avaient donné des ordres fautifs au conducteur d'un véhicule) ; un arrêt de cour d'appel resté isolé a condamné la personne au volant d'un bobsleigh comme auteur, les équipiers comme complices.

Toutefois, à propos du *délit de mise en danger*, elle a retenu la complicité (enjoindre à un préposé conducteur de franchir un feu rouge en lui disant : « Vas-y, vas-y, ça passe ») ; on a vu que certains en concluent que ce délit est intentionnel, mais qu'on peut aussi bien estimer que le délit est d'imprudence, et donc que la complicité d'imprudence est punissable...

On notera que si le dommage n'a pas été causé directement, il sera plus difficile de retenir la responsabilité pénale d'une personne comme auteur ou comme complice, en raison des dispositions nouvelles de l'art. 121-3, al. 4, *v. la faute d'imprudence*.

2. Si le fait principal est qualifié contravention

Seule est punissable, pour toutes les contraventions, la complicité par *provocation ou instructions*, art. R. 610-2 (*v.* § 2, B).

Pour certaines contraventions, toutefois, *l'aide ou assistance* est réprimée, sans que le Code la qualifie de complicité (ex. bruits ou tapages injurieux ou nocturnes : art. R. 623-2, violences légères : art. R. 624-1, violences avec ITT ne dépassant pas 8 jours : art. R. 625-1, dégradation volontaire du bien d'autrui avec dommage léger : art. R. 635-1) : les textes visant le fait de faciliter sciemment, par aide ou assistance, non seulement la consommation de la contravention, mais aussi sa préparation, on pourrait aboutir à cette solution étonnante que l'auteur de l'aide ou assistance dans la préparation de la contravention serait punissable même en l'absence de consommation de la contravention, contrairement au droit commun de la complicité, qui suppose un fait principal (commis ou tenté) punissable.

B. Le fait principal punissable

L'existence d'un fait principal punissable est une condition à la fois *nécessaire* et *suffisante* : il faut un *fait* principal punissable, mais il n'est pas nécessaire que *l'auteur* principal soit punissable.

1. Le fait principal, condition nécessaire

Le complice n'est pas punissable en l'absence de fait principal punissable (l'annulation des questions en cour d'assises portant sur le fait principal entraîne celle des questions portant sur la complicité). Il y a absence de fait principal quand le fait n'est pas punissable, ou n'est plus punissable.

a) Fait principal non punissable (car ne constituant pas une infraction)

1. *Cas du suicide ou de la tentative de suicide*

La « complicité » n'est pas punissable. Toutefois, selon les cas, il peut y avoir *omission de secours* (art. 223-6 C. pén. ; ex. renseignements donnés dans des lettres, par l'auteur au lecteur d'un ouvrage sur les méthodes de suicide), ou *provocation au suicide* (art. 223-13 et s. C. pén.) : mais il s'agit là de délits distincts, faisant encourir des peines correctionnelles, et non de complicité de meurtre. On ne confondra pas la « complicité » de suicide avec le *meurtre sur demande*, punissable malgré le consentement de la victime (*v. cette question*).

2. *Infraction d'habitude*

– si l'auteur principal en est resté à un premier fait (donc *non punissable*), le complice n'est pas punissable non plus, même s'il a déjà été complice d'infractions semblables commises par d'autres auteurs ;

– si l'auteur principal est *punissable* parce que le délit d'habitude est constitué, *le complice l'est aussi*, même pour une première complicité (cette solution est toutefois discutée et la chambre criminelle a jugé le contraire en 1875).

3. *La « tentative de complicité »*

Elle n'est pas punissable comme telle. C'est le cas de l'auteur principal ne commettant que des *actes préparatoires*, ou *se désistant volontairement* après commencement d'exécution : le complice en bénéficie ; cela avait été décidé dans les affaires *Lacour*, *Schieb* (Crim., 25 oct. 1962, D. 1963. 221, note Bouzat), pour des faits – argent remis, pour faire tuer la victime, à une personne qui, volontairement, n'avait rien fait – qui, aujourd'hui, seraient punissables comme *délit distinct* (art. 221-5-1 C. pén.), le texte nouveau ne s'appliquant que si l'infraction projetée est un assassinat ou un empoisonnement, et seulement si l'acte de provocation consiste en offres ou promesses (*v. plus loin la provocation*).

L'absence de répression de la complicité est choquante puisque la culpabilité réelle du « complice » est aussi grande que si l'auteur principal avait consommé l'infraction. C'est pourquoi dans plusieurs domaines, la loi, comme dans l'exemple ci-dessus, a érigé certaines formes de complicité (notamment par provocation) en *délits distincts*, punissables indépendamment de la commission du fait principal, donc même si la provocation, par exemple, est restée sans résultat (*v. la provocation*). Dans certains cas, on peut retenir le délit d'*association de malfaiteurs* (art. 450-1 C. pén.), dès le stade du commencement d'exécution, ou même dès le stade des actes préparatoires (ainsi jugé pour un projet d'agression au vitriol).

Mais si la *tentative de complicité* n'est pas punissable comme telle (en l'absence de fait principal punissable), la **complicité de tentative**, elle, est punissable ; il y a en effet alors complicité d'un commencement d'exécution punissable, donc d'un fait principal punissable ; ex. complicité de tentative d'assassinat, pour aider une évasion comportant « si nécessaire » la « suppression » des gardiens, avec violences et coups de feu sur les gardiens ; complicité, par instructions, d'une tentative de meurtre, d'extorsion de fonds, par ordre d'encaisser par la force des loyers en retard.

Remarque : il ne faut pas confondre ces cas avec la **complicité de complicité** ; ex. renseignement donné au complice de l'auteur : le problème est discuté ; la complicité *peut exister* s'il y a intention d'aider l'auteur principal (la jurisprudence estime que la complicité est punissable même si les instructions n'ont pas été données directement à l'auteur, mais qu'il n'y a *pas complicité punissable* si la participation est trop indirecte : ex. chaîne d'informateurs).

4. *Cas où une infraction ne peut être commise que par une personne ayant une certaine qualité*

Exemple : violation de secret professionnel, détournement d'objet saisi, abus de biens sociaux, infractions ne pouvant être commises que par des fonctionnaires : le fait n'est pas punissable s'il est commis par une personne dépourvue de cette qualité ; donc le complice n'est pas non plus punissable, même si lui a cette qualité ; on aurait pu déduire une solution différente de la règle du nouveau Code pénal (le complice sera « puni comme auteur », et non pas comme l'auteur : cela aurait pu s'entendre « comme s'il avait été auteur de l'infraction », donc avec sa qualité).

Pour le cas, inverse, où seul l'auteur a la qualité requise, mais non le complice, *v. infra, Remarque 1.*

b) Fait principal n'étant plus punissable

Ce sera le cas, par exemple, s'il est **amnistié** (par amnistie réelle), ou **prescrit** : la complicité n'est pas punissable.

Pour le cas :
– où l'auteur principal bénéficie d'une **immunité** personnelle (ex. l'immunité familiale en cas de vol), *v. infra*, la distinction du complice et du coauteur ;
– du fait principal **commis à l'étranger** : *v. étude complémentaire 2.*

2. Le fait principal, condition suffisante

La complicité est rattachée au fait principal plus qu'à son auteur **(il existe une relative indépendance entre le complice et l'auteur principal)**.

a) Le complice peut donc être punissable, dès lors qu'il y a **fait** principal punissable, alors même que **l'auteur** principal ne l'est pas :

• pour une raison de *fait* : ex. auteur principal en fuite, ou inconnu, ou qui n'a pu encore être poursuivi, ou qui a été laissé en dehors des poursuites ;

• pour une raison de *droit* : ex. auteur principal décédé.

Un *problème* se pose lorsque *l'auteur principal* bénéficie d'un *acquittement* (ou d'une relaxe, ou d'un non-lieu) : le complice est-il punissable ?

• si la décision est fondée sur *l'absence d'élément matériel*, la complicité n'est pas punissable ;

• mais si la décision est fondée sur le *défaut d'imputabilité* (ex. minorité, trouble psychique), l'infraction étant matériellement établie, la complicité est punissable malgré l'irresponsabilité de l'auteur principal ;

• si la décision est fondée sur *l'absence d'intention coupable* chez l'auteur principal : la chambre criminelle est hésitante (arrêts contradictoires à quelques années d'intervalle).

En cas d'acquittement de l'auteur principal par la cour d'assises, la décision n'étant pas motivée, le complice reste en principe punissable, particulièrement si la matérialité du crime a été affirmée.

b) La qualification retenue à l'encontre de l'auteur principal ne lie pas le juge dans une poursuite postérieure dirigée contre le complice. Cependant, après cassation, la relaxe de l'auteur principal, seul à s'être pourvu, peut être un fait nouveau permettant la révision de la condamnation du complice.

Remarques :

1. Dans les cas d'infractions que, faute de la qualité requise, *on ne peut pas commettre comme auteur (v. les exemples supra, a), 4.)*, il a été admis qu'on pouvait être complice punissable de cette infraction ; la loi le dit parfois expressément (ex., pour la banqueroute, art. L. 654-3 C. com). Sur le fondement des règles nouvelles, la chambre criminelle a admis par exemple la complicité d'abus de biens sociaux à l'encontre d'une personne non dirigeant social. *V. aussi plus loin, à propos de la distinction du coauteur et du complice.*

On ne confondra pas ce cas avec celui, vu *ci-dessus (a), 4.)*, où c'est le complice qui a la qualité exigée, l'auteur ne l'ayant pas : faute de fait principal punissable, le complice n'est pas punissable.

2. La prescription court à l'égard du complice du jour du fait principal, non du jour de l'acte de complicité.

§ 2 – CONDITIONS RELATIVES À LA PARTICIPATION AU FAIT PRINCIPAL

Cette participation doit, pour être punissable, réunir un élément moral (la connaissance de cause), et un élément matériel (la participation par l'un des cas de complicité prévus par la loi).

A. La participation en connaissance de cause

C'est **l'élément moral** de la complicité. Il faut avoir voulu favoriser l'infraction : une négligence ne suffit pas (ex. : relaxe en cas de provocation à la discrimination raciale, la publication n'ayant été ni voulue ni permise). Les questions en cour d'assises doivent préciser la participation en connaissance de cause.

1. On a examiné plus haut le problème de la **complicité d'infraction d'imprudence ou de négligence** (*v. ci-dessus, à propos du fait principal*).

2. Un problème se présente quand **l'infraction commise diffère de l'infraction projetée** :

a) Elle peut en différer seulement par des circonstances aggravantes
Le complice supporte alors certaines aggravations (*v. section 2*) ;

b) Elle peut en différer par ses éléments

• Si l'infraction commise est *plus grave*, dans sa nature, que l'infraction projetée : la complicité n'est pas punissable (ex. Crim., 13 janv. 1955, D. 1955. 291, note Chavanne, affaire *Nicolaï* : pistolet remis à un tiers pour impressionner un débiteur, et utilisé pour tuer une autre personne) ;

• Si l'infraction commise est *moins grave* que l'infraction projetée : la complicité n'est pas punissable (ex. fusil prêté pour un meurtre, utilisé pour un délit de chasse), sauf si elle est de nature comparable, ex. arme remise pour un meurtre, utilisée pour les blessures ;

• Si l'infraction commise est *différente* de l'infraction projetée :
– par l'identité de la *victime* (sans erreur sur la personne ni erreur du coup) : ex. projet de tuer X ; en définitive, l'auteur préfère tuer Y (sans erreur) : la complicité n'est pas punissable ;
– par le *mode d'exécution* de l'infraction : ex. projet pour une strangulation, exécution par électrocution : la chambre criminelle n'a retenu la complicité que parce qu'il y avait en même temps d'autres faits de complicité, notamment des directives et renseignements.

B. La participation par l'un des cas de complicité

C'est **l'élément matériel** de la complicité. Il faut exposer les règles communes à tous les cas de complicité, et définir les trois cas de complicité.

1. Règles communes à tous les cas de complicité

Les actes de complicité doivent être des actes positifs, et des actes antérieurs à l'infraction, ou concomitants.

a) Il doit s'agir de faits positifs

1. *Il n'y a pas de complicité par abstention*
Ex. : assister à la commission d'une infraction, être présent lors de la commission d'une infraction, la chambre criminelle ayant jugé qu'une simple « coopération morale » ne caractérise pas la complicité (on pourrait pourtant la considérer comme une aide morale mais positive).
Toutefois, la jurisprudence *évolue dans le sens de la répression*, dans certains cas, ex. dissimulation de son état de conjoint, pour aider à l'organisation de l'insolvabilité ; ne pas enlever l'arme avec laquelle un « parricide » (ancienne terminologie) sera commis ; complicité par la présence volontaire, faisant nombre, dans la troupe des agresseurs, fortifiant ainsi moralement le groupe de ceux-ci ; directeur de publication laissant diffuser une publicité illicite pour le tabac.

2. *Mais la complicité est punissable lorsqu'en réalité il s'agit de fausses abstentions*
• Est une action, et non une abstention, *la promesse, antérieure à l'infraction*, d'abstention lors de la commission de l'infraction.

• La complicité est punissable lorsque l'abstention constitue la violation d'un devoir engendrant l'obligation d'intervenir :
– *devoir professionnel*, ex. fonctionnaire « fermant les yeux »,
– devoir de *fonctions*, ex. dirigeant social, comptable.
En l'absence de complicité punissable, il peut y avoir dans certains cas *délit distinct*, ex. omission de secours.
Il faut réserver aussi le cas de *textes spéciaux* : ex. est réputé complice le tenancier qui laisse prendre des paris clandestins dans son établissement (art. 4 L. 2 juin 1891).

b) Il doit s'agir de faits antérieurs à l'infraction, ou concomitants

Il n'y a pas de complicité postérieure à l'infraction ; ex. jurisprudentiels : prêt d'une balance pour le partage du butin, aide à évadé après évasion ; mais il y a complicité en cas d'*accord antérieur* ou concomitant, ex. voiture prévue pour faciliter la fuite. Mais la *preuve* de l'intention peut se déduire d'un comportement ultérieur. Même en l'absence de complicité, il y a dans certains cas *délit distinct*, ex. recel de choses (art. 321-1 C. pén.), recel de malfaiteur (art. 434-6), certains faux pour procurer l'impunité à l'auteur d'un crime (art. 441-2, 3°, 441-5, 3°).

2. Les quatre cas de complicité : provocation, instructions, aide ou assistance, enregistrement d'images

Remarques :
1. Pour les **contraventions**, seule est punissable la complicité par **provocation** ou par **instructions** (art. R. 610-2) : *l'aide ou assistance* est punissable pour certaines contraventions (*v. ci-dessus, les conditions de la complicité relatives au fait principal*), mais le Code la punit sans se référer à la complicité, comme s'il s'agissait d'un mode de réalisation de l'infraction.
2. En cour d'assises, la question relative à la complicité doit caractériser les éléments de l'un des modes de complicité ; mais parce que la provocation et les instructions sont visées par le même alinéa (art. 121-7, al. 2) la chambre criminelle y voit un mode de complicité unique ; une seule question peut donc être posée à ce sujet en cour d'assises.

a) La provocation
Elle suppose :

• Certains **moyens** : *don, promesse, ordre, menace, abus d'autorité ou de pouvoir* (même de fait, ex. jurisprudentiels, meneur d'un mouvement, contractant en position économique dominante) ; ex. gérant ordonnant à des employés de reprendre des objets chez un client, acte constituant un vol ; passager ordonnant à un conducteur de ne pas s'arrêter à un barrage de gendarmerie (« Fonce, fonce, ne t'arrête pas ! » : complicité de violences aggravées). Mais le simple conseil n'est pas la provocation-cas de complicité (ex. le passager disant au conducteur « File, voilà les flics » n'est pas complice du refus d'obtempérer, dans un cas où, au moment du conseil, l'ordre d'arrêt n'avait pas encore été donné).

Il y a bien entendu provocation punissable même si la promesse (antérieure) n'est exécutoire qu'après infraction. Et la provocation peut exister sans instructions.

• Des moyens employés envers une **personne déterminée** : la provocation publique, collective (ex. en matière de presse, art. 24, L. 1881), peut être délit distinct, mais non complicité par provocation (sauf, à certaines conditions, art. 23, L. 1881 sur la presse).

• Des moyens employés **directement** : il n'y a pas de provocation complicité dans le fait d'attiser les sentiments de haine à l'égard d'un tiers (mais il peut y avoir délit distinct, dans certains cas, art. 24, L. 1881 sur la presse).

• Des **moyens suivis d'effet** : une infraction consommée, ou au moins une tentative punissable : sinon, il n'y a pas de fait principal punissable, donc pas de complicité punissable (*v. supra*, la « tentative de complicité »).

On a indiqué plus haut que l'exigence de cette condition laisse impunis des actes révélant une culpabilité aussi grande que si l'auteur principal consomme l'infraction, sauf à pouvoir retenir dans certains cas le délit d'association de malfaiteurs, ou d'autres *délits distincts*, dont l'auteur est alors puni comme tel, même si la provocation reste sans effet. On a signalé que l'art. 221-5-1 permet de réprimer certaines provocations, mais avec une double restriction : l'infraction projetée doit être un assassinat (le texte pourrait désormais être appliqué dans des faits comme ceux des affaires *Lacour*, *Schieb*, citées plus haut) ou un empoisonnement, et la provocation n'est pas celle qui est définie pour la complicité (il s'agit seulement d'offres ou promesses, ou de propositions de dons, présents ou avantages quelconques ; visant les offres, le texte est plus large que l'art. 121-7, mais il ne vise ni la menace, ni l'abus d'autorité ou de pouvoir, non plus que le deuxième cas de complicité, les instructions). V. d'autres ex. de provocations délits distincts : provocation à l'abandon d'enfant (art. 227-12 C. pén.) ; provocation à la rébellion (art. 433-10 C. pén.) ; fait de *provoquer directement un mineur* à commettre un crime ou un délit (art. 227-21 C. pén.) ; provocation en matière de presse (art. 24, L. 1881).

Remarques :
1. Parfois on voit dans le provocateur l'auteur même de l'infraction (il en a été jugé ainsi pour un président de société ayant donné l'ordre de commettre un délit d'ouverture de correspondance ; c'est la **notion**, *doctrinale*, **d'auteur moral ou intellectuel, d'instigateur**) : ex. dicter un faux ; être considéré comme l'un des coauteurs d'une infraction d'imprudence.
2. Il peut y avoir *contrainte*, pour le provoqué, si la provocation revêt la forme d'une force irrésistible ; le provocateur est alors seul punissable, comme auteur non comme complice.
3. La loi punit certaines provocations *à des faits n'étant pas eux-mêmes des infractions*, pour éviter leur multiplication (ex. provocation au suicide : art. 223-13 C. pén. ; fait de provoquer un mineur à la consommation habituelle et excessive d'alcool, art. 227-19 C. pén. ; organiser la mendicité d'autrui pour en tirer profit, art. 225-12-5 C. pén. ; provocation à l'usage de substances inoffensives présentées comme stupéfiants, art. L. 3421-4, al. 2 C. santé publ.). Parfois le fait provoqué est punissable moins sévèrement que la provocation (ex. provocation à l'usage de stupéfiants, art. L. 3421-4 C. santé publ.), ou n'est sanctionné directement que par des mesures non pénales (ex. provocation à l'usage de produits dopants, art. L. 3633-3 C. santé publ.).

b) Les instructions pour commettre l'infraction

Il s'agit en quelque sorte de « moyens intellectuels ». Ex. renseignements donnés en vue de la commission de l'infraction (plan de l'appartement, parcours de la victime) ; et il y a complicité punissable même si les instructions n'ont pas été données directement à l'auteur (complicité de complicité) ; fait d'organiser une expédition pour molester la victime ; rôle de conseiller pour une campagne publicitaire délictueuse. Il faut des renseignements précis.

c) L'aide ou assistance

Remarque : en matière de *contravention*, on l'a vu, cette aide ou assistance n'est punissable que pour certaines contraventions, et, à s'en tenir au Code, comme mode de réalisation de l'infraction, non comme complicité.

L'aide ou assistance peut consister dans des actes divers ; mais elle doit être antérieure à l'infraction, ou concomitante : cette règle vaut pour tous les cas de complicité, mais l'aide ou assistance concomitante, particulièrement, est parfois difficile à distinguer de la coaction.

1. *Elle peut consister dans des activités diverses*

Il suffit que l'acte ait **facilité la préparation ou la consommation de l'infraction**. Elle peut consister dans :

– la **fourniture de moyens matériels** (spécialement visés aussi dans le Code antérieur), en connaissance de cause, ayant servi à l'action. Ex. jurisprudentiels : fournir les éléments d'un article de presse diffamatoire ; établir de faux documents en vue d'une escroquerie à la TVA (ex. commissaire aux comptes, expert-comptable) ; vendre des cartes magnétiques après les avoir retraitées, pour permettre l'escroquerie, ou ayant encouragé à l'action, même si les moyens n'étaient pas indispensables à la commission du fait principal, qui pouvait se commettre autrement ; fournir des factures fictives pour une escroquerie ; rédiger des lettres pour une publicité trompeuse ; servir d'intermédiaire pour embaucher des salariés pour du travail clandestin ; rédiger des injures et diffamations diffusées sur l'internet ; en 2003 un tribunal a condamné comme complice de conduite en état alcoolique le cafetier qui avait servi à boire à un conducteur qui avait ensuite fait plusieurs victimes.

Là encore on constate la tendance de la loi à transformer des cas de complicité en *délits distincts*, pour les mêmes raisons que pour la provocation (ex. interruption volontaire de grossesse) ;

– un concours apporté à l'auteur principal, soit au stade de la *préparation* de l'infraction (ex. étudier les lieux où doit se commettre l'infraction), soit au stade de *l'exécution* (ex. jurisprudentiels : créer une diversion facilitant la commission de l'infraction, adresser des menaces aux victimes ; servir de prête-nom pour une fraude fiscale).

2. *Elle doit être antérieure à l'infraction, ou concomitante*

Ex. céder le volant à un conducteur sans permis constitue une complicité du délit de conduite sans permis.

L'aide *postérieure* peut être *délit distinct* (ex. recel de malfaiteur de l'article 434-6, certains faux pour procurer l'impunité à l'auteur d'un crime, art. 441-2, 3°), mais elle n'est pas complicité sauf si elle résulte d'un *accord antérieur*.

3. *La distinction de la complicité par aide ou assistance et de la coaction*

La complicité par aide ou assistance est parfois difficile à distinguer de la coaction, quand elle est concomitante de l'infraction (le problème de la distinction avec la coaction ne se pose pas en principe pour les complicités par provocation ou par instructions, différentes de l'aide ou assistance, et normalement antérieures à l'infraction).

• **Intérêts de la distinction**
Bien qu'en principe le complice soit puni comme s'il était lui-même auteur, cette distinction continue de présenter des intérêts :
– *pour les questions posées en cour d'assises* : elles portent, pour l'auteur, sur les éléments de l'infraction ; pour le complice : sur la participation à l'infraction déjà définie.
– *pour la peine* : le Code antérieur punissait le complice de la peine applicable à l'auteur.
Le nouveau Code pénal a voulu changer la formule, parce que les personnes morales peuvent être complices, et n'encourent pas les peines de l'auteur personne physique : mais en décidant que le complice « sera puni comme auteur », le Code modifie le principe ; il en résulte :
Que certaines des *anciennes conséquences* de la pénalité d'emprunt disparaissent ; par ex. :
– quant au *principe* de la peine : en cas d'immunité familiale (ex. en cas de vol, art. 311-12 C. pén.), le coauteur non parent est punissable, le complice non parent ne l'était pas : on pourrait soutenir que dans ces cas, il n'y a toujours pas de fait principal punissable, parce que l'infraction, bien qu'elle existe, « ne peut donner lieu à des poursuites pénales », même pour le complice ; mais on pourrait au contraire estimer qu'aujourd'hui le complice, puni comme s'il était auteur, peut être puni dans ce cas, malgré l'immunité personnelle de l'auteur ;
– quant au *degré* de la peine : le père coauteur de mauvais traitement à enfant encourt une peine aggravée ; complice de la même infraction, il encourait une peine moins forte : il sera aujourd'hui puni comme auteur.
Mais que *subsistent cependant des intérêts* à qualifier la participation ; par ex. :
– en matière de *contravention* : le *coauteur* est punissable (le complice par provocation ou instructions aussi), non le complice par aide ou assistance (mais l'on sait que pour certaines contraventions, cette aide ou assistance est punie, sans référence à la complicité, *v. plus haut, ex. violences contraventionnelles*) ; dira-t-on que le complice est désormais puni comme auteur ? Mais encore faut-il qu'il soit complice : et la loi conduit à décider qu'une condition de la complicité fait ici défaut, si la contravention n'a pas été commise.
– dans le cas de la complicité d'une infraction qu'*on ne peut commettre comme auteur* (*v. plus haut* : ex. violation de secret professionnel lorsqu'on n'a pas la qualité professionnelle requise), et en dehors des cas où la loi précise la solution (ex. banqueroute) : le complice était punissable, non le coauteur ; mais la jurisprudence a décidé que, désormais « puni comme auteur », le complice n'ayant pas la qualité requise est punissable comme s'il avait été lui-même l'auteur punissable d'une telle infraction (*v. les arrêts cités plus haut à propos du fait principal*).

• **Critère de la distinction**
Comment distinguer ?
Pour la *doctrine*, le coauteur réunit en lui tous les éléments de l'infraction, non le complice.
La *jurisprudence* adopte parfois le critère doctrinal ; mais elle est souvent plus nuancée.

La distinction a d'ailleurs depuis longtemps perdu de sa netteté (et même aujourd'hui, on l'a dit, une partie de son intérêt) :
– du fait de **la théorie jurisprudentielle de la complicité corespective**, qui a permis le cas échéant de considérer que tous les participants s'aidaient mutuellement : chaque coauteur était considéré comme complice de l'autre, ex. le coauteur d'un meurtre sur l'ascendant d'un autre coauteur était puni comme complice de parricide, crime plus grave que le meurtre.
Mais aujourd'hui la théorie de la complicité corespective perd de l'intérêt, dès lors que le complice est puni comme s'il était l'auteur de l'infraction : dans l'exemple, le tiers complice, non parent, est punissable pour meurtre non aggravé (alors que le parent, même simple complice, sera puni pour meurtre aggravé).
Cependant, cette théorie garde son utilité en cas de **scène de violences collectives** : chacun est coauteur et complice, et l'on retiendra pour tous l'infraction sous la qualification la plus haute (ex. coups mortels, même si un seul coup, indéterminé, a été mortel).
On observera que si la jurisprudence traite ainsi parfois le coauteur comme un complice, inversement, il arrive qu'elle considère un complice comme coauteur (ex. pour permettre la répression dans des cas où la complicité n'est pas toujours punissable, ex. l'aide ou assistance en matière de contraventions).
– du fait de **l'extension jurisprudentielle de la théorie de la peine justifiée** : il n'y a pas cassation, en effet, si l'erreur commise par une décision sur la qualification de complice ou de coauteur est sans conséquence sur la peine (v. Mémento de *Procédure pénale*) ; la distinction, ne jouant aucun rôle dans ce cas, ne donne donc pas lieu à précision jurisprudentielle.

d) L'enregistrement d'images de violence

Est un cas de complicité l'enregistrement d'images de certaines violences, d'un viol, d'une agression sexuelle (art. 222-33-3 C. pén. – « *happy slapping* » –). L'enregistrement peut être justifié par le but d'informer le public ou par celui d'apporter une preuve en justice (art. 222-33-3, al. 3).
Contrairement aux cas précédents de complicité, de portée générale, il s'agit donc ici d'une complicité spéciale limitée à certains crimes ou délits.
Remarque : le fait de diffuser de telles images est un délit distinct (art. 222-33-3, al. 2).

Section 2 > EFFETS DE LA COMPLICITÉ (LES PEINES APPLICABLES AU COMPLICE)

Principe : le complice « sera puni comme auteur » (art. 121-6 C. pén.).
Le complice n'emprunte donc pas sa criminalité à l'auteur principal en ce qui concerne les peines encourues. Le système de la *criminalité* d'emprunt subsiste, mais non celui de la *pénalité* d'emprunt.
Il faut préciser le sens de la règle légale, et les effets des causes d'aggravation, de diminution et d'exemption des peines.

§ 1 – LE SENS DE LA RÈGLE LÉGALE

Le complice encourt la peine qu'il aurait **encourue légalement s'il avait été auteur de l'infraction.** Ex. délit punissable de 5 ans d'emprisonnement : le complice peut être condamné à 5 ans ou à moins de 5 ans, quelle que soit la peine prononcée contre l'auteur.

Le complice peut donc (comme d'ailleurs avant le Code pénal actuel) être puni d'une peine différente de celle de l'auteur – le cas échéant plus forte, dans les limites légales (ex. 3 ans, alors que l'auteur est puni de 2 ans).

Pour l'immunité familiale, *v. supra Section 1, § 1, B.*

Remarque : selon la jurisprudence, n'est pas punissable le détenu complice (ou auteur) de l'entrée ou de la sortie d'objets irrégulière dans ou hors de l'établissement pénitentiaire ou de communication irrégulière.

§ 2 – LES CAUSES D'AGGRAVATION, DE DIMINUTION OU D'ATTÉNUATION DES PEINES

A. Les circonstances aggravantes (*v. cette question*)

1. Les circonstances aggravantes objectives ou réelles

Ce sont celles qui concernent la matérialité de l'acte (ex. concomitance d'un meurtre et d'un autre crime ; vol avec violences, ou avec arme) : elles s'étendent à *tous les participants*, coauteurs ou complices *même à ceux qui les ont ignorées*, ou désapprouvées (c'est la notion de *dol éventuel*, vue à propos de la culpabilité).

2. Les circonstances aggravantes subjectives ou personnelles

Ce sont celles qui ne concernent que la qualité de l'agent, ex. récidiviste : elles restent personnelles à l'auteur principal ou au complice.

3. Les circonstances aggravantes mixtes

Ce sont celles qui concernent la personne et l'acte, ex. préméditation, qualité d'ascendant ou de descendant de l'agent par rapport à la victime :

• si l'on met l'accent sur le caractère en partie personnel de la circonstance, ces circonstances devraient désormais rester propres à celui en la personne de qui elles existent, ex. :

– la qualité, *chez l'auteur principal*, de descendant de la victime d'un meurtre, restera propre à cet auteur, sans s'étendre au complice,

– de même que ces circonstances resteraient propres au *complice* si c'est chez celui-ci qu'elles existent, sans s'étendre à l'auteur ;

• mais on pourrait aussi estimer que :

– présente *chez l'auteur seul*, la circonstance mixte s'étend au complice, selon la jurisprudence (il est plus grave d'être complice d'un meurtre sur un ascendant que d'un meurtre ordinaire : la circonstance aggravante est « mixte ») ;

– et que, présente *chez le complice seul*, elle s'applique à celui-ci ; mais voir les solutions concernant l'existence du fait principal lorsque seul le complice a la qualité constituant un élément de l'infraction.

B. La diminution de peine pour les mineurs, les exemptions de peine personnelles

Elles jouent, mais elles restent personnelles à celui qui en bénéficie (auteur ou complice).

Section 3 > VALEUR DU SYSTÈME FRANÇAIS

Le système absolu de la criminalité d'emprunt avait été critiqué, et l'on avait parfois prôné d'autres solutions pour réprimer la complicité ; mais le système français actuel est parvenu à un équilibre assez satisfaisant.

§ 1 – LA CRIMINALITÉ D'EMPRUNT ABSOLUE A ÉTÉ CRITIQUÉE

• car elle aboutit parfois à une *impunité non justifiée* ; ex. provocation non suivie d'effet (c'est pourquoi le projet de Code pénal avait envisagé de la punir avec la notion d'instigateur) ;

• car sous sa forme ancienne, elle aboutissait parfois à une *répression mal mesurée* ; ex. le tiers coauteur de violences à enfant encourait une peine moins forte que s'il avait agi comme complice, c'est-à-dire avec une participation moins directe (les juges appliquaient alors parfois au coauteur la complicité corespective, *v. cette question*). On sait qu'aujourd'hui, comme complice, il sera puni comme s'il était auteur, donc sans aggravation.

§ 2 – LES AUTRES CONCEPTIONS

Trois systèmes peuvent être envisagés.

A. L'emprunt relatif de criminalité

La peine du complice reste *rattachée* à celle de l'auteur principal, mais est *atténuée*.

Critique :
— le système reste un système d'emprunt de criminalité ;
— il faut alors bien *distinguer* le complice du coauteur, ce qui est souvent malaisé ;
— le juge français peut arriver au même résultat par ses pouvoirs élargis quant à la détermination de la peine ;
— parfois le complice est *plus coupable* que l'auteur principal (complice-auteur moral, instigateur : dans les systèmes d'emprunt relatif, ce complice, il est vrai, est souvent traité comme auteur principal).

B. La complicité-délit distinct

Le fait du complice est une infraction indépendante. À chacun selon sa nocuité.
Critique :
— la participation criminelle implique une *activité d'ensemble* : il n'est pas toujours bon de dissocier ce tout ;

— il n'est pas toujours *équitable* de traiter l'acte du complice comme délit distinct : ex. la complicité de violences par des parents sur leur enfant est plus grave que la complicité de violences ordinaires.

C. La complicité-circonstance aggravante

Le fait de la participation du complice aggrave la peine pour tous les participants (ce n'est pas le pendant exact de l'emprunt relatif, où seul le complice évidemment profite de l'abaissement).

Le *droit français* connaît des *applications* de cette idée : parfois la participation aggrave la peine normalement applicable ; parfois le seul fait de la participation fait apparaître une infraction qui n'existerait pas si le fait émanait d'une seule personne.

1. Participation aggravante

Ex. sont aggravées les peines encourues pour vol, proxénétisme, viol, agressions sexuelles, « commis » par plusieurs auteurs ou complices (v. aussi l'aggravation si un majeur est aidé ou assisté par un mineur pour des violences ou des vols, et l'aggravation supplémentaire pour le vol si le mineur est âgé de moins de 13 ans).

On observera que le terme « commis » est inexact pour le complice : un complice ne « commet » pas l'infraction ; le complice d'un viol qui a empêché un tiers de porter secours à la victime n'a pas « commis » le viol.

On rapprochera de cette conception les solutions légales qui aggravent les peines pour beaucoup d'infractions commises en bande organisée (*cf. Introduction du titre III* ; v. Mémento de *Droit pénal spécial*).

2. Participation créatrice d'infraction

— infraction pouvant être *commise par un seul* : ex. cas de l'intervention d'un tiers dans l'escroquerie (l'intervention d'un tiers est l'un des moyens de réaliser l'escroquerie) ;

— infraction ne pouvant être *commise que par deux ou plusieurs* : ex. association de malfaiteurs, complot.

Critique : le principe ne mérite pas d'être consacré comme règle générale, car beaucoup d'infractions ne sont pas plus graves parce que commises par plusieurs.

§ 3 – L'ÉQUILIBRE DU SYSTÈME FRANÇAIS ACTUEL

• Le *reproche essentiel* fait à la criminalité d'emprunt a été que ce système aboutissait à faire dépendre la criminalité d'une personne de celle d'une autre, contrairement à l'effort moderne d'*individualisation* (on dit aujourd'hui *personnalisation*) qui se manifeste pour les peines ; d'où la règle de l'art. 121-6, punissant le complice comme auteur.

• Mais la plupart des conséquences excessives du principe ont été depuis longtemps effacées par les **nombreuses atténuations** qui lui ont été apportées, soit par la loi, soit par la jurisprudence :

A. Par la loi

• du fait, aujourd'hui, du principe selon lequel le complice est puni comme s'il avait été l'auteur (abandon de la pénalité d'emprunt) ;

• du fait des importants pouvoirs du juge quant à la peine (pouvant parfois aller jusqu'à la dispense de peine) ;

• par la multiplication des délits distincts (*v. les conditions de la complicité*), pour des actes :
– *antérieurs* (provocation – v. notamment, comme dit plus haut, certaines provocations à l'assassinat ou à l'empoisonnement –, instructions, fourniture de moyens) ; v. aussi l'association de malfaiteurs ;
– *concomitants*. Et l'on réprime parfois l'*abstention*, ex. non-obstacle à la commission de certaines infractions ;
– *postérieurs* : ex. recel de choses, recel de malfaiteur, certains faux.

• du fait que la loi prévoit dans plusieurs cas la répression de la complicité en France d'un crime ou délit commis à l'étranger (*v. étude complémentaire 2*).

B. Par la jurisprudence

• traitant parfois les complices comme des coauteurs, et, on l'a vu, les coauteurs comme des complices par la *complicité corespective* (mais le principe de l'art. 121-6, punissant le complice comme auteur, va à l'encontre des conséquences de ce mécanisme) ;

• étendant la théorie de la *peine justifiée* ;

• admettant la possibilité, dans la *poursuite postérieure* du complice, de modifier la *qualification* d'abord retenue contre l'auteur principal.

Chapitre 2 > LA RESPONSABILITÉ PÉNALE DU FAIT D'AUTRUI

> • Il y a en droit civil, indépendamment de la responsabilité personnelle, une responsabilité *civile* du fait d'autrui.
>
> • *Mais en droit pénal*, la chambre criminelle avait affirmé depuis longtemps le principe général : « Nul n'est punissable qu'à raison de son fait personnel ».
>
> Le Code pénal actuel consacre ce principe (art. 121-1) : **« Nul n'est responsable pénalement que de son propre fait ».**
>
> Il arrive cependant, on l'a vu, que l'on soit en partie *puni* pour le fait d'autrui : ainsi le participant à l'infraction, ex. le *complice*, lorsqu'il supporte les circonstances aggravantes qu'il n'a pas voulues, ou le participant à une scène de violences de groupe. On observera aussi que la consécration par le nouveau Code pénal de la responsabilité pénale des *personnes morales* dans certains cas (*v. le chapitre suivant*) pourra parfois aboutir à faire peser les conséquences des peines sur des personnes (ex. les salariés) n'ayant en rien participé à l'infraction.
>
> Mais le principe demeure, de l'absence de responsabilité pénale du fait d'autrui ; de même le propriétaire d'un véhicule volé n'est pas responsable de la contravention de grande voirie causée par ce véhicule. Le principe est souvent opposé à l'encontre des propositions d'instituer une sanction pénale pour les parents en raison de l'infraction de leur enfant ; l'art. 227-17-1 C. pén. (abandon moral et matériel de l'enfant) a pourtant été appliqué à des parents passifs, laissant commettre des infractions par leur enfant (rappr., mais ce n'est pas une responsabilité pénale, la possibilité de suspension des allocations familiales quand un mineur est placé dans un centre éducatif fermé, art. 34 Ord. 2 févr. 1945).
>
> Les **exceptions** au principe de responsabilité personnelle ne sont souvent qu'*apparentes*. On constate qu'il y a en réalité *déplacement*, tantôt de la responsabilité personnelle, tantôt seulement de l'obligation de payer l'amende.

Section 1 > DÉPLACEMENT DE RESPONSABILITÉ

Ce déplacement de responsabilité ne signifie pas toujours que l'*auteur matériel* de l'infraction n'est pas responsable : il reste responsable dans certains cas, à côté de celui que l'on dit responsable du fait d'autrui. La loi elle-même, dans de nombreux cas, assimile à celui qui commet l'acte celui qui le *fait commettre* : ex. « faire » pratiquer une recherche biomédicale de façon illégale (art. 223-8 C. pén.) ; « faire » procéder à des traitements automatisés illégaux (art. 226-16 et 17) ; « faire » importer des images pornographiques de mineur (art. 227-23, al. 2 C. pén.) ; « faire » modifier, en tant que commettant, un dispositif de limitation de vitesse (art. L. 317-1 C. route).

En réalité, celui qu'on considère comme pénalement responsable, en dehors ou à la place de l'auteur matériel, a commis une **faute personnelle** : on parle parfois alors de **« responsabilité directe »**, et d'**auteur moral** ou intellectuel de l'infraction, celui-ci connaissant, le plus souvent, les agissements de l'auteur matériel (l'existence de cette faute est parfois exigée expressément par la loi). Ces solutions concernent le plus souvent, mais non exclusivement, le chef d'entreprise, dont la responsabilité peut toutefois être écartée en cas de délégation de pouvoirs.

§ 1 – LA RESPONSABILITÉ PÉNALE DU CHEF D'ENTREPRISE

Elle découle tantôt de la loi, tantôt de la jurisprudence.

A. La loi

Exemples :

• en matière d'*hygiène et sécurité du travail*, la responsabilité de l'employeur est retenue, s'il a enfreint les règles par sa **faute personnelle** (art. 263-2 C. trav.).

• v., pour la responsabilité du directeur de publication, pour les délits commis par voie de presse, art. 42, L. 29 juill. 1881.

• par une règle qui ne concerne pas seulement le chef d'entreprise, le titulaire du certificat d'immatriculation d'un véhicule est responsable pécuniairement des infractions à la réglementation du stationnement ou de l'acquittement des péages pour lesquelles seule une amende est encourue, sauf force majeure ou fourniture de renseignements permettant d'identifier l'auteur de l'infraction (art. L. 121-2 C. route) ; la Cour EDH comme la chambre criminelle estiment que cette présomption n'est pas contraire à la Conv. EDH.

B. La jurisprudence

Les solutions conduisent souvent à la condamnation de celui que la doctrine appelle, pour le distinguer de l'auteur matériel de l'infraction, **l'auteur moral** (mais ce terme n'apparaît pas dans les arrêts de la chambre criminelle), notamment au sein de l'entreprise.

C'est au sein des *professions réglementées* (par des règles spéciales, ou même par des règles générales comme le Code du travail) que le chef d'entreprise (ou le chef de service) est pénalement responsable de la violation des prescriptions par les préposés.

Exemples :

• Pour les *infractions d'imprudence* : ex. jurisprudentiels : confier sciemment sa voiture à un conducteur inapte, chef du service matériel laissant partir un véhicule sans freins : en cas d'accident faisant des victimes, il pourra y avoir condamnation pour homicide ou atteinte à l'intégrité de la personne par imprudence (indépendamment de la condamnation du conducteur, auteur matériel). Mais il s'agit de responsabilité *personnelle*, fondée sur une faute personnelle d'imprudence ayant causé le dommage (et avec la règle de l'art. 121-3, al. 4, l'employeur n'ayant pas causé directement le dommage ne sera responsable pénalement qu'aux conditions exigées par le texte ; pour la faute exigée quand le dommage a été ainsi causé indirectement, v. *la faute d'imprudence* : les juges sont plus sévères pour les chefs d'entreprise que pour les maires).

• Pour les infractions **intentionnelles**, la responsabilité est parfois retenue pour le chef d'entreprise, ou le chef de service (ex. tromperie dans les ventes, pollution).

§ 2 – L'EXONÉRATION DE LA RESPONSABILITÉ PÉNALE PAR LA DÉLÉGATION DE POUVOIRS

Le chef d'entreprise (ou le chef de service) n'est pas responsable, sauf disposition légale contraire, s'il a **délégué** ses pouvoirs à un préposé pourvu de la **compétence**, de l'**autorité** et des **moyens** nécessaires : ce préposé devient alors responsable.

Ce principe a été implicitement consacré par la loi : l'art. 121-3, al. 3 C. pén. (on l'a vu à propos de la faute de négligence), vise la compétence, le pouvoir et les moyens de l'auteur des faits.

• Encore faut-il, pour que joue l'exonération, que **le prévenu n'ait pas pris une part personnelle à l'infraction** : en pareil cas, le cumul de responsabilités pour une même infraction étant exclu, seul l'auteur de la délégation est responsable. Et la délégation n'est pas admise lorsque les faits incriminés relèvent des *fonctions que le chef d'entreprise assume personnellement* (ainsi, selon la jurisprudence, de la publicité, de la comptabilisation de factures, de la matière fiscale, de l'entrave au fonctionnement du comité d'entreprise).

Dans une société anonyme, il a été jugé que la détermination par le conseil d'administration de l'étendue des pouvoirs du directeur général n'emporte pas nécessairement délégation de pouvoirs.

La délégation suppose des rapports entre chef et subordonné : elle ne peut intervenir, en cas de redressement judiciaire, entre le chef d'entreprise et l'administrateur.

La délégation doit être certaine, et antérieure à la consommation de l'infraction. Selon la jurisprudence, une *subdélégation* est possible, sans que soit nécessaire l'autorisation de l'auteur de la délégation ; mais est inefficace la **délégation à plusieurs personnes pour un même travail**.

• *Les infractions pour lesquelles la délégation est le plus couramment admise* sont les infractions en matière d'hygiène et de sécurité du travail, les infractions d'homicide et atteintes à l'intégrité de la personne par imprudence, les infractions fiscales, les infractions en matière de transports routiers, de démarchage à domicile ; après un revirement de jurisprudence, les infractions économiques comme l'achat sans facture, la revente à perte…

On observera que si la consécration par le Code pénal actuel de la responsabilité pénale des *personnes morales* dans certains cas (*v. chapitre 3*) peut, on l'a vu, aboutir à faire peser les conséquences de la peine sur des personnes n'ayant pas participé à l'infraction, elle peut en sens inverse, non seulement faire peser sur la personne morale les conséquences des agissements des dirigeants (la personne morale étant alors punie pour autrui), mais même, curieusement, dégager ces dirigeants de leur responsabilité pénale personnelle, si les juges ne retiennent que celle de la personne morale (bien que la loi précise que la responsabilité pénale des personnes morales n'exclut pas celle des personnes physiques, *v. chapitre 3* : art. 121-2, al. 3) : la responsabilité pénale parfois fictive de la personne morale exonère alors d'une responsabilité personnelle pourtant parfois effective.

Section 2 > DÉPLACEMENT DU PAIEMENT DE L'AMENDE

Ce paiement est alors mis à la charge d'autrui, alors que seul l'auteur matériel est poursuivi et condamné (on parle alors parfois de « responsabilité indirecte » : l'auteur indirect ignore, le plus souvent, les agissements de l'auteur matériel, à la différence de l'auteur moral). Ex. :

• *C. route* :
– art. L. 121-1 : pour les infractions commises dans la conduite d'un véhicule, les amendes contraventionnelles prononcées contre le préposé peuvent être mises, en tout ou en partie, à la charge du commettant s'il a été cité à l'audience (mais seul le préposé est condamné pénalement) ;
– art. L. 121-3 : pour d'autres contraventions (ex. vitesse maximale), le titulaire du certificat d'immatriculation du véhicule est redevable pécuniairement de l'amende, sauf preuve de certains faits, ex. vol ; mais la personne redevable n'est pas responsable pénalement (art. L. 121-3, al. 2).

• *C. trav.* : art. L. 4741-2 : les amendes, même correctionnelles, prononcées contre le préposé pour infraction à la sécurité du travail ayant provoqué un dommage corporel peuvent être mises, en tout ou en partie, à la charge du commettant.

• *C. envir.* : art. L. 218-24 : la même règle est consacrée pour les amendes, même correctionnelles, en matière de pollution de la mer.

• En matière d'entreprises de presse, lorsque le directeur bénéficie de l'*immunité parlementaire*, l'amende peut être recouvrée contre l'entreprise (art. 44, al. 2, L. 1881).

• Certaines **amendes fiscales** doivent être payées par le chef d'entreprise (mais il s'agit ici d'une sanction *mixte*, à caractère de *réparation* en même temps que de *répression* : il n'y a pas là une véritable responsabilité pénale).

Remarques :
1. La *confiscation réelle*, la *fermeture d'établissement* atteignent parfois d'autres que le coupable : mais, comme dans le cas précédent, il s'agit là non de véritables peines, mais de **mesures de sûreté** ; on rapprochera de cela le *plan de sécurité* pouvant être *imposé* en cas de *relaxe* du chef d'homicide ou atteintes à l'intégrité de la personne par imprudence après accident du travail dans l'entreprise, et dont l'inexécution peut entraîner des sanctions pénales (art. L. 4741-11 C. trav.) ; et comme dans certains des autres cas, il y a parfois faute personnelle de celui qui est ainsi frappé.
2. Lorsque le juge décide la *solidarité passive pour le paiement des amendes* (art. 375-2, 480-1, 543 C. pr. pén., *v. l'amende* ; en matière économique, les personnes morales peuvent être condamnées solidairement au paiement des amendes prononcées contre leurs dirigeants : art. L. 470-1 C. com.), le condamné est amené à payer en partie pour les autres, malgré le recours dont il dispose.

Conclusion : si l'on écarte la responsabilité *civile* pour autrui (*amendes fiscales* à certains égards, le simple *déplacement de l'obligation de payer l'amende*), et les *mesures de sûreté*, le principe est donc bien celui posé par le Code pénal et la Cour de cassation. Il y a le plus souvent en effet :

- responsabilité **pénale**, mais au fond **personnelle** ;
- ou responsabilité **pour autrui**, mais au fond **non pénale**.

L'abus de la responsabilité pénale pour autrui serait d'ailleurs dangereux, rappelant l'antique responsabilité pénale collective.

Chapitre 3 > LA RESPONSABILITÉ PÉNALE DES PERSONNES MORALES

> Cette responsabilité avait été admise dans l'*ancien droit* (Ord. 1670), avec un système de procédure et de peines.
>
> Le Code pénal de 1810 et le Code d'instruction criminelle de 1808 furent à peu près muets sur la question ; on avait conclu, du principe de la **personnalité des peines**, à l'irresponsabilité pénale des personnes morales ; on considérait au surplus que la personne morale ne pouvait être « intimidée » par la menace d'une peine. L'une des principales innovations du Code actuel est d'avoir consacré au contraire la responsabilité pénale des personnes morales. On exposera ce principe, avant de préciser quelles sont les personnes morales pouvant être déclarées responsables, les conditions de leur responsabilité, ainsi que la procédure et les peines qui leur sont applicables.

Section 1 > PRINCIPE DE LA RESPONSABILITÉ PÉNALE DES PERSONNES MORALES

Malgré le refus de reconnaître la responsabilité pénale des personnes morales sous l'empire de l'ancien Code, certains souhaitaient la consécration de cette responsabilité :

• Pour des *raisons de fait* : les anciens Codes étaient muets parce qu'à leur époque la question présentait peu d'intérêt ; il n'en est pas de même aujourd'hui en raison du développement des personnes morales et de leur délinquance (ex. ententes illicites). Et la responsabilité pénale des *administrateurs* est *insuffisante*, car elle est difficile à établir, et elle se heurte souvent à l'insolvabilité.

• Pour des *raisons de principe* : la *réalité* de la personne morale est admise par la jurisprudence depuis 1954 : la personne morale est une *personne distincte* de celle des composants, avec ses *intérêts propres* (ex. ceux de la société peuvent différer de ceux des associés, pour la répartition des dividendes) ; cette distinction était déjà consacrée pour la responsabilité civile, par l'irresponsabilité civile des *organes*, et la responsabilité civile de la personne morale.

C'est pourquoi le nouveau Code pénal (art. 121-2) a admis la responsabilité pénale des personnes morales. À l'origine, toutefois, le Code n'avait prévu cette responsabilité que pour certaines infractions ; des textes (lois et décrets) ont multiplié ensuite ces cas de responsabilité : c'est pourquoi la L. 9 mars 2004 a généralisé cette responsabilité (art. 54), en l'étendant à toutes les infractions.

Néanmoins la L. 2004 a prévu une exception dans la loi sur la presse de 1881 (art. 43-1) et dans la L. 1982 (art. 93-4) sur la communication, au public par voie électronique (responsabilité des différents auteurs, ex. directeurs).

Mais, en application de l'ancien principe de spécialité, les textes avaient dû préciser pour nombre d'infractions la possibilité d'engager la responsabilité pénale d'une personne morale. En dépit de la généralisation depuis lors opérée, ils n'ont pas été modifiés et apportent une précision aussi inutile, désormais, qu'inélégante.

On notera que certaines infractions ne peuvent évidemment être « commises » par des personnes morales, en tout cas directement, ex. le meurtre, ou le viol ; mais, on le verra plus loin, il résulte de l'art. 121-2 qu'il suffit que l'infraction ait été commise par une personne physique pour le compte d'une personne morale : la responsabilité pénale de la personne morale est donc juridiquement concevable même pour des infractions comme le meurtre ou le viol.

Le Code précise que la responsabilité pénale des personnes morales **n'exclut pas celle des personnes physiques auteurs ou complices** des mêmes faits (art. 121-2, al. 3) : il faut en effet veiller à ce que la responsabilité de la personne morale n'occulte pas celle des dirigeants, qui seraient alors ainsi, sans cela, et curieusement, « déresponsabilisés ».

Pour les personnes physiques, toutefois, l'art. 121-2, al. 3, réserve les restrictions découlant de l'art. 121-3, al. 4 : on sait qu'en cas de **faute non intentionnelle ayant causé un dommage indirect**, la responsabilité pénale des personnes physiques suppose des conditions particulières, qui ne sont pas requises pour la personne morale ; comme on le verra plus loin, il peut alors y avoir seulement responsabilité pénale de la personne morale. Dans certaines poursuites pour homicide par imprudence, des familles de victimes pourront s'étonner de n'avoir comme adversaires que des personnes morales, malgré la comparution du représentant légal.

Des juridictions condamnant des personnes morales ont aussi condamné des personnes physiques.

Il faut indiquer les personnes morales pouvant être pénalement responsables, les conditions de cette responsabilité, et les règles de procédure particulières, aboutissent, en cas de condamnation, au prononcé de peines parfois spécifiques (*le détail des peines applicables aux personnes morales sera exposé dans la 2ᵉ partie, chapitre 1*).

Section 2 › PERSONNES MORALES POUVANT ÊTRE PÉNALEMENT RESPONSABLES

Il n'y a pas de responsabilité pénale en l'absence de personnalité morale, ex. société de fait. Et si la personne morale coupable (ex. société) est absorbée par une autre, on ne peut condamner la personne morale absorbante (« nul n'est responsable pénalement que de son propre fait »).

Cette responsabilité pénale est prévue pour :

• Les *personnes morales de droit privé* (ex. sociétés civiles ou commerciales, groupement d'intérêt économique, associations, syndicats, fondations, partis politiques, institutions représentatives du personnel, donc même pour des personnes morales à but non lucratif) ;

• Les *personnes morales de droit public* (sauf l'État) : établissements publics ; les collectivités territoriales et leurs groupements, qui eux ne sont responsables que pour les infractions commises dans l'exercice des activités susceptibles de faire l'objet de *délégation de service public*, ex. exploitation *en régie* de transports en commun, de distribution d'eau, de cantines scolaires, de théâtre municipal, de transport scolaire ; par cette délégation, une personne morale de droit public confie la gestion du service public à un délégataire qui peut être chargé de construire des ouvrages ou d'acquérir des biens nécessaires (art. L. 1411-1

C. collect. territ.) ; ne peuvent pas faire l'objet d'une telle délégation l'exercice communal d'animation de classes, ni l'obligation de mettre des machines affectées à l'enseignement en conformité avec les règles de sécurité.

Toutefois, pour les personnes morales de droit public, les partis ou groupements politiques, les syndicats, les institutions représentatives du personnel, certaines sanctions ne peuvent être prononcées.

L'application du texte aux personnes morales étrangères est possible, mais avec des difficultés qui seront indiquées plus loin.

Section 3 › CONDITIONS DE LA RESPONSABILITÉ PÉNALE DES PERSONNES MORALES

Cette responsabilité pénale de la personne morale, qui peut être **auteur ou complice**, suppose la réunion de conditions relatives à l'auteur des faits, et au titre auquel celui-ci a agi.

§ 1 – L'AUTEUR DES FAITS

A. Qualité de l'auteur des faits

L'auteur des faits doit être **un organe ou un représentant de la personne morale**.

Ex. d'organes : assemblée générale, conseil d'administration, conseil municipal pour une commune, un directeur général.

Ex. de représentants : mandataire, gérant.

L'organe ou le représentant peut donc être individuel (ex. président) ou collectif (ex. conseil d'administration).

La personne morale n'est donc pas responsable pénalement en cas d'infraction commise par un employé, un préposé (la personne morale peut alors être *civilement responsable*, comme commettant) ; mais la jurisprudence a décidé qu'un salarié *délégataire de pouvoirs* est un représentant.

B. Culpabilité de l'auteur des faits

Il faut ici distinguer deux sortes d'infractions.

1. Pour les infractions intentionnelles

La personne morale n'est responsable pénalement que si l'infraction est caractérisée à la charge de son organe ou de son représentant : **mais la personne morale peut être pénalement responsable même si cet organe ou représentant n'est pas condamné** et bénéficie d'une relaxe (inversement, la relaxe de la personne morale n'empêche pas de condamner le représentant).

Il faut souligner que, selon la jurisprudence, la personne morale est responsable en raison de l'infraction commise pour son compte par son représentant, **même en l'absence de faute distincte commise par elle**. On aurait pu envisager, au contraire, que la responsabilité de la personne morale ne puisse être engagée qu'à la condition que la faute de son organe ou représentant ait été rendue possible ou favorisée par une défaillance propre de la personne morale (comme une insuffisance des procédures de contrôle). Pour le cas où il y a au contraire faute de la personne morale, et non faute du dirigeant, *v. infra*.

2. Pour les infractions d'imprudence ou de négligence

La responsabilité pénale des personnes morales existe aussi pour des infractions d'imprudence ou de négligence. En cas de dommage causé indirectement, elle est engagée même sans faute délibérée ou caractérisée de l'organe ou du représentant (ex. homicide par imprudence). En pareille hypothèse, et *en raison des exigences de l'art. 121-3, al. 4* quant à la faute de la personne physique, celle-ci n'est pas responsable, alors que *la personne morale le sera cependant* (*v. la faute d'imprudence*) : le résultat est singulier (mais il fallait bien donner une compensation aux victimes).

§ 2 – LE TITRE AUQUEL A AGI L'AUTEUR DES FAITS

L'infraction doit avoir été commise **pour le compte de la personne morale** : la personne morale n'est pas pénalement responsable si l'infraction a été commise par intérêt personnel (ex. détournement de fonds par un dirigeant pour son propre compte ou dans son seul intérêt personnel), même si le dirigeant a agi ainsi dans l'exercice ou à l'occasion de l'exercice de ses fonctions. Mais la responsabilité existe même si l'organe ou le représentant a agi en dehors de ses attributions.

Section 4 › PROCÉDURE ET PEINES

§ 1 – LA PROCÉDURE

Les poursuites sont dirigées contre la personne morale. Celle-ci peut donc être mise en examen (et, après non-lieu, demander réparation pour dénonciation calomnieuse, ou téméraire). V. art. 706-41 et s. C. pr. pén. (v. Mémento de *Procédure pénale*). La personne morale peut être placée sous *contrôle judiciaire* (art. 706-45).

La personne morale est prise en la personne de son *représentant légal*. La personne morale peut aussi être représentée par un délégataire de pouvoirs.

• **Si ce représentant est lui-même poursuivi pour les mêmes faits ou pour des faits connexes**

Ex. représentant visé dans le réquisitoire introductif : il peut saisir le président du TGI pour faire désigner un mandataire de justice (ou une personne bénéficiant d'une délégation de pouvoirs) pour représenter la personne morale (même à l'instruction), même si c'est un délégataire nommé qui est poursuivi. Art. 706-43 C. pr. pén. Mais cette désignation, qui n'est donc pas obligatoire, n'a pas lieu d'être si la personne morale a désigné un préposé pour la représenter.

Après désignation d'un mandataire de justice, le représentant légal de la personne morale n'a plus qualité pour la représenter dans la procédure.

La relaxe du représentant poursuivi personnellement ne l'empêche pas d'être appelé à représenter la personne morale poursuivie.

Remarque : cette possibilité, initialement refusée, que le dirigeant personnellement poursuivi puisse représenter la personne morale, elle-même poursuivie, pourrait conduire le premier à se défendre en accablant la seconde...

- **Si le représentant légal n'est pas poursuivi personnellement**

Il ne peut fait l'objet d'autre contrainte que celle applicable au témoin (ex. pas de garde à vue, ni de contrôle judiciaire, ni de détention provisoire) : mais il devra, par exemple, comparaître (et on peut l'y contraindre), et subir les interrogatoires.

§ 2 – LES PEINES

Pour les peines applicables aux personnes morales, v. cette question. Certains mécanismes sont écartés : ex. pour les personnes morales, il n'y a pas de sursis avec mise à l'épreuve, ni d'ajournement avec mise à l'épreuve. D'autres sont soumis à des règles particulières, ex. la récidive, le sursis simple, le casier judiciaire, la réhabilitation (*v. ces questions*). Un problème se pose (sauf convention internationale) pour les *personnes morales étrangères* : si elles n'ont pas d'établissement en France, l'exécution de nombre de peines prononcées contre elles sera impossible.

Remarques :

1. Il faut considérer aussi que cette responsabilité des personnes morales risque de demeurer une *fiction*, si ce sont les membres qui en définitive souffrent de la sanction (c'était un argument contre l'admission de son principe) ; or :
— si la décision coupable a été prise à *l'unanimité* : mieux vaudrait condamner tous les responsables ;
— si elle n'a été prise qu'*à la majorité* : la minorité sera injustement frappée. Dans la mise en œuvre de cette responsabilité, et par ex. en matière de sociétés commerciales, les juges devront veiller à ce que la gravité des peines ne cause pas à l'entreprise des difficultés créatrices de chômage.

2. La loi a dû tenir compte aussi de ce que, par exemple, la composition de la personne morale a pu beaucoup changer depuis les infractions commises ; il a fallu prévoir des règles spéciales, on l'a dit, pour le *casier judiciaire* et pour la *réhabilitation*, pour ne pas faire subir injustement aux nouveaux membres les conséquences des condamnations pénales antérieures prononcées contre la personne morale, ou pour éviter la concurrence économique de personnes morales étrangères non responsables pénalement, donc sans casier judiciaire (*v. le casier judiciaire*). Cela montre que la « personne » morale n'est pas une personne comme les autres.

À noter que si certaines des règles du Code pénal s'appliquent aux personnes morales comme aux personnes physiques (ex. l'erreur de droit), il en est parmi elles qui n'auront pas l'occasion de jouer pour les premières : par exemple l'absence de responsabilité pour trouble neuropsychique... du moins dans l'esprit de la personne morale ; car celle-ci pourrait être responsable si c'était son représentant auteur matériel de l'infraction qui était atteint d'un tel trouble, l'infraction demeurant objectivement ; mais s'agirait-il alors vraiment d'une responsabilité pénale de la personne morale ?

Deuxième partie
LA PEINE

La **peine** est la sanction infligée à l'auteur de l'infraction. L'étude des peines constitue la **science pénitentiaire**, ou **pénologie**, qui comprend aussi l'étude des **mesures de sûreté** (la « science pénitentiaire » peut signifier « science des peines », et non pas seulement science des établissements pénitentiaires [on préfère aujourd'hui ce terme à celui de « prisons »]).

L'infraction peut donner naissance à **d'autres mesures** :
– des mesures de réparation *civile* : la réparation allouée à la victime (mais la sanction-réparation est une peine) ;
– des *sanctions disciplinaires* (ex. celles qui sont prononcées par la Commission bancaire) ;
– des *sanctions administratives*.

Aujourd'hui, *à côté ou à la place des sanctions pénales*, des mesures, qui ne sont pas des peines, mais qui ont un caractère de sanction punitive, émanent d'autorités à caractère administratif (ex. les sanctions pécuniaires prononcées en matière de *concurrence* par le *Conseil de la concurrence*, en matière de *bourse* par l'*Autorité des marchés financiers*). Pour des infractions fiscales, en dehors des peines prononcées par les tribunaux, l'*administration des impôts* peut prononcer des amendes fiscales, à caractère répressif et sur certains points indemnitaire.

Mais ces mesures, bien qu'elles ne soient pas des peines, ont un caractère de sanction : à ce titre, le Conseil constitutionnel a jugé à plusieurs reprises qu'elles sont soumises aux principes ayant valeur constitutionnelle, notamment le principe de légalité, avec le principe de non-rétroactivité ; cette solution rejoint celles de la Cour EDH, s'agissant de ce même principe ou de l'applicabilité des articles 6 et 7 de la Conv. EDH, en vertu de la notion de « matière pénale ».

TITRE 1 › NOTIONS GÉNÉRALES SUR LA PEINE
104　　Chapitre 1 › CARACTÈRES ET FONCTIONS DES PEINES
110　　Chapitre 2 › CLASSIFICATIONS DES PEINES

TITRE 2 › ÉTUDE DES DIFFÉRENTES PEINES
119　　Chapitre 1 › LES PEINES PRIVATIVES DE LIBERTÉ
124　　Chapitre 2 › LES PEINES RESTRICTIVES DE LIBERTÉ
128　　Chapitre 3 › LES PEINES PATRIMONIALES
135　　Chapitre 4 › LES PEINES PRIVATIVES OU RESTRICTIVES DE DROITS
140　　Chapitre 5 › LES PEINES MORALES
141　　Chapitre 6 › LES MESURES DE SÛRETÉ
143　　Chapitre 7 › LES MESURES APPLICABLES AUX MINEURS DÉLINQUANTS

TITRE 3 › MESURE DES PEINES
149　　Chapitre 1 › AGGRAVATION, ATTÉNUATION, EXEMPTION DES PEINES
162　　Chapitre 2 › LA PLURALITÉ D'INFRACTIONS

TITRE 4 › SUSPENSION ET EXTINCTION DES PEINES
186　　Chapitre 1 › LA SUSPENSION DES PEINES
210　　Chapitre 2 › EXTINCTION DES PEINES AVEC EFFACEMENT DE LA CONDAMNATION
221　　Chapitre 3 › EXTINCTION DES PEINES SANS EFFACEMENT DE LA CONDAMNATION

Titre 1
NOTIONS GÉNÉRALES SUR LA PEINE

Contrairement à l'idée première, la notion de peine ne se laisse pas immédiatement saisir. Toute sanction pénale, en effet, n'est pas une peine. Il convient donc de dégager la peine de notions voisines, pour pouvoir mener l'étude des différentes peines existantes, ainsi que celle de leur régime.

Chapitre 1 > CARACTÈRES ET FONCTIONS DES PEINES

> Les sanctions pénales se décomposent en **peines** proprement dites et en **mesures de sûreté**. Elles se distinguent tant par leurs caractères que par leurs fonctions ; mais ces différences ne doivent pas être exagérées, dès lors que l'on assiste à un certain rapprochement des deux notions.

Section 1 > LES PEINES

§ 1 – CARACTÈRES DE LA PEINE

La peine (au sens classique du mot) doit être :

A. Légale

Pas de peine sans texte (art. 111-3, al. 2 C. pén., *cf.* le principe de légalité des incriminations et des peines). Seule la *loi* (ou un *règlement*, dans les limites légales, pour les contraventions) détermine les peines : le juge ne peut prononcer une peine non prévue par les textes.

Exemples : un texte prévoyant l'affichage *ou* la diffusion de la décision ne permet pas de prononcer les deux peines ; on ne peut prononcer l'interdiction des droits dans un cas non prévu, ni une confiscation non prévue, ni une amende supérieure au taux légal, ni une peine complémentaire pour une durée supérieure au maximum prévu ni, pour une première infraction, l'emprisonnement prévu seulement en cas de récidive ; de même le juge ne peut prononcer une peine inférieure au minimum, lorsqu'il existe (ex. pour la réclusion).

Remarque : notre système n'est cependant pas un système de peines fixes. Le *juge* dispose de *larges pouvoirs* quant au choix de la peine et de son taux (v. aussi, dans l'exécution de la peine, les pouvoirs du juge de l'application des peines et du tribunal de l'application des peines) ; pour les peines privatives de liberté, dans l'aménagement de la vie carcérale, et pour la fin de peine, *l'administration pénitentiaire* a aussi des pouvoirs ; et l'on n'omettra pas le pouvoir de grâce du *chef de l'État*. Mais ces pouvoirs sont soumis aux *limites légales* : le juge, par exemple, ne peut prononcer une peine supérieure au maximum légal (*v. ci-dessus*).

B. Égale pour tous

On ne doit pas tenir compte, pour prononcer la peine, du rang social du coupable (à la différence de l'ancien droit). Et la loi doit respecter le principe constitutionnel de l'égalité des peines.

Mais le principe ne conduit pas à une peine identique pour tous les auteurs d'une même infraction. *La personnalisation de la peine* par le juge et, dans l'exécution, la recherche du progrès (ex. établissements pénitentiaires différents), amènent aussi des inégalités.

Remarque : il est rare qu'un même châtiment soit ressenti de façon identique par deux délinquants (ex. amende). Le juge peut parfois s'efforcer de réaliser l'équilibre ; il doit le faire pour l'amende.

C. Personnelle

Seul le coupable doit être atteint par la sanction pénale, non des tiers (ex. la famille) : c'est le principe de personnalité de la peine.

Remarque : il est presque inévitable que la peine ait des répercussions sur la famille, ne serait-ce que moralement : c'est évident notamment en cas d'incarcération, et de peines pécuniaires (on verra qu'il existe dans certains cas une possibilité de fractionnement de la peine). On observera que la consécration de la responsabilité pénale des *personnes morales* peut avoir pour conséquence d'altérer le principe de personnalité des peines.

§ 2 – FONCTIONS DE LA PEINE

Les fonctions de la peine, variables selon les époques, on l'a vu à propos du fondement du droit de punir, *dépendent du but poursuivi*. C'est pourquoi les peines peuvent être différentes selon le but qu'on leur assigne ; mais chaque peine peut avoir des fonctions diverses.

A. La diversité des peines en raison de leur fonction

Les peines pourront être différentes selon que l'on vise essentiellement :

1. L'expiation pour l'infraction commise

La peine est proportionnée à la gravité de l'infraction, et donc *tournée vers le passé*.

2. La prévention des infractions futures

La peine est *orientée vers l'avenir* : outre les peines d'élimination, comme jadis la peine de mort : il peut s'agir d'intimider, ou de resocialiser.

• Peines d'**intimidation** ; l'intimidation peut être :
– **individuelle** ;
– ou **collective** (il faut pour cela des peines sévères, mais surtout des peines effectivement subies).

• Mesures en vue de la **réinsertion sociale** : c'est l'un des aspects essentiels de certaines peines privatives de liberté, art. 707, al. 2 et 3 C. pr. pén. (v. Mémento de *Criminologie et science pénitentiaire*).

B. La pluralité des fonctions des peines

Chaque peine peut avoir des fonctions diverses, en elle-même, ou par l'autorité qui la détermine ou la fait exécuter.

1. La plupart des peines remplissent plusieurs des fonctions vues ci-dessus.
2. La fonction de la peine dépend en partie du *rôle respectif des diverses autorités* chargées de sa détermination ou de son application.

• Le **législateur** détermine les peines dans l'abstrait : il est essentiellement préoccupé d'**intimidation collective**. L'individualisation légale de la peine (on dit aujourd'hui personnalisation) est donc difficile (*circonstances aggravantes, exemptions de peine, diminutions de peine, immunités*).

• Le **juge** prononce une peine ; intervenant pour des cas concrets, il vise donc la **prévention individuelle** : il se préoccupe de **personnalisation judiciaire** (on a longtemps dit **individualisation** judiciaire) de la peine (ex. détermination de la peine, semi-liberté, sursis, ajournement, **dispense**, suspension et fractionnement de peine, exclusion du casier judiciaire, relèvement d'interdiction).

On n'omettra pas le rôle du **juge de l'application des peines** et du **tribunal de l'application des peines** : ces magistrats interviennent principalement *après jugement*, au stade de l'exécution de la peine (ex. semi-liberté, permissions de sortir, suspension et fractionnement, réductions de peine, libération conditionnelle, v. *titre 2*) ; ils jouent un rôle longtemps dévolu, pour l'exécution des peines privatives de liberté, à l'administration pénitentiaire ; il s'est produit ainsi une « **judiciarisation** » de l'exécution de la peine, parachevée par la L. 9 mars 2004.

• **L'administration pénitentiaire** fait exécuter les peines privatives de liberté : elle vise donc la **réinsertion sociale**, par principe essentielle dans le régime pénitentiaire ; elle se préoccupe de **personnalisation administrative** ; c'est pourquoi elle aurait été favorable à l'adoption du système de la sentence indéterminée. Rappelons aussi le pouvoir de grâce du chef de l'État.

Remarques :

1. Dans la seconde moitié du XXe siècle, la tendance a été de faire apparaître, à côté des peines proprement dites, des **mesures de sûreté**, dépendant surtout du caractère plus ou moins dangereux du délinquant (*v. section 2, et le chapitre qui leur est consacré*).

2. Il est bon que la peine conserve sa **fonction de réprobation** (*blâme social*) : d'une part cela suffit à arrêter beaucoup de gens sur le chemin du crime ; d'autre part, cela peut jouer un rôle dans le développement moral du coupable en rendant à ce dernier le sens de sa responsabilité.

Section 2 › LES MESURES DE SÛRETÉ

Notion : le châtiment ordinaire (peine) peut avoir plus d'inconvénients que d'avantages. On s'efforce donc de concevoir des mesures différentes, contribuant à diminuer la criminalité : il s'agit des mesures de sûreté, non préoccupées de répression mais de **prévention**, et fondées aujourd'hui moins sur l'idée d'empêcher de nuire (comme le souhaitait l'école positiviste ; mais l'idée renaît : ainsi de la rétention de sûreté, pour des criminels jugés dangereux et maintenus en incarcération après pourtant l'expiration de leur peine : L. 25 févr. 2008) que sur le principe de la **réadaptation (défense sociale)**.

Il existe d'autres moyens de politique criminelle (hors du droit pénal au sens strict), ex. :
– des *mesures de prophylaxie sociale* (ex. lutte contre l'alcoolisme) ;
– des *mesures d'assistance* (supposant le consentement des intéressés).

La dualité de mesures, peines et mesures de sûreté, impose une comparaison entre elles, et pose le problème de leur coexistence.

§ 1 – COMPARAISON DE LA PEINE ET DE LA MESURE DE SÛRETÉ

Un fossé semble les séparer toujours : mais un pont les unit souvent.

A. Distinction de la peine et de la mesure de sûreté

Ces deux mesures **diffèrent** :

1. Quant à leur objet

• *Châtiment*, pour la peine ;

• *Traitement*, réadaptation, sans caractère afflictif, pour la mesure de sûreté (*cf.* le stage de sensibilisation à la sécurité routière, aux dangers de l'usage de stupéfiants, le stage de citoyenneté…).

2. Quant à leur fondement

• La peine suppose une *infraction* ;

• La mesure de sûreté peut s'appliquer au simple *état dangereux*, indépendamment de toute faute, donc à un irresponsable (ainsi des mesures de sûreté prononcées contre celui qui a agi sous l'empire d'un trouble mental) ou avant infraction (« *ante delictum* »), ou après l'expiration de la peine (ex. : rétention de sûreté, surveillance de sûreté).

3. Quant à leur régime

a) Taux

• pour la peine : la durée, ou le taux, sont *fixés par le juge* ;

• pour la mesure de sûreté : la durée sera plus souvent *indéterminée* (la mesure est révisable, au moins relativement, en fonction de l'état dangereux : ainsi pour les mineurs en liberté surveillée, pour les détenus dangereux soumis à une rétention de sûreté, reconductible aussi longtemps que dure la dangerosité).

b) Application dans le temps des lois nouvelles

• pour la peine : *non-rétroactivité* de la loi plus sévère ;

• pour la mesure de sûreté : *rétroactivité souvent admise* (*v. étude complémentaire 1*).

c) Plus généralement, souvent la mesure de sûreté s'applique alors que la peine serait écartée : ex. pour la dispense de peine, la jurisprudence juge qu'elle est inapplicable aux mesures de police réelles) ; amnistie (c'est le principe général : mais certaines lois d'amnistie s'en écartent).

d) Organisation judiciaire et procédure spéciales peuvent être prévues pour les mesures de sûreté (ex. participation du médecin, publicité restreinte).

B. Rapprochement de la peine et de la mesure de sûreté

1. Par la rigueur

Les deux mesures nécessitent parfois le recours à des procédés voisins : **coercition, privation de liberté**. Mais l'on s'efforce d'adopter un régime distinct pour les mesures de sûreté : traitements, désintoxications, etc.

2. Par le libéralisme

a) La peine se rapproche de la mesure de sûreté

La peine peut en effet avoir un effet de réadaptation pour la **réinsertion sociale** (mais cela résulte en partie du progrès de l'idée de mesure de sûreté).

b) La mesure de sûreté se rapproche de la peine

L'on admet en effet difficilement, en droit français, l'application d'une mesure coercitive **avant toute infraction** (v. cependant, dès l'instruction, alors qu'il y a infraction, mais que la personne mise en examen est encore présumée innocente, les mesures du contrôle judiciaire, la détention provisoire, certaines fermetures d'établissement).

On s'efforce de soumettre ces mesures au principe de la légalité, en quoi elles se rapprochent donc de la peine : le juge ne peut appliquer d'autres mesures que celles qui sont prévues par la loi (ex. liste limitative des obligations dans le sursis avec mise à l'épreuve), et doit respecter les limites fixées (ex. la majorité pour le mineur en liberté surveillée, interdiction de séjour jusqu'à 5 ou 10 ans).

Mais ces limites sont moins rigoureuses que pour les peines (ex. durée du traitement non précisée pour la cure des toxicomanes ; rétention de sûreté, renouvelable tous les ans tant que la dangerosité et le risque de récidive persisteront : art. 706-53-16 C. pr. pén. ; pour la surveillance de sûreté, v. art. 706-53-19, 723-37, 763-8).

Il est en réalité difficile de concilier souplesse des mesures et respect de la liberté individuelle.

§ 2 – COEXISTENCE DE LA PEINE ET DE LA MESURE DE SÛRETÉ

Les *systèmes unitaires*, ou *monistes* en faveur de la mesure de sûreté ont révélé leur insuffisance ; ils étaient d'ailleurs rares (ex. l'ancienne URSS ne connaissait que des mesures de sûreté, jusqu'en 1958).

Les *systèmes dualistes* sont plus fréquents (ex. France, Italie, Belgique, Danemark, Suisse, Allemagne, Espagne, Amérique latine) ; mais ils peuvent avoir plusieurs formes :

- parfois le juge prononce une peine *ou* une mesure de sûreté (ex. Belgique, Danemark) ; ce système existe dans certains cas en France, lorsque le juge peut prononcer une peine autre que l'emprisonnement (peines « alternatives », ex. suivi socio-judiciaire) ;

- parfois le juge prononce une peine *et* une mesure de sûreté (ex. en France : emprisonnement et suspension du permis de conduire, pour homicide par imprudence ; suivi socio-judiciaire et placement sous surveillance électronique mobile ; privation de liberté et injonction de soins, peine et stage de sensibilisation à la sécurité routière ; peine ordinaire et liberté surveillée pour les mineurs) ;

- parfois la mesure prononcée est *mixte*, tenant de la peine et de la mesure de sûreté ; ainsi pour un régime pénitentiaire médicopsychologique, avec soins appropriés, pour les délinquants punissables mais atteints de troubles psychiques ou neuropsychiques ayant altéré leur discernement ou entravé le contrôle de leurs actes : mais il reste à concevoir un tel système, et à le financer.

Par de nombreux traits, certaines peines actuelles se rapprochent des mesures de sûreté (ex. interdiction de séjour) : on les étudiera comme peines, mais sans perdre de vue ce double caractère.

Les mesures de sûreté existant en droit français seront étudiées dans le *titre 2*.

Remarque : longtemps les textes n'ont retenu que le terme de « peine » : mais, désormais l'expression de mesure de sûreté est expressément utilisée, dans le Code pénal (ex. art. 131-36-9 ; *cf.* art. 113-8-1, 226-19) et, bien davantage, dans le Code de procédure pénale (ex. art. 706-53-5, 706-53-13, 723-29, 763-10) ; en outre, la jurisprudence pourra distinguer, parmi les peines, plusieurs catégories. Pour les mesures de sûreté, la chambre criminelle a longtemps visé les « mesures de police et de sécurité », ou « de police et de sûreté » : elle a cependant retenu plus récemment le terme de « mesure de sûreté ».

POUR ALLER PLUS LOIN

EXEMPLE DE SUJET D'EXAMEN :

Dissertation :
> Le renouveau des mesures de sûreté

Chapitre 2 > CLASSIFICATIONS DES PEINES

> Les classifications essentielles sont d'ordre **juridique**. Mais il faut aussi faire état de classifications d'ordre **criminologique**.

Section 1 > CLASSIFICATIONS JURIDIQUES

La classification fondamentale, résultant directement de la loi, distingue les peines selon leur gravité. Une autre classification importante est fondée sur la façon dont les peines sont encourues.

§ 1 – LA CLASSIFICATION LÉGALE

Distinction fondamentale : peines criminelles, correctionnelles, contraventionnelles (car elle commande la classification des infractions définie par l'art. 111-1 C. pén., *v. cette question*, même si celles-ci sont dites classées « suivant leur gravité »).

A. Peines criminelles

1. Peines principales, privatives de liberté (art. 131-1)

– réclusion criminelle à perpétuité ;
– détention criminelle à perpétuité ;
– réclusion criminelle de 30 ans au plus ;
– détention criminelle de 30 ans au plus ;
– réclusion criminelle de 20 ans au plus ;
– détention criminelle de 20 ans au plus ;
– réclusion criminelle de 15 ans au plus ;
– détention criminelle de 15 ans au plus.

La durée de la réclusion criminelle à temps ou de la détention criminelle à temps est de **10 ans au moins** (si la cour d'assises veut prononcer une peine d'une durée inférieure à 10 ans, elle doit donc prononcer une peine d'emprisonnement).

Remarque : cette énumération (« *échelle générale* ») ne présente guère d'intérêt que pour l'appréciation de la peine la plus forte (ex. application des lois pénales plus douces). Cette échelle générale se dédouble en échelle de droit commun et échelle politique :

• **peines de droit commun** : réclusion criminelle à perpétuité, réclusion criminelle à temps ;

• **peines politiques** : détention criminelle à perpétuité, détention criminelle à temps.

On reste dans chaque échelle pour déterminer la peine applicable en cas d'atténuation.

2. La loi prévoit en outre, selon les cas (art. 131-2)

– une amende ;
– une ou plusieurs **peines complémentaires** (art. 131-10) : ex. interdiction de séjour, peines privatives de droits, injonction de soins ou obligation de faire,

confiscation d'un objet ou d'un animal, fermeture d'établissement, affichage (art. 131-10). Ces peines ne peuvent pas être prononcées à titre principal. La violation de ces peines est sanctionnée pénalement (art. 434-38 et s.).

Pour les personnes morales, sont encourues, selon les dispositions légales, l'amende, quintuple du taux prévu pour les personnes physiques (si la loi ne la prévoit pas pour celles-ci, l'amende est de 1 000 000 €), et les mêmes peines que celles que les personnes morales encourent en matière correctionnelle (art. 131-37 et 39), *v. B, 2*.

B. Peines correctionnelles

1. Pour les personnes physiques

a) Peines principales (art. 131-3)

Le nouveau Code pénal a entendu mettre toutes les peines correctionnelles sur le même plan, sans prééminence pour l'emprisonnement (le souci de ce Code de ne pas paraître donner à l'emprisonnement une sorte de premier rang n'empêche qu'il faut bien, parfois, comparer la gravité de peines différentes : ainsi pour le conflit de lois pénales dans le temps, *v. cette question*). Le Code prévoit de nombreux cas de peines que l'on appelle « **alternatives** », que la juridiction peut prononcer à la place de l'emprisonnement (ou de l'amende encourue seule).

L'emprisonnement, notamment, peut en effet être remplacé soit par des *peines principales*, soit par des *peines complémentaires devenant alors peines principales* (sur *l'interdiction de cumuler certaines de ces peines, v. plus loin, et les pouvoirs du juge*).

L'expression « **peines alternatives** », qui ne figure pas dans le Code, mais qui est souvent utilisée par les commentateurs, doit être précisée.

• On peut vouloir la réserver aux cas dans lesquels une peine peut *remplacer l'emprisonnement* (ou parfois l'amende), mais alors *sans pouvoir être cumulée* avec l'emprisonnement (ou l'amende) : ainsi, le *travail d'intérêt général* peut être prononcé à la place de l'emprisonnement, mais celui-ci ne pourra alors être décidé ; il en est de même des *peines principales privatives de droits* (ou « de liberté ») pouvant remplacer l'emprisonnement.

Il s'agit alors de peines *réellement alternatives* (au sens étroit), l'adjectif, dans le langage juridique, signifiant qu'il y a une option entre deux éléments, sans cumul possible des deux (comme dans « l'obligation alternative ») : ce sont en quelque sorte des *peines alternatives légales*.

• On peut donner un sens plus large à la formule « peines alternatives », en considérant comme peines alternatives, en dehors des peines réellement alternatives, celles qui peuvent remplacer l'emprisonnement (ou l'amende), mais tout en pouvant, si le juge le décide, être *cumulées avec l'emprisonnement* (ou l'amende) : ainsi, la peine de *jours-amende* peut remplacer l'emprisonnement, mais peut aussi se *cumuler* avec lui ; il en est de même des *peines complémentaires* prévues par le texte réprimant l'infraction, qui peuvent, selon la décision du juge, remplacer l'emprisonnement notamment, mais qui peuvent aussi, par définition, accompagner l'emprisonnement prononcé comme peine principale : dans tous ces cas, ces peines peuvent remplacer une peine principale, et pourraient donc être qualifiées de peines alternatives, au sens large, ou de *peines alternatives judiciaires*. V. aussi, pour certains condamnés, le suivi socio-judiciaire, qui peut être ordonné comme peine principale (art. 131-36-7 C. pén.).

1. Les peines correctionnelles principales sont, pour les personnes physiques :
– l'**emprisonnement**, selon une échelle comportant 8 degrés : au plus, 10 ans, 7 ans, 5 ans, 3 ans, 2 ans, 1 an, 6 mois, 2 mois (art. 131-4) ;
– l'**amende** égale ou supérieure à 3 750 € (art. 381 C. pr. pén. ; la chambre criminelle a implicitement admis qu'une amende pouvait être inférieure à 1 F, aujourd'hui 1 €) ;
– le suivi socio-judiciaire, dans le cas particulier de certains délits (v. par ex. art. 222-48-1) ;
– le travail d'intérêt général dans le cas particulier de certaines dégradations de bien (v. par ex. art. 322-2).

2. Peines alternatives :
– le **jour-amende**, qui peut être prononcé lorsque le délit est puni d'emprisonnement (art. 131-5) ;
– le **stage de citoyenneté**, qui peut être prononcé lorsque le délit est puni d'emprisonnement, à la place de celui-ci (art. 131-5-1) ;
– le **travail d'intérêt général**, qui peut être prononcé lorsque le délit est puni d'emprisonnement, à la place de celui-ci (art. 131-8) ;
– la **sanction-réparation** qui peut être prononcée à la place de l'emprisonnement ou de l'amende (lorsqu'elle est la seule peine principale), ou en même temps qu'eux (art. 131-8-1) ;
– certaines **peines privatives ou restrictives de droits ou « de liberté »**, qui peuvent être prononcées lorsque le *délit est punissable d'emprisonnement, ou d'une amende seule*, à leur place, même si le texte réprimant l'infraction ne les prévoit pas (art. 131-6, 131-7 : ex. suspension du permis de conduire, confiscation, interdiction d'émettre des chèques, interdictions professionnelles, interdiction de fréquenter certaines personnes).

Pour les cumuls des peines principales et alternatives, possibles ou interdits, v. *plus loin les pouvoirs du juge quant à la nature des peines en matière correctionnelle.*

Les peines prévues par les art. 131-6 à 131-11 (ex. les peines privatives ou restrictives « de liberté » de l'art. 131-6, sanction-réparation) peuvent être déclarées *exécutoires par provision*, c'est-à-dire immédiatement, même en cas de recours (art. 471, al. 4 C. pr. pén.).

La **violation** de certaines de ces règles est sanctionnée pénalement (art. 434-39 et s. C. pén.).

b) Peines complémentaires

Elles sont prévues par le texte réprimant l'infraction et emportent **interdiction, déchéance, incapacité** ou **retrait d'un droit, obligation de faire** (ex. suspension du permis de conduire, interdictions professionnelles, interdiction d'émettre des chèques, stage de citoyenneté, stage de responsabilité parentale, stage de sensibilisation à la sécurité routière, stage de sensibilisation aux dangers de l'usage de produits stupéfiants), injonction de soins, immobilisation ou confiscation d'un objet, confiscation d'un animal, fermeture d'établissement, affichage ou diffusion de la décision (art. 131-10).

Dans ces cas, la peine peut s'ajouter à la peine principale, à la différence des peines alternatives au sens strict.

Mais la juridiction peut aussi ne prononcer *que la peine complémentaire* (ou l'une ou plusieurs des peines complémentaires encourues), **à titre de peine principale** (art. 131-11), sauf si la mesure n'est pas une sanction pénale, mais a un caractère réel, ex. la démolition d'une construction sans permis. Elle peut aussi prononcer une peine alternative, comme peine principale, et une peine complémentaire comme telle (sauf pour des peines ayant un objet identique, ex. deux suspensions de permis de conduire).

Les peines complémentaires sont par principe *facultatives* : il en existe cependant d'obligatoires, le juge devant les prononcer (ex. la confiscation d'appareils destinés à porter atteinte à l'intimité de la vie privée, art. 226-31, 5° C. pén. ; on ne confondra pas cette situation avec celle où la confiscation est encourue de plein droit (art. 131-21, al. 7) : elle ne s'impose pas pour autant au juge).

En cas de **violation** des obligations ou interdictions résultant des art. 131-10 C. pén., sont applicables les peines prévues par l'art. 434-41 C. pén.

2. Pour les personnes morales

Lorsque la loi, pour une infraction déterminée, prévoit la responsabilité pénale des personnes morales, sont encourues (art. 131-37) :

• L'amende (d'un taux maximum quintuple de celui prévu pour les personnes physiques, art. 131-38, et décuple en cas de récidive) ;

• La sanction-réparation (art. 131-39-1) ;

• Selon les cas prévus par la loi, d'autres peines (art. 131-39 ; en effet, en matière correctionnelle – et criminelle –, le Code, pour les personnes morales, ne distingue pas en principe les peines principales et les peines complémentaires) :
– dissolution (dans certains cas : v. titre 2, *les peines privatives de droits applicables aux personnes morales*). Pour les personnes morales *mouvements sectaires*, après condamnation, pour certaines infractions, de la personne morale ou de ses dirigeants (ex. meurtre, homicide par imprudence), la *dissolution* de la personne morale peut être prononcée par le *TGI* (art. 1, L. 12 juin 2001) ;
– interdictions professionnelles ;
– placement sous surveillance judiciaire ;
– fermeture d'établissement ;
– exclusion des marchés publics ;
– interdiction de faire appel public à l'épargne ;
– interdiction d'émettre certains chèques ;
– confiscation d'un objet ou d'un animal ;
– interdiction de détenir un animal ;
– affichage ou diffusion de la décision.

Mais les peines de dissolution et de placement sous surveillance judiciaire ne sont pas applicables aux personnes morales de droit public, aux partis ou groupements politiques, aux syndicats professionnels ; la peine de dissolution n'est pas applicable aux institutions représentatives du personnel.

En cas d'atteinte aux affiches après une peine d'affichage, des peines sont prévues par les art. 434-39 et 434-47 ; pour la violation des peines privatives de droits, *v. ces peines.*

C. Peines contraventionnelles

1. Pour les personnes physiques

a) Peines principales

• **L'amende jusqu'à 3 000 €** (art. 131-13 C. pén.). Il y a *cinq classes* de contraventions ; maximums respectifs de 38, 150, 450, 1 500 €, ce dernier montant pouvant être porté, lorsque les textes le prévoient, à 3 000 € en cas de récidive (art. 131-13). L'amende peut être cumulée avec les *peines complémentaires* des art. 131-16 et 17 (art. 131-12).

• En outre, pour les **contraventions de 5e classe**, peuvent être prononcées :
– des **peines privatives ou restrictives de droits** (art. 131-14), ex. suspension du permis de conduire, interdiction d'émettre certains chèques. Il peut y avoir cumul entre ces peines (art. 131-15), et, par définition, entre ces peines et des *peines complémentaires* des art. 131-16 et 17. **Mais il ne peut y avoir cumul entre une amende et l'une de des peines privatives de droits** de l'art. 131-14 ; ces peines peuvent donc remplacer l'amende : ce sont des *peines alternatives* (art. 131-15, al. 1) ;
– la sanction-réparation, à la place ou en même temps que l'amende (art. 131-12, 3°, 131-15-1).

b) Peines complémentaires

Elles sont prévues par le règlement qui réprime la contravention (art. 131-16 et 17) : ex. suspension du permis de conduire, confiscation d'un objet ou d'un animal, stage de sensibilisation à la sécurité routière, stage de citoyenneté ou de responsabilité parentale ; pour les contraventions de 5e classe, *si le règlement le prévoit*, en outre, interdiction d'émettre des chèques, travail d'intérêt général.

Ces peines peuvent se cumuler avec l'amende, et avec les peines privatives ou restrictives de droits.

Lorsque la contravention est punie d'une ou plusieurs de ces peines, la juridiction peut se borner à prononcer, comme peine principale, la peine complémentaire ou l'une ou plusieurs des peines complémentaires encourues (art. 131-18).

En cas de violation des peines privatives de droits des art. 131-14, 16 et 17, sont applicables les peines prévues par l'art. 434-41 C. pén.

2. Pour les personnes morales (art. 131-40 à 131-44)

a) Peines principales

• Amende (art. 131-40) ; son taux maximum est le *quintuple* de celui prévu pour les personnes physiques (art. 131-41), ou même le *décuple* en cas de récidive de contravention de 5ᵉ classe (art. 132-15) : l'amende peut donc dépasser le taux maximum de 3 000 € : mais l'infraction reste une contravention.

• Pour les contraventions de 5ᵉ classe : l'interdiction d'émettre des chèques et la confiscation peuvent toujours remplacer l'amende (art. 131-42). La sanction-réparation peut être prononcée en même temps que l'amende ou à sa place (art. 131-44-1).

b) Peines complémentaires

Selon ce que prévoit le règlement réprimant la contravention : la confiscation d'un objet ou d'un animal, l'interdiction de détenir un animal ; pour les contraventions de 5ᵉ classe, en outre : l'interdiction d'émettre certains chèques (art. 131-43).

Si la contravention est punissable de l'une de ces peines complémentaires ou des deux, la juridiction peut se borner à prononcer la peine complémentaire encourue, ou l'une ou plusieurs des peines complémentaires encourues (art. 131-44).

§ 2 – LA CLASSIFICATION FONDÉE SUR LA FAÇON DONT LES PEINES SONT ENCOURUES

La distinction, longtemps consacrée, des peines principales, accessoires et complémentaires, est aujourd'hui en partie remise en question.

A. Peine principale

Peine essentielle de l'infraction.

Caractères :
– elle peut être prononcée *seule* ;
– elle doit être prononcée expressément par la décision (mais c'est aujourd'hui le cas de toutes les peines, *v. infra*). Exemples : réclusion, emprisonnement.

B. Peine accessoire

Elle s'ajoute **automatiquement** à la peine principale (certaines peuvent cependant faire l'objet d'un relèvement par le juge). Cette catégorie subsiste en partie, *v. ci-dessous*.

Caractères de principe :
– elle ne peut être infligée seule, sauf quand elle est prononcée à la place de la peine principale ;
– sauf dans ce dernier cas, elle peut être **sous-entendue** : elle découle automatiquement de la peine principale, et a donc un caractère occulte.

Cette dernière solution était fâcheuse, car la condamnation ne faisait pas apparaître ces peines. C'est pourquoi le nouveau Code pénal exige que **chaque peine soit prononcée** (art. 132-17, al. 1), exigence valant pour les peines accessoires qui ont de la sorte disparu : elles sont devenues des *peines complémentaires obligatoires* (*v. infra*). Mais les juges, même aidés par l'informatique, pourront-ils prendre le temps d'énoncer toutes ces peines ? Ou pourront-ils, en les omettant, éviter de les faire encourir, sans provoquer des recours du parquet ?

En outre, on se demande si l'art. 132-17, al. 1 s'applique aux peines accessoires extérieures au Code pénal, du moins pour celles, nombreuses, qui subsistent (par exemple certaines interdictions professionnelles) – le législateur a supprimé le caractère accessoire de certaines d'entre elles : la *privation des droits civiques*, *civils et de famille*, et, *pour les mineurs*, les interdictions, déchéances ou incapacités : Ord. 1945, art. 20-6.

Remarque : même dans le Code pénal, il subsiste des mesures automatiques : par exemple la période de sûreté de plein droit dans certains cas ; homicide par imprudence par un conducteur avec certaines circonstances aggravantes : annulation de plein droit du permis de conduire. Il y a aussi, dans le C. pr. pén., l'interdiction de séjour après prescription d'une peine criminelle (art. 763). On peut toujours justifier ces solutions en avançant que ces deux mesures ne sont pas exactement des *peines*. D'autres peuvent se demander si ce n'est pas parce qu'elles sont automatiques qu'on les considère comme n'étant pas des peines... Pourtant, certains textes, postérieurs au Code, ont fait renaître des peines automatiques : ex. art. L. 7 C. élect., sur la privation du droit de vote du fait de certaines condamnations (mais le relèvement peut être décidé).

C. Peine complémentaire

Elle s'ajoute à la peine principale, mais ne peut être sous-entendue (ex. certaines interdictions professionnelles).

Caractères :
– elle vient renforcer la peine principale, et se rapproche en cela de la peine accessoire ; elle peut souvent être prononcée à sa place ;
– elle n'est pas automatique, et se rapproche en cela de la peine principale.

Le Code pénal ne connaît en principe que des **peines complémentaires facultatives** (la confiscation est cependant obligatoire dans certains cas : art. 131-21, al. 7 ; on dira, comme plus haut, qu'il ne s'agit pas alors d'une peine...). Mais dans d'autres textes, il faut distinguer deux sortes de peines complémentaires :

1. Peine complémentaire facultative
Le juge peut, librement, la prononcer ou non.

2. Peine complémentaire obligatoire
Le juge doit la prononcer ; mais le relèvement, même immédiat, est souvent possible.

Remarque : la peine complémentaire obligatoire paraît **se rapprocher de la peine accessoire**, puisque toutes deux seront encourues comme suite à la peine principale dont elles découlent. Mais il y a eu longtemps une *différence* : si la peine accessoire ne figurait pas dans le jugement, elle devait cependant être subie. Si la peine complémentaire obligatoire était omise, elle n'était pas subie. Aujourd'hui, on l'a vu, toutes les peines doivent être mentionnées pour être applicables (art. 132-17, al. 1).

La peine complémentaire *obligatoire* paraît alors *se confondre avec la peine complémentaire facultative*, puisqu'il suffirait au juge de ne pas la mentionner pour en dispenser le condamné. Mais il y aurait là une faute dans l'application de la loi, pouvant fonder un pourvoi en cassation aboutissant à faire casser la décision.

Section 2 › CLASSIFICATIONS CRIMINOLOGIQUES

§ 1 – CLASSIFICATION DES PEINES FONDÉE SUR LEUR BUT PÉNOLOGIQUE

On retrouve ici la distinction des fonctions de la peine :
– jadis peines d'élimination ;
– peines d'intimidation ;
– peines de réformation.

§ 2 – CLASSIFICATION DES PEINES FONDÉE SUR CE QU'ELLES ATTEIGNENT CHEZ LE CONDAMNÉ

C'est cette classification qui constituera le plan du titre suivant.
1. Peines privatives de liberté.
2. Peines restrictives de liberté.
3. Peines patrimoniales.
4. Peines privatives ou restrictives de droits.
5. Peines morales.
6. Mesures de sûreté.
7. Mesures applicables aux mineurs délinquants.

POUR ALLER PLUS LOIN

EXEMPLES DE SUJETS POSSIBLES D'EXAMENS :

Dissertations :
> Les peines alternatives
> Le remplacement d'une peine par une autre

Titre 2
ÉTUDE DES DIFFÉRENTES PEINES

Ces peines sont étudiées d'une façon plus approfondie dans le Mémento de *Criminologie et science pénitentiaire*.

La *peine de mort a été supprimée* en France par la loi du 9 octobre 1981 (elle existe dans certains pays, de même qu'existent dans certains pays d'autres mesures corporelles, notamment la stérilisation, ex. certains États des États-Unis). À l'époque contemporaine, en France, la peine de mort tenait d'ailleurs *peu de place*, pour trois raisons :
– elle n'était prévue par la loi que dans un nombre de cas limité ;
– même lorsqu'elle était prévue par la loi, elle était rarement prononcée par la cour d'assises ;
– même lorsqu'elle était prononcée par la cour d'assises, elle était rarement exécutée (droit de grâce du chef de l'État).
Ainsi, sur les 5 ans précédant l'abolition, 4 068 crimes passibles de la peine de mort ont été commis (officiellement ; en fait, bien davantage) ; 67 peines de mort ont été requises, 11 prononcées, 3 exécutées.

Mais le problème philosophique de la légitimité de la peine de mort était et est cependant toujours discuté, et passionnément, par beaucoup de gens, même non philosophes. La Cour EDH décide désormais que cette peine, en temps de paix, n'est pas autorisée par la Conv. EDH. V. aussi art. 66 Constitution (L. 23 févr. 2007) : « nul ne peut être condamné à la peine de mort ».

Après l'abolition de la peine de mort, la peine la plus forte est donc désormais la réclusion criminelle à perpétuité, peine applicable notamment aux meurtres aggravés, par exemple commis avec préméditation.

En cas de *réclusion criminelle à perpétuité* prononcée pour certains meurtres aggravés sur mineurs de 15 ans, peut être décidée, pour une durée *en principe* illimitée (cette durée peut toutefois être réduite après 30 ans), la privation de mesures de faveur telles que des permissions de sortir ou la libération conditionnelle.

Au-dessous de la réclusion criminelle à perpétuité, le nouveau Code pénal a créé la peine de 30 ans de réclusion criminelle pour le meurtre simple, auparavant punissable de réclusion à perpétuité : on aboutit à l'abaissement général des peines.

Chapitre 1 › LES PEINES PRIVATIVES DE LIBERTÉ

> **Plan :** On indiquera les différentes catégories de peines privatives de liberté ; on décrira ensuite le régime pénitentiaire.

Section 1 › DIVERSES CATÉGORIES DE PEINES PRIVATIVES DE LIBERTÉ

Les peines privatives de liberté existent en matière criminelle et correctionnelle. Mais *l'emprisonnement n'est plus prévu pour les contraventions*, même de 5ᵉ classe, les plus graves (ex. violences ayant entraîné une incapacité totale de travail inférieure ou égale à 8 jours, art. R. 625-1 C. pén.).

§ 1 – PEINES CRIMINELLES

– de droit commun : réclusion criminelle à perpétuité ou à temps (comprise entre 10 et 30 ans selon les cas) ;
– politiques : détention criminelle à perpétuité ou à temps (comprise entre 10 et 30 ans selon les cas).

§ 2 – PEINE CORRECTIONNELLE

Emprisonnement jusqu'à 10 ans en principe ; l'échelle légale comporte 8 degrés : au plus, 10 ans, 7 ans, 5 ans, 3 ans, 2 ans, 1 an, 6 mois, 2 mois (les juges pouvant toujours prononcer moins).
L'emprisonnement peut être remplacé par d'autres peines (art. 131-5 et s. C. pén. : on l'a dit, et on le reverra dans les chapitres suivants), parfois plus utiles qu'une courte peine d'emprisonnement entraînant une brève incarcération : par exemple par une peine de jours-amende (sauf pour les mineurs), un **travail d'intérêt général** (TIG), un stage de citoyenneté, par une ou plusieurs des peines privatives ou restrictives « de liberté » de l'art. 131-6 (la suspension du permis de conduire, l'immobilisation du véhicule, l'interdiction d'émettre des chèques, la confiscation du moyen ou du produit du délit, une interdiction professionnelle, etc.). Un *placement* **sous surveillance** *électronique* ex. à domicile, peut être décidée, notamment pour les condamnés à un an d'emprisonnement au plus ou à qui il ne reste pas plus d'un an à subir, avec leur consentement (art. 723-7 et s. C. pr. pén.).
Remarques :
1. Certaines peines alternatives à l'emprisonnement sont de mise en œuvre difficile, et leur sanction souvent illusoire, ce qui explique que les juges ne les prononcent pas très souvent à la place de l'emprisonnement.
2. **Il ne peut y avoir cumul** entre :
– l'emprisonnement et le TIG peine alternative ;
– l'emprisonnement et les peines définies par l'art. 131-6 (ex. suspension du permis, confiscation), sauf exception légale.

Section 2 > RÉGIME PÉNITENTIAIRE

Cette question suppose résolus le problème du régime d'exécution, et celui du lieu d'exécution de ces peines (v., pour une étude plus complète, Mémento de *Criminologie et science pénitentiaire*).

§ 1 – RÉGIME D'EXÉCUTION

Ces peines impliquent privation de liberté, mais peuvent permettre la réinsertion sociale du condamné (on a jadis parlé de « traitement en milieu carcéral »).

A. Privation de liberté

Pour l'incarcération, plusieurs systèmes sont concevables : *emprisonnement en commun*, de jour et de nuit ; *emprisonnement cellulaire* de jour et de nuit ; *système mixte* (système d'Auburn) : en commun de jour, isolement cellulaire de nuit ; *système progressif* : passage d'un système précédent à l'autre, avec libération par étapes (ex. semi-liberté, puis libération conditionnelle).

Le système progressif a été appliqué en France. On a fini par lui préférer l'incarcération du détenu dans l'établissement le mieux approprié : mais les mécanismes de liberté progressive peuvent être utilisés.

B. En vue de la réinsertion sociale du détenu

Des efforts peuvent être entrepris dans plusieurs domaines : **scolaire, professionnel** (ex. formation professionnelle accélérée), **individuel et social**, et s'accompagner de l'exécution d'un **travail**. On retiendra ici ces deux dernières formes.

1. Le domaine individuel et social

Interviennent le **juge de l'application des peines** et le **tribunal de l'application des peines** (JAP, TAP) (v. Mémento de *Criminologie et science pénitentiaire*), le *service pénitentiaire d'insertion et de probation*, les *visiteurs de prison* (bénévoles), les *médecins*, les *ministres du culte*, le cas échéant.

Diverses méthodes sont mises en œuvre : il s'agit de **mesures d'assouplissement du régime**, qui peuvent déboucher sur des **diminutions de la durée de la peine**.

a) Assouplissement du régime pénitentiaire

• Peuvent être accordées par le JAP ou par la juridiction de jugement (dans certains cas par le TAP) la **semi-liberté** (principalement pour les condamnés n'ayant plus à subir qu'un an de privation de liberté), le **placement à l'extérieur**, avec ou sans surveillance, le **placement sous surveillance électronique**, la suspension de peine ; ces décisions sont *juridictionnelles*, avec débat contradictoire (facultatif en cas d'accord du procureur de la République et du condamné) ; un appel est prévu ; le JAP peut aussi, après avis de la CAP, accorder des **permissions de sortir**. JAP ou TAP, selon le cas, peuvent accorder la libération conditionnelle.

• **Exclusion de ces mesures**.

Ces mesures (ainsi que la libération conditionnelle, v. *cette question*) sont **exclues** pendant la **période de sûreté** (art. 132-23 C. pén.). Cette période est *inapplicable* *aux mineurs*, ainsi qu'en cas de suspension de peine pour raisons médicales très graves (*v. cette question*).

1. La période de sûreté joue **de plein droit** après condamnation, pour *certaines infractions* (ex. meurtre aggravé), à *dix ans au moins de privation de liberté sans sursis*. La durée de cette période est en principe de la **moitié** de la peine (18 ans pour la réclusion à perpétuité).

Mais la juridiction peut **réduire** cette durée, ou au contraire la porter aux **deux tiers**, ou à *22 ans* en cas de réclusion à perpétuité.

La période de sûreté peut être portée à **30 ans** en cas de meurtre, ou d'assassinat, précédés ou accompagnés de viol, de tortures ou d'actes de barbarie, sur **mineur de 15 ans** (art. 221-3 et 221-4 C. pén.) ; dans ce cas le TAP ne peut réduire la période de sûreté ou y mettre fin qu'après 20 ans d'incarcération au moins. Pour ces crimes sur mineur, la cour d'assises peut aussi décider, si elle prononce la **réclusion à perpétuité**, qu'**aucune des mesures de faveur** empêchées par la période de sûreté ne pourra être accordée au condamné ; le TAP ne peut accorder une de ces mesures qu'après 30 ans d'incarcération au moins, et seulement après expertise spéciale sur l'état de dangerosité du condamné (v. 720-4, al. 3 et 4 C. pr. pén.).

2. La période de sûreté **peut être décidée** par la juridiction *pour les autres infractions*, pour une *peine de plus de 5 ans sans sursis* (maximum : les *deux tiers* de la peine, ou *22 ans* en cas de réclusion à perpétuité).

Encourue de plein droit ou décidée par la juridiction, la période de sûreté peut ultérieurement être **réduite** ou **supprimée** (v. art. 720-4 C. pr. pén.). *Pour la libération conditionnelle, v. cette question.*

Pour le calcul de la période en cas de *grâce*, on consultera l'art. 720-2, al. 2 C. pr. pén. et les art. 221-3 et 4 C. pén.

Des *autorisations de sortie sous escorte* sont possibles, même pendant la période de sûreté.

b) Diminution de la durée de la peine

– Outre le **crédit de peine**, automatique (mais pouvant être révoqué), ex. 3 mois pour la première année (2 mois pour un récidiviste), une **réduction de peine** supplémentaire peut être accordée par le JAP, après avis de la *commission de l'application des peines*, : pour un non-récidiviste, pour un maximum de 2 mois par an (7 jours par mois pour une peine moindre). Art. 721, 721-1 C. pr. pén. pour la réduction supplémentaire de peine. Pour la réduction de peine *exceptionnelle* des repentis, v. art. 721-3. *V. les réductions de peine.*

– la **libération conditionnelle** : v. *cette question*.

Pour les mesures pouvant être prises en fin de peine v. art. 723-20 et s C. pr. pén., préconisant, dans la mesure du possible, que le condamné en fin de peine bénéficie du régime de la **semi-liberté**, du **placement à l'extérieur** ou du **placement sous surveillance électronique**.

2. Le travail

Le travail en établissement pénitentiaire est *facultatif* pour le détenu depuis 1987.

a) Organisation du travail

• *Travail dans l'établissement* (outre le service général de la prison) ; avec autorisation, le détenu peut travailler pour son propre compte.

• *Travail à l'extérieur :*
– sous surveillance, sauf pour certains détenus : *placement à l'extérieur* ;
– ou en *semi-liberté* (travail chez un employeur comme travailleur ordinaire, rentrée ensuite à l'établissement pénitentiaire).

b) Rémunération du travail

Une partie des produits du travail est attribuée au détenu. Après déduction des cotisations à caractère social, une partie est attribuée aux parties civiles et aux créanciers d'aliments (v. art. D. 320-1), une autre constitue le **pécule de libération** (obligatoirement mis de côté pour être remis au détenu à sa sortie de l'établissement pénitentiaire : c'est un moyen de lutte contre la récidive), sauf en cas de semi-liberté ou de placement à l'extérieur sans surveillance, le reste constitue la **part disponible** (librement employée par le détenu, ex. pour des achats à la cantine ou envois à la famille).

§ 2 – LIEUX D'EXÉCUTION : LES ÉTABLISSEMENTS PÉNITENTIAIRES

On distingue (art. 717 et D. 70 et s. C. pr. pén.) les **établissements pour peines**, pour les *condamnés*, et les **maisons d'arrêt**, en principe pour la *détention provisoire*.

A. Établissements pour peines

• *Maisons centrales* (ou quartiers classés maisons centrales).

• *Centres de détention* (ou quartiers classés CD).

• *Centres pour peines aménagées* (ou *quartiers*), pouvant recevoir, avec leur accord, les condamnés dont la peine restant à subir est inférieure à un an, et les condamnés en semi-liberté ou en placement à l'extérieur (régime orienté vers la préparation à la sortie).

• *Centres de semi-liberté* (ou quartiers).

• Pour les auteurs de certaines infractions (ex. viol avec meurtre d'un mineur de 15 ans), et en cas d'injonction de soins au titre du suivi socio-judiciaire, les établissements permettant un suivi médical et psychologique adapté, prévus par l'art. 717-1 C. pr. pén. (art. 763-7). De même, la rétention de sûreté se déroule dans un centre socio-médico-judiciaire de sûreté, permettant une prise en charge médicale, sociale et psychologique (art. 706-53-13 C. pr. pén.). Des établissements de santé seront aménagés pour les détenus atteints de troubles mentaux (art. L. 3214-1 et s. C. santé publ.) : unités hospitalières, avec prise en charge à l'hôpital, et concours du personnel pénitentiaire. Sans préjudice des dispositions du Code de la santé publique relatives à l'hospitalisation d'office, cette mesure peut être ordonnée par la juridiction d'instruction ou de jugement qui prononce un arrêt ou un jugement de déclaration d'irresponsabilité pénale pour cause de trouble mental (art. 706-135 C. pr. pén.).

• *Établissements pénitentiaires spécialisés pour mineurs* (EPSM).

B. Maisons d'arrêt

Pour la détention provisoire (v. Mémento de *Procédure pénale*), et, le cas échéant, « à titre exceptionnel », pour les condamnés à un emprisonnement égal ou inférieur à un an, ou à qui il reste à subir moins d'un an (ex. Fleury-Mérogis). Sont détenus *dans un quartier distinct* : ex. les condamnés de moins de 21 ans, les détenus admis au *régime spécial*.

Remarque : l'affectation des condamnés à un établissement déterminé est décidée à l'issue d'une procédure d'orientation (v. art. D. 74 et s. C. pr. pén.), obligatoire si le temps d'incarcération à subir est supérieur à un an (ou, pour les mineurs, à 3 mois). V. aussi, pour certains condamnés, le **Centre national d'observation de Fresnes**.

Chapitre 2 › LES PEINES RESTRICTIVES DE LIBERTÉ

> On peut *rapprocher*, de ces peines restrictives de liberté : les mesures d'*assignation à résidence* (de nature administrative) ou d'obligation de résidence (judiciaires, ex. dans le contrôle judiciaire), les mesures d'interdiction de se rendre dans certains lieux (ex. avant même l'exercice de l'action publique, ex. composition pénale, ou comme peine selon l'art. 131-6,12° C. pén.), les mesures d'*interdiction de paraître* (de nature judiciaire, ex. dans la libération conditionnelle).
>
> Peuvent aussi porter atteinte à certaines libertés le sursis avec mise à l'épreuve (pouvant comporter un TIG), la liberté surveillée des mineurs, les mesures de sûreté, le placement sous surveillance électronique (mais qui remplace l'exécution de l'emprisonnement), les stages (ex. stage de citoyenneté, de responsabilité parentale).
>
> L'art. 131-6 sur les peines alternatives range, sous la rubrique peines restrictives de liberté, des mesures de nature différente, les unes touchant la liberté, d'autres les droits, d'autres le patrimoine.
>
> L'interdiction de séjour et l'interdiction du territoire sont des restrictions à la *liberté d'aller et venir* ; mais il est d'autres mesures, qui restreignent d'*autres libertés* ; exemple important : le travail d'intérêt général.

Section 1 › L'INTERDICTION DE SÉJOUR

§ 1 – DÉFINITION

C'est la **défense faite au condamné** de résider dans certaines localités, avec mesures de **surveillance** et d'**assistance** (art. 131-31 et 32 C. pén. ; 762-1 et s. C. pr. pén.).

Elle a aujourd'hui les caractères d'une **véritable mesure de sûreté** (nombreux assouplissements dans le prononcé et les effets ; ex. le JAP peut modifier la liste des lieux interdits, les mesures de surveillance et d'assistance). Elle est **inapplicable aux mineurs** ; elle cesse après l'âge de 65 ans, sauf si elle est perpétuelle (art. 131-32 C. pén.) ; elle ne peut donc être prononcée contre un condamné ayant atteint l'âge de 65 ans. Toutefois, selon la chambre criminelle, l'interdiction de séjour, étant juridiquement une peine, peut se prescrire. Selon la même, la juridiction peut décider le **relèvement** de la peine complémentaire d'interdiction de séjour qu'elle a prononcée.

§ 2 – FONCTIONS

- C'est un instrument de **lutte contre la récidive**, par l'interdiction de résider dans les localités où le condamné risquerait de retomber dans un milieu néfaste.

- C'est un instrument de **réinsertion**, par les mesures d'assistance et de surveillance.

§ 3 – DURÉE

- *Maximum de 10 ans* (sauf exception), en cas de condamnation pour crime.

- *Maximum de 5 ans* (sauf exception), en cas de condamnation pour délit.

- *Perpétuelle* en cas de prescription d'une peine prononcée en matière criminelle (interdiction de séjour dans le département où demeurent la victime ou ses héritiers directs), art. 763 C. pr. pén.
Des sanctions pénales sont prévues en cas de violation de l'interdiction de séjour par le fait de paraître dans un lieu interdit, ou de se soustraire aux mesures de surveillance (art. 434-38).

Section 2 › L'INTERDICTION DU TERRITOIRE

C'est l'interdiction, **pour l'étranger**, de séjourner sur le territoire français (art. 131-30 C. pén.) ; selon les cas, elle est définitive, ou d'une durée de 10 ans maximum. Il ne faut pas la confondre avec la mesure, *administrative*, d'expulsion, qui n'est pas une peine, et peut donc être décidée en sus d'une peine.
Elle concerne **l'étranger** coupable d'un **crime** ou d'un **délit**, dans les cas prévus par la loi. Elle entraîne de plein droit *reconduite à la frontière*, le cas échéant à l'expiration de la peine privative de liberté.
Elle est exclue pour beaucoup d'étrangers, et pour d'autres elle suppose, en matière correctionnelle, une motivation spéciale.

§ 1 – DOMAINE DE L'EXCLUSION

A. Principe de l'exclusion

Pour six catégories d'étrangers, cette interdiction ne peut pas être prononcée, sauf les exceptions indiquées ci-dessous B. (art. 131-30-2). Ex. : étranger justifiant *résider en France habituellement depuis l'âge de 13 ans* au plus ; étranger mineur : art. 20-4 Ord. 2 févr. 1945.

B. Exceptions

Même pour les catégories d'étrangers exclues en principe de la mesure, l'interdiction du territoire peut être prononcée, *sauf à l'encontre d'un mineur*, pour certaines infractions, ex. actes de terrorisme.

§ 2 – EXIGENCE D'UNE MOTIVATION SPÉCIALE EN MATIÈRE CORRECTIONNELLE

En matière correctionnelle, le prononcé de l'interdiction suppose une **motivation spéciale** au regard de la gravité de l'infraction et de la situation personnelle et familiale de l'étranger, pour cinq catégories d'étrangers, quelle que soit l'infraction commise (art. 131-30-1). Ex. : étranger résidant en France, ne vivant pas en état de polygamie, père ou mère d'un enfant français mineur résidant en France, à certaines conditions ; étranger marié depuis au moins deux ans avec un conjoint français, à certaines conditions…

Un **relèvement** de l'interdiction du territoire est possible (sauf si l'interdiction a été prononcée comme peine principale). Pour la procédure, v. art. 702-1 C. pr. pén., et *v. le relèvement*. La chambre criminelle veille à ce que le juge recherche si le maintien de la mesure respecte « un juste équilibre » avec le droit au respect de la vie privée et familiale, et les impératifs de la sûreté publique, selon l'art. 8 de la Conv. EDH. L'étranger ne peut obtenir le relèvement d'une interdiction du territoire que s'il réside hors de France (sauf notamment pendant le temps où il subit en France un emprisonnement sans sursis) : art. L. 541-2 C. entrée et séjour des étrangers.

Section 3 > LE TRAVAIL D'INTÉRÊT GÉNÉRAL

Il s'agit d'un travail non rémunéré, effectué au profit, par exemple, d'une association habilitée (art. 131-8 et 9, 131-17, 131-22 à 24, 131-36, R. 131-12 et s. C. pén.).

• Le prononcé du travail d'intérêt général (TIG), pouvant remplacer l'emprisonnement, est plus fréquent qu'auparavant.

• Le TIG peut aussi être prévu au titre du sursis avec mise à l'épreuve.

§ 1 – CONDITIONS

• Le TIG, comme peine alternative, suppose un *délit punissable d'emprisonnement*, ou, *dans les cas prévus, une contravention de 5ᵉ classe* (le TIG est parfois appelé familièrement « TIG-TAG », car utilisé pour faire enlever certains graffitis…).

• Le TIG peut s'appliquer aux *mineurs de 16 à 18 ans* (art. 20-5 Ord. 2 févr. 1945).

• Le TIG, *comme peine alternative*, ne peut être cumulé avec l'emprisonnement (à distinguer évidemment du cas où il y a emprisonnement avec sursis avec mise à l'épreuve et TIG).

• Le TIG est prévu comme *peine principale correctionnelle* pour certaines dégradations (ex. « TAG ») : art. 322-1 à 3.

• Le TIG est applicable comme *peine complémentaire* pour certaines infractions au Code de la route (ex. art. L. 231-2, 233-2 II, 234-2 I C. route) ; mais comme il suppose que le condamné ne le refuse pas, on imagine que celui-ci n'acceptera ce complément que moyennant un abaissement des peines principales…

§ 2 – PROCÉDURE

• Le prononcé du TIG suppose le *prévenu présent*, car celui-ci a le droit de refuser.

• Le tribunal qui prescrit le TIG peut ordonner l'*exécution provisoire* (art. 471 C. pr. pén.).

§ 3 – DURÉE

– pour les *délits* : elle est comprise entre **40 et 210 heures**, dans un délai fixé par la juridiction, avec un maximum de **18 mois** ;

— pour les *contraventions de 5ᵉ classe* : entre 20 et 120 heures.

Le délai peut être *suspendu* provisoirement, ex. pour motif grave d'ordre médical, familial, professionnel ou social, ou pendant le temps d'incarcération.

§ 4 – RÉGIME

• Le condamné doit accomplir un travail d'intérêt général, au profit d'une personne morale de droit public, d'une personne morale de droit privé chargée d'une mission de service public ou d'une association habilitée, avec actes de solidarité, ex. chez des personnes âgées (v. aussi art. 131-22, al. 3).

Ex. : élagage de haies au bord des routes, débroussaillement de forêts, nettoyage de plages, réparation d'actes de vandalisme ou déprédation (graffiti, bombage, affichage sauvage, dégâts dans les cabines téléphoniques, les Abribus, les jardins publics).

• *Les modalités* sont fixées par le *juge de l'application des peines*, ou, pour les mineurs, par le juge des enfants (le travail doit alors être adapté, formateur, ou de nature à favoriser l'insertion sociale).

• Le travail *n'est pas rémunéré* (pour éviter de concurrencer le travail salarié) ;

• Le TIG peut se cumuler avec l'exercice d'une activité professionnelle ;

• L'État répond du dommage causé par le condamné (ce sont les tribunaux judiciaires qui sont compétents).

• Le *Code du travail* s'applique en ce qui concerne le travail de nuit, l'hygiène, la sécurité, le travail des femmes et des jeunes travailleurs.

§ 5 – SANCTIONS

Le problème difficile est le contrôle de l'exécution de travail.

En cas de violation des obligations, s'appliquent les peines prévues par les art. 434-42 et 434-44 C. pén. (emprisonnement, amende, peine complémentaire de privation de droits ; le maximum de l'emprisonnement ou de l'amende peut être fixé par la juridiction prononçant le TIG) ; selon la chambre criminelle, le prononcé de ces peines pour violation des obligations ne dispense pas de l'exécution du TIG. V. art. 733-2, 712-17 C. pr. pén.

Chapitre 3 > LES PEINES PATRIMONIALES

> **Notion :** ces peines ont pour objet d'atteindre le condamné dans son patrimoine.
> Il en existe *deux formes* :
> – création d'une *dette* à la charge du condamné : c'est **l'amende** et la **sanction-réparation** ;
> – privation de la *propriété* de tout ou partie du patrimoine : c'est la **confiscation**, générale ou spéciale.
> De nombreuses peines privatives de droits (*v. cette question*) ont aussi des conséquences pécuniaires : ex. les interdictions professionnelles.

Section 1 > L'AMENDE

Il faut étudier la valeur de l'amende comme peine, les garanties de son recouvrement, et la peine de jours-amende.
Remarque : l'amende ne peut être cumulée avec la peine de jours-amende.
Si un délit est punissable seulement d'une amende, la juridiction peut remplacer celle-ci par une ou plusieurs peines de l'art. 131-6 (art. 131-7) : mais ces peines ne peuvent pas alors se cumuler avec l'amende.

§ 1 – VALEUR DE L'AMENDE EN TANT QUE PEINE

A. Avantages

– l'amende reste toujours **efficace**, alors que l'on peut s'habituer à l'emprisonnement ;
– elle est, pour beaucoup d'infractions (ex. de lucre), un bon antidote ;
– elle évite l'emprisonnement et la **corruption** qui peut en résulter ;
– c'est une peine **divisible**, pouvant être aisément proportionnée à la gravité de l'infraction ;
– c'est une peine **réparable** au cas d'erreur judiciaire ;
– elle est **avantageuse** pour l'État, à qui elle rapporte au lieu de coûter, comme le fait l'emprisonnement.

B. Inconvénients

– l'amende n'est **pas assez personnelle** ; elle rejaillit sur la **famille** du condamné : mais c'est l'effet de la plupart des peines ;
– elle risque d'être **inégale**, frappant différemment le riche et le pauvre : mais le juge doit tenir compte, non seulement, comme pour toute peine, des circonstances de l'infraction et de la personnalité de son auteur, mais aussi, ici, des ressources et charges de celui-ci (art. 132-24) ; on verra, fondée sur le même principe, la peine de jours-amende ;
– elle n'a pas d'effet de **réinsertion** : mais on recherche surtout ici l'intimidation. Mais la critique essentielle est que l'amende n'est **pas efficace**. Tous ses avantages supposent en effet qu'elle puisse être effectivement payée. Or, de nombreux délinquants

sont insolvables, ou simulent l'insolvabilité (l'organisation frauduleuse de l'insolvabilité est d'ailleurs un délit : art. 314-7 et s. C. pén.) : il a donc été proposé de prévoir des peines de remplacement, ex. journées de travail, ou corvées pénales. D'autres délinquants, au contraire, peuvent payer si aisément que, pour eux, la menace d'amende n'est pas plus efficace.

§ 2 – RECOUVREMENT

Pour faciliter le paiement de l'amende correctionnelle ou contraventionnelle, le juge peut décider le **fractionnement** du paiement de l'amende, s'il existe des motifs graves d'ordre médical, familial, professionnel ou social (art. 132-28 C. pén.). En matière correctionnelle ou contraventionnelle, l'amende est **réduite de 20 %** (dans la limite de 1 500 €) si le condamné la paie dans **le mois** du jugement (art. 702-2 C. pr. pén.).

Il faut préciser les personnes chargées du recouvrement de l'amende, et les garanties de recouvrement.

A. Personnes chargées du recouvrement

Principe : le **percepteur** des contributions directes.
Exceptions :

• *pour certaines contraventions* (ex. C. route) : est prévu le système de l'**amende forfaitaire** (art. 529 et s., R. 48-1 et s. C. pr. pén.), si l'on ne constate pas en même temps une autre contravention ne pouvant donner lieu à cette procédure ; le contrevenant verse l'amende à l'agent verbalisateur, *ou* la paie dans les 45 jours *ou* formule une *requête en exonération* (pour certaines contraventions, ex. la vitesse, la requête n'est recevable que s'il y a consignation préalable d'une somme égale à l'amende : art. 529-10) ; à défaut de paiement ou de requête, il y a **amende forfaitaire majorée** (disposition jugée compatible avec la Conv. EDH par la Cour de cassation).

• *pour certaines contraventions au Code de la route*, **l'amende forfaitaire est minorée** s'il y a **paiement immédiat** à l'agent verbalisateur ou dans les 3 jours (ou dans les 15 jours de l'avis) ; à défaut de paiement, amende forfaitaire (art. 529-7 et 8 C. pr. pén.) ; à défaut de paiement dans les 45 jours, l'amende forfaitaire est majorée (art. 529-2).

• *pour certaines autres contraventions* (art. 529-3 ; ex. transport ferroviaire) : il peut y avoir *transaction* : le contrevenant verse une **indemnité forfaitaire**, immédiatement, ou dans les 2 mois, ou formule une *protestation* ; à défaut, amende forfaitaire majorée.

Quand il y a AF majorée, le contrevenant doit, dans les 30 jours, payer, *ou* former une *réclamation* auprès du ministère public (art. 530).

Le paiement de ces amendes éteint l'action publique (art. 529).

En cas de rejet de la requête, protestation ou réclamation, on a recours à la procédure de l'**ordonnance pénale**, procédure simplifiée par rapport à la comparution devant le tribunal de police (v. Mémento de *Procédure pénale*).

B. Garanties de recouvrement

1. Garanties à caractère civil

a) Les différentes saisies

Avec une hypothèque légale, et le privilège du Trésor. Pour les contraventions, une opposition peut être adressée aux personnes détenant des fonds pour le compte du condamné, ou ayant une dette envers lui.

b) Le cautionnement

Il a pu être demandé au titre du contrôle judiciaire pendant l'instruction, par le juge d'instruction ou le juge des libertés et de la détention, si le juge l'exige (v. Mémento de *Procédure pénale*).

c) La solidarité passive

Elle peut être prononcée, sur **décision du juge**, spéciale et motivée, en cas de crime, délit, ou contravention de 5e classe, commis par *plusieurs participants* (art. 375-2, 480-1 et 543 C. pr. pén.) : le prévenu qui s'est entouré de coauteurs ou complices insolvables se voit alors réclamer *le paiement de toutes les amendes*.

Le procédé est *contraire à la personnalité des peines* (d'où l'exigence d'une décision spéciale et motivée), car le recours contre les autres de celui qui a payé pour eux est le plus souvent illusoire. La jurisprudence a pourtant étendu cette solidarité au cas d'auteurs de délits différents mais constituant des infractions connexes (ex. : vol et recel de choses ; violences mortelles et recel de malfaiteur).

On notera qu'à la différence de la règle consacrée pour les amendes, la solidarité joue de plein droit pour les restitutions et les dommages-intérêts (de même, en cas de condamnation pour crime ou délit, pour le recouvrement des droits fixes de procédure, art. 1018 A CGI, ex. 375 € pour les décisions des cours d'assises).

d) Paiement de l'amende à la charge d'un tiers non condamné

Parfois le paiement de l'amende peut être mis à la charge d'un tiers non condamné (ex. employeur pour certaines amendes : v. C. route, C. trav., *v. la responsabilité pénale pour autrui*).

e) Recouvrement contre les héritiers

La jurisprudence a également forgé une garantie contraire à la personnalité des peines : le recouvrement de l'amende contre les héritiers lorsque le condamné meurt après le jugement définitif sans avoir payé. Condamnée par la Cour EDH, la solution est pourtant consacrée à l'art. 133-1 C. pén.

2. Garantie à caractère pénal : la contrainte judiciaire

En matière criminelle ou correctionnelle pour un délit puni d'emprisonnement, en cas d'inexécution volontaire d'une condamnation à l'amende, c'est une incarcération qui peut être ordonnée, pour convaincre le débiteur de l'amende de s'acquitter de celle-ci. Supprimée en matière civile et commerciale en 1867 et pour les réparations civiles en 1958 (elle s'appelait alors contrainte « par corps »), la mesure subsiste en matière **pénale** au profit du Trésor, pour le paiement des amendes. Elle existe aussi en matière **fiscale** pour le recouvrement des amendes pénales. Art. 749 C. pr. pén.

Elle est **décidée par le JAP**, sur requête du procureur de la République à la demande du Trésor (après débat contradictoire, sauf accord). La durée de l'incarcération, pour le « dettier », peut aller *de 20 jours à 3 mois*, selon le montant de l'amende prononcée (art. 750 C. pr. pén. ; la durée peut aller jusqu'à un an, pour certaines infractions en matière de stupéfiants et infractions douanières connexes, pour une condamnation dépassant 100 000 € : art. 706-31). La Cour de cassation a jugé que l'évasion du condamné soumis à cette mesure n'est pas punissable pénalement.

La mesure ne peut être *prononcée* contre des *mineurs*, ni contre une *personne morale*, ni contre des *insolvables*.

Remarque : en France, cette incarcération, en principe, ne dispense pas du paiement : ce n'est pas une pénalité de remplacement, mais une mesure d'exécution à caractère pénal (en cas de concours d'infractions, elle ne peut être confondue avec une peine d'emprisonnement) ; l'incarcération ne vaut donc pas paiement, sauf pour les deux formes de réhabilitation (*v. cette question*). Mais la Cour EDH a vu dans cette mesure, dite alors contrainte par corps, une « privation de liberté à caractère punitif » : d'où la réforme de 2004 et la nouvelle contrainte « judiciaire ».

§ 3 – LA PEINE DE JOURS-AMENDE

C'est une peine d'amende, mais qui, sous cette forme de jours-amende, est calculée en tenant compte des ressources et des charges du condamné (art. 131-5, 131-9, 131-25, 132-28 C. pén.).

A. Domaine

• Elle peut être prononcée lorsqu'un *délit* est *punissable d'emprisonnement*, même si le texte réprimant l'infraction ne la prévoit pas (art. 131-5). Elle peut se cumuler avec l'emprisonnement, mais *ne peut se cumuler avec l'amende* (art. 131-9, al. 3).

• Cette peine est *exclue pour les mineurs* (art. 20-4 Ord. 2 févr. 1945) ; selon la jurisprudence, elle est également exclue pour les infractions militaires, pour lesquelles l'amende ne peut être substituée à l'emprisonnement.

• La peine peut, par décision du JAP, remplacer le TIG ou le sursis avec mise à l'épreuve avec TIG, après débat contradictoire (art. 733-1, 747-1 C. pr. pén.).

• Elle est applicable comme *peine complémentaire* pour certaines infractions au Code de la route (ex. art. L. 231-2, 233-2, II, 234-2, I C. route).

B. Régime

• Le montant de chaque jour-amende est déterminé en tenant compte des ressources (souvent difficiles à connaître) et des *charges* du prévenu (que celui-ci indiquera plus volontiers). Le maximum de chaque jour-amende est de 1 000 €. Par exemple, un condamné à 30 jours-amende à 30 € par jour doit payer 900 €. Art. 131-5.

- Le nombre de jours-amende est déterminé en tenant compte des circonstances de l'infraction : maximum 360 jours-amende (art. 131-5).

Le montant global de l'amende est *exigible à l'expiration du délai correspondant au nombre de jours-amende* prononcés (art. 131-25). Pour les personnes physiques, le paiement peut être fractionné par décision du tribunal (art. 132-28).

Le *défaut total ou partiel du paiement entraîne l'incarcération* du condamné (régime de l'emprisonnement) pour une durée correspondant au nombre de jours-amende impayés (art. 131-25).

Section 2 > LA SANCTION-RÉPARATION

Introduite par la loi du 5 mars 2007, cette sanction est prévue en matière de **délit et de contravention de 5ᵉ classe**, pour les **personnes physiques et morales** (art. 131-3, 8°, 131-8-1, 131-12, 3°, 131-15-1, 131-37, 131-39-1, 131-40, 131-44-1). Elle consiste en l'obligation pour le condamné de procéder à l'indemnisation du préjudice de la victime, dans les délais et selon les modalités fixés par la juridiction. En cas d'accord entre le prévenu et la victime, il peut s'agir d'une réparation en nature, notamment de la remise en état du bien endommagé à la suite de l'infraction (art. 131-8-1).

La violation de cette obligation par le prévenu est sanctionnée de la peine prévue d'avance par la juridiction pour cette éventualité. Le maximum de l'emprisonnement et de l'amende ainsi préfixés varie selon les cas : il est de six mois d'emprisonnement et de 15 000 € d'amende en matière de délit (art. 131-8-1), de 1 500 € d'amende en matière de contravention (art. 131-15-1) ; pour les personnes morales, l'amende ne peut dépasser 75 000 € ou le maximum de l'amende encouru pour le délit considéré (art. 131-39-1), et en cas de contravention de 5ᵉ classe 7 500 € (art. 131-44-1). C'est le juge de l'application des peines qui ordonne la mise à exécution de la peine, en tout ou en partie.

En matière délictuelle, la *sanction-réparation* est prononcée à la place *ou* en même temps que l'emprisonnement *ou* que l'amende (art. 131-8-1, 131-39-1) ; il en est de même pour l'amende en matière contraventionnelle (art. 131-15-1, 131-44-1).

Section 3 > LA CONFISCATION

Remarque : le Code pénal classe la confiscation spéciale parmi les peines privatives ou restrictives de droits ; en réalité, cette peine ne relève pas de la théorie des privations ou restrictions de droits, mais de la théorie du patrimoine.

§ 1 – LA CONFISCATION GÉNÉRALE

C'est l'attribution à l'État de tout ou partie du patrimoine du condamné ; mais les choses restent grevées des droits réels licitement constitués au profit de tiers (art. 131-21, al. 9 C. pén.).

La confiscation générale existe en matière de crime ou de délit *sur prévision de la loi* (art. 131-21, al. 6 ; ex. trafic de stupéfiants, art. 222-49, al. 2 C. pén.). Elle est possible également, *même si le texte d'incrimination considéré ne le précise pas*, en matière de crime ou de délit puni d'au moins cinq ans d'emprisonnement, ayant procuré un profit direct ou indirect à son auteur, lorsque celui-ci, mis en mesure de s'expliquer sur les biens dont la confiscation est envisagée, ne peut en justifier l'origine (art. 131-21, al. 5).

La confiscation porte sur les biens meubles ou immeubles, divis ou indivis.

§ 2 – LA CONFISCATION SPÉCIALE

Elle porte sur un ou plusieurs objets ou *animaux déterminés* (art. 131-6, 131-10, 131-14, 131-16, 131-21, 131-21-1 C. pén.).

C'est, selon les cas, une peine alternative, ou une peine complémentaire, donc par principe facultative : elle est cependant obligatoire pour les objets qualifiés, *par la loi ou le règlement*, dangereux ou nuisibles, ou dont la détention est interdite, ex. stupéfiants : c'est alors, dira-t-on, une mesure de police plus qu'une peine (art. 131-21, al. 7).

A. Objet de la confiscation spéciale

• Cette confiscation porte sur la chose *moyen* ou *instrument* de l'infraction (qui a servi ou qui était destinée à servir à commettre l'infraction, ex. arme de chasse) dont le condamné est propriétaire ou, sous réserve du droit du propriétaire de bonne foi, dont il a la libre disposition. Elle peut porter aussi sur la chose qui en est le *produit* direct ou indirect (ex. produit du travail effectué par des étrangers dépourvus d'autorisation, maison construite avec matériaux et sur terrain financés par des sommes de provenance illicite), ou qui a été *l'objet* de l'infraction (le « corps du délit »), à l'exception des biens susceptibles d'être restitués à la victime. Si le produit a été mêlé à des fonds d'origine licite pour l'acquisition d'un ou plusieurs biens, la confiscation ne porte sur ces biens qu'à concurrence de la valeur estimée de ce produit.

• La confiscation comme peine alternative peut porter non seulement sur la chose moyen ou produit de l'infraction (sauf infraction de presse), mais aussi sur le véhicule ou l'arme appartenant au condamné (art. 131-6, 4° et 7° ; comp., en matière de contravention, art. 131-14, 3°, 6°).

• La confiscation peut aussi porter sur tout bien meuble ou immeuble défini par la loi ou le règlement réprimant l'infraction, ou sur un animal (v. art. 131-21-1).

B. Domaine de la confiscation spéciale

La confiscation est prévue dans les cas suivants, pour les personnes physiques (pour les personnes morales, v. art. 131-39, 8°, 10°, 131-42 à 44) :

1. En matière criminelle

La confiscation d'un objet ou d'un animal peut être prévue comme peine complémentaire (art. 131-10). Elle est alors encourue **de plein droit** (art. 131-21, al. 1) ; le juge est libre de ne pas la prononcer, sauf lorsqu'elle est obligatoire.

2. En matière correctionnelle

a) La confiscation spéciale peine principale alternative

Pour les délits punissables d'emprisonnement, ou d'une amende seule, la confiscation peut être prononcée comme peine principale, *alternative*, à la place de l'emprisonnement, ou de l'amende encourue seule (art. 131-6 et 7), même si le texte réprimant le délit ne la prévoit pas (elle peut alors être déclarée exécutoire par provision, art. 471 C. pr. pén.).

Comme peine alternative, elle ne peut se cumuler avec l'emprisonnement ni avec l'amende (art. 131-9) ; mais elle peut être cumulée avec d'autres peines de l'art. 131-6.

b) La confiscation spéciale peine complémentaire

– La confiscation spéciale peut aussi être prévue par les textes comme peine complémentaire (et la juridiction peut alors ne prononcer que cette peine : art. 131-10 et 131-11), le cas échéant avec exécution provisoire (art. 471 C. pr. pén.).

– La confiscation spéciale est encourue de **plein droit** pour les délits punis d'une peine d'emprisonnement supérieure à un an, à l'exception des délits de presse (art. 131-21, al. 1) ; le juge est libre de ne pas la prononcer, sauf lorsqu'elle est obligatoire.

3. En matière contraventionnelle

a) Pour les contraventions de 5e classe

La confiscation des choses indiquées peut toujours être prononcée comme **peine principale**, mais elle ne peut être cumulée avec l'amende (art. 131-14, 15 et 16).

b) Pour toutes les contraventions

Le texte les réprimant peut prévoir les confiscations indiquées, comme **peines complémentaires**, et la juridiction peut alors ne prononcer que la peine complémentaire (art. 131-18).

Des sanctions pénales sont prévues en cas de destruction ou de détournement d'objet confisqué (art. 434-41 et 434-44).

Remarques :

1. Si la chose ne peut être représentée, la confiscation est ordonnée **en valeur** ; la contrainte judiciaire est applicable pour le recouvrement de la somme représentative de la valeur de la chose confisquée (art. 131-21, al. 8).

2. Apparaît parfois, en la matière, la notion de *mesure de sûreté* (confiscation « **réelle** », frappant la chose plus que la personne ; cette confiscation ne peut faire l'objet d'une dispense de peine).

Chapitre 4 > LES PEINES PRIVATIVES OU RESTRICTIVES DE DROITS

> **Notion** : ces peines sont destinées à priver le condamné, pour une durée plus ou moins longue, de la jouissance de certains droits.
>
> **Remarques :**
>
> **1.** Certaines ont des effets de peines pécuniaires (ex. les interdictions professionnelles) : mais leur objet direct est la privation ou la restriction d'un droit.
>
> **2.** Elles risqueraient d'entraver la réinsertion du condamné : mais la plupart peuvent faire l'objet d'un **relèvement** (art. 702-1 et 703 C. pr. pén., *v. cette mesure*), même lorsqu'elles sont encourues de plein droit en vertu d'un texte extérieur au Code pénal (art. 132-21 C. pén.).
>
> **3.** Ces sanctions constituent souvent de **véritables mesures de sûreté**, destinées à lutter contre l'**état dangereux**, parfois avec application rétroactive des textes nouveaux qui les prévoient (*v. étude complémentaire 1*).
>
> **4.** Nombre de ces peines (art. 131-6 à 131-7, 131-9 à 131-11 C. pén.) peuvent être prononcées *à la place de l'emprisonnement* ou de l'amende (l'art. 131-6, depuis L. 2004, nomme ces peines, on l'a vu, peines privatives ou restrictives de liberté).
>
> **5.** Le domaine de ces peines a été beaucoup élargi par le Code pénal actuel, dans le même sens que l'évolution antérieure, ces peines ayant pour elles, outre le fait qu'elles peuvent limiter le prononcé des peines privatives de liberté, d'être sans frais pour l'État : mais en réalité la mise en œuvre et le contrôle de l'exécution réelle de beaucoup de ces peines présente de sérieuses difficultés.
>
> **6.** Le législateur ne devrait pas abuser de ces peines ; il faudrait en tout cas un lien entre l'infraction commise et la peine prononcée (notamment dans le cas des interdictions professionnelles), lien que ni le nouveau Code pénal ni les textes extérieurs au Code ne savent respecter.
>
> On doit distinguer la privation de droits civiques, civils et de famille, et de nombreuses autres déchéances.

Section 1 > LA PRIVATION DE DROITS CIVIQUES, CIVILS ET DE FAMILLE

C'est une privation de droits, qui peut porter sur le droit de vote, d'éligibilité (ces deux interdictions emportant l'interdiction d'exercer une fonction publique), d'exercer une fonction juridictionnelle, d'être expert devant une juridiction, de représenter et d'assister une partie en justice, de témoigner en justice, d'être tuteur ou curateur, sauf pour ses enfants (art. 131-26).

Cette peine est **divisible** : le juge peut ne priver le condamné que de certains des droits énumérés par le texte.

Cette interdiction ne peut dépasser 10 ans, sauf exception, pour une condamnation pour crime (même si la peine principale prononcée est correctionnelle), 5 ans, sauf exception, pour une condamnation pour délit.

Cette peine **ne peut résulter de plein droit** d'une condamnation pénale, *malgré toute disposition contraire*. Une telle disposition, prévoyant cette peine comme peine accessoire ou complémentaire obligatoire, donc encourue automatiquement ou obligatoirement, ne peut exister que dans un texte extérieur au Code, et non modifié depuis (art. 132-21 : v. cependant art. 7 C. élect. ; le Conseil d'État a jugé qu'un relèvement étant possible, cette disposition n'est pas contraire à la Conv. EDH). La peine ne peut être prononcée contre un mineur (art. 20-4 Ord. 1945).

Section 2 > DÉCHÉANCES DIVERSES

On distinguera les personnes physiques et les personnes morales.

§ 1 – PEINES APPLICABLES AUX PERSONNES PHYSIQUES

Les peines prononcées en application des art. 131-6 à 131-11 C. pén. peuvent l'être avec **exécution provisoire** (art. 471 C. pr. pén.).

Des sanctions pénales sont prévues en cas de violation de ces peines (art. 434-40, 434-41, et 434-44 ; pour l'interdiction de conduire certains véhicules, la loi réprime le « détournement »).

A. En matière criminelle

Le texte réprimant le crime peut prévoir une ou plusieurs peines privatives de droits, comme peines complémentaires : ex. interdiction, déchéance, incapacité, retrait d'un droit, fermeture d'établissement (art. 131-10).

B. En matière correctionnelle

1. Peines principales alternatives (art. 131-6 et 131-7)

Lorsqu'un délit est puni d'emprisonnement, ou d'une amende seulement, le juge peut, **à la place de l'emprisonnement, ou de l'amende encourue seule**, prononcer une ou plusieurs des peines privatives ou restrictives de droits de l'art. 131-6, même si le texte réprimant le délit ne prévoit pas ces peines.

Ces peines peuvent **se cumuler entre elles**, mais elles **ne peuvent pas se cumuler avec l'emprisonnement** (ex., pour l'interdiction professionnelle, et même avec un emprisonnement avec sursis), ni avec l'amende lorsque l'amende est encourue seule.

Ces peines sont :

1. La **suspension du permis de conduire**. On ne confondra pas cette peine avec la perte des points du permis, qui n'est pas une sanction pénale.
2. L'interdiction de conduire certains véhicules.
3. L'annulation du permis de conduire.
4. La confiscation de véhicule (classée par le Code comme peine privative de droits).
5. L'immobilisation de véhicules.
6. L'interdiction de détention d'arme.
7. La confiscation d'arme (même remarque que *ci-dessus*, 4).

8. Le retrait du permis de chasser.
9. L'interdiction d'émettre des chèques et d'utiliser des cartes de paiement, pour 5 ans au plus.
10. La confiscation d'une chose en rapport avec l'infraction (même remarque que *ci-dessus*, 4).
11. Les **interdictions professionnelles**.
Elles tendent à protéger la société, la profession, la personne.
Il s'agit de l'interdiction d'exercer une fonction publique, ou d'exercer une activité professionnelle ou sociale, sauf pour l'exercice d'un mandat électif ou de responsabilités syndicales, ou en matière d'infractions de presse (art. 131-27). La peine est inapplicable aux mineurs.
L'interdiction peut porter sur l'activité à l'occasion de laquelle l'infraction a été commise, ou sur l'activité définie par la loi qui réprime l'infraction (art. 131-28). On rapprochera, de cette peine, les interdictions professionnelles pouvant être décidées dans le sursis avec mise à l'épreuve, et, pendant l'instruction, dans le contrôle judiciaire.
12. L'interdiction de paraître dans certains lieux.
13. L'interdiction de fréquenter certains condamnés.
14. L'interdiction d'entrer en relation avec certaines personnes.

2. Peines complémentaires, pouvant aussi remplacer la peine principale (art. 131-11)

Le texte réprimant le délit peut prévoir ou une plusieurs peines complémentaires privatives ou restrictives de droits mentionnées à l'article 131-10. Ces peines peuvent alors être prononcées cumulativement avec la peine principale. Mais la juridiction peut aussi prononcer, *à titre de peine principale*, mais alors sans cumul avec celle-ci, une ou plusieurs des peines complémentaires prévues.

Exemples :

• **Interdictions professionnelles :**
Il s'agit de l'interdiction d'exercer une fonction publique, ou d'exercer une activité professionnelle ou sociale (sauf pour l'exercice d'un mandat électif ou de responsabilités syndicales, ou en matière d'infractions de presse). La peine est inapplicable aux mineurs.
L'interdiction peut porter sur l'activité à l'occasion de laquelle l'infraction a été commise, ou sur l'activité définie par la loi qui réprime l'infraction. Ex. :
– professions **commerciales et industrielles** (art. L. 128-1 et s. C. com.) ;
– profession **médicale** (ex. en cas d'interruption volontaire de grossesse punissable) ;
– profession à l'occasion de laquelle a été commis un recel de choses (art. 321-9, 2° C. pén.) ;
– interdictions diverses, après condamnation pour proxénétisme ou infractions assimilées (art. 225-20, 2°, 4° et 7° C. pén.) ;
– *V. aussi*, mais au titre du suivi socio-judiciaire pour certains condamnés, l'interdiction d'exercer une activité professionnelle (ou bénévole) impliquant un contact habituel avec des mineurs (art. 131-36-2, 2° C. pén.).

- **Fermeture d'établissement** (ex. proxénétisme), même si le condamné n'est pas propriétaire du fonds ; cette peine emporte l'interdiction d'exercer dans l'établissement (ex. hôtel) l'activité à l'occasion de laquelle l'infraction a été commise (art. 131-33 C. pén.).
- **Suspension du permis de conduire** (v. supra, 1.3.).
- **Exclusion des marchés publics** (art. 131-34 C. pén.).
- Des textes prévoient des peines complémentaires particulières : ex. pour certains condamnés, interdiction de participer à des manifestations, (art. 18-I, L. 21 janv. 1995).

Remarque : lorsque le tribunal prononce l'une des peines précédentes, comme peine principale ou complémentaire, il peut fixer d'avance le maximum de l'amende ou de l'emprisonnement dont le juge de l'application des peines aura à ordonner l'exécution en tout ou en partie, si le condamné viole les obligations ou les interdictions qui lui ont été imposées (art. 131-9, al. 2 ; art. 131-11, al. 2).

C. En matière contraventionnelle

1. Peines principales alternatives

Pour les contraventions de 5e classe (art. 131-14) : les peines sont celles indiquées ci-dessus en matière correctionnelle, n°s 1, 5, 7, 8, 9 (jusqu'à 1 an), 10. Ces peines peuvent être cumulées entre elles, mais ne peuvent être cumulées avec l'amende (art. 131-15).

2. Peines complémentaires, pouvant aussi remplacer la peine principale

- Pour toutes les contraventions : le règlement qui réprime la contravention peut prévoir les peines 1, 6, 7, 8, 10, citées à propos des peines correctionnelles, l'interdiction de conduire certains véhicules, un stage de sensibilisation à la sécurité routière, un stage de citoyenneté, un stage de responsabilité parentale, la confiscation d'un animal, l'interdiction de détenir un animal (art. 131-16).
- Pour les contraventions de 5e classe : le règlement qui réprime la contravention peut aussi prévoir la peine n° 9, jusqu'à 3 ans (art. 131-17).

Lorsque la contravention est punie de l'une ou de plusieurs de ces peines complémentaires, la juridiction peut ne prononcer que l'une ou plusieurs de ces peines (art. 131-18).

Remarque : il est des condamnations qui empêchent des étrangers d'acquérir la nationalité française, sauf réhabilitation ou exclusion du casier (art. 21-27 C. civ.), ou qui peuvent emporter déchéance de la nationalité acquise (art. 25 et 25-1 C. civ.).

§ 2 – PEINES APPLICABLES AUX PERSONNES MORALES

A. Pour les crimes et les délits

Dans les seuls cas prévus par les textes, peuvent être prononcées les peines suivantes (art. 131-39 ; ce texte prévoit aussi d'autres peines, autres que privatives de droits : confiscation, affichage de la décision, *v. le chapitre sur les classifications des peines*) :

- **dissolution :**
– si la personne morale a été *créée* pour commettre les faits ;
– ou, pour un crime ou un délit puni pour les personnes physiques d'un emprisonnement supérieur ou égal à 3 ans, si elle a été *détournée de son objet* pour commettre les faits ;

Est punissable le fait, pour toute personne physique, de participer au maintien ou à la reconstitution d'une personne morale dont la dissolution a été prononcée en application de l'art. 131-39 (art. 434-43 et 47).

Pour les personnes morales *mouvements sectaires*, après condamnation, pour certaines infractions, de la personne morale ou de ses dirigeants (ex. meurtre, homicide par imprudence), la *dissolution* de la personne morale peut être prononcée par le TGI (art. 1, L. 12 juin 2001 ; sanction : art. 18, L. 1er juill. 1901).

- interdiction professionnelle.
- placement sous surveillance judiciaire (v. art. 131-46).
- fermeture d'établissement.
- exclusion des marchés publics.
- interdiction de faire appel public à l'épargne.
- interdiction d'émettre certains chèques ou d'utiliser des cartes de paiement.
- interdiction de détenir un animal.

Mais les peines de *dissolution* et de *placement sous surveillance* ne s'appliquent pas aux personnes morales de droit public, ni aux partis ou groupements politiques, ni aux syndicats professionnels. La peine de dissolution ne s'applique pas aux institutions représentatives du personnel.

En cas de violation, par la personne morale, des obligations découlant de la peine, sont encourues les peines de l'art. 434-47. En cas de violation, *par une personne physique* (ex. un dirigeant), des obligations découlant pour la personne morale d'une peine prononcée contre elle en vertu de l'art. 131-39 (ex. interdiction professionnelle), des peines sont prévues par les art. 434-43 et 44.

B. Pour les contraventions (art. 131-40 et s.)

1. Peines principales alternatives à l'amende pour les contraventions de 5e classe

Interdiction d'émettre des chèques ou d'utiliser des cartes de paiement, confiscation (art. 131-42) ; ces peines peuvent se cumuler avec les peines complémentaires privatives de droits de l'art. 131-43.

2. Peines complémentaires, pouvant aussi remplacer la peine principale

Le règlement réprimant la contravention peut prévoir (art. 131-43) :
– pour toutes les contraventions : la confiscation d'une chose ou d'un animal, l'interdiction de détenir un animal ;
– en outre, pour les *contraventions de 5e classe* : l'interdiction d'émettre des chèques.

Lorsque la contravention est punie de l'une ou de plusieurs des peines complémentaires de confiscation ou d'interdiction de chèques, la juridiction peut ne prononcer que l'une ou plusieurs de ces peines (art. 131-44).

Pour les personnes morales, la loi n'a pas prévu de sanction en cas de violation par une personne physique ou morale d'une peine contraventionnelle ci-dessus.

Chapitre 5 > LES PEINES MORALES

> **Notion :** si toutes les peines ont (ou doivent avoir) un aspect déshonorant, il peut y en avoir qui n'aient pour but que ce déshonneur. Ces peines ont presque toutes disparu de notre droit, comme *contraires à la dignité humaine* (*cf.* jadis le carcan, le pilori), et aussi à l'égalité des peines, étant ressenties très différemment selon les personnes.
>
> Il reste surtout aujourd'hui la **publicité du jugement de condamnation pénale** : affiches, *ou* diffusion dans les journaux ou par voie électronique, aux frais du condamné ; la durée ne peut dépasser *deux mois*, sauf disposition légale contraire (art. 131-10, 131-35 C. pén.) ; cette peine *n'est pas prévue en matière de contraventions*. La décision appliquant la disposition du Code pénal, ou une règle identique, doit *opter entre l'affichage et la diffusion* : elle ne peut prononcer les deux mesures ; un texte prévoyant seulement la publication de la condamnation n'en autorise pas l'affichage, on l'a vu à propos de la légalité des peines.
>
> Le **relèvement** est **possible** (art. 702-1 et 703 C. pr. pén.), sauf si la mesure remplace la peine principale, ou s'il s'agit d'un relèvement immédiat.

Chapitre 6 > LES MESURES DE SÛRETÉ

> Il s'agit ici des **applications** de ces mesures. On se reportera, pour les **notions générales** sur ces mesures, au *titre 1, chapitre 1*.
> Ces mesures ont *tendu à se multiplier*, soit par l'adoption de mesures inspirées de la notion de *mesure de sûreté*, soit par la transformation de certaines *peines*, acquérant ainsi des caractères de ces mesures.

Section 1 > MESURES DE SÛRETÉ VÉRITABLES

1. *Mesures applicables aux mineurs délinquants* (v. le chapitre suivant).
2. *Traitement des toxicomanes* (art. L. 3423-1 et s., C. santé publ.).
3. *Cures de désintoxication* pouvant concerner le condamné avec sursis avec mise à l'épreuve, le libéré conditionnel, l'interdit de séjour et, avant condamnation, la personne soumise au contrôle judiciaire, ou encore la personne ayant accepté une composition pénale (art. 41-2, 17° C. pr. pén.).
4. Certaines des obligations du *sursis avec mise à l'épreuve* (probation), avec exécution provisoire possible (*v. cette question*).
5. Régime rééducatif dans les centres pour mineurs.
6. Suspension et annulation judiciaires du *permis de conduire*, retrait du *permis de chasser*.
7. Pour certaines infractions, le *suivi socio-judiciaire* (v. Mémento de *Criminologie et science pénitentiaire*) : mesures de surveillance et d'assistance en milieu ouvert (sauf traitement avec la privation de liberté), avec le cas échéant injonction de soins – qui peut être prononcée, on l'a vu, comme peine complémentaire, mais aussi au titre d'un sursis avec mise à l'épreuve (art. 132-45-1 C. pén.), d'un placement sous surveillance judiciaire (art. 723-30 C. pr. pén.) ou d'un placement sous surveillance de sûreté (art. 706-53-19 C. pr. pén.) ; elle peut être aussi une condition de la libération conditionnelle (art. 731-1 C. pr. pén.).
8. V. aussi des mesures comme le stage de *sensibilisation à la sécurité routière*, le stage de *citoyenneté*, le stage de *sensibilisation aux dangers de l'usage de produits stupéfiants*, le stage de *responsabilité parentale* (le cas échéant avant même l'exercice des poursuites : art. 41-1, 2°, 41-2, 13°, 15° C. pr. pén.).
9. *Surveillance judiciaire* applicable à certains condamnés libérés, pour prévenir un risque avéré de récidive (art. 723-29 et s., D. 147-31 et s. C. pr. pén.) : mesures de contrôle identiques à celles du sursis avec mise à l'épreuve, obligations identiques à certaines de celles prévues en matière de sursis avec mise à l'épreuve et de suivi socio-judiciaire, mesures de surveillance identiques à celles du suivi socio-judiciaire, injonction de soins.
10. *Surveillance électronique mobile* applicable à certains condamnés libérés, au titre d'un suivi socio-judiciaire ou d'une surveillance judiciaire (art. 131-36-9 et s., 723-30, 3°, 763-10 et s., R. 61-7 et s. C. pr. pén.) : port d'un émetteur permettant la localisation de l'intéressé.
11. *Rétention de sûreté* pour certains condamnés ayant exécuté leur peine mais présentant une dangerosité renforcée en raison d'un trouble grave de la personnalité

(art. 706-53-13 et s. C. pr. pén.) : placement de l'intéressé dans un centre socio-médico-judiciaire de sûreté, avec possibilité d'une prise en charge médicale, sociale et psychologique.

12. *Surveillance de sûreté* pour les condamnés après cessation d'une rétention de sûreté (art. 706-53-19 C. pr. pén.), ou après cessation d'une surveillance judiciaire (art. 723-37 C. pr. pén.), ou encore après cessation d'un suivi socio-judiciaire : obligations identiques à celles de la surveillance judiciaire.

13. *Mesures de sûreté* pouvant être prononcées à la suite d'une déclaration d'irresponsabilité pénale pour cause de trouble mental : interdiction d'entrer en relation avec certaines personnes, interdiction de paraître dans certains lieux, interdiction professionnelle, suspension et annulation du permis de conduire (art. 706-136 C. pr. pén.).

Section 2 › PEINES DEVENANT MESURES DE SÛRETÉ

1. Interdiction de séjour.
2. En établissement pénitentiaire, mesures en vue de la réinsertion.
3. Confiscation (dans certains cas).
4. Interdictions professionnelles (ex. une loi nouvelle est d'application immédiate).
5. Fermeture d'établissement.

Remarques :

1. Si l'évolution des idées a fait adopter la notion de *mesure de sûreté* par le droit français dans plusieurs domaines, *l'expression* elle-même n'est apparue qu'en 1970, du moins dans les textes législatifs, et cela, on doit le souligner, pour des personnes *non condamnées définitivement*, à propos du contrôle judiciaire, de la détention provisoire et du mandat décerné par le tribunal dans certains cas (v. Mémento de *Procédure pénale*) ; la chambre criminelle a adopté l'expression (1997), après avoir longtemps employé, on l'a vu, les termes de « mesures de police et de sécurité », ou « de police et de sûreté ». Depuis, la loi a elle-même utilisé l'expression (ex. : pour le placement sous surveillance électronique mobile : art. 131-36-9 C. pén., pour la surveillance judiciaire, art. 723-29 C. pr. pén., pour les mesures après déclaration d'irresponsabilité pénale en raison d'un trouble mental, art. 706-136 C. pr. pén.).

2. Certaines *mesures administratives* peuvent jouer en fait le rôle de mesures de sûreté ; ex. placement des personnes atteintes de troubles mentaux (avec des garanties judiciaires : art. L. 3211-9, 10, 12, L. 3112-1 et s., L. 3213-1 et s. C. santé publ., avec le rôle du juge des libertés et de la détention ou du président du TGI ; art. L. 3215-1 et s.), expulsion des étrangers, suspension administrative provisoire du permis de conduire, assignation à résidence.

Chapitre 7 > LES MESURES APPLICABLES AUX MINEURS DÉLINQUANTS

> Il est difficilement contestable que le mineur qui commet une infraction n'est pas un délinquant comme les autres. Il faut donc, choix de politique pénale délicat, déterminer comment il convient de réagir à cette forme particulière de délinquance. C'est ainsi qu'il existe des mesures particulières, adaptées à son cas, qu'il s'agisse de *mesures éducatives*, de *sanctions éducatives* ou encore de la *liberté surveillée*.

Section 1 > LES CHOIX DE POLITIQUE PÉNALE

On peut en principe appliquer au mineur âgé de 13 à 18 ans capable de discernement une peine normale, sauf certaines exclusions (*v. infra*), et sous réserve le cas échéant, d'une *diminution de peine* (*v. cette question*).

Il est à remarquer cependant, *en dehors même des règles de procédure* (ex. pas de « plaider coupable » ; au-dessous de 13 ans, pas de mandat d'arrêt européen), que même en cas de peine, le mineur bénéficie de diverses *faveurs*. Ex. en cas de privation de liberté, il n'a pas de période de sûreté ; un régime pénitentiaire particulier est prévu (*cf.* les établissements pour mineurs). Ne sont applicables ni l'ajournement de peine, ni l'interdiction de séjour, ni l'interdiction du territoire, ni le placement sous surveillance électronique mobile, ni la peine de jours-amende, ni la contrainte judiciaire, ni l'interdiction des droits civiques, civils et de famille, ni les interdictions professionnelles, ni la fermeture d'établissement, ni l'exclusion des marchés publics, ni l'affichage ou la diffusion de la décision ; aucune interdiction, déchéance, incapacité, ne peut résulter de plein droit d'une condamnation pénale du mineur ; le stage de citoyenneté doit être adapté ; le casier judiciaire du mineur est plus vite expurgé que celui des adultes.

Cependant, malgré ces faveurs, on préfère aujourd'hui, le plus souvent :
- *Éviter une sanction répressive*. On parle de *protection*, *d'assistance*, *d'éducation* (c'est la notion de **mesure de sûreté**). Joue un rôle important la Direction de la *protection judiciaire de la jeunesse*, au ministère de la Justice. Ord. 2 févr. 1945, modifiée 31 fois (à ce jour) par des lois ou ordonnances. Pour éviter l'incarcération, fonctionne auprès du tribunal un *service éducatif*, qui adresse un compte rendu et des propositions aux magistrats.
- *Prévoir des mesures* réellement *adaptées* au mineur, d'où :
— des mesures *nombreuses* et variées ;
— des mesures *révisables* (notion de mesure de sûreté).

Pour permettre les décisions (le choix dépend de la **personnalité du mineur**, non de la gravité de l'infraction), le juge doit connaître la personnalité du mineur :
— par **l'enquête sociale** (renseignements sur la situation matérielle et morale de la famille, sur le caractère et les antécédents du mineur, sur ses fréquentations scolaires, son attitude à l'école, sur les conditions dans lesquelles il a vécu ou a été élevé) ;
— par **l'examen médical** et éventuellement **médicopsychologique** (état physique, psychologique, psychiatrique du mineur) ;

— il peut y avoir observation du mineur, en milieu ouvert (médecins, éducateurs). L'observation peut durer jusqu'à **8 semaines**. Un « **rapport d'observation** » est rédigé après discussion des observateurs, qui peuvent donner leur avis sur les mesures préconisées.

Remarques :

1. Ont été créés des *Centres de placement immédiat* (CPI), foyers d'accueil d'urgence ; v. aussi plus loin les centres éducatifs fermés (CEF).

2. Avant d'engager des poursuites, le *procureur de la République* peut proposer au mineur une activité de réparation, pour la victime (avec l'accord de celle-ci) ou dans l'intérêt de la collectivité (art. 12-1 Ord. 1945). Cela suppose *l'accord du mineur* et des titulaires de l'autorité parentale (la procédure peut continuer, en principe). Ces règles évoquent la médiation.
La *juridiction d'instruction* (avec l'accord du mineur) et *de jugement* peuvent faire de même.

3. Le tribunal pour enfants ne peut prononcer d'**emprisonnement**, avec ou sans sursis, qu'après avoir spécialement **motivé** ce choix (art. 2, al. 3 Ord. 2 févr. 1945). Si une peine d'emprisonnement est prononcée (pour la *diminution de peine*, v. cette question), le mineur bénéficie d'un régime particulier : ex., en principe, séparation avec les adultes, meilleure alimentation. Ce régime, toujours prévu jusqu'à 21 ans, a été maintenu tel quel, après hésitations, alors que la majorité a été abaissée à 18 ans.
En cas de condamnation à l'emprisonnement avec sursis avec mise à l'épreuve ou TIG, la juridiction peut prononcer l'une des mesures que l'on verra ci-après.

4. On doit rapprocher de ces mesures celles qui sont prévues, pour les mineurs *non délinquants* (ou considérés comme non délinquants), par la législation protectrice des mineurs en danger (*mineurs dont la santé, la sécurité, la moralité sont en danger*, ou les *conditions de leur éducation gravement compromises*) : il s'agit de mesures d'assistance éducative, de nature civile (art. 375 et s. C. civ. ; c'est le juge des enfants qui est compétent).

On rappelle qu'une peine ne peut être prononcée qu'à l'encontre d'un mineur de 13 à 18 ans, capable de discernement (art. 122-8 C. pén.). Mais la loi prévoit, pour les mineurs, des mesures éducatives et des sanctions éducatives, ainsi que la liberté surveillée, pouvant accompagner une mesure éducative ou une peine.

Section 2 › LES MESURES ÉDUCATIVES

Elles peuvent s'appliquer à tout mineur capable de discernement (pour certaines, au-dessous de 13 ans, pour d'autres, de 13 à 18 ans) : art. 122-8, al. 1 C. pén. Elles ne peuvent se prolonger après l'âge de 18 ans, sauf pour la mise sous protection judiciaire (art. 16, *bis*, dern. al. Ord. 2 févr. 1945).

En dehors de la plus légère, l'admonestation, peuvent être décidés, selon que le mineur a ou non plus de 13 ans (art. 15, 16 Ord. 2 févr. 1945) :

1. Remise de l'enfant aux parents, tuteur, gardien, personne digne de confiance.
2. Placement dans une institution ou un établissement (public ou privé) d'éducation ou de formation professionnelle.
3. Placement dans un établissement médical ou médico-pédagogique.
4. Remise à l'aide sociale à l'enfance (pour les mineurs de 13 ans).
5. Placement dans un internat approprié aux mineurs délinquants *d'âge scolaire*.

6. Placement dans un établissement public ou d'éducation corrective (mineur de plus de 13 ans).
7. Mesure d'activité de jour, emportant la participation du mineur à des activités d'insertion professionnelle ou scolaire auprès d'une personne morale ou au sein du service de la protection judiciaire de la jeunesse (art. 16, *ter* Ord. 2 févr. 1945).
8. Avertissement solennel (mineur de plus de 13 ans).
9. Pour les mineurs âgés *de 13 à 18 ans*, longtemps, *placement dans une institution publique d'éducation surveillée (IPES)*, puis, pour les mineurs difficiles, *institutions spéciales de protection judiciaire de la jeunesse* (ISPJJ), sans résultats très heureux ; aujourd'hui, pour les mineurs multirécidivistes, *centres éducatifs renforcés* (CER) ; *cf. supra* les centres de placement immédiat. Ont été créés des *centres éducatifs fermés* (CEF), où peuvent être placés des mineurs en cas de contrôle judiciaire, sursis avec mise à l'épreuve, placement à l'extérieur ou libération conditionnelle (la violation des obligations pouvant donc entraîner détention provisoire ou emprisonnement), avec le cas échéant suppression des allocations familiales (art. 33, 34 Ord. 2 févr. 1945).
10. Mise sous protection judiciaire (mesures de protection, assistance, surveillance, éducation), pouvant durer jusqu'à 5 ans ; mais en cas de placement dans l'un des établissements précités, ce placement ne peut se poursuivre après 18 ans (jeunes majeurs) que sur *demande de l'intéressé* (art. 16, *bis* Ord. 2 févr. 1945).
Remarque : on a essayé différents systèmes, notamment en internat : ex. groupes, développement du sens de la responsabilité individuelle ; permissions courtes (1 à 30 jours), ou longues (3 mois, renouvelables), placements à l'extérieur, semi-liberté.

Section 3 > LES SANCTIONS ÉDUCATIVES

Elles peuvent être prononcées à l'égard des mineurs, capables de discernement, à partir de 10 ans (art. 122-8, al. 2 C. pén. ; art. 15-1 Ord. 2 févr. 1945).
1. Confiscation d'un objet « détenu ou appartenant » au mineur et ayant été le moyen ou le produit de l'infraction.
2. Interdiction de paraître (un an maximum) dans les lieux où l'infraction a été commise, sauf pour les lieux de résidence habituelle du mineur.
3. Interdiction (un an maximum) d'entrer en relation avec les victimes de l'infraction.
4. Interdiction (un an maximum) d'entrer en relation avec les coauteurs ou complices de l'infraction.
5. Aide ou réparation visée plus haut (art. 12-1 Ord. 1945).
6. Stage de formation civique (un mois maximum).
7. Placement dans un établissement d'éducation (3 mois maximum – 1 mois, pour un mineur de 10 à 13 ans –, renouvelable).
8. Travaux scolaires.
9. Avertissement solennel.
10. Placement en internat pour une année scolaire (autorisation de rentrer dans la famille lors des fins de semaine et des vacances).
En cas de non-respect, le tribunal pour enfants pourra prononcer un placement en établissement pour mineur de 13 ans.

Section 4 › LA LIBERTÉ SURVEILLÉE

§ 1 – PRINCIPES

• Elle consiste à mettre le mineur sous surveillance d'un « **délégué à la liberté surveillée** », sous l'autorité du juge des enfants (art. 25 Ord. 2 févr. 1945) – cela rappelle le sursis avec mise à l'épreuve, sorte de *probation*.

• Elle peut être provisoire (avant décision sur le fond, ex. juge des enfants : **liberté surveillée d'observation**, ou **d'épreuve**, *préjudicielle*), ou prononcée comme mesure **d'éducation**, intervenant alors *parallèlement à une peine ou à une autre mesure ou sanction éducative* – ex. remise à la famille (art. 19 Ord. 2 févr. 1945).

§ 2 – RÔLE DU DÉLÉGUÉ

• Il assure une action de contrôle et d'éducation pour l'enfant.

• Il adresse des rapports au juge en cas de mauvaise conduite du mineur, de péril moral, d'entraves systématiques à l'exercice de la surveillance, de modification souhaitable à apporter au placement ou à la garde.
Un tel rapport crée un *« **incident à la liberté surveillée** »*, pouvant entraîner :
– des modifications des mesures prises ;
– une condamnation à une amende civile pour les parents, tuteurs ou gardiens (art. 26 Ord. 2 févr. 1945).
Observation générale : on se demande parfois s'il n'y aurait pas intérêt à prévoir, pour certains mineurs, une assistance « postcure » (c'est le rôle qu'ont joué les *services de suite* des IPES, aidant et conseillant les anciens élèves, sur leur demande), pouvant se prolonger après la majorité, et même, pour certains, toute la vie.
En dehors du domaine spécifique des mineurs délinquants, l'idée a été appliquée en droit positif, mais seulement dans certains cas. Ainsi, pour la libération conditionnelle des auteurs de certains crimes contre des mineurs de 15 ans, les mesures d'assistance et de contrôle peuvent ici être prolongées sans limitation dans le temps (art. 720-4 C. pr. pén.).

POUR ALLER PLUS LOIN

EXEMPLE DE SUJET D'EXAMEN :

Dissertation :
› Les sanctions pénales tendant à prévenir la récidive

Titre 3
MESURE DES PEINES

Notre système est *très éloigné du système de la peine fixe*, déterminée exclusivement par la loi : le juge, quant à la détermination de la nature de la peine et de son taux, dispose de pouvoirs qui, encore accrus dans le nouveau Code pénal, sont aujourd'hui considérables, on le verra. Cela permet la personnalisation de la peine, personnalisation qui est ici **judiciaire** (on a longtemps dit « individualisation »). On observera toutefois :
• que le système ne donne pas au juge un pouvoir arbitraire : les **limites légales** autorisant le juge à personnaliser la peine ne peuvent être dépassées. Ces pouvoirs sont tels, cependant, que, souvent, la légalité n'est plus aujourd'hui qu'un principe évanescent.
• que si ces pouvoirs permettent au juge de tenir compte, notamment, de l'état dangereux, ils sont toujours prévus dans le sens de *l'indulgence* (le système, parfois prôné, de la *sentence indéterminée*, permettrait au contraire de faire jouer même dans le sens de l'aggravation les pouvoirs de l'administration pénitentiaire).
Remarque : le procureur de la République lui-même peut éviter la poursuite, dans certains cas, et donc le prononcé éventuel d'une peine, en recourant à des mesures telles que la demande de réparation du dommage, ou, *avec l'accord des parties*, la médiation (art. 41-1 C. pr. pén.), notamment pour la petite délinquance : cela peut permettre d'indemniser rapidement la victime (on a vu une règle voisine en cas d'infraction commise par un *mineur*) ; il peut aussi, pour certains délits, proposer à la personne majeure (ou à un mineur d'au moins 13 ans : art. 7-2 Ord. 2 févr. 1945) une *composition pénale* (art. 41-2 et 41-3) : v. Mémento de *Procédure pénale*.
Principes :
1. La peine, telle qu'elle est prévue par la loi pour une infraction déterminée, est susceptible de **diverses variations** :
• Le plus souvent, la peine comporte un taux qui est un **maximum**, au-dessous duquel **le juge** peut descendre. Avant le Code pénal actuel, la plupart des peines comportaient un maximum et un minimum, limites entre lesquelles le juge pouvait se mouvoir librement, sans pouvoir aller au-delà du maximum, mais en pouvant descendre au-dessous du minimum par les *circonstances atténuantes* ; le nouveau Code pénal a supprimé le mécanisme des circonstances atténuantes, devenu inutile : en effet, seul le maximum de la peine est fixé, au-dessous duquel le juge peut descendre librement, sauf les limites en matière criminelle ou en cas de récidive

(*v. plus loin*) ; v. aussi le TIG, comportant des limites minimales de durée, et certaines règles en matière d'amende forfaitaire ; v. aussi le maintien de ces circonstances dans le C. douanes.

• **Au-delà** même de cette limite du maximum, il arrive que la peine soit **aggravée par la loi** (*circonstances aggravantes*), le maximum normal étant dépassé.

• Le maximum normal est parfois **atténué** par la loi (*causes légales de diminution de peine*) ; la peine est même parfois **supprimée**, par la loi (*exemption de peine*), ou par le juge (ex. *dispense de peine*).

2. La **pluralité d'infractions** commises par un même auteur est une cause d'aggravation de peine dans le cas de la **récidive**, non dans le cas du **cumul d'infractions**, sauf pour certaines infractions (les atténuations de peines peuvent jouer dans les deux cas).

Seront donc étudiées les variations pouvant affecter la peine (*chapitre 1*), et les conséquences sur la peine de la pluralité d'infractions (*chapitre 2*).

Chapitre 1 › AGGRAVATION, ATTÉNUATION, EXEMPTION DES PEINES

> Le Code pénal actuel fixe le maximum de la peine encourue. Mais ce seuil peut parfois être dépassé, en présence de circonstances aggravantes, ou au contraire être abaissé en raison de causes d'atténuation diverses. De même, il peut arriver que la personne déclarée coupable soit exemptée de peine. On étudiera donc, successivement, les *circonstances aggravantes*, les *causes d'atténuation* de la peine et l'*exemption* de la peine.

Section 1 › LES CIRCONSTANCES AGGRAVANTES

Définition : ce sont des faits **définis par la loi**, entraînant une **peine plus élevée** que celle normalement encourue.

• Ce sont des **faits légaux**. Il n'y a pas de circonstances aggravantes « judiciaires », qui seraient laissées à l'arbitraire du juge : c'est la conséquence du principe *nullum crimen, nulla pœna sine lege*. Dans le sens de l'atténuation au contraire, la décision est laissée à l'appréciation du juge.

• Certaines circonstances aggravantes ont pour effet de transformer l'infraction de délit en crime (ex. vol commis à main armée), ou de contravention en délit, voire en crime (ex. violences) : la compétence est modifiée parallèlement, sauf s'il y a *correctionnalisation judiciaire*, la poursuite omettant volontairement la circonstance aggravante (v. Mémento de *Procédure pénale*).

§ 1 – CLASSIFICATIONS DES CIRCONSTANCES AGGRAVANTES

On distingue :

A. Au point de vue de l'étendue d'application

1. Les circonstances aggravantes générales

Ce sont celles qui peuvent intervenir pour toute infraction ; ex. récidive (*v. cette question*) ; recours à la cryptologie pour préparer ou commettre un crime ou un délit (n'importe lequel !) : art. 132-79 C. pén.

2. Les circonstances aggravantes spéciales

Ce sont celles qui sont particulières à chaque infraction ; ex. circonstance d'effraction pour le vol ; dans certains cas, racisme.

B. Au point de vue du caractère de la circonstance

1. Les circonstances aggravantes objectives ou réelles

Ce sont celles qui sont relatives à l'exécution matérielle de l'infraction (ex. l'effraction ou le port d'arme dans le vol).

2. Les circonstances aggravantes subjectives ou personnelles

Ce sont celles qui sont relatives à la personne de l'agent (ex. récidive).

3. Les circonstances aggravantes mixtes

Ce sont celles qui sont relatives à la personne et à l'acte (ex. préméditation dans l'assassinat).

On a vu les conséquences de ces notions en matière de complicité.

§ 2 – DISTINCTION DES CIRCONSTANCES AGGRAVANTES ET DES ÉLÉMENTS CONSTITUTIFS DE L'INFRACTION

A. Intérêts de la distinction

1. Cour d'assises

- *Compétence de la cour d'assises* :
– la cour d'assises n'est pas compétente pour connaître du crime révélé par les débats qui diffère, par ses éléments, du crime objet de la poursuite ;
– elle l'est si c'est une circonstance aggravante qui apparaît au cours des débats.

- *Position des questions* :
– une question *unique* est posée pour tous les éléments de l'infraction ;
– une question *spéciale* est posée pour chaque circonstance aggravante.

2. Complicité

Le complice supporte l'aggravation résultant de ce qu'à l'infraction projetée s'est ajoutée une circonstance aggravante, même inconnue de lui (sauf pour les circonstances personnelles à l'auteur) ; il ne la supporte pas si l'infraction est différente dans ses éléments (*v. la complicité*).

3. Le recel de choses aggravé par l'infraction d'origine

Il ne l'est que si l'on a eu connaissance des circonstances aggravantes de cette infraction, alors qu'il l'est en cas d'infraction d'origine *sui generis* dès lors que l'on a su que la chose provenait de cette infraction (v. art. 321-4).

4. Spécialité de l'extradition

V. cette question infra, p. 252.

Remarque : la chambre criminelle estime qu'un même fait ne peut être retenu comme élément constitutif d'une infraction et circonstance aggravante d'une autre.

B. Critère de la distinction

La circonstance aggravante est celle *à défaut de laquelle l'infraction n'est pas modifiée dans sa nature*. Exemples :

- vol avec effraction : l'effraction, circonstance aggravante, ne fait pas partie des éléments constitutifs du vol, qui sont la soustraction frauduleuse de la chose d'autrui ;

- la préméditation ne fait pas partie des éléments du meurtre qu'elle aggrave, le meurtre prémédité constituant un assassinat.

Au contraire :

• à défaut de soustraction, élément du vol, il n'y a pas vol (mais éventuellement une infraction différente, par ex. abus de confiance, ou escroquerie) ;

• à défaut d'intention de donner la mort, il n'y a pas meurtre (mais éventuellement une infraction différente, par ex. violences mortelles, ou homicide par imprudence).

Section 2 > LES CAUSES D'ATTÉNUATION

Principe : Les causes d'atténuation de la peine sont de deux sortes :
– **légales** : il s'agit d'une diminution légale de peine ;
– **judiciaires** : elles résultent de l'exercice des pouvoirs du juge.
Il faut distinguer ces causes d'atténuation d'une peine, intervenant par principe *au moment de la condamnation*, des mécanismes pouvant jouer *après la condamnation* (en modifiant la peine, mais non la condamnation elle-même), ex. réduction de peine, grâce, libération conditionnelle (*v. ces questions*).

§ 1 – LES CAUSES LÉGALES DE DIMINUTION DE PEINE

Ce sont des faits **définis par la loi**, entraînant une **atténuation de peine** au-dessous du taux normalement prévu par la loi (on disait auparavant « excuses atténuantes »). On distingue les causes de diminution de peine spéciales à certaines infractions, et la diminution spéciale au mineur.

A. Les causes spéciales de diminution de la peine

Elles sont propres à telle ou telle infraction : leur étude relève donc du *droit pénal spécial*.
Les repentis. Dans les cas légaux, il y a réduction de la peine encourue. Il y a diminution de moitié de la peine privative de liberté encourue si l'auteur d'un crime ou d'un délit, ayant averti l'autorité administrative ou judiciaire, a permis de faire cesser l'infraction, d'éviter que l'infraction ne produise un dommage, ou d'identifier les autres auteurs ou complices (plusieurs textes spéciaux exigent « et » d'identifier) : art. 132-78 C. pén. ; pour les cas d'exemption de peine, *v. section 3*. Ex. (v. la liste des infractions à propos de l'exemption de peine) : empoisonnement (20 ans) ; tortures et barbarie (réduction de moitié, ou 20 ans à la place de la réclusion à perpétuité). Pour la protection des repentis, v. art. 706-63-1 C. pr. pén.
Remarque : selon la jurisprudence, ces diminutions de peine ne peuvent être prises en compte que par la juridiction de jugement, et *non par une juridiction d'instruction*. Ex. pour la détermination de la peine encourue, au sujet de la prolongation de la détention provisoire : on tient compte de la peine encourue indépendamment de la diminution.

B. La diminution de peine applicable au mineur

(On disait auparavant « excuse de minorité »).
Elle est *obligatoire de 13 à 16 ans*.
Mais pour les mineurs de *plus de 16 ans*, le tribunal pour enfants ou la cour d'assises des mineurs *peut écarter* la diminution de peine dans trois cas (motivation spéciale du tribunal des enfants, sauf le troisième cas) :

– si les circonstances de l'espèce et la personnalité du mineur le justifient ;
– en cas de récidive d'atteinte volontaire à la vie ou à l'intégrité de la personne ;
– en cas de récidive d'un délit de violences volontaires, d'un délit d'agression sexuelle ou d'un délit commis avec circonstance aggravante de violences.

La diminution de peine pour ces deux derniers cas ne joue pas en cas de nouvelle récidive par un mineur de plus de 16 ans, sauf décision contraire, spécialement motivée, de la cour d'assises des mineurs ou du tribunal pour enfants.

Art. 20-2 et 3 Ord. 2 févr. 1945 ; pour les questions en cour d'assises des mineurs, v. art. 20 Ord. 2 févr. 1945.

1. Effets sur la peine

Il y a atténuation de la peine par rapport à celle qui est encourue par les majeurs (art. 20-2, 20-3 Ord. 2 févr. 1945).
– pour la réclusion criminelle à perpétuité : le maximum est de 20 ans de réclusion ;
– pour une autre peine privative de liberté : le maximum est la moitié de la peine encourue ;
– pour l'amende : le maximum est la moitié de l'amende encourue, ou 7 500 €.

Remarque : selon la jurisprudence la diminution de peine ne peut être prise en compte que par la juridiction de jugement, et *non par une juridiction d'instruction* (ex. pour la détermination de la peine encourue, au sujet de la prolongation de la détention provisoire).

2. Conséquence de la diminution de peine sur la nature de l'infraction

Supposons une peine encourue de 10 ans de réclusion : le maximum devient une peine de 5 ans, qui ne peut être qu'un emprisonnement (puisque la réclusion criminelle ne peut être inférieure à 10 ans) ; une peine correctionnelle se substituant à une peine criminelle, doit-on dire que, parallèlement, le *crime devient délit* ?

La question présente de l'intérêt par exemple pour la prescription de l'action publique, qui est de 10 ans pour un crime, de 3 ans pour un délit.

En faveur de la *non-disqualification* du crime, on fait valoir que *la diminution de peine modifie la culpabilité, non le fait* lui-même.

On objecte à cela que la *classification des infractions* est fondée par la loi sur la nature de la peine encourue. Le délit auquel s'ajoute une circonstance aggravante devient crime : l'inverse devrait être admis.

Pour la jurisprudence (1891), en principe l'infraction ne dégénère pas : elle reste un crime.

§ 2 – LES POUVOIRS DU JUGE

• Le nouveau Code pénal, on l'a dit, a *supprimé le mécanisme des circonstances atténuantes*, permettant au juge de tenir compte d'éléments de toute nature, et cela sans donner les raisons de sa décision : il lui suffisait d'affirmer : « Attendu qu'il existe des circonstances atténuantes » (en cour d'assises, la décision était prise par des réponses aux questions, par oui ou non, lors des votes).

• Mais les pouvoirs donnés au juge par le Code pénal actuel sont tels qu'ils ont rendu inutile ce mécanisme. Le juge prononce les peines et fixe leur régime « en fonction des circonstances de l'infraction et de la personnalité de son auteur » (art. 132-24 C. pén. ; ex. jurisprudentiel, ses antécédents administratifs ou fiscaux) : ainsi peut se réaliser la **personnalisation de la peine, personnalisation** ici **judiciaire**, nécessaire puisque la loi ne peut prévoir tous les cas : reste évidemment sinon un risque de relatif arbitraire du juge, du moins le danger d'une inégalité entre les coupables condamnés : mais l'on préfère les avantages de la personnalisation (comme on l'a dit plus haut, on a longtemps parlé d'*individualisation*).

Cette évolution est due à l'influence de courants de pensée pour lesquels la « loi » est un phénomène abstrait, déshumanisé : contre la loi, on veut donc faire prévaloir l'appréciation concrète, humaine, portée par un juge. Craindra-t-on l'arbitraire ? La conscience du juge doit donner à ce sujet tous apaisements aux citoyens.

Mais la question reste posée de savoir si la « bonne conscience » des juges, également réelle, ne représente pas un danger, surtout si des juges sont tentés de traduire dans leurs décisions leur vision personnelle de la société, dont il n'est certes pas établi qu'elle soit fausse, mais dont il n'est pas prouvé non plus qu'elle soit « juste ». « Dieu nous garde, disait-on dans l'ancien droit, de l'équité des Parlements », à l'époque ou toutes peines étaient « arbitraires en ce Royaume ». Il est significatif que dès 1978, l'auteur du présent ouvrage ait pu relever, mais après s'être posé la question, que toutes peines n'étaient « pas encore arbitraires en cette République ».

• Ainsi, le juge *n'a même pas à motiver* sa décision d'atténuation.

• On notera qu'au contraire, le juge est astreint à une **motivation spéciale de la décision d'emprisonnement**, quand il prononce un **emprisonnement sans sursis** (art. 132-19 ; pour les *mineurs, v. infra*), même en cas de sursis partiel – mais pas en cas de sursis total, ni pour une peine autre que l'emprisonnement (ex., pour une peine complémentaire). Mais *il n'y a pas lieu à motivation spéciale en cas de récidive* (art. 132-19).

Exemples : la cour d'appel ne peut se borner à confirmer un jugement sans motifs à cet égard ou à adopter les motifs du jugement se bornant à énoncer que les faits sont établis. La cassation est limitée à la peine, sans indivisibilité avec la déclaration de culpabilité. Mais, selon la jurisprudence, il suffit d'énoncer que la peine est adaptée à la gravité des faits, ex. eu égard à la profession du prévenu, à ses antécédents, ou de mentionner une condamnation au casier judiciaire, ou d'énoncer que les infractions sont graves (trafic de stupéfiants), en en expliquant les raisons, ou d'indiquer que le prévenu est « coutumier des faits de la prévention », ou qu'il y a eu trouble grave et durable à l'ordre public, préjudice grave aux victimes, ou que le prévenu est particulièrement dangereux, ou, pour une cour d'appel, de confirmer les motifs suffisants du jugement.

La *durée* de l'emprisonnement, elle, ne nécessite pas de motivation.

Le *tribunal pour enfants* doit également motiver spécialement le choix de l'emprisonnement, *même s'il prononce le sursis* : Ord. 2 févr. 1945, art. 2.

Le juge doit également motiver spécialement le prononcé de l'*interdiction du territoire* contre certains étrangers (art. 131-30-1, *v. cette peine*).

Devant la *cour d'assises*, qui ne motive pas ses décisions, tiennent lieu de motivation la délibération et le vote sur la peine (ex. jurisprudentiels pour l'emprisonnement, pour l'interdiction du territoire).

- En cas de condamnation, le juge dispose, pour atténuer la peine, de très larges pouvoirs dans le sens de l'indulgence ; et les limites apportées à ces pouvoirs pour l'empêcher de cumuler certaines peines vont en réalité dans le même sens ; dans l'éventail des peines, le juge est souvent libre de soustraire, plus rarement d'additionner.

- Les pouvoirs du juge portent sur la nature de la peine, et sur son taux.

A. Quant à la nature de la peine

Pour les différentes peines, applicables aux personnes physiques et aux personnes morales, on se reportera au *titre 1*.

1. En matière criminelle

- Comme on le verra plus loin à propos du taux des peines, la réclusion et la détention criminelles peuvent être abaissées *dans leur taux*, et avec des *limites*. Quant à la *nature* de la peine, la réclusion ou la détention peuvent être remplacées par un emprisonnement (mais la peine peut être de 10 ans d'emprisonnement, maximum de cette peine), mais l'intéressé reste alors condamné pour crime.

- En matière criminelle, en tout cas, la juridiction ne peut se contenter de retenir seulement une peine *complémentaire* en la prononçant comme peine *principale* à la place de la peine principale : ce pouvoir n'existe qu'en matière correctionnelle et contraventionnelle. On ne pourrait donc pas, par exemple, condamner l'auteur d'un vol avec tortures (encourant la réclusion criminelle à perpétuité, une amende et diverses peines complémentaires) à la seule confiscation de la valise lui ayant permis de transporter ses instruments de tortures.

Mais pour les *personnes morales*, les peines privatives ou restrictives de droits sont des peines principales : on peut donc les prononcer (ou prononcer l'une d'elles), en écartant une autre peine principale prévue, par exemple l'amende.

2. En matière correctionnelle

Le juge dispose de trois pouvoirs importants.

a) Quand une infraction fait encourir plusieurs peines

Le juge peut ne prononcer que **l'une de celles-ci** (art. 132-17, al. 2 C. pén.) : par ex., il prononce l'amende, non l'emprisonnement.

b) Peines alternatives

Quand **l'emprisonnement** est encouru, le juge peut, **à sa place**, prononcer une peine de TIG ou une peine de jours-amende, ou une ou plusieurs peines privatives de droits de l'art. 131-5-1 ou « de liberté » de l'art. 131-6 vues précédemment, ex. la suspension du permis de conduire. Si une **amende est encourue seule**, le juge peut prononcer à la place une ou plusieurs peines privatives ou restrictives de droits.

À noter que, comme on l'a vu, si le Code actuel n'a pas entériné à ce sujet le terme de *« substitut à l'emprisonnement »* pour mieux marquer le principe selon lequel toutes les peines correctionnelles sont sur le même plan, les peines appelées à remplacer l'emprisonnement (dites souvent peines **alternatives**) sont en réalité plus douces que celui-ci : il s'agit donc en définitive d'une atténuation de la peine.

Le juge a la possibilité de cumuler certaines peines ; mais il doit respecter les interdictions de cumuler certaines peines principales et des peines **alternatives**.

• **Cumuls possibles** :
– *avec l'emprisonnement* : amende ; jours-amende ; sanction-réparation ;
– *avec l'amende* : emprisonnement ; sanction-réparation ; TIG (sauf ensuite en cas d'inexécution du TIG) ; peines privatives ou restrictives de droits (sauf si elles sont prononcées comme peines alternatives à l'amende encourue seule) ;
– *avec les jours-amende* : emprisonnement ;
– *avec le TIG* : amende ; jours-amende ; peines privatives ou restrictives de droits ;
– *avec les peines privatives ou restrictives de droits* : amende, sauf si elles sont prononcées comme peine alternative à celle-ci ; jours-amende ; TIG ; peines privatives ou restrictives de droits entre elles.

• **Cumuls interdits avec des peines alternatives** :
– *avec l'emprisonnement* (même avec sursis) : TIG ; peines privatives ou restrictives de droits des art. 131-5-1 et 131-6 (sauf exception légale).
– *avec l'amende* : jours-amende ; si l'amende est encourue seule, les peines privatives ou restrictives de droits des art. 131-5-1 et 131-6 prononcées à la place de celle-ci ne peuvent se cumuler avec elle (art. 131-7) ;
– *avec les jours-amende* : amende ;
– *avec le TIG* : emprisonnement ;
– *avec les peines privatives ou restrictives de droits* : l'emprisonnement ; si elles sont prononcées à la place de l'amende encourue seule, l'amende.
Rien n'est plus simple...
Quand la juridiction prononce l'une des peines alternatives (sanction-réparation, stage de citoyenneté, privation ou restriction de droits ou libertés, TIG), elle peut fixer les *maximums de l'emprisonnement ou de l'amende* dont le JAP pourra ordonner l'exécution en tout ou partie si le condamné ne respecte pas ses obligations (limites : les peines encourues pour le délit, et 2 ans ou 30 000 € d'amende) : art. 131-8-1, al. 5, 131-9, al. 2.

c) Quand un délit est puni d'une ou plusieurs peines complémentaires
Il s'agit des peines mentionnées à l'art. 131-10 (ex. interdiction professionnelle). La juridiction, qui évidemment prononcer ces peines en plus de la peine principale, peut aussi peut ne prononcer **que la peine complémentaire** ou l'une ou plusieurs des peines complémentaires encourues, à titre de **peine principale** (art. 131-11) ; même règle que ci-dessus pour la possibilité de fixer les maximums en cas d'inexécution des obligations (art. 131-11, al. 2).

Remarques :
1. Le fait que toutes les peines *complémentaires* prévues par le Code sont désormais par principe *facultatives* permet également au juge de ne prononcer que certaines d'entre elles, ou aucune : tout cela va dans le sens de l'atténuation judiciaire de la peine. Et pour les peines *accessoires* existant encore dans des textes extérieurs au Code pénal, le *relèvement* permettra au juge de les écarter s'il le souhaite.

2. Le juge peut aussi, pour une même infraction, prononcer une peine alternative, et une peine complémentaire, sauf si celle-ci, par son objet, ne peut être exécutée (ex. confiscation et immobilisation d'un même véhicule).

3. Le juge ne peut prescrire une mesure facultative uniquement parce qu'il la croit obligatoire (ex. jurisprudentiel pour une mesure de démolition).

3. En matière contraventionnelle

Outre la remarque ci-dessus pour les peines complémentaires comme telles, pouvant être prononcées ou non en plus de la peine principale :

a) Le juge peut ne prononcer que l'une des peines encourues.

b) Quand une contravention est punissable d'une ou plusieurs des peines *complémentaires* privatives ou restrictives de droits des art. 131-16 ou 17 :
– la juridiction peut ne prononcer que la peine complémentaire ou l'une ou plusieurs de ces peines encourues (art. 131-18 ; pour les personnes morales, art. 131-44).
– pour les *contraventions de 5ᵉ classe*, le juge peut remplacer l'amende par une ou plusieurs peines privatives ou restrictives de droits de l'art. 131-14, alors peines *alternatives à l'amende* ; il peut y avoir cumul de ces peines, mais il ne peut y avoir cumul entre ces peines et l'amende.

B. Quant au taux de la peine

Un principe général donne de grands pouvoirs à la juridiction. C'est seulement en matière criminelle qu'existent certaines limites.

1. Principe général

Avant le Code actuel, le juge pouvait, même sans circonstances atténuantes, retenir une peine d'un degré intermédiaire entre le maximum et le minimum alors prévu, et pouvait toujours descendre au-dessous de ce minimum par les circonstances atténuantes. **Désormais, la loi fixe un seul taux, le maximum de la peine** : mais le juge peut toujours prononcer une **peine inférieure à ce maximum**. Il peut ainsi tenir compte des faits les plus divers (circonstances de l'infraction, antécédents du condamné, sa situation familiale, économique, etc. : il peut même tenir compte de faits postérieurs à l'infraction, ex. repentir actif). On rappelle qu'il n'a même pas sur ce point à motiver sa décision (alors qu'il doit la motiver, on l'a vu, pour certaines décisions plus sévères).

Exception : pour les *amendes fiscales*, de nature mixte (pénalité et réparation), des minimums restent prévus par les textes (ex. art. 369-1 C. douanes) ; v. aussi art. 530-1, al. 2 C. pr. pén., en cas de condamnation après requête ou réclamation en matière d'amende ou d'indemnité forfaitaires : le texte prévoit des minimums.

2. Limitations en matière criminelle (art. 132-8)

a) Quant au minimum

• En cas de récidive, des peines minimales sont prévues ; mais la juridiction peut prononcer une peine inférieure (pour la motivation, v. art. 132-18-1 ; *v. la récidive*).

• Si le crime est punissable de réclusion criminelle ou de détention criminelle *à perpétuité*, la juridiction peut prononcer une peine de réclusion ou de détention à temps (mais la *réclusion* ne peut être inférieure à 10 ans), ou un *emprisonnement qui ne peut être inférieur à* deux ans (le cas échéant avec sursis) : au-dessous de 10 ans, la peine ne peut être qu'un emprisonnement : on ne peut prononcer par exemple une réclusion de 9 ans (mais, on l'a vu, la peine peut être de 10 ans d'emprisonnement, maximum de cette peine).

• Si le crime est punissable de réclusion criminelle ou de détention criminelle *à temps*, la juridiction peut prononcer une peine de réclusion ou de détention pour une durée inférieure, ou un *emprisonnement qui ne peut être inférieur à* 1 an (le cas échéant avec sursis) ; mais la peine peut être de 10 ans d'emprisonnement, maximum de cette peine.

Mais l'art. 132-17, al. 2 C. pén. permet à la juridiction de ne prononcer que l'une des peines encourues : on a pu se demander si, lorsque le crime est punissable de réclusion et d'amende (ex. vols criminels), la cour d'assises ne pourrait se borner à prononcer une amende (en abaissant même celle-ci, par exemple jusqu'à un euro, voire au-dessous, le cas échéant avec sursis...), ce qui serait un moyen singulier de tourner les limites inférieures des peines privatives de liberté, et cela, paradoxalement, parce que la loi aurait prévu cette amende en plus de la réclusion...

b) Quant au maximum

Si le crime est passible de *réclusion à perpétuité*, et si cette peine n'est pas retenue lors de la délibération de la cour d'assises, la cour ne peut prononcer plus de 30 ans ; si la réclusion de 30 ans est encourue, mais non retenue, la cour ne peut prononcer plus de 20 ans (art. 362 C. pr. pén.).

Mais la cour d'assises ne peut prononcer une peine *d'emprisonnement* supérieure à 10 ans (sauf dans certains cas de récidive), puisque l'emprisonnement (peine correctionnelle) a pour maximum de principe 10 ans : si elle veut prononcer par exemple une peine de 12 ans, il lui faut s'en tenir, quant à la nature de la peine, à la réclusion (ou à la détention selon le cas).

Remarque : les pouvoirs du juge sont donc considérables (même s'ils sont enfermés dans les limites légales). Un délit punissable de 10 ans d'emprisonnement et de 150 000 € d'amende, et le cas échéant de plusieurs peines complémentaires (ex. vol avec violences ayant entraîné une incapacité totale de travail de plus de 8 jours), *peut être puni uniquement* – en dehors du cas de la récidive –, et sans motivation spéciale, par exemple de *l'une de ces peines complémentaires*, ex. confiscation d'une chose ayant permis le vol. Des pouvoirs aussi étendus étonnent souvent les pénalistes étrangers. Cependant, en cas de nouvelle récidive de certains délits, la juridiction doit prononcer l'emprisonnement (art. 132-19-1, al. 7 ; *v. la récidive*).

Section 3 › L'EXEMPTION DE PEINE

Principe : l'exemption de peine a deux sortes de sources : des sources **légales**, et une source **judiciaire** (sous la forme de dispense de peine).

§ 1 – LES CAUSES LÉGALES D'EXEMPTION DE LA PEINE
(on disait auparavant « excuses absolutoires »)

A. Cas

Il s'agit de *faits postérieurs* aux agissements, provenant de l'agent, pour certaines infractions. On citera d'abord le cas des « repentis », puis d'autres exemples.

1. Cas des repentis

On a vu plus haut les cas de diminution de peine pour les « repentis » mais ceux-ci peuvent même, pour des infractions déterminées, bénéficier d'une exemption de peine : il s'agit de la personne qui, après *avoir tenté de commettre l'infraction*, a averti l'autorité administrative ou judiciaire, et ainsi permis d'éviter *la réalisation de l'infraction*, et, le cas échéant, d'identifier les autres auteurs ou complices (art. 132-78, al. 1).

Ex. terrorisme, certaines atteintes aux intérêts fondamentaux de la nation, association de malfaiteurs, évasion – ici sans la condition d'identification –, assassinat, empoisonnement, tortures et actes de barbarie, stupéfiants, traite d'êtres humains, proxénétisme, vol en bande organisée, extorsion en bande organisée.

Pour la protection des repentis, v. art. 706-63-1 C. pr. pén.

2. Autres exemples

– *rétracter spontanément* un faux témoignage avant la décision mettant fin à la procédure rendue par la juridiction d'instruction ou de jugement (art. 434-13, al. 2) ;
– en matière douanière, v. art. 59, 2 C. douanes (dénonciation de corruption si celle-ci est établie).

B. Effet

Il y a **exemption légale de la peine**, valant **dispense de peine** (on disait auparavant « absolution »).

1. Principe

L'exemption de peine suppose des agissements coupables réalisés (elle résulte en effet de circonstances postérieures aux agissements). Elle ne fait disparaître que la peine, laissant subsister les faits, tantôt une tentative (art. 414-2, 422-1, 434-37), tantôt une infraction consommée (art. 434-13, 450-2). Elle diffère donc :
– des *causes de non-imputabilité*, de non-culpabilité, des faits justificatifs ;
– des *immunités*, qui sont un obstacle aux poursuites.

2. Conséquences

a) Les causes de non-imputabilité, de non-culpabilité, et les faits justificatifs peuvent être étendus au-delà des textes, non les exemptions.

b) Le juge d'instruction, en présence d'une cause d'irresponsabilité ou d'un fait justificatif établis, rend une ordonnance de non-lieu, une *ordonnance d'irresponsabi-*

lité pénale pour cause de trouble mental, alors qu'en cas d'exemption, il y a nécessairement *renvoi devant la juridiction du jugement*.

c) Pour les questions en cour d'assises : une seule question est posée pour tous les éléments de l'infraction (sauf si une cause d'irresponsabilité pénale est invoquée), alors qu'une *question spéciale* est posée pour l'exemption.

d) *Exemption de peine n'est pas acquittement : il y a déclaration de culpabilité*, et la décision est inscrite au casier judiciaire. Celui qui est exempt de peine, étant coupable, peut donc :
– être condamné civilement (pour l'acquittement, dans certains cas, v. Mémento de *Procédure pénale*) ;
– demander la révision du procès en cas d'erreur judiciaire.

e) L'exemption est un obstacle à toute peine, alors que la *dispense* (judiciaire) *de peine*, que l'on va étudier, et qui, comme l'exemption, laisse aussi subsister l'infraction, peut ne pas s'appliquer à certaines peines.

§ 2 – LA DISPENSE DE PEINE PAR LE JUGE

La *dispense* peut être prononcée par le juge si les conditions indiquées ci-dessous sont déjà réalisées. Si elles sont en voie de réalisation, le juge peut prononcer *l'ajournement* de la peine, qui peut ensuite aboutir à la dispense de peine.

A. Conditions réalisées

Art. 132-58 et s. C. pén. et 469-1 C. pr. pén.

1. Conditions

En matière de **délit** et de **contravention**, s'il apparaît que le **reclassement** du coupable est acquis, le **dommage** réparé (*cf.* le repentir actif) et que le **trouble** résultant de l'infraction a **cessé**, le juge peut dispenser de peine le coupable. C'est la consécration d'un pouvoir très important de **pardon judiciaire**, fréquemment utilisé, avec libre appréciation des juges du fond selon la chambre criminelle. En 1999, dans l'affaire dite du sang contaminé, décidément singulière à tous égards, la Cour de justice de la République a accordé au ministre déclaré coupable une dispense de peine alors que ces conditions n'étaient pas remplies.

La dispense ne peut pas être prononcée par la cour d'assises même pour une peine non criminelle ; le tribunal de police et la juridiction de proximité peuvent prononcer une dispense de peine même à l'issue d'une procédure d'amende forfaitaire, selon la jurisprudence.

Toujours selon la jurisprudence, la dispense de peine est exclue en matière d'infractions en matière de presse et pour les sanctions fiscales.

2. Conséquences

Il y a dispense de peine, mais l'infraction subsiste.

a) Il y a dispense de peine
• Il ne peut y avoir prononcé de peine, ex. 3 mois d'emprisonnement, même avec dispense immédiate ;

- La dispense de peine exclut les *interdictions*, *déchéances*, *incapacités* qui résulteraient de plein droit de la condamnation (donc en principe dans des textes extérieurs au Code pénal) : art. 469-1, al. 2 C. pr. pén. ; ex. l'annulation de plein droit du permis de conduire ;

- Mais la dispense laisse subsister la confiscation d'objets dangereux ou nuisibles (art. 132-58), et, selon la jurisprudence, les mesures de police et de sécurité de caractère réel (ex. balance fausse, confiscation de marchandises dans la vente au déballage) ; elle juge qu'il peut toutefois y avoir dispense s'il s'agit d'une confiscation-peine.

b) Mais il y a seulement dispense de peine : l'infraction subsiste

- Il y a **déclaration de culpabilité**, inscrite au B.1 (la décision de dispense sera retirée du casier judiciaire après 3 ans : *v. le casier judiciaire*) ; toutefois, *la juridiction peut décider immédiatement que la décision ne sera pas inscrite au casier*.

Mais la déclaration de culpabilité **n'est pas une condamnation** : la décision, ultérieurement, ne sera donc ni obstacle au sursis, ni terme de récidive ; néanmoins, la *révision* est possible en cas d'erreur judiciaire.

- L'action civile subsiste.

B. Conditions en voie de réalisation

Si les conditions prévues sont seulement en voie de réalisation, il peut y avoir **ajournement de peine** (avec *déclaration de culpabilité*), pouvant aboutir à une dispense de peine lors de l'audience de renvoi. La déclaration de culpabilité n'est pas une condamnation, et n'entraîne donc pas les déchéances résultant de la condamnation. Cet ajournement connaît trois formes (art. 132-58 et 132-60 et s. C. pén. ; 469-1, 747-3 et 4 C. pr. pén.).

1. Ajournement simple (art. 132-60 et s.)

L'ajournement suppose la *présence* du prévenu. Pour les *mineurs*, cet ajournement peut être décidé pour une mesure éducative comme pour une peine, lorsque le tribunal pour enfants considère « que les perspectives d'évolution de la personnalité du mineur le justifient » (art. 20-7 Ord. 1945 ; possibilité de prononcer, à titre provisoire, le placement du mineur en établissement, une liberté surveillée, une mesure d'activité de jour).

À l'audience de renvoi (la charge de la preuve de la réparation incombe au prévenu), il peut y avoir *dispense de peine*, ou *prononcé de peine*, ou *nouvel ajournement*. Mais il ne peut y avoir de relaxe par la juridiction ayant déclaré la culpabilité par décision devenue définitive, ni par la cour d'appel saisie du seul appel de la décision de prononcé de peine après ajournement : lorsque la décision de culpabilité est définitive, la cour d'appel ne peut statuer que sur la peine.

La décision sur la peine doit intervenir au plus tard *un an après le premier ajournement* (6 mois pour les mesures éducatives d'un mineur) ; le tribunal peut cependant statuer après. En cas d'appel, la cour ne peut renvoyer au tribunal le soin de fixer la peine ; en cas d'appel du ministère public, la cour doit statuer sans égard à la date prévue par le tribunal.

2. Ajournement avec mise à l'épreuve (art. 132-63 et s.)

L'ajournement suppose la *présence* du prévenu (il peut s'agir d'un mineur : art. 20-7 Ord. 2 févr. 1945).

Le tribunal décidant l'ajournement peut placer le prévenu (personne physique uniquement) sous le régime de la *mise à l'épreuve* (la décision est exécutoire par provision), avec mêmes surveillance, assistance et obligations que dans le sursis avec mise à l'épreuve (art. 132-63 C. pén.). Le prévenu est placé sous le contrôle du JAP ou, pour les mineurs, du juge des enfants (art. 747-3 C. pr. pén.).

Le JAP peut aménager ou supprimer les obligations imposées, ou en prévoir de nouvelles. Si le prévenu ne se soumet pas aux mesures de contrôle et d'assistance ou à ses obligations particulières, le JAP peut délivrer un mandat d'amener (art. 747-3, 712-17 C. pr. pén.) ; il peut saisir le tribunal avant l'expiration du délai d'épreuve afin qu'il soit statué sur la peine (art. 747-3).

À l'audience de renvoi (*un an au plus tard après l'ajournement, six mois pour un mineur*), les mêmes décisions que pour l'ajournement simple peuvent être prises, compte tenu de la conduite du coupable. Mais avec l'accord du procureur de la République, le JAP peut, 30 jours avant l'audience de renvoi, prononcer lui-même la dispense de peine après débat contradictoire (art. 132-65).

On rapprochera, de cet ajournement, la *liberté surveillée* du mineur, quand elle intervient avant décision au fond.

3. Ajournement avec injonction (art. 132-66 et s.)

Cet ajournement n'est **pas applicable aux mineurs** (art. 20-7, al. 5 Ord. 2 févr. 1945).

Lorsque la loi ou le règlement répriment des **manquements à des obligations déterminées** (ex. sécurité du travail), la juridiction peut, en décidant l'ajournement, **enjoindre** à la *personne physique ou morale* coupable, et *même en leur absence*, de se conformer à ces prescriptions, avec un délai pour l'exécution, et le cas échéant, lorsque les textes le prévoient, sous **astreinte** (ex. art. 144-1 C. minier). La décision peut être assortie de l'**exécution provisoire**. Cet ajournement ne peut intervenir qu'une fois (art. 132-68 C. pén.). Le JAP s'assure de l'exécution des prescriptions (art. 747-4 C. pr. pén.).

À l'audience de renvoi (*un an au plus tard après l'ajournement*) : la juridiction peut dispenser le coupable de peine, ou prononcer la peine. En cas d'inexécution des prescriptions, la juridiction prononce la peine, et peut ordonner l'exécution des prescriptions selon les conditions légales ou réglementaires.

On rapprochera de ces règles les dispositions de l'art. L. 4741-11 C. trav., sur le *plan de sécurité* ordonné, après accident du travail, en cas de *relaxe* de chef d'homicide ou d'atteinte à l'intégrité de la personne par imprudence. La violation de ces règles est sanctionnée pénalement.

POUR ALLER PLUS LOIN

EXEMPLE DE SUJET D'EXAMEN :

Dissertation :

> La dispense de peine

Chapitre 2 › LA PLURALITÉ D'INFRACTIONS

Notion : deux infractions sont commises, successivement, par la même personne : il peut, selon le cas, y avoir concours d'infractions, récidive, ou simple réitération.

• **La notion de concours réel d'infractions**

Si, au moment de la deuxième infraction, la personne **n'a pas été condamnée définitivement** pour l'infraction antérieure, il y a **concours réel d'infractions** (on dit parfois *concours matériel, ou cumul, matériel ou réel, d'infractions*) ; art. 132-2 C. pén.

On appelle condamnation **définitive** (irrévocable) celle pour laquelle les *voies de recours* sont *épuisées* (ex. rejet du pourvoi en cassation) ou leur *délai* (le plus long) *écoulé* : *2 mois* pour la condamnation par le tribunal correctionnel (délai d'appel du procureur général), *5 jours* pour la condamnation par la chambre des appels correctionnels (délai du pourvoi en cassation). Il s'agit des recours du droit français : on ne tient pas compte par exemple d'un recours devant la Cour européenne des droits de l'homme.

Exemples de concours réel :
– infraction le 1er janvier ; deuxième infraction le 1er février, sans condamnation pour la première ;
– ou même : infraction le 1er janvier ; condamnation le 15 janvier ; 2e infraction le 16 janvier ; car le 16, la condamnation du 15 n'est pas définitive.

• **La notion de récidive**

Si, au moment de la deuxième infraction, la personne a été **condamnée définitivement** pour l'infraction antérieure : il y a récidive, si les conditions de la **récidive** sont réunies.

Si les conditions de la récidive ne sont pas réunies, il y a simple **réitération** : chaque infraction est punie pour elle-même, si bien que les peines se cumulent sans limitation de quantum et sans possibilité de confusion avec les peines de la condamnation précédente (art. 132-16-7) ; mais la réitération, avec condamnation définitive, peut faire obstacle au sursis, ou le révoquer (on ne confondra pas ce problème avec les cas où, s'agissant de *faits qui, isolément, ne sont pas une infraction*, seule leur réitération fait apparaître l'infraction : ex. infraction d'habitude, appels téléphoniques malveillants, certaines menaces) ; la réitération peut aussi constituer, pour les juges déterminant la peine pour une deuxième infraction, un élément d'appréciation.

Seule la récidive constitue en principe une circonstance aggravante, du fait que le coupable a réitéré l'infraction malgré l'avertissement de la justice, à la différence du concours : en législation, il n'est pas sûr que cette différence se justifie, d'autant plus qu'il y peut y avoir concours, on vient de le voir, dans le cas d'une deuxième infraction commise après condamnation pour la première, tant que cette condamnation n'est pas définitive, et donc alors que le condamné a pu être averti. Mais la différence existe en droit positif : on étudiera donc le concours réel d'infractions, puis la récidive.

Section 1 › LE CONCOURS RÉEL D'INFRACTIONS

Il faut d'abord distinguer, du concours réel ou matériel d'infractions, le *concours idéal*, le cas de l'infraction complexe, le cas où une infraction est la *circonstance aggravante* d'une autre.

• **Il ne faut pas confondre** le **concours réel** d'infractions avec le **concours idéal** d'infractions, qui suppose un **seul acte**, pouvant répondre à plusieurs qualifications pénales : *la plus haute* est en principe retenue (on dit parfois *cumul idéal*, ou *formel*, ou *intellectuel*, d'infractions).
– s'il s'agit d'un acte déterminé tombant sous le coup de *plusieurs qualifications*, il y a **concours** ou **conflit de qualifications** (ex. délit de fraude dans un divorce et faux ; contravention absorbée par un délit : ex., en matière d'environnement).
– s'il s'agit d'un acte comportant une *faute d'intention multiple*, bien que l'acte matériel soit unique, l'acte recouvre *plusieurs infractions* (ex. Crim., 3 mars 1960, *Bull.* n° 138 : lancement d'une grenade dans une boutique : destruction d'un immeuble par explosion, et meurtre ; violences, et atteintes à la liberté individuelle). Dans ce cas, *une seule peine est prononcée*, mais avec *deux déclarations de culpabilité*, car il y a deux infractions distinctes et *les intérêts protégés sont distincts* ; il en est de même dans le cas d'une diffamation raciale et d'une contestation de crimes contre l'humanité ; d'une usurpation de fonctions et d'une complicité de prise illégale d'intérêts ; d'une discrimination syndicale et d'un harcèlement moral.
– s'il s'agit d'un acte comportant *une seule faute*, à l'occasion d'un acte matériel unique : la jurisprudence considère qu'il y a *une seule infraction*. Ex. : une faute d'imprudence causant des blessures *à plusieurs personnes* ; *usage de faux et tentative d'extorsion de fonds*.
Il ne faut pas confondre ce cas avec le concours réel, ex. s'il y a à la fois contravention au Code de la route et atteinte, par imprudence, à l'intégrité de la personne, les intérêts lésés sont distincts : il y a plusieurs infractions commises en concours réel.

• **Il ne faut pas confondre** le concours réel avec l'**infraction complexe** qu'est par exemple *l'infraction d'habitude* (plusieurs actes matériels distincts, mais chaque acte, en soi, *n'étant pas une infraction*).

• **Il ne faut pas confondre** le concours réel avec **les infractions dont l'une est la circonstance aggravante** de l'autre : on ne retient qu'une seule infraction. Un même fait ne peut être élément constitutif d'une infraction et circonstance aggravante d'une autre. Exemples : le port d'arme, ou la violence aggravant le vol, l'assassinat et une séquestration, les blessures par imprudence aggravant la mise en danger d'autrui, la conduite en état alcoolique, aggravant l'homicide par imprudence. Il y a deux infractions distinctes, mais on n'en retient qu'une. Au contraire, on retiendra les deux infractions dans le cas d'un délit de fuite après l'homicide par imprudence.

On fera d'abord état, à propos du concours réel, des solutions pouvant être admises en législation, puis du droit positif.

§ 1 – LES SOLUTIONS CONCEVABLES

A. Le cumul des peines

Le système consiste à faire l'addition des peines (ex. États-Unis). Il est apparemment juste, mais il présente des *inconvénients* :

– *quant aux principes* : le coupable n'a pas reçu l'avertissement que constitue la condamnation ;
– *quant à la mise en œuvre* : le système ne vaut que pour les peines légères (on aboutit sinon à des condamnations à plusieurs centaines d'années d'emprisonnement).

B. Le non-cumul (ou absorption) des peines

Le système consiste à appliquer la sanction correspondant à l'infraction **la plus grave.**

- le système a l'avantage d'éviter les inconvénients du cumul ;

- mais il aboutit à traiter également celui qui commet une infraction grave et celui qui y ajoute d'autres infractions moins graves (sauf appréciation du juge, dans les limites légales).

C. Le cumul juridique des peines

Le système consiste à retenir la peine **la plus forte**, mais **aggravée** en fonction du cumul d'infractions (sans aller jusqu'à l'addition) ; c'est le *concours circonstance aggravante.*

Ce système est juste, en ce qu'il aggrave (à cause du cumul d'infractions), et en ce qu'il n'aggrave pas jusqu'à l'addition (car il n'y a pas eu d'avertissement judiciaire comme en cas de récidive), mais il est complexe.

§ 2 – LE DROIT POSITIF

Le principe général est le non-cumul des peines, mais ce principe est aujourd'hui **très atténué**.

Le droit français a été longtemps attaché au principe du non-cumul, mais la loi et la jurisprudence avaient apporté à ce principe d'importantes atténuations, que le Code actuel a largement consacrées, en étendant même leur domaine (art. 132-3 et s.).

Le système est donc en réalité mixte, *mêlé de cumul et de non-cumul ; mais le principe reste cependant le non-cumul*, puisque le Code considère que le cumul des peines, qu'il prévoit dans certains cas, déroge aux règles générales qu'il édicte.

Remarque : si une personne est poursuivie pour plusieurs crimes contre les personnes ou contre l'État, la détention provisoire peut être plus longue (v. art. 145-2 C. pr. pén.).

Il faut d'abord préciser que les règles générales de la matière sont exclues pour certaines infractions et peines, ensuite analyser ces règles générales.

A. Exclusion des règles générales pour certaines infractions et peines

1. Sont exclues des règles générales les amendes prononcées pour contraventions (art. 132-7)

Il y a donc **addition des peines** d'amende :

a) Pour toutes les contraventions

Cela vaut quelle que soit la gravité des contraventions. L'addition peut donc aboutir à des amendes très élevées (le législateur doit y penser, quand il transforme des délits en contraventions) ; il est vrai que le juge peut minorer chaque amende.

Exemples : 14 400 bouteilles avec étiquettes irrégulières ; 296 amendes pour exploitation irrégulière de magasin pendant 296 jours ; 133 articles au catalogue non disponibles à la vente ; 197 contraventions à la réglementation du travail ; 75 000 amendes pour utilisation abusive du terme d'artisan.

b) S'il y a contravention et délit (*a fortiori* crime selon la jurisprudence)
Mais l'addition suppose qu'il y a des infractions distinctes. La question se pose souvent pour l'atteinte à l'intégrité de la personne par imprudence, qui peut être délit ou contravention, selon la gravité des blessures (art. 222-19 et s., R. 625-2 et s. C. pén.).
Exemples :

• Il y a plusieurs infractions, donc addition, en cas de délit (ou contravention) d'atteintes à l'intégrité de la personne par imprudence *et* de contravention de franchissement de ligne.

• Autres exemples d'addition : délit de fuite et contravention de défaut de maîtrise du véhicule ; fait de faire travailler des salariés plus de 6 jours par semaine *et* ne pas respecter la durée du repos hebdomadaire.
Si en réalité il n'y a qu'*une seule contravention*, c'est-à-dire *une seule faute* (il y a alors concours idéal), il n'y a donc pas addition. Ex. imprudence faisant *plusieurs victimes*, dont l'une subit un dommage corporel qualifiant le fait de contravention, les autres un dommage qualifiant le fait de contravention ou de délit ; injurier des agents des douanes : une seule infraction, le délit d'outrage, sans la contravention d'injure envers des agents des douanes.

Remarques :
1. En cas de peine contraventionnelle *prononcée pour délit*, l'infraction reste délit : s'applique alors le régime des délits (*v. B*).
2. S'il s'agit de peines contraventionnelles autres que l'amende (ex. peines alternatives ou complémentaires), s'applique alors le même régime que pour les crimes et délits (*v. B*).

2. Certains crimes ou délits échappent à la règle de non-cumul

Il y a alors **addition** des peines (cumul), **sans confusion possible**, ou même parfois aggravation (c'est-à-dire cumul juridique).

a) Cumul des peines
Exemples :

• *Chasse* ; *chemin de fer* ; *affichage publicitaire* (art. L. 581-34 III C. envir.).

• *Hygiène et sécurité du travail* : il y a autant d'amendes que de salariés en insécurité ; et il y a cumul des peines de même nature s'il y a en même temps homicide ou atteinte à l'intégrité de la personne par imprudence dans la limite du maximum légal le plus élevé.

• *Rébellion de détenu* (art. 433-9), ou *évasion* de détenu (art. 434-31) : il y a cumul entre les peines prononcées pour ces infractions et celles qui étaient subies en raison des infractions antérieures. Mais il y a non-cumul pour l'évasion et les infractions commises *pendant* ou *après* l'évasion, même si l'évasion et ces infractions font l'objet de poursuites distinctes.

- En cas de délit d'*organisation de l'insolvabilité* pour échapper à une obligation patrimoniale résultant d'une condamnation pénale (ex. amende) : le tribunal *peut* décider que la peine qu'il prononce pour organisation de l'insolvabilité ne se confondra pas avec la peine précédemment prononcée (art. 314-8).

- *Usurpation d'identité* pouvant déterminer des poursuites pénales contre un tiers (art. 434-23 C. pén.) : il y a cumul avec les peines prononcées pour l'infraction à l'occasion de laquelle l'usurpation a été commise.

- L'emprisonnement prononcé pour *inobservation des obligations du suivi socio-judiciaire* se cumule avec les peines privatives de liberté prononcées pour des infractions commises pendant l'exécution de la mesure (art. 131-36-5, al. 3).

- En cas de *réduction de peine*, v. art. 721, al. 5 C. pr. pén.

b) Cumul juridique

Si le concours démontre l'*habitude* (au sens criminologique) : *dans certains cas, il y a aggravation* (ex. recel de choses, art. 321-2, violences sur enfant ou personne vulnérable, art. 222-14).

Remarques :

1. Les amendes *fiscales*, parce qu'elles ont un caractère mixte, répressif et réparateur, se cumulent entre elles, et aussi avec les sanctions pénales ; la chambre criminelle juge que la règle n'est pas contraire à la Conv. EDH ni au Pacte international de New York. Mais il en va différemment d'une amende douanière exclusivement pénale, ex. réprimant les injures envers des agents.

2. La règle de confusion des peines ne s'applique pas *en matière disciplinaire* (ex. pour la punition de mise en cellule).

B. Analyse des règles générales

Le Code distingue, comme le faisait la jurisprudence, selon que les infractions commises en concours sont englobées ou non dans une même poursuite.

1. Unité de poursuites

Il faut déterminer les pouvoirs de la juridiction, et préciser les conséquences de ces règles sur l'infraction la moins grave.

a) Pouvoirs de la juridiction

Deux hypothèses doivent être distinguées, selon que les infractions en concours sont passibles de *peines de même nature*, ou de *peines de nature différente*.

Sont notamment des *peines de même nature* les peines privatives de liberté (criminelles : ex. réclusion, ou correctionnelle : emprisonnement). Le maximum est donc déterminé, pour les peines privatives de liberté, par la durée : 20 ans d'emprisonnement (pouvant être encourus par un récidiviste) sont plus graves que 10 ans de réclusion. Il a été jugé que sont de même nature la confiscation en nature et la confiscation en valeur.

- **Cas où toutes les infractions en concours sont passibles de peines de même nature**

Peu importe que le *taux* de ces peines soit différent : ex. 3 ans d'emprisonnement pour une infraction, 5 ans pour une autre. Et les peines de même nature peuvent être aussi bien des peines *principales* que des peines *complémentaires*.

1. Il y a dans ce cas application du **non-cumul** ; **une seule peine peut être prononcée, avec pour limite le maximum légal le plus élevé.**
Exemple : 3 ans et 10 ans : le maximum sera 10 ans. Pour deux délits commis en concours, on ne peut prononcer, dans une même poursuite, deux amendes distinctes, ni deux emprisonnements, ni deux suspensions du permis de conduire. Art. 132-3, al. 1.
2. Mais si, pour chacune des infractions commises en concours, **plusieurs peines sont prévues** (ex. emprisonnement, amende), **une peine de chaque nature peut être prononcée**, *dans la limite de son maximum légal.*
Plusieurs peines, prévues pour les différentes infractions, peuvent donc être prononcées : ex. une peine d'emprisonnement, une peine d'amende ; et, *à la différence des solutions antérieures, chaque peine peut être prononcée dans son maximum, même si la peine dont il s'agit est prévue pour l'infraction la moins grave.*
Exemple : s'il y a concours entre des *violences sur mineur de 15 ans* (maximums : 5 ans d'emprisonnement et 7 500 € d'amende) et un *abus de confiance non aggravé* (maximums : 3 ans d'emprisonnement et 375 000 € d'amende), la juridiction peut prononcer 5 ans, et 375 000 €.

• **Cas où les peines applicables aux infractions commises en concours sont de nature différente**
Exemple : une peine d'emprisonnement pour une infraction, et une peine d'amende pour l'autre.
Chaque peine peut être prononcée. Ex. réclusion et amende : chacune peut être prononcée, jusqu'à son taux légal maximum. S'il y a en concours deux crimes punissables de 15 ans et 10 ans de réclusion, et un délit punissable de 5 ans d'emprisonnement et d'une amende : une seule peine privative de liberté peut être prononcée, jusqu'à 15 ans (car réclusion et emprisonnement sont des peines de même nature), mais ici, de plus, l'amende peut être prononcée.
Remarques :
1. *Notion de maximum légal* : le maximum s'apprécie en tenant compte des causes de *diminution* de peine (ex. pour un mineur), et des causes d'*aggravation* (ex. l'état de récidive). Pour les peines de jours-amende et de travail d'intérêt général, *v. ces peines* (art. 131-5 et 131-8).
2. Les *peines complémentaires* encourues pour toutes les infractions en concours peuvent être prononcées.
3. Bien entendu, ici, par hypothèse, *plusieurs infractions* ont été commises : il faut distinguer ce cas de celui où *pour une infraction unique* commise, le juge ne peut pas cumuler certaines peines : ces interdictions ne valent plus si plusieurs infractions ont été commises en concours. Ainsi, on l'a vu, le juge ne peut, pour une seule infraction, prononcer par exemple une amende et une peine de jours-amende ; mais il le pourrait en cas de pluralité d'infractions commises en concours.

b) Conséquences concernant l'infraction la moins grave
Lorsque, dans le jugement, il n'est fait mention que de la peine la plus forte, qu'en est-il des peines les moins fortes, et de l'infraction qu'elles sanctionnaient ? En cas, notam-

ment, de *cassation* ou de *révision* faisant disparaître la condamnation prononcée pour l'infraction la plus grave, que devient l'infraction la moins grave ? En cas d'amnistie ne touchant que l'infraction la plus grave, qu'en est-il de l'autre infraction ?

Sur ce dernier point, aujourd'hui, généralement les lois d'amnistie amnistient l'ensemble dès lors que l'infraction la plus grave est amnistiée (sauf pour les infractions exclues de l'amnistie).

Mais sur le problème général, la solution est la suivante. **Seule la peine la plus forte** figure dans le jugement (ou chaque peine la plus forte de chaque catégorie, si chaque infraction est punissable de plusieurs peines). Mais pour éviter les inconvénients du seul prononcé de la peine la plus forte (ou des peines les plus fortes), **la peine (ou chaque peine) prononcée est réputée commune** à chaque infraction en concours, *dans la limite du maximum légal de* **chacune** *d'elles* (ce principe était déjà connu sous les termes d'*autonomie* des peines les moins fortes) : art. 132-3, al. 2.

Exemple : en cas de concours entre violences sur mineur de 15 ans (ex. 5 ans d'emprisonnement) et abus de confiance non aggravé (3 ans), la peine la plus forte est celle des violences ; si par exemple la première condamnation fait l'objet d'une révision, la peine sera exécutée pour l'abus de confiance, mais dans la limite de 3 ans.

2. Pluralité de poursuites

Cette situation est fréquente : les infractions en concours peuvent être par ex. de la compétence de tribunaux différents, ou bien être poursuivies successivement parce qu'elles n'ont pas été découvertes en même temps.

En dehors des cas, évidemment, où la loi *impose le cumul* (ex. en matière de sécurité du travail), peut être décidée, et parfois doit être décidée la *confusion des peines*. Il faut déterminer les pouvoirs de la juridiction, et les effets de la confusion des peines.

a) Pouvoirs de la juridiction

On doit, comme dans le cas de poursuite unique, distinguer selon que les peines encourues pour les infractions commises en concours sont ou non de même nature (sur la notion de peines de même nature, *v. 1. a*)).

• Cas où toutes les infractions commises en concours sont passibles de peines de même nature

Les peines prononcées s'exécutent **cumulativement**, mais avec une **limite** : le **maximum légal le plus élevé** (art. 132-4).

Toute peine privative de liberté est confondue avec une peine perpétuelle prononcée. Si la réclusion à perpétuité, encourue pour l'une des infractions en concours, *n'a pas été prononcée*, le maximum légal est de 30 ans de réclusion (pour éviter une addition sans limite) : art. 132-5.

• Au-dessus du maximum, la confusion des peines doit jouer obligatoirement.

• **Au-dessous**, la juridiction *peut* ordonner la **confusion** des peines prononcées : la confusion n'est pas de droit (sauf que toute peine privative de liberté est confondue avec une peine perpétuelle). La juridiction statue en chambre du conseil.
La confusion peut être totale ou partielle.
La confusion peut aussi jouer entre *peines complémentaires* de même nature.

Remarques :
1. L'éventuelle confusion des peines suppose des *condamnations* : elle ne joue donc pas devant les juridictions d'instruction, ni pour une décision ayant prononcé une dispense de peine.
2. La confusion suppose des condamnations *définitives*, sauf évidemment pour la dernière condamnation prononçant la confusion ; et elle suppose des peines *non prescrites*, puisqu'une peine prescrite ne peut s'exécuter.

• **Cas où les peines applicables aux infractions commises en concours sont de nature différente**
Les peines prononcées s'exécutent **cumulativement**, mais seulement dans la limite du **maximum légal le plus élevé de chacune d'elles**.
La confusion, si elle est décidée, ne joue qu'à l'intérieur de chaque catégorie de peine de même nature.
Remarque : si la juridiction saisie en second ne s'est pas prononcée sur la confusion, le condamné peut la saisir (pour ordonner la confusion, la juridiction doit avoir prononcé au moins l'une des condamnations). C'est la chambre de l'instruction qui est compétente pour une condamnation prononcée par la cour d'assises (art. 710 C. pr. pén.). Mais le rejet d'une demande de confusion a autorité de chose jugée : on ne peut présenter une deuxième requête, sauf pour des peines complémentaires sur la confusion desquelles il n'a pas été statué.

b) Effets de la confusion des peines
Selon la formule utilisée depuis longtemps par la jurisprudence (1888), la « confusion n'affecte que l'exécution de la peine la moins forte ; **elle n'enlève pas aux peines confondues leur existence propre et leurs conséquences légales** » : on a parlé de « l'autonomie des peines les moins fortes » (v. cependant plus loin le cas des peines exclues des grâces collectives). Par exemple, après une première confusion, on peut demander une deuxième confusion avec une peine déjà absorbée par une condamnation antérieure.
Si la peine la plus forte, dite absorbante, disparaît (ex. en cas de révision), la peine absorbée est exécutoire.
Des difficultés se présentent en cas d'**inexécution de la peine la plus forte, ou de diminution de l'une des peines absorbantes ou absorbées.**

• **Sursis.**
— Le bénéfice du sursis attaché en tout ou en partie à l'une des peines prononcées pour des infractions en concours ne met pas obstacle à l'exécution des peines de même nature assorties du sursis (art. 132-5, al. 5). Nombreuses difficultés jurisprudentielles, avec parfois revirement. Ex. : 1) première condamnation à 1 an d'emprisonnement, seconde condamnation à 2 ans avec sursis : en raison de la confusion, le condamné exécute 1 an d'emprisonnement, et en cas de révocation, il exécute 1 an supplémentaire ; 2) première condamnation à 3 ans (36 mois) d'emprisonnement, dont 16 mois avec sursis (soit 20 mois fermes), seconde condamnation à 2 ans (24 mois) d'emprisonnement, dont 12 mois avec sursis (soit 12 mois fermes) : en raison de la confu-

sion, le condamné exécute 32 mois d'emprisonnement (20 + 12), et en cas de révocation du sursis, 4 mois supplémentaires (36 mois – 32 mois).

– *La confusion ne doit pas aggraver le sort du condamné.* Ex. : pour un délit exposant à une peine de 5 ans d'emprisonnement (60 mois), première condamnation à 3 ans (36 mois), dont 20 mois avec sursis, seconde condamnation identique : du fait de la confusion, le maximum encouru est de 60 mois (et non, sans confusion, 72 : 36 + 36) et le condamné devrait donc exécuter 40 mois (60 – 20) ; mais en pareil cas, son sort serait aggravé puisque, sans confusion, il aurait exécuté 32 mois (16 + 16) : il n'exécutera donc que 32 mois (avec 28 mois avec sursis : 60 – 32).

• **Grâce** (art. 132-6 C. pén.). *On tient compte, pour la confusion, de la peine résultant de la grâce.* Ex. 1re condamnation à la réclusion à perpétuité, commuée en réclusion à temps, puis 2e condamnation à la réclusion à perpétuité : la 2e est donc plus sévère.

• **Relèvement** (art. 132-6). *On tient compte, pour la confusion, de la peine résultant du relèvement.* Le relèvement intervenant après confusion s'applique à la peine résultant de la confusion (donc même s'il concerne la peine absorbée, il aura effet sur la peine absorbante).

• **Réduction de peine** (art. 132-6). *Cette réduction, elle, porte sur la durée totale de l'incarcération à subir*, et non sur une peine déterminée, comme la grâce et le relèvement ; elle s'imputera donc sur la peine à subir après confusion.

• **Prescription de la peine** : elle n'est pas visée, elle, par l'art. 132-6 ; on a fait donc application du principe : la première peine, prescrite, absorbe la seconde non prescrite si celle-ci n'est pas plus forte ; la seconde n'est donc pas exécutoire. Mais aujourd'hui, la prescription, on le verra, ne vaut pas exécution : elle empêche seulement d'exécuter la peine.

Une *exception* a été apportée par la jurisprudence : une condamnation pour *crime contre l'humanité*, imprescriptible, doit être exécutée, si la peine antérieure la plus forte, ayant été prescrite, n'a pas été subie.

Remarques :
1. En définitive, le principe du non-cumul n'est appliqué que dans l'un des cas indiqués (unité de poursuite avec peines de même nature) ;
2. Il peut en résulter des injustices, la solution d'un même problème dépendant du fait qu'il y aura poursuite unique ou pluralité de poursuites ;
3. Il n'y a pas confusion entre une peine prononcée par une juridiction étrangère, même exécutée en France (art. 713-1 et s. C. pr. pén.), et une peine prononcée par une juridiction française.

Section 2 › LA RÉCIDIVE

Notion : la récidive (art. 132-8 et s. C. pén.) suppose d'une part une infraction constituant une **réitération** après **condamnation définitive** prononcée pour une infraction antérieure, d'autre part la réunion de plusieurs conditions. Sur la notion de condamnation définitive (irrévocable), *v. supra*.

• Le droit positif voit dans la récidive une **cause d'aggravation**,
– car, *subjectivement*, elle révèle une nocuité persistante ;
– et, *objectivement*, l'utilité sociale commande une sanction plus sévère (v. L. 10 août 2007).

• Certains ont pourtant objecté, contre cette aggravation :
– *Subjectivement*, que le récidiviste est moins coupable que le délinquant primaire (moindre résistance au mal, promiscuité des prisons, difficultés de réinsertion). *À quoi l'on pourra répondre* que la notion de récidiviste-malade (comme celle de délinquant-malade) présuppose une notion de la délinquance fondée sur des théories discutées.
– que l'accroissement de sévérité aboutit à violer la règle *non bis in idem*, la première infraction ayant déjà été jugée définitivement. *À quoi l'on pourra répondre* qu'il n'est pas question de punir deux fois le premier acte ; on entend seulement réprimer le second d'autant plus sévèrement qu'il révèle des penchants plus dangereux.

Problèmes généraux posés par la récidive :

a) Conditions de la récidive

• Une *condamnation antérieure* est nécessaire, prouvant la nocuité. Il y a donc récidive même en cas de grâce ou de prescription de la peine (on a préconisé parfois d'exiger l'*exécution de la peine*, démontrant alors, en cas de rechute, l'inefficacité des mesures en vue de la réinsertion).

• « *Termes* » *de la récidive* : la récidive peut être **générale** (existant quelles que soient les infractions commises), ou **spéciale** (n'existant qu'en cas de réitération de la même infraction). On admet que, pour les infractions graves, la récidive peut être générale.

• Le plus souvent, un délai : la récidive peut être **permanente** (existant quel que soit le délai séparant les infractions) ou **temporaire** (n'existant que si la seconde infraction est commise dans un certain délai) ; elle est en général permanente pour les infractions graves.

b) Effets de la récidive

• *Principe* : il y a **aggravation de la peine**. On rappellera que, jadis, certains *multirécidivistes* étaient condamnés à la *relégation* (à l'origine, présomption d'incorrigibilité), qui avait été remplacée par la *tutelle pénale*, elle-même supprimée en 1981. Pour les *mineurs multirécidivistes*, en cas d'urgence, ont été créés des *centres de placement immédiat*, sous contrôle éducatif, avant même la comparution.

Cette aggravation a deux aspects : traditionnellement, elle élève le maximum de la peine prévue, mais, plus récemment (L. 10 août 2007), elle a en outre pour effet d'instaurer des minimums en matière de crime et de délit (« peines planchers »), que le juge, toutefois, peut ne pas respecter.

L'aggravation doit-elle être **obligatoire**, ou **facultative ?** À l'étranger, elle est souvent facultative ; en France : la récidive aggrave le maximum encouru, mais la juridiction peut toujours diminuer la peine (sauf à respecter les limites en matière criminelle) ; en réalité, les juges ne dépassent pas souvent le taux prévu par la loi pour la première infraction.

• Souvent la récidive produit des effets particuliers : ex. elle permet une détention provisoire plus longue, la délivrance d'un mandat par le tribunal à des conditions plus larges, elle limite le sursis avec mise à l'épreuve, elle exclut en principe la diminution de peine accordée au mineur pour les mineurs de plus de 16 ans, elle rend plus strictes les conditions de certaines réductions de peines, de la libération conditionnelle, de la réhabilitation, etc.

Il faut étudier le régime de la récidive, et la preuve de l'état de récidive.

§ 1 – LE RÉGIME DE LA RÉCIDIVE

A. Les conditions générales

La récidive implique l'existence de deux termes :

1. Premier terme

La récidive suppose une **condamnation antérieure à la nouvelle infraction**, condamnation qui doit réunir trois conditions :

a) Une condamnation à une peine

Il n'y a donc pas de récidive :

• en cas d'*effacement de la condamnation* : amnistie, réhabilitation, sursis non révoqué, condamnation non avenue après sursis (au contraire, il y a récidive si seule la *peine disparaît*, ex. grâce, prescription) ;

• en cas d'*absence de peine*, même si le jugement constate les éléments de l'infraction et la culpabilité, ex. dispense ou ajournement de peine, exemption de peine, mesure de rééducation, mesure ou sanction éducatives contre un mineur ; de même en cas de composition pénale exécutée, de paiement d'une amende forfaitaire.

b) Une condamnation définitive

Condamnation irrévocable, en force de chose jugée : voies de recours épuisées, ou délais écoulés.

En cas de *condamnation par défaut en matière criminelle* : celle-ci n'est pas un premier terme de récidive, car elle tombe par le seul fait que le condamné se constitue prisonnier ou est arrêté dans le délai de prescription ; après ce délai, la peine est prescrite : la condamnation est alors un premier terme de récidive, car elle est définitive.

c) Une condamnation par une juridiction française ou d'un État de l'UE (art. 132-16-6 C. pén.)

Remarques :

1. Lorsque les circonstances de l'infraction ou la personnalité de l'auteur le justifient, le président de la juridiction avertit, lors du prononcé de la peine, le condamné des conséquences qu'entraînerait une condamnation pour une nouvelle infraction commise en état de récidive (art. 132-20-1 C. pén.).

2. Les condamnations pour crime ou délit militaire ne constituent pas l'état de récidive.

2. Second terme

La récidive suppose une **nouvelle infraction**, *indépendante* de la première (une évasion n'est pas indépendante de l'infraction cause de l'incarcération).

Une loi instituant un nouveau régime de récidive est d'application immédiate, dès lors que l'infraction constituant le second terme (« qu'il dépend de l'agent de ne pas commettre ») est postérieure à son entrée en vigueur ; cette position de la chambre criminelle, initialement condamnée par la Cour EDH, a finalement été adoptée par cette dernière.

Remarques :

1. Lorsqu'un condamné est en état de récidive, le juge peut, en matière correctionnelle, prononcer un emprisonnement ferme sans avoir à justifier son refus d'un sursis par une motivation spéciale (art. 132-19, al. 2 C. pén.).

2. La récidive peut être *relevée d'office* par la juridiction de jugement, même si elle n'est pas mentionnée dans l'acte de poursuites, dès lors que la personne poursuivie, en ayant été informée au cours de l'audience, a été en mesure d'être assistée d'un avocat et de faire valoir ses observations (art. 132-16-5 C. pén.). Mais le juge n'est donc pas tenu de le relever.

B. Les cas de récidive

1. Règles générales

• Certaines réitérations *excluent l'aggravation* :
– il n'y a pas d'aggravation en cas de récidive de contravention à délit ou crime, ou de récidive de délit ou crime à contravention ;
– il n'y a pas d'aggravation en cas de récidive de délit à crime (sauf pour les délits très graves) : l'avertissement représenté par la condamnation est en effet insuffisant, et les larges pouvoirs de la cour d'assises permettent de tenir compte des antécédents ;
– il n'y a pas d'aggravation pour la récidive des contraventions des quatre premières classes ;
– il n'y a *pas d'aggravation* en cas d'*exception légale* (ex. presse, sauf pour certaines infractions, v. art. 63, al. 1, L. 1881) ou *jurisprudentielle* (ex. évasions successives).

• *Même quand il y a réitération* constituant une récidive légalement aggravante, l'aggravation prévue par la loi *n'empêche pas le juge d'atténuer la peine à l'égard du récidiviste* (sauf les limites en matière criminelle, v. *l'atténuation de la peine*).

2. Analyse des cas de récidive

Dans tous les cas, la peine critère du premier terme de la récidive est la **peine encourue**, non la peine prononcée.

Le Code distingue les personnes physiques et les personnes morales.

a) La récidive des personnes physiques

Il y a **trois sortes de cas** de récidive (art. 132-8 à 132-11, 132-18-1, 132-19-1 C. pén.).
1. Cas n° 1 (art. 132-8, 132-9)
Premier terme : condamnation définitive pour **crime, ou pour délit punissable de 10 ans d'emprisonnement** (donc délit très grave) ;
Second terme : il faut distinguer trois situations, selon que :

• Le second terme est un **crime** :
– si le maximum de la peine encourue pour ce crime est la peine de réclusion ou de détention criminelle de 20 ou 30 ans, *la peine encourue sera la réclusion ou la détention à perpétuité*.

– si le maximum prévu est de 15 ans : *il sera porté à 30 ans*.
Cette récidive est *générale* et *permanente*.
Peines minimales : la peine de réclusion criminelle, de détention criminelle ou d'emprisonnement prononcée pour le crime commis en récidive ne peut être inférieure aux seuils suivants (art. 132-18-1) :
– 5 ans, si le crime est puni de 15 ans de réclusion ou de détention criminelle ;
– 7 ans, si le crime est puni de 20 ans de réclusion ou de détention criminelle ;
– 10 ans, si le crime est puni de 30 ans de réclusion ou de détention criminelle ;
– 15 ans, si le crime est puni de la réclusion ou de la détention à perpétuité.
Mais la juridiction peut prononcer une peine inférieure à ces seuils en considération des circonstances de l'infraction, de la personnalité de son auteur ou des garanties d'insertion ou de réinsertion que celui-ci présente. En cas de nouvelle récidive, ce pouvoir n'existe que si l'accusé présente des garanties exceptionnelles d'insertion ou de réinsertion.

• Le second terme est un **délit** punissable de **10 ans d'emprisonnement**, commis **dans les 10 ans** de l'expiration (ou exécution) ou de la prescription de la peine précédente : *le maximum de l'emprisonnement et de l'amende est doublé* (l'emprisonnement correctionnel peut donc ici aller jusqu'à 20 ans).
Cette récidive est *générale* et *temporaire* (il n'y a pas aggravation si la rechute se produit après 10 ans suivant l'expiration ou la prescription de la peine précédente ; mais l'aggravation peut jouer dès que la condamnation précédente est définitive).
Peines minimales : la peine d'emprisonnement prononcée pour le délit commis en récidive ne peut être inférieure aux seuils suivants (art. 132-19-1) :
– 1 an, si le délit est puni de 3 ans d'emprisonnement ;
– 2 ans, si le délit est puni de 5 ans d'emprisonnement ;
– 3 ans, si le délit est puni de 7 ans d'emprisonnement ;
– 4 ans, si le délit est puni de 10 ans d'emprisonnement.
Mais, par une décision spécialement motivée, la juridiction peut prononcer une peine inférieure à ces seuils ou une peine autre que l'emprisonnement en considération des circonstances de l'infraction, de la personnalité de son auteur ou des garanties d'insertion ou de réinsertion que celui-ci présente. En cas de nouvelle récidive, pour certains délits (violences, agression ou atteinte sexuelle, délits commis avec circonstance aggravante de violences, délits punis de 10 ans d'emprisonnement), la juridiction ne peut prononcer une peine autre que l'emprisonnement et ne peut descendre sous ces seuils que si le prévenu présente des garanties exceptionnelles d'insertion ou de réinsertion.

• Le second terme est un **délit punissable d'emprisonnement de plus d'un an et de moins de 10 ans**, commis **dans les 5 ans** de l'expiration (ou exécution) ou de la prescription de la peine précédente : *les maximums de l'emprisonnement et de l'amende sont doublés*.
Cette récidive est *générale* et *temporaire*.
Pour les peines minimales, art. 132-19-1, *v. supra*.

2. Cas n° 2 (art. 132-10)
Premier terme : condamnation pour **délit** ;
Second terme : le **même délit** ou un délit *assimilé* par la loi ; ex. l'homicide ou les atteintes à l'intégrité de la personne par imprudence par un conducteur, dans certains cas : art. 132-16-2, al. 1 ; certains délits du C. route : art. 132-16-2, al. 2, ex. conduite sans permis et conduite en état alcoolique ; le vol, l'extorsion, le chantage, l'escroquerie, l'abus de confiance, le recel et son infraction d'origine, sont considérés comme une même infraction pour la récidive : art. 132-16, 321-5 ; de même les délits d'agressions sexuelles et d'atteintes sexuelles, art. 132-16-1 ; les violences et les délits commis avec la circonstance aggravante de violences, art. 132-16-4. Le délit doit être commis **dans les 5 ans** de l'expiration (ou exécution) ou de la prescription de la peine précédente ; *les maximums de l'emprisonnement et de l'amende sont doublés.*
Cette récidive est *« générique »* et *temporaire*.
Pour les peines minimales, art. 132-19-1, *v. supra*.

3. Cas n° 3 (art. 132-11)
Premier terme : condamnation pour contravention de 5ᵉ classe ;
Second terme : la même contravention de 5ᵉ classe, commise, après expiration (ou exécution) ou la prescription de la peine précédente :
– **dans l'année** ;
– ou **dans les 3 ans**, *quand la récidive fait de la contravention un délit* (v. un ex. dans la remarque *ci-après*).
Le maximum de l'amende est porté à 3 000 €.
Cette aggravation ne se produit que dans les **cas prévus par le règlement**.
Cette récidive est *spéciale* et *temporaire*.

Remarque : il existe parfois certains régimes spéciaux ; ex. la récidive d'excès de vitesse de 50 km ou plus au-dessus de la vitesse autorisée transforme la contravention de 5ᵉ classe (art. R. 413-14, I C. route) en délit (art. L. 413-1 C. route : emprisonnement et amende) ; de même en cas de voyage en chemin de fer sans titre de transport, si sont sanctionnées plus de 10 contraventions dans les 12 mois (art. 24-1, L. 1845) ; le *délai* de récidive, pour certains délits, est de 12 mois (ex. chasse) ; en matière de fraudes, le point de départ du délai de récidive est la condamnation définitive.

b) La récidive des personnes morales
Il y a **trois sortes de cas** de récidive (art. 132-12 à 132-15).

1. Cas n° 1
Premier terme : condamnation pour **crime, ou pour délit punissable pour les personnes physiques de 100 000 € d'amende au moins** ;
Second terme : il faut distinguer trois cas, selon que :

• Le second terme est un **crime** ; les peines encourues sont alors :
– une amende : le maximum prévu pour les personnes physiques est multiplié par 10 ;
– et les peines de l'art. 131-39, ex. (certaines de ces peines ne pouvant être prononcées contre les personnes morales de droit public, les partis et groupements politiques, les syndicats, les institutions représentatives du personnel, *v. les peines*

privatives de droits) : dissolution, interdictions professionnelles, surveillance judiciaire, fermeture d'établissement, interdiction d'émettre des chèques.
Cette récidive est *générale* et *permanente*.

• Le second terme est un **délit** punissable pour les personnes physiques d'au moins 100 000 € d'amende, commis **dans les 10 ans** de la peine précédente : *le maximum de l'amende prévue pour les personnes physiques est multiplié par 10*, et sont encourues les peines de l'art. 131-39.
Cette récidive est *générale* et *temporaire*.

• Le second terme est un **délit** punissable, pour les personnes physiques, d'une amende d'au moins 15 000 €, commis **dans les 5 ans** de la peine précédente : *le taux de l'amende applicable est multiplié par 10*, et sont encourues les peines de l'art. 131-39.
Cette récidive est *générale* et *temporaire*.

2. Cas n° 2
Premier terme : condamnation pour **délit** ;
Second terme : le **même délit**, ou un délit assimilé, commis **dans les 5 ans** : *le maximum prévu pour les personnes physiques est multiplié par 10*.
Cette récidive est *spéciale* et *temporaire*.

3. Cas n° 3
Premier terme : condamnation pour **contravention de 5ᵉ classe** ;
Second terme : la même contravention, commise **dans l'année** : *le maximum prévu pour les personnes physiques est multiplié par 10* (l'infraction reste une contravention, bien que l'amende dépasse le maximum de l'amende contraventionnelle).
Cette aggravation ne se produit que dans les **cas prévus par le règlement**.
Cette récidive est *spéciale* et *temporaire*.

§ 2 – LA PREUVE DE LA RÉCIDIVE

A. L'identité judiciaire

Pour prouver la récidive, il faut établir *l'identité* de la personne, puis ses *antécédents judiciaires*.

1. Méthode

a) L'anthropométrie (Bertillon)

Le système consiste à mesurer des *longueurs somatiques* ; mais la méthode applicable aux seuls détenus et inapplicables aux jeunes délinquants ne permet qu'une conclusion négative.
Elle se complète par le **portrait parlé** : observation et description de la personne par des termes précis, caractères *morphologiques* (ex. nez), *chromatiques* (ex. cheveux), *d'ensemble* (ex. démarche), *accidentels* (ex. tatouages) ; *photographie*. Le système Canonge (fiches désormais informatisées) établit des classements par aspect et par spécialité criminelle (ex. les escrocs).

b) Les empreintes digitales (dactyloscopie)

• Le dessin papillaire est *invariable* chez une personne donnée (donc préférable à l'anthropométrie car peut servir pour les mineurs) et est *varié* d'une personne à l'autre,

• Les empreintes font l'objet d'un *classement décadactylaire*, en 5 groupes numérotés de 1 à 5 : la *formule digitale* comporte donc deux nombres de 5 chiffres, représentant les *caractères généraux* et *distinctifs* des empreintes (pour *l'identification* par les traces laissées sur les lieux de l'infraction, problème différent, on étudie les « *coïncidences* », particularités identiques sur deux empreintes comparées, avec un classement monodactylaire).

Il existe un *fichier automatisé des empreintes digitales* (FAED), pour les personnes déjà interpellées pour crime ou délit. Rappr., pour certaines identifications le *fichier de traitement des infractions constatées* (STIC), le *fichier judiciaire national automatisé des auteurs d'infractions sexuelles ou violentes* (pas seulement pour les condamnés) : art. 706-53-1 et s. C. pr. pén., le *fichier national automatisé des empreintes génétiques* (FNAEG ; art. 706-54 à 56 C. pr. pén.).

2. Résultats

Ils sont consignés sur deux fiches :

a) Fiche alphabétique

• Contenu :
– *recto* : date d'écrou, état civil, antécédents judiciaires, cinq empreintes roulées de la main gauche ;
– *verso* : anthropométrie, portrait parlé, âge, signes particuliers, empreintes roulées de la main droite.

• Classement : alphabétique (phonétique).

b) Fiche dactyloscopique

• Contenu :
– *recto* : anthropométrie, état civil, empreintes *roulées et posées* de la main droite (empreintes posées : quatre doigts simultanément) ; formules digitales ;
– *verso* : empreintes *roulées et posées* de la main droite.

• Classement : dactyloscopique (selon la formule digitale).

Est progressivement mis en place un enregistrement par scanner.

B. Le casier judiciaire

Les règles sont contenues dans le Code de procédure pénale (art. 768 et s.).

Il y a conflit entre le souci de connaître le passé judiciaire du délinquant, qui fait partie de sa personnalité et que l'on souhaite donc pouvoir scruter pour mieux personnaliser la peine, et la préoccupation de ne pas entraver la réinsertion : c'est à ce dernier dessein que la préférence a été donnée, par les réformes successives qui ont limité le contenu et la diffusion du casier judiciaire.

Le casier judiciaire est constitué par des fiches adressées par le greffier de la juridiction au service du *casier judiciaire national automatisé* (à Nantes), sur support papier, sous la forme d'un enregistrement magnétique, ou par téléinformatique.

Les fiches sont enregistrées sur un support magnétique (le casier judiciaire national reçoit un million de fiches par an).

Le *sommier de police technique*, tenu au ministère de l'Intérieur, porte mention des condamnations à des peines privatives de liberté (art. 773-1).

V. aussi les fichiers indiqués supra.

Il faut déterminer le contenu du casier judiciaire, ses règles de communication, et sa valeur probante.

1. Contenu du casier judiciaire

Il faut indiquer ce qui doit figurer au casier, puis ce qui entraîne suppression des fiches.

a) Doivent figurer au casier (art. 768)

• Toutes les condamnations pénales (même avec sursis : mention du sursis), contradictoires ou par défaut s'il n'y a pas eu opposition, prononcées pour **crime, délit ou contravention de 5ᵉ classe**, par une juridiction répressive de droit commun ou d'exception, ainsi que les *déclarations de culpabilité avec dispense ou ajournement de peine* (*mais la juridiction peut exclure la mention de ces dernières décisions* : art. 132-59 C. pén.) ; pas de mention en cas de composition pénale inexécutée.

• Les condamnations prononcées pour contraventions des quatre premières classes, si a été prise, à titre principal ou complémentaire, une mesure d'interdiction, de déchéance ou d'incapacité.

• Les décisions prononcées à l'égard des *mineurs* de 13 à 18 ans (même les sanctions éducatives, même les décisions prises par le juge des enfants, même de simples mesures de garde, d'admonestation).

• Les décisions *disciplinaires* des autorités judiciaires et administratives créant des incapacités (ex. destitution d'officier ministériel).

• Les jugements prononçant la liquidation judiciaire à l'égard d'une personne physique, ou les interdictions prévues en cette matière (ex. la faillite personnelle).

• Les jugements portant déchéance de l'autorité parentale.

• Les arrêtés d'*expulsion* contre un étranger.

• Certaines condamnations prononcées par des juridictions étrangères, en application d'accords (v. art. 768-8°).

• Les *compositions pénales exécutées*.

• *Les décisions d'irresponsabilité pénale* pour cause de trouble mental.

Doivent également figurer au casier les décisions modifiant celles qui sont portées sur les fiches (art. 769) ; ex. dispense après ajournement, suspension, réduction de peine, grâce, libération conditionnelle, réhabilitation, peine prononcée à l'étranger, à subir en France, v. le texte ; relèvement de certaines peines (art. 703, al. 5).

Remarques :

1. Les décisions non pénales n'ont pas d'intérêt pour la récidive (sauf, en cas d'infraction, l'arrêté d'expulsion) : mais leur mention renseigne sur le passé de l'intéressé.

2. Les contraventions ne figurent pas au casier (sauf celles de 5ᵉ classe, et, pour les autres, si certaines peines ont été prononcées, v. supra, a) 2).
Pour les **personnes morales** (v. art. 768-1) : le contenu du casier a dû être adapté. Pour les modifications des décisions, v. art. 769-1.

b) Suppression de la fiche
De nombreux événements entraînent la suppression de la fiche (art. 769, al. 2 et s., 770 ; pour les **personnes morales**, art. 769-1) :
• *amnistie* ;

• condamnation ayant fait l'objet d'une *réhabilitation judiciaire*, sur ordre de la juridiction ;

• *erreur* dans le casier ;

• *révision* en cas d'erreur judiciaire ;

• après un délai de *3 ans* suivant :
– la décision définitive de *dispense de peine* ;
– la condamnation définitive pour *contravention* (le délai est de **4 ans** pour les contraventions dont la récidive constitue un délit) ;
– la condamnation pour les faits commis par une personne âgée de *18 à 21 ans*, si le tribunal juge le « *reclassement* » acquis (mais cette suppression ne peut intervenir qu'après exécution des peines privatives de liberté, paiement des amendes, et expiration de la durée des peines complémentaires prononcées) ;
– l'*exécution d'une composition pénale*, en l'absence de condamnation à une peine criminelle ou correctionnelle et d'exécution d'une nouvelle composition pénale.

• condamnations (sauf pour des faits imprescriptibles) et *décisions d'irresponsabilité pénale pour trouble mental* prononcées depuis plus de *40 ans*, et non suivies de condamnation à une peine criminelle ou correctionnelle (la règle, antérieure au nouveau Code pénal, n'est depuis utile que pour une condamnation dépassant 10 ans ou plusieurs d'un total dépassant 5 ans : dans les autres cas, en effet, la réhabilitation légale, on le verra, entraîne suppression de la fiche après 10 ans suivant l'exécution ou la prescription de la peine, ou la grâce, *v. supra*) ;

• *décès* du condamné, ou âge de cent ans (art. R. 70 C. pr. pén.) ;

• pour les mineurs, s'ajoute un autre cas de suppression : *3 ans après le prononcé de la mesure éducative ou de la sanction éducative*, si, pendant ce délai, la personne n'a pas été condamnée à une peine criminelle ou correctionnelle, ou exécuté une composition pénale, ou fait l'objet d'une nouvelle mesure ou sanction éducatives (art. 769, 7°).
Toutefois, l'Ordonnance du 2 févr. 1945 (art. 38) prévoit un *registre spécial non public*, mentionnant toutes les décisions concernant les mineurs ;

• *jugement de faillite personnelle ou d'interdiction*, lorsque ces mesures sont effacées par jugement de clôture pour extinction du passif, *ou* par la réhabilitation, *ou* 5 ans après ces condamnations définitives (mais si la durée de la faillite personnelle ou de l'interdiction est de plus de 5 ans, la condamnation reste au casier pendant la même durée) ; jugement prononçant la *liquidation judiciaire d'une personne physique*, après 5 ans suivant le jugement définitif, *ou* après jugement emportant réhabilitation ;

• décision disciplinaire après réhabilitation.

Pour l'effacement des mesures affectant le permis de conduire, v. art. L. 225-2-1 C. route.

2. Communication du casier judiciaire

Selon le cas, la communication est intégrale ou incomplète, car le relevé intégral peut entraver la réinsertion, et la preuve de la récidive entraîner ainsi la récidive (le casier judiciaire national délivre 4 500 000 bulletins chaque année).

a) Le bulletin n° 1, ou « B.1 » est le relevé intégral des fiches

Il est délivré aux *autorités judiciaires* (copies aux autorités militaires pour les décisions intéressant ces autorités ; communication à l'Insee pour les décisions entraînant privation des droits électoraux). Le *sommier de police technique* ne peut être consulté que par les autorités judiciaires, les services de police et de gendarmerie (art. 773-1).

En l'absence de fiche, le B.1 porte la mention « néant » (art. 774 ; pour les *personnes morales*, art. 774-1).

Toute personne peut obtenir *communication* (sans copie) du relevé intégral des mentions du casier la concernant (art. 777-2 ; v. le texte pour les personnes morales) ; est un délit le fait de se faire délivrer par l'intéressé des mentions du relevé intégral (art. 781 C. pr. pén.). Toute personne peut également obtenir relevé du *sommier de police technique*.

Remarque : la *décision de déclaration d'irresponsabilité pénale pour cause de trouble mental* ne peut être portée au B.1, selon une réserve du Conseil constitutionnel (déc. 21 févr. 2008) que si une mesure de sûreté, au nombre de celles de l'art. 706-136 C. pr. pén., a été prononcée, et tant qu'elle n'a pas cessé de produire son effet.

b) Le bulletin n° 2 (B.2)

1. Contenu

C'est le relevé des fiches du casier (art. 775) ; toutefois, l'**exclusion du B.2** est prévue pour **les décisions suivantes** :

• Les condamnations *dont la mention a été* exclue du B.2 *par le tribunal*, immédiatement ou par la suite : art. 775-1 ; **cette exclusion n'est pas possible pour les infractions de l'art. 706-47** (ex. meurtre sur mineur précédé de viol) ; en cas de rejet de la requête, le condamné peut réitérer celle-ci. Cette décision est, pour la juridiction, une faculté discrétionnaire, sauf erreur de fait ou de droit.

Cette exclusion emporte relèvement de toutes les interdictions, déchéances ou incapacités résultant de la condamnation exclue (art. 775-1, al. 2), mais seulement de celles qui résultent de plein droit de cette condamnation, selon la jurisprudence. Cette exclusion *ne peut pas jouer* pour des mesures prononcées par des *juridictions disciplinaires*, ne résultant donc pas de la condamnation (ex. destitution d'un notaire), ou par des *juridictions civiles ou commerciales*, comme les interdictions en matière de redressement judiciaire.

• Les condamnations sans sursis à une *peine prononcée comme peine principale à la place de l'emprisonnement ou de l'amende* (art. 131-5 à 131-11 C. pén.), 5 ans après la condamnation définitive (ou 3 ans pour la peine de jours-amende). Mais si la condamnation a été prononcée en application des art. 131-10 et 131-11 pour plus de 5 ans, elle demeure au B.2 pendant la durée de la peine.

• Les *déclarations de culpabilité* avec dispense de peine ou ajournement de peine ;

• Les décisions concernant les *mineurs* délinquants (ex. sanctions éducatives, et même peines, quelle que soit leur gravité, ex. réclusion criminelle) ;

• Les condamnations pour contravention ;

• Les condamnations avec *sursis* lorsque la condamnation est considérée comme *non avenue* ; toutefois, en cas de suivi socio-judiciaire ou d'interdiction d'activité professionnelle ou bénévole impliquant un contact habituel avec des mineurs, la décision continue de figurer au B.2 pendant la durée de la mesure ;

• Les condamnations ayant fait l'objet d'une *réhabilitation judiciaire ou de plein droit* ;

• *Sur simple requête du condamné* : les condamnations ne pouvant faire l'objet d'une réhabilitation légale (plus de 10 ans d'emprisonnement, de réclusion ou de détention), 20 ans après la libération, en l'absence de condamnation, depuis la libération, à une peine criminelle ou correctionnelle (art. 775-2) ;

• Les dispositions prononçant la déchéance de l'autorité parentale ;

• Les arrêtés d'expulsion abrogés ou rapportés ;

• Les condamnations prononcées par des juridictions étrangères ;

• Les compositions pénales exécutées.

• Les *déclarations d'irresponsabilité pénale* pour cause de trouble mental, sauf si ont été prononcées les mesures de sûreté prévues par l'art. 706-136, tant que ces interdictions produisent leurs effets.

Pour les personnes morales (v. art. 775-1-A) : le contenu du B.2 est allégé, pour les raisons indiquées ci-dessous ; on exclut par ex. les condamnations à une amende inférieure à 30 000 €.

En l'absence de mention à mettre au B.2, est portée la mention « néant ».

2. Communication du B.2

Le B.2 est délivré notamment (art. 776 ; v. la liste complète dans l'art. R. 79, D. 571-4 et s. C. pr. pén.) aux administrations publiques de l'État (par ex. pour demande d'emploi public), à certaines administrations (ex. celles qui sont chargées du contrôle de l'exercice d'une profession quand celui-ci est restreint par des condamnations pénales, administrations chargées de l'assainissement de professions agricoles, commerciales, industrielles ou artisanales), à l'EDF (pour des demandes d'emploi), dans certains cas à l'Autorité des marchés financiers, aux dirigeants de personnes morales exerçant une activité ex. éducative auprès des mineurs, pour le recrutement, si le B.2 ne porte mention d'aucune condamnation.

Pour les personnes morales : l'accès à leur casier judiciaire est limité (v. art. 776-1), pour ne pas risquer d'entraver leur activité, surtout quand leurs membres ont été renouvelés, et pour éviter la concurrence économique de sociétés étrangères sans casier judiciaire parce que non responsables pénalement. Exemple de communication : le B.2 délivré à l'Autorité des marchés financiers, pour les personnes morales faisant appel public à l'épargne.

Remarque : depuis que le B.3 a été allégé de plein droit, ou peut l'être sur décision du juge, il y a eu, pour le casier des personnes physiques, une multiplication des personnes ou autorités pouvant demander le B.2 (à l'heure actuelle : 25 catégories ; pour les personnes morales, seulement les 4 catégories de l'art. 776-1).

c) Le bulletin n° 3 (B.3)

Il ne concerne que les condamnations prononcées pour crime ou délit ; c'est le relevé (art. 777 et 777-1) :

– des condamnations à une *peine privative de liberté* **supérieure à deux ans, sans aucun sursis** (le B.3 ne mentionne donc pas les condamnations avec sursis partiel), ou avec révocation du sursis entraînant exécution totale ;

– des condamnations à une *peine privative de liberté* **inférieure ou égale à deux ans**, mais alors seulement **sur décision de la juridiction** ;

– des condamnations à une *interdiction*, *déchéance*, *incapacité* prononcée sans sursis à titre de peine principale en application des art. 131-6 à 131-11 C. pén., mais cela seulement pendant la durée de ces mesures.

– des décisions prononçant le suivi socio-judiciaire ou l'interdiction d'activité professionnelle ou bénévole impliquant un contact habituel avec des mineurs, pendant la durée de la mesure.

Il y a cependant exclusion du B.3 pour les condamnations ci-dessus :

– si elles sont exclues du B.2 ;

– ou si, même figurant au B.2, elles ont été exclues du B.3 par la juridiction, immédiatement ou par la suite.

En l'absence de mention à inscrire au B.3, on trace sur la feuille une diagonale, *qui ne prouve donc pas l'absence totale de condamnation*, car on fait de même (diagonale sur la feuille) s'il n'y a vraiment rien au casier, *ce qu'on ne peut donc prouver par le B.3*. Exemples de condamnations ne figurant pas au B.3 : une condamnation à 5 ans d'emprisonnement *dont un an avec sursis* (sauf s'il y a révocation du sursis) ; de même plusieurs condamnations successives à 2 ans, sauf décision contraire de la juridiction.

C'est en raison de ces règles que 99,8 % des B.3 portent seulement une diagonale, ce qui ne reflète évidemment pas la réalité des condamnations.

Le B.3 ne peut être délivré qu'à la personne qu'il concerne (art. 777) ; il ne peut être demandé que par la personne (ou son représentant légal, pour un mineur ou un majeur sous tutelle), par lettre ou en se présentant au service (art. R. 82 et s. C. pr. pén.). On peut demander cet extrait par fax, par le minitel ou l'internet (réponse par courrier postal).

Il n'y a *pas de B.3 pour les personnes morales* (v. les raisons indiquées *supra*).

Remarque : sont punissables d'une amende de 7 500 € la prise de faux nom ou de fausse qualité ayant permis de se faire délivrer un extrait du casier d'un tiers et le fait de fournir de faux renseignements pouvant provoquer des mentions erronées au casier (art. 781 C. pr. pén.).

3. Force probante du casier judiciaire

Les bulletins ne sont que des copies de copies de copies (reproduction de l'extrait de sentence de condamnation), malgré l'informatique : ils n'ont que la valeur de simples renseignements.

• Si l'intéressé *dénie* l'exactitude du B.1 : le ministère public devra faire la preuve des condamnations (le casier servant à retrouver trace des condamnations).

• Si l'intéressé *ne conteste pas* cette exactitude : le casier fait preuve.

Remarque : l'art. 434-23 C. pén. punit de peines correctionnelles le fait :
– de *prendre le nom d'un tiers*, dans des circonstances pouvant déterminer des poursuites pénales contre celui-ci (la rétractation ultérieure est sans effet).
Il existe ici une **exception au droit commun du concours d'infractions** : la peine prononcée pour usurpation d'état civil doit se **cumuler, sans confusion**, avec celles prononcées pour l'infraction à propos de laquelle l'usurpation a été commise ; mais en cas d'usurpations multiples, s'ajoutera, à la peine applicable à l'infraction origine de l'usurpation, une seule peine pour l'ensemble des usurpations ;
– de faire une *fausse déclaration sur l'état civil* d'une personne, pouvant avoir le même effet.

POUR ALLER PLUS LOIN

EXEMPLES DE SUJETS POSSIBLES D'EXAMENS :

Dissertations :
> Les cas de récidive
> La personnalisation de la peine (sujet portant sur l'ensemble du titre 3)

Titre 4
SUSPENSION ET EXTINCTION DES PEINES

Principe : *normalement*, et sauf dispense totale et immédiate de peine correctionnelle ou contraventionnelle, qui empêche même de prononcer la peine, *la peine prononcée s'exécute totalement*, quand la condamnation devient condamnation *définitive* ; et l'exécution éteint la peine.

On rappelle qu'une condamnation devient définitive (irrévocable) lorsque les *voies de recours* sont *épuisées* (ex. rejet du pourvoi en cassation) ou leur *délai* (le plus long) *écoulé* : 2 mois pour la condamnation par le tribunal correctionnel (délai d'appel du procureur général), 5 jours pour la condamnation par la chambre des appels correctionnels (délai de droit commun du pourvoi en cassation). Il est à noter toutefois que, pour l'exécution des peines prononcées pour délit ou contravention, on ne tient pas compte du délai d'appel de 2 mois du procureur général (art. 708 C. pr. pén.) ; la condamnation devient donc ici *exécutoire* avant d'être **définitive**.

L'exécution des peines peut cependant être empêchée par le décès du condamné, et par la **dissolution** des personnes morales (sauf évidemment si la dissolution est prononcée comme peine par une juridiction pénale) : art. 133-1 C. pén. Cependant, en cas de décès, on l'a vu, *l'amende* peut être recouvrée ; de même peut être exécutée la *confiscation* après décès du condamné ou dissolution de la personne morale (art. 133-1). Empêche également l'exécution des peines privatives de liberté la **maladie mentale** du condamné survenant après condamnation (établissements spéciaux).

Mais, en dehors de ces cas, sont prévues de nombreuses **dispenses d'exécution** de la peine, totales ou partielles (*cf.* l'âge de 65 ans pour l'interdiction de séjour), et des causes d'**effacement** des peines.

On doit distinguer trois groupes de cas :

1. *Suspension de la peine, souvent de nature conditionnelle* : **sursis ; fractionnement, suspension ; semi-liberté, placement à l'extérieur ou sous surveillance électronique ; libération conditionnelle**.

2. *Extinction de la peine avec effacement de la condamnation* : **amnistie ; réhabilitation**.

3. *Extinction de la peine sans effacement de la condamnation* : **relèvement ; grâce ; prescription**.

Il faut observer que toutes ces mesures agissent dans le sens de l'**indulgence**. On avait parfois proposé un système permettant d'allonger éventuellement la durée de la peine : c'est le système de la **sentence indéterminée**. L'indétermination peut être soit absolue (liberté totale pour l'administration, ce qui peut être dangereux pour la liberté individuelle), soit relative (des limites étant fixées par le juge). Ce concept aurait abouti à transférer les pouvoirs du juge à l'administration, comme, dans le sens de l'indulgence, un transfert s'est déjà opéré de la loi au juge, et du juge à l'administration : c'est le passage du législatif au judiciaire, puis à l'administratif ; mais depuis quelques années l'accroissement du rôle du JAP a renforcé la judiciarisation de l'exécution des peines, parachevée par la L. 2004 avec le tribunal de l'application des peines (v. Mémento de *Criminologie et science pénitentiaire*). On notera que la **rétention de sûreté**, qui permet de prolonger la privation de liberté au-delà de l'extinction de la peine, pour des criminels présentant un fort risque de récidive en raison d'un trouble grave de la personnalité, **peut être reconduite indéfiniment**, d'année en année, tant que la dangerosité de l'intéressé persiste (art. 706-53-16 C. pr. pén.) ; mais la décision est prise par un organe judiciaire, la juridiction régionale de la rétention de sûreté, et elle peut faire l'objet d'un recours devant la juridiction nationale de la rétention de sûreté (art. 706-53-15 C. pr. pén.). De même, la surveillance de sûreté, qui emporte les mêmes obligations que la surveillance judiciaire, est reconductible sans limitation de durée (art. 706-53-19 C. pr. pén.).

Chapitre 1 > LA SUSPENSION DES PEINES

> Les mesures de suspension des peines sont des mesures de faveur : elles ne sont jamais un droit pour le condamné.
>
> C'étaient *jadis des mesures nettement différenciées* : ainsi le sursis, mesure décidée par le juge, par principe au moment du jugement, et permettant l'*individualisation judiciaire* de la peine (on préfère aujourd'hui le terme de personnalisation), comportait dispense d'exécution à l'origine totale ; la libération conditionnelle, elle, est décidée pendant l'incarcération, et ne comportant donc qu'une dispense *partielle* (à l'origine, elle était toujours décidée par l'administration, réalisant l'*individualisation administrative* de la peine : la mesure est devenue aujourd'hui *judiciaire*).
>
> Puis s'est produit un **rapprochement** ; par exemple :
> - le tribunal peut ordonner un sursis partiel à l'emprisonnement, proche de la libération conditionnelle, accordée selon le cas par le juge de l'application des peines ou par le tribunal de l'application des peines ;
> - la suspension et le fractionnement de la peine sont décidés, selon le cas, par le ministère public, par le JAP, ou par le tribunal ;
> - la semi-liberté dépend parfois du tribunal, parfois du JAP.
>
> Certaines de ces mesures comportent par principe dispense conditionnelle d'exécution (ex. sursis, libération conditionnelle), d'autres constituent une suspension en principe sans dispense (ex. fractionnement).
>
> Remarque : on ne confondra pas les **dispenses conditionnelles d'exécution** d'une peine prononcée (ex. le sursis) avec l'ajournement, qui consiste à différer la décision sur la peine, et qui peut aboutir, on l'a vu, à une dispense de peine, avec déclaration de culpabilité, mais sans condamnation.
>
> On étudiera les sursis, le fractionnement et la suspension de la peine, la semi-liberté, le placement à l'extérieur ou sous surveillance électronique prononcés par le tribunal, la libération conditionnelle.

Section 1 > LES SURSIS

Principe : le sursis est la **dispense totale ou partielle de l'exécution** de la peine à la condition que n'intervienne pas une cause de révocation.

Le sursis existe depuis plus d'un siècle dans notre droit : l'origine en fut la loi du 26 mars 1891 (loi Béranger). Il est aujourd'hui régi par le C. pén., pour le sursis simple, art. 132-29 et s., pour le sursis avec mise à l'épreuve, art. 132-40 à 132-53, pour le sursis avec TIG, art. 132-54 à 132-57, ainsi que par le C. pr. pén., pour le sursis simple, art. 735 et 736, pour le sursis avec mise à l'épreuve, art. 739 à 747, pour le sursis avec TIG, art. 747-1 à 747-2.

- Le sursis est une faveur à l'origine réservée au délinquant primaire, mais qui est aujourd'hui élargie.

- Mais le sursis est surtout conçu comme un moyen de lutte contre la récidive, de deux manières :

– en évitant les inconvénients de l'emprisonnement (le juge peut d'ailleurs, dans ce dessein, préférer prononcer des peines alternatives) ;
– en faisant peser sur le délinquant condamné avec sursis une menace précise et personnelle.

Nature : c'est un **sursis à l'exécution de la peine** ; la condamnation est prononcée ; à distinguer de l'ajournement, avec déclaration de culpabilité, mais qui peut aboutir à la dispense de peine et constituer une sorte de probation.

Valeur :

• Sursis simple : il produit de bons résultats pour la **prévention individuelle** (moins de 10 % de révocations de sursis total ; il faut toutefois savoir que souvent les juges écartent la révocation qui pourrait avoir lieu, ou prononcent des peines l'empêchant de jouer). Mais les résultats sont moins bons pour la **prévention collective** : l'opinion finit par croire que le premier délit n'est pas puni, les juges usant très largement du sursis.

• *Sursis avec mise à l'épreuve :* il peut donner de bons résultats, mais à la condition que l'on dispose du personnel nécessaire (5 % de révocations, sur une année de référence).

Remarques :

1. Même quand ses conditions sont réunies, le sursis reste une *faveur* : le condamné n'y a jamais *droit*. Mais en matière correctionnelle, et sauf récidive, la juridiction ne peut prononcer un emprisonnement sans sursis que par motivation spéciale (art. 132-19, al. 2) : lors d'une première condamnation, *le sursis devient donc, pour l'emprisonnement, une sorte de principe.*

2. L'octroi du sursis suppose une mention dans le jugement, avec énonciation des *conditions requises*. L'avertissement (pour le sursis avec mise à l'épreuve ou TIG, *notification*) doit être fait au condamné des conséquences éventuelles d'une nouvelle condamnation ; mais pour l'avertissement il a été jugé que la règle *n'était pas prescrite à peine de nullité*, même s'il contient des indications erronées.

3. La *cour d'assises* peut ne condamner l'accusé qu'à une peine d'emprisonnement : elle peut alors faire jouer le sursis si les conditions en sont réunies, mais il faut une *majorité* de 7 voix au moins sur les 12 votants de la cour (3 magistrats et 9 jurés), ou, en appel, de 8 voix au moins sur les 15 votants (3 magistrats et 12 jurés).

Il existe, à côté de sursis simple, le sursis avec mise à l'épreuve, et le sursis avec obligation d'accomplir un travail d'intérêt général.

§ 1 – LE SURSIS SIMPLE

Art. 132-29 à 132-39 C. pén. ; 734 à 736 C. pr. pén.

A. Conditions

Ces conditions se réfèrent d'une part au passé judiciaire du prévenu, d'autre part à la condamnation pouvant être assortie du sursis.

1. Qui peut bénéficier du sursis simple ?

a) Personnes physiques

Selon la peine que la juridiction veut prononcer avec sursis, il faut distinguer deux cas (art. 132-30, 31 et 33). Il y a en effet une *condition commune*, existant *quelle que soit la peine prononcée avec sursis simple* ; mais il y a une *condition supplémentaire*, spéciale au cas où la juridiction veut prononcer le sursis pour une *peine autre que l'emprisonnement* (ex. l'amende).

1. Pour tout sursis simple

Si la juridiction veut accorder un sursis simple **pour l'une quelconque des peines pouvant être assorties du sursis simple** (ex. emprisonnement, amende, peine privative de droits, *v. 2.*) :

En matière criminelle, correctionnelle, ou contraventionnelle, il faut, pour que le prévenu puisse bénéficier du sursis, qu'il **n'ait pas été condamné**, dans les **5 ans** précédant les faits, pour **crime ou délit de droit commun**, à une peine de **réclusion**, ou **d'emprisonnement** quel qu'en soit le taux (avec ou sans sursis) : si une telle condamnation a été prononcée dans le délai indiqué, **aucun sursis simple n'est possible** (art. 132-30, al. 1).

Ne font donc pas obstacle au sursis simple, pour les personnes physiques, les condamnations antérieures :

– pour contravention ;

– pour crime ou délit politique ;

– à une peine autre que la réclusion ou l'emprisonnement (par ex. une amende), si c'est un sursis à l'emprisonnement qui est envisagé.

2. Pour le sursis simple à une peine autre que l'emprisonnement

Si la juridiction veut accorder le sursis simple **pour une peine autre que l'emprisonnement** (ex. amende, peine privative de droits). *Outre évidemment la condition précédente* :

– *en matière correctionnelle*, une autre condition doit être remplie. Il faut, pour que le prévenu puisse bénéficier du sursis, qu'il **n'ait pas été condamné**, dans les **5 ans** précédant les faits, à une **peine de ce type** (ex. amende, peine privative de droits), avec ou sans sursis (art. 132-31, al. 2) : s'il a été condamné à des peines telles que l'amende ou une peine privative de droits, il ne peut plus avoir le sursis simple que pour la peine d'emprisonnement si elle est encourue, à condition évidemment de remplir la condition visée ci-dessus : absence de condamnation antérieure à l'emprisonnement ou à la réclusion ;

– *en matière contraventionnelle*, au contraire, le sursis peut être accordé malgré une condamnation antérieure à une peine autre que l'emprisonnement ou la réclusion : ainsi, une condamnation antérieure à une peine d'amende n'empêche pas d'avoir ensuite le sursis (art. 132-33, al. 1).

b) Personnes morales

1. En matière criminelle ou correctionnelle

Ce sursis est réservé aux personnes morales non condamnées, dans les 5 ans précédant les faits, pour **crime ou délit de droit commun**, à une **amende de plus de 60 000 €** (art. 132-30, al. 2).

2. En matière contraventionnelle

Les conditions sont les mêmes, sauf en ce qui concerne le taux de l'amende antérieure : pas plus de 15 000 € (art. 132-33, al. 2).

Remarques :
1. Il suffit, pour que les condamnations visées par la loi fassent obstacle au sursis, qu'elles aient été prononcées dans le délai de 5 ans et soient devenues définitives. Il n'est pas nécessaire que les peines prononcées aient été subies.
2. La condamnation ne fait obstacle au sursis que si elle a été prononcée par une juridiction française.

2. Quelles condamnations peuvent être assorties du sursis simple ?
a) Personnes physiques
1. En matière criminelle ou correctionnelle
Le sursis est applicable

- à **l'emprisonnement** (prononcé pour crime ou pour délit) de 5 ans au plus (art. 132-31, al. 1).
Le sursis n'est donc **pas applicable** :
– **à la peine de réclusion criminelle ou de détention criminelle** (mais il peut jouer pour l'emprisonnement, ou pour d'autres peines, prononcées pour crime) ;
– à **l'emprisonnement** prononcé **pour plus de 5 ans** (en dehors du cas de l'emprisonnement pouvant être prononcé pour crime, certains délits sont punissables de 7 ou 10 ans d'emprisonnement). Ex. : il ne peut être prononcé, même partiellement, pour une peine de 9 ans prononcée pour crime.
Le sursis n'est pas nécessairement total : un sursis **partiel** peut être décidé.

- à **l'amende** (art. 132-31, al. 1 ; le sursis partiel est possible : art. 132-39). Mais le sursis ne peut jouer pour les amendes à caractère mixte, à la fois peines et réparations civiles, ex. en matière forestière, sauf dans certains cas, ex. contributions indirectes.

- à la peine de **jours-amende** (art. 132-31, al. 1 ; le sursis partiel est possible : art. 132-39).

- aux peines **privatives de droits** de l'art. 131-6, sauf pour la confiscation (art. 132-31, al. 1). Ex. interdiction d'émettre des chèques.

- aux **peines complémentaires** de l'art. 131-10 (ex. déchéance d'un droit), *sauf pour la confiscation, la fermeture d'établissement et l'affichage* (art. 132-31, al. 1) ; la *suspension du permis de conduire* prononcée comme peine complémentaire en cas de *conduite en état alcoolique ou après usage de stupéfiants, ou de refus des vérifications* ne peut être assortie du sursis, même partiel (art. L. 234-2 II, et L. 234-8 IV C. route ; il est vrai que, la peine étant facultative, on peut ne pas la prononcer du tout).

2. En matière contraventionnelle
Le sursis est applicable (art. 132-34, al. 1) :
- aux peines privatives de droits de l'art. 131-14 (ex. suspension de permis), sauf pour la confiscation ;
- aux peines complémentaires suivantes, prévues par l'art. 131-16, 1°, 2°, 4° : suspension de permis, interdiction de port d'arme, retrait du permis de chasser ;

• à la peine complémentaire de l'art. 131-17, al. 1 (interdiction d'émettre des chèques) ;

• en cas d'amende prononcée pour contravention de 5ᵉ classe (donc pas pour les contraventions des quatre premières classes).

b) Personnes morales
1. En matière criminelle et correctionnelle
Le sursis est applicable (art. 132-32) :

• à l'amende ;

• aux peines suivantes, prévues par l'art. 131-39 : interdiction professionnelle, exclusion des marchés publics, appel public à l'épargne, interdiction d'émettre des chèques ou d'utiliser des cartes de paiement.

2. En matière contraventionnelle
Le sursis est applicable (art. 132-34, al. 2) :

• à l'interdiction d'émettre des chèques ou d'utiliser des cartes de paiement ;

• à l'amende prononcée pour contravention de 5ᵉ classe : il n'y a donc pas de sursis possible pour l'amende prononcée pour contravention des 4 premières classes.

B. Effets

Il y a **dispense conditionnelle d'exécution** de la peine assortie du sursis, pendant un certain délai ; en l'absence de révocation, la dispense devient **définitive**.

1. Dispense conditionnelle

a) Il y a dispense immédiate des peines prononcées avec sursis
Cette dispense est totale, ou partielle en cas de sursis partiel. En cas de détention provisoire et de sursis total pour l'emprisonnement, il y a donc mise en liberté, sans surveillance, ce qui est très souvent un inconvénient.

Mais la condamnation subsiste avec toutes ses autres conséquences : incapacités, interdictions, déchéances (ex. incapacité d'exploiter un débit de boissons), dommages-intérêts (art. 736 C. pr. pén.). Elle compte donc pour la **récidive**, et est inscrite au casier (bulletin n° 1, bulletin n° 2 sauf exclusion par la juridiction, mais non au bulletin n° 3).

b) Révocation du sursis
Le sursis simple peut être **révoqué**.
1. Délai
Le sursis peut être révoqué :
– **pendant un délai de 5 ans**, pour une condamnation prononcée pour **crime** ou **délit** (art. 132-35) ;
– ou pendant un délai de **2 ans**, pour une condamnation prononcée pour **contravention** (art. 132-37).

Ces délais partent de la **condamnation définitive** (irrévocable), c'est-à-dire lorsque les voies de recours sont épuisées, ou leur délai (le plus long) écoulé, *v. supra*. Il en est de même en cas de sursis partiel ; mais le délai est suspendu pendant l'exécution de la peine d'emprisonnement ferme.

Donc, avant ce moment, une nouvelle infraction ne peut révoquer le sursis selon la jurisprudence.

Il est jugé que la révocation a lieu dès lors que les faits objet de la deuxième condamnation sont commis, au moins pour partie, dans les 5 ans ou 2 ans selon le cas, même si la condamnation intervient après ce délai.

2. Causes de la révocation

• Pour le sursis accompagnant la **condamnation antérieure, quelle que soit la peine**, il y a révocation en cas de nouvelle condamnation, pour un crime ou un délit de droit commun, à **la réclusion ou à l'emprisonnement sans sursis** (art. 132-35, 132-36, al. 1 ; donc une peine de détention criminelle ne révoque pas le sursis).

• Pour le sursis accompagnant la condamnation antérieure à une **peine quelconque autre que l'emprisonnement**, il y a révocation en cas de nouvelle condamnation, pour crime ou délit de droit commun, à une **peine autre que la réclusion ou l'emprisonnement sans sursis** (art. 132-36, al. 2).

• Pour le sursis accompagnant la condamnation antérieure pour **contravention**, il y a révocation en cas de nouvelle condamnation, pour crime ou délit de droit commun, ou pour contravention de 5e classe, sans sursis (art. 132-37).

Une nouvelle condamnation avec sursis, dans les cas où elle est possible, ne peut donc révoquer un sursis antérieur. De même ne peut révoquer un sursis antérieur une deuxième condamnation avec sursis, devenue non avenue en raison de ce que ce deuxième sursis n'a pas été révoqué.

3. Pouvoirs du juge

La dispense d'exécution de la peine est révoquée par les causes ci-dessus, mais **la juridiction peut, par décision spéciale et motivée, écarter la révocation** (art. 132-38, al. 2) ; en l'absence de décision à ce sujet, le condamné peut demander ultérieurement la dispense de révocation (v. pour la procédure dans ce cas, art. 735, 702-1, 703 C. pr. pén.).

Quand il y a révocation, celle-ci opère de plein droit, sauf si le juge dispense le condamné de cette révocation ; la jurisprudence en conclut que le juge non saisi d'une demande d'une telle dispense n'a pas à décider qu'il n'y a pas lieu à dispense de révocation (cela serait un excès de pouvoir, sauf si le dispositif du jugement ne vise pas l'exécution).

Le fait que la juridiction dispense de la révocation confère à la condamnation, à l'expiration du délai d'épreuve, un caractère non avenu, même en cas de nouvelle condamnation.

La juridiction peut ne prononcer qu'une **révocation partielle**, ou limiter les effets de la dispense de révocation à un ou plusieurs des sursis antérieurement accordés (art. 132-38, al. 2).

4. Effets de la révocation

Le condamné devra subir la peine ou partie de peine qui avait été assortie du sursis, et la peine nouvellement prononcée, sans confusion (et avec, éventuellement, l'aggravation résultant de la récidive). Mention est portée au B.3 de l'emprisonnement dans certains cas (*v. le casier judiciaire*), ou des peines d'incapacités, interdictions ou déchéances prononcées comme peines principales.

La prescription de la première peine assortie du sursis, si ce sursis a été révoqué, part de la décision de révocation devenue définitive.

2. Dispense définitive

En l'absence de révocation après 5 ans suivant une condamnation pour crime ou délit avec sursis simple, **ou 2 ans** après une condamnation pour contravention avec sursis simple, la condamnation devient condamnation réputée **non avenue**, même si le sursis simple n'a été accordé que pour une partie de la peine (art. 132-39).

a) Il y a dispense définitive de l'exécution de la peine. Mais si le sursis simple n'a été accordé que pour une partie de la peine, la peine de jours-amende ou l'amende, ou la partie de l'amende non assortie du sursis reste due (art. 132-39).

b) Il y a effacement de la condamnation elle-même, même en cas de dispense partielle (mais l'amende ou partie d'amende sans sursis reste due). Les incapacités, interdictions et déchéances qui résultent de la condamnation disparaissent (mais non le suivi socio-judiciaire ni l'interdiction d'activité impliquant un contact habituel avec des mineurs : art. 736, al. 3 C. pr. pén.). Le délinquant peut de nouveau bénéficier du sursis.

La condamnation ne figure plus au B.2 (pour les condamnations prononcées par le tribunal pour enfants, la fiche est retirée du casier judiciaire). Elle disparaîtra du casier après expiration des délais de réhabilitation légale (*v. cette question*), comptés à partir du jour où la condamnation est condamnation non avenue. Mais, selon la chambre criminelle, le condamné peut demander la réhabilitation judiciaire après les délais prévus, courant à partir du jour où la condamnation est réputée non avenue.

§ 2 – LE SURSIS AVEC MISE À L'ÉPREUVE

Ce sursis ne concerne que les personnes physiques, puisque, on va le voir, il ne s'applique qu'à l'emprisonnement. Il est parfois appelé *probation*. Art. 132-40 à 132-53 C. pén. ; 739 à 747 C. pr. pén. On ne le confondra pas avec la mise à l'épreuve qui peut accompagner un ajournement de peine (*v. cette institution* ; art. 132-63 à 65 C. pén.), et qui peut aboutir à une dispense de peine.

A. Conditions

Par rapport au sursis simple, elles sont *plus larges* quant aux bénéficiaires du sursis, *moins larges* quant aux condamnations pouvant être assorties du sursis.

1. Qui peut en bénéficier ?

a) En dehors du cas de la récidive

Ici, *le sursis est beaucoup plus large que le sursis simple* : tout le monde peut bénéficier du sursis avec mise à l'épreuve, même les personnes ayant fait l'objet de condamnations antérieures quelles qu'elles soient.

b) En cas de récidive (art. 132-41, al. 3)

• Ce sursis ne peut être accordé si la personne a déjà fait l'objet de deux condamnations assorties d'un sursis avec mise à l'épreuve pour des délits identiques ou assimilés au sens des articles 132-16 à 132-16-4 (ex. agressions et atteintes sexuelles, traite d'un être humain et proxénétisme).

• Lorsqu'il s'agit d'un crime ou d'un délit de violences volontaires, d'agressions ou d'atteintes sexuelles, ou encore d'un délit commis avec la circonstance aggravante de violences, si la personne a déjà bénéficié d'un sursis avec mise à l'épreuve pour des infractions identiques ou assimilées, ce sursis ne peut être accordé de nouveau, sauf, pour l'emprisonnement, s'il est partiel.

2. Pour quelle condamnation ?

Ici, le sursis est moins large que le sursis simple : le sursis avec mise à l'épreuve ne s'applique qu'à :

• **l'emprisonnement pour 5 ans au plus pour crime ou délit de droit commun** (art. 132-41, al. 1 : donc même pour crime si un emprisonnement est prononcé ; mais pas pour un emprisonnement de plus de 5 ans, ex. 6 ans dont un an avec sursis avec mise à l'épreuve, bien qu'aujourd'hui, pour certains délits, l'emprisonnement puisse aller jusqu'à 10 ans).

• **l'emprisonnement pour 10 ans au plus en cas de récidive** (art. 132-41, al. 1). Il ne s'applique donc ni aux peines criminelles, ni aux amendes, ni aux peines prononcées à la place de l'emprisonnement, ni pour une infraction politique ou assimilée (ex. contestation de crime contre l'humanité), ni pour les contraventions. Il ne peut être prononcé, même partiel, pour un emprisonnement avec suivi socio-judiciaire (art. 131-36-6 C. pén.).

En matière militaire s'appliquent les art. L. 222-65, L. 265-1 C. just. mil. (mais les juridictions de droit commun ne peuvent prononcer le sursis avec mise à l'épreuve pour des infractions militaires).

B. Effets

1. Les effets immédiats

Comme pour le sursis simple, il y a :
– **dispense immédiate de peine** (totale, ou partielle en cas de sursis partiel ; pour l'emprisonnement, cette partie ne peut excéder 5 ans : art. 132-42, al. 2) ;
– maintien des autres conséquences de la condamnation (ex. les incapacités, interdictions et déchéances, les dommages-intérêts). Lorsque la juridiction prononce, à titre de peine complémentaire, l'*interdiction du territoire français* pour une durée de 10 ans au plus, il est *sursis à son exécution* pendant la durée de l'épreuve (art. 132-40, al. 3).

2. L'épreuve

Il faut noter que la condamnation peut être déclarée exécutoire immédiatement, si l'**exécution provisoire** est ordonnée.

a) Délai de l'épreuve

Il est fixé par le juge dans les limites légales : **12 mois au moins** (sauf décision du JAP, *v. infra c*)) et **3 ans au plus** (et non pas 5 ans comme pour le sursis simple).

En cas de *récidive*, le délai peut être porté à cinq ans, et à 7 ans en cas de nouvelle récidive (art. 132-42, al. 1).

Le *point de départ du délai* est la date à laquelle la condamnation devient **exécutoire** (une condamnation par le tribunal correctionnel devient exécutoire, en l'absence d'exécution provisoire ordonnée, et s'il n'y a pas de recours exercé, à l'expiration du délai d'appel du prévenu, donc avant l'expiration du délai d'appel du procureur général : v. art. 708, al. 2 C. pr. pén.). Donc une infraction commise après la condamnation, mais avant que celle-ci soit exécutoire, ne peut révoquer le sursis. Mais la *révocation du sursis* suppose, elle, une condamnation définitive (*v. infra c*).

Le délai est **suspendu** en cas de sursis avec mise à l'épreuve partiel pendant l'exécution de la fraction ferme de l'emprisonnement et pendant le service national (art. 132-43), ainsi que pendant l'incarcération pour une autre cause.

En cas de confusion des peines successives, le sursis reporte le point de départ du délai d'épreuve à la date de la dernière condamnation définitive : la solution a été critiquée, car la confusion ne modifie pas les conséquences propres des peines confondues (de plus, la solution aboutit à créer une période pendant laquelle il ne peut y avoir révocation ou mise à exécution).

b) Nature de l'épreuve

L'épreuve comporte des mesures de contrôle et d'aide, et le cas échéant certaines obligations (art. 132-43).

• Pour les **mesures de contrôle et d'aide** (art. 132-44, 132-46 ; 739 et s., R. 58 à 60 C. pr. pén.), interviennent le **juge de l'application des peines** et le **service pénitentiaire d'insertion et de probation** (ex. : le condamné doit répondre aux convocations, recevoir le travailleur social, le prévenir de ses changements de résidence ; la seule inobservation de ces obligations justifie la saisine du tribunal). Si le sursis est décidé pour un *mineur*, c'est le juge des enfants qui exerce les attributions du JAP jusqu'à ce que le condamné ait 21 ans (sur décision de la juridiction pour mineurs si l'intéressé a atteint 18 ans au jour de sa condamnation) : art. 20-9 Ord. 1945.

• La juridiction et le JAP peuvent imposer **une ou plusieurs obligations** ; **ces obligations** pourront ensuite être **aménagées, accrues ou supprimées par le JAP** (art. 132-45 C. pén. ; 739, al. 2 C. pr. pén. ; la décision du JAP est immédiatement exécutoire : art. 712-14 C. pr. pén.). Pour un *mineur*, la juridiction peut assortir le sursis d'une mesure éducative, art. 20-10 (ex. liberté surveillée, placement en centre éducatif fermé).

Ces obligations constituent une épreuve en milieu libre. L'art. 132-45 C. pén. en prévoit 19 (pour les *mineurs*, elles peuvent être combinées avec d'autres mesures, *v. supra*) :

– exercer une activité professionnelle, ou suivre un enseignement ou une formation professionnelle.

– établir sa résidence en un lieu déterminé.

– se soumettre à des examens médicaux, traitement ou soins, même avec hospitalisation (règle jugée non contraire à la Conv. EDH par la chambre criminelle).

Il peut s'agir de l'injonction thérapeutique (soins et surveillance médicale : art. L. 3413-1 et s. C. santé publ.) si le condamné fait usage de stupéfiants ou fait une consommation habituelle et excessive d'alcool.

– contribuer aux charges familiales ou acquitter régulièrement les pensions alimentaires.

– réparer, en tout ou en partie, en fonction de ses facultés contributives (à apprécier au moment de l'exécution) les **dommages causés par l'infraction**, même en l'absence de décision sur l'action civile (y compris les frais non payés par l'État de l'art. 475-1 C. pr. pén., selon la jurisprudence) ; mais pas pour une créance éteinte dans une procédure collective, selon la chambre criminelle.

– acquitter les sommes dues au Trésor.

– s'abstenir de conduire certains véhicules.

– ne pas se livrer à l'**activité professionnelle** dans l'exercice ou à l'occasion de laquelle l'infraction a été commise.

– s'abstenir de paraître dans des lieux désignés (sauf à l'étranger, en raison de la territorialité de la loi pénale ; mais le déplacement à l'étranger suppose l'autorisation du JAP, au titre des mesures de contrôle citées ci-dessus, art. 132-44, 5°).

– ne pas engager de paris (ex. PMU).

– ne pas fréquenter les débits de boissons.

– ne pas fréquenter certains condamnés, notamment les auteurs ou complices de l'infraction.

– ne pas entrer en relation avec certaines personnes, notamment la victime de l'infraction.

– ne pas détenir ou porter une arme.

– en cas d'infraction dans la conduite de véhicule, stage de sensibilisation à la sécurité routière.

– en cas de crime ou délit d'atteinte volontaire à la vie, d'agression ou d'atteinte sexuelles, ne pas diffuser d'ouvrage portant sur l'infraction commise et s'abstenir d'intervention publique à ce sujet.

– remettre ses enfants entre les mains de ceux auxquels la garde a été confiée par décision de justice.

– accomplir un stage de citoyenneté.

– en cas d'infraction commise contre le conjoint, le concubin ou le partenaire d'un pacte civil de solidarité, contre ses enfants ou ceux de son conjoint, concubin ou partenaire, résider hors du domicile ou de la résidence du couple et, le cas échéant, s'abstenir de paraître dans ce domicile ou cette résidence ou à leurs abords immédiats, ainsi que, si nécessaire, faire l'objet d'une prise en charge sanitaire, sociale ou psychologique (dispositions applicables entre anciens conjoints, concubins ou partenaires, le domicile étant alors celui de la victime).

– en application de l'article 132-45-1, lorsque l'infraction au nombre de celles pour lesquelles un suivi socio-judiciaire est possible, une **injonction de soins** est possible, s'il est établi par expertise médicale que l'intéressé condamné à un emprisonnement assorti du sursis avec mise à l'épreuve peut faire l'objet d'un traitement. L'injonction de soins est obligatoire, sauf décision contraire de la juridiction. Le président avertit le condamné que l'injonction de soins ne peut être entreprise qu'avec son consentement, mais qu'en cas de refus, l'emprisonnement pourra être mis à exécution. En cas de sursis partiel, le traitement peut commencer pendant l'exécution de l'emprisonnement.

Mais la liste est limitative : par ex., on ne peut imposer de remettre en état une installation sanitaire ; le tribunal doit préciser ces obligations, et ne pas se borner à renvoyer à l'art. 132-45 C. pén.

Remarque : malgré le fondement du sursis avec mise à l'épreuve (probation, épreuve), l'existence de ces obligations fait qu'il est considéré comme plus sévère que le sursis simple (ainsi, l'art. 132-55, 2°, à propos du sursis avec travail d'intérêt général, présente ce travail comme une « peine ») ; la jurisprudence estime ainsi que le pourvoi contre l'arrêt visant le sursis avec mise à l'épreuve dans ses motifs, mais prononçant le sursis simple dans son dispositif, est irrecevable faute d'intérêt.

c) Déroulement de l'épreuve

Il faut bien entendu distinguer selon que l'épreuve est ou non bien exécutée.

1. En cas de bonne exécution

• *Dès avant le terme*. Si le condamné satisfait à ses obligations et si le reclassement paraît acquis, le JAP peut déclarer la condamnation **non avenue, avant même l'expiration du délai fixé** (on ne peut cependant saisir le JAP avant un an suivant la condamnation définitive). Art. 744 C. pr. pén.

• *À l'issue du délai d'épreuve* (art. 132-52 C. pén.) : il y aura condamnation réputée **non avenue** s'il n'y a pas eu de décision ayant ordonné l'exécution totale de la peine. Il y a cessation des incapacités, interdictions, déchéances, mais non du suivi socio-judiciaire ni de l'interdiction d'activité impliquant un contact habituel avec des mineurs (art. 746, al. 3 C. pr. pén.). Les conséquences sur le casier judiciaire sont les mêmes qu'en cas de sursis simple (de même pour le casier judiciaire des mineurs).

Si le sursis avec mise à l'épreuve a été un sursis partiel, la condamnation est réputée non avenue dans tous ses éléments s'il n'y a eu aucune décision ordonnant l'exécution totale de la peine.

Si ce sursis (ou un sursis avec TIG) a été déjà accordé pour une 1re condamnation, celle-ci est considérée comme non avenue si la 2e est déclarée ou réputée non avenue dans les mêmes conditions (art. 132-53).

2. En cas de mauvaise exécution

Il peut y avoir soit **prolongation** du délai d'épreuve, soit **révocation** du sursis :

• **Prolongation du délai d'épreuve**

Le délai d'épreuve est prolongé par le JAP (art. 742 C. pr. pén.) :
– si le condamné ne satisfait pas aux mesures de contrôle ou à ses obligations particulières ;
– s'il commet une infraction suivie de condamnation sans révocation.

Si le JAP prolonge le délai d'épreuve, ce délai ne peut dépasser 3 ans au total (art. 743). L'exécution provisoire peut être ordonnée (art. 712-14).

Dans tous ces cas, le JAP peut, au lieu de prolonger le délai, **révoquer** le sursis : mais il ne peut faire les deux. Il peut délivrer en mandat d'amener (art. 741, al. 2, et 712-17).

• **Révocation du sursis**

Il **peut** y avoir **révocation, totale ou partielle.** La **révocation partielle** (non limitée dans son quantum) ne peut être ordonnée qu'une fois (art. 132-49) ; elle ne met pas fin à l'épreuve, et ne fait pas produire à la condamnation les effets d'une condamnation sans sursis.

• **Cas de révocation :**

La révocation peut être décidée dans deux sortes de cas **(mais la révocation n'est pas automatique)** :

– **Inexécution des obligations** : si le condamné ne satisfait pas aux mesures de contrôle et aux mesures particulières qui lui sont imposées (par ex. réparer le dommage causé par l'infraction), et en dehors de la possibilité de prolonger le délai d'épreuve, v. *ci-dessus*, le sursis avec mise à l'épreuve peut être révoqué **par le JAP** (art. 132-47, al. 2 C. pén. ; art. 742 C. pr. pén.), donc même sans nouvelle infraction, à la différence du sursis simple. Art. 742 C. pr. pén. Si cette révocation est ordonnée alors que la condamnation n'était pas définitive, elle devient caduque si la condamnation est infirmée ou annulée (art. 132-47, al. 2).

– **Commission d'une infraction** : si le condamné commet, au cours du délai d'épreuve, un crime ou un délit de droit commun suivi d'une condamnation à une peine privative de liberté sans sursis, la juridiction de jugement peut, après avis (obligatoire) du JAP, révoquer le ou les sursis antérieurement accordés (art. 132-47, al. 1, 132-48) ; selon la jurisprudence, le tribunal doit être saisi avant l'expiration du délai d'épreuve.

La révocation suppose donc, selon le cas, un manquement aux obligations, ou une infraction commise : mais ces faits doivent intervenir, on l'a vu, après que la mise à épreuve est devenue exécutoire ; la condamnation est exécutoire immédiatement quand l'exécution provisoire est ordonnée, ou (même sans exécution provisoire), en l'absence de recours, après expiration du délai d'appel du prévenu, alors même qu'on se trouve encore dans le délai d'appel du procureur général, donc à un moment où la condamnation n'est pas encore une condamnation définitive (art. 708 C. pr. pén.).

Toutefois, si la commission d'une infraction avant que la condamnation assortie du sursis soit devenue définitive peut servir de fondement à une révocation, cette révocation, elle, ne peut être ordonnée avant que la condamnation ait acquis ce caractère de condamnation définitive (art. 132-48 C. pén.). Le délai d'épreuve partant du jour où la condamnation est exécutoire, il en résulte que tant que cette condamnation n'est pas définitive, l'épreuve est, en attendant ce moment, dépourvue de sanction.

– **Effets de la révocation** : s'il y a exécution totale, et s'il y a eu une première condamnation avec sursis avec mise à l'épreuve, celle-ci est exécutée d'abord, sauf dispense motivée, totale ou partielle (art. 132-50). L'interdiction du territoire est exécutoire de plein droit en cas de révocation totale (art. 132-48, al. 2).

Quand la juridiction ordonne la révocation totale ou partielle du sursis, elle peut faire incarcérer le condamné, par décision spéciale et motivée (nécessaire dans ce cas seulement) ; la décision est exécutoire par provision (ex. conducteur condamné plusieurs fois pour conduite en état alcoolique) : art. 132-51.

Pour l'appel contre les décisions du JAP, v. art. 742, 712-6 et 712-11 et 13 C. pr. pén. La prescription de la première peine assortie du sursis révoqué part de la date de la décision de révocation devenue définitive.

§ 3 – LE SURSIS AVEC OBLIGATION D'ACCOMPLIR UN TRAVAIL D'INTÉRÊT GÉNÉRAL

Art. 132-54 à 132-57 C. pén. ; 747-1 à 747-2 C. pr. pén.

Bien qu'envisagé ici séparément, pour plus de clarté, le sursis avec TIG n'est qu'une modalité du sursis avec mise à l'épreuve : l'obligation d'accomplir le travail est assimilée à une obligation particulière du sursis avec mise à l'épreuve (art. 132-56). La juridiction peut d'ailleurs prononcer le sursis avec TIG accompagné d'une ou plusieurs obligations prévues au titre du sursis avec mise à l'épreuve (art. 132-55, dern. al.).

Le JAP peut, d'office, à la demande de l'intéressé ou sur réquisition du procureur de la République, substituer au sursis avec TIG une peine de jours-amende (art. 747-1-1 C. pr. pén.).

On rappelle que le TIG peut aussi être prononcé directement à titre de peine, indépendamment de tout sursis.

A. Conditions

Les conditions sont les mêmes que pour le sursis avec mise à l'épreuve en ce qui concerne les **bénéficiaires** de ce sursis et les **condamnations** (donc l'emprisonnement seulement) qu'il peut accompagner (art. 132-54 ; ce sursis est donc lui aussi propre aux personnes physiques). Mais il existe deux particularités, au sujet d'une règle impérative lors de la procédure d'audience, et de la possibilité d'un sursis postérieur à la condamnation.

1. Le TIG peut être refusé par le prévenu ; il en résulte que celui-ci doit être **présent** à l'audience (art. 132-54, al. 3).

2. Conversion d'une peine sans sursis en une peine avec TIG

Il y a alors **sursis postérieur avec TIG** (art. 132-57 C. pén. et 747-2 C. pr. pén.) : après condamnation, pour un délit de droit commun, à un emprisonnement **sans sursis pour 6 mois au plus** (cas auquel on ne peut assimiler une condamnation devenue ferme après révocation d'un sursis, selon la jurisprudence), le **JAP** peut, lorsque cette condamnation n'est plus susceptible de recours, ordonner qu'il sera sursis à l'exécution et que le condamné accomplira un TIG pour une durée comprise entre 40 et 210 heures (le condamné peut refuser ; mais sa présence n'est pas obligatoire, dès lors qu'il a expressément adhéré à la mesure). Les effets sont les mêmes que dans le sursis immédiat avec mise à l'épreuve.

Mais il a été jugé qu'on ne peut, lors de cette conversion, modifier le quantum de la condamnation, par ex. 15 jours au lieu de 8, ni convertir une peine avec sursis, même partiel, en une peine avec sursis et TIG.

En cas de conversion d'une peine sans sursis en une peine avec sursis avec mise à l'épreuve, cette peine ne peut révoquer un sursis antérieur, sauf si le TIG n'est pas exécuté.

Le JAP peut aussi décider que le condamné « effectuera » une peine de **jour-amende** (art. 132-57, al. 2 C. pén.) ; ne pas confondre avec la possibilité pour le **JAP,** vue plus haut, de substituer au *sursis* avec TIG une peine de jours-amende : ici, le jours-amende est substitué à un emprisonnement ferme.

3. Le sursis avec TIG peut être décidé pour un mineur à partir de 16 ans (art. 20-5 Ord. 1945).

B. Effets

Les effets sont les mêmes que ceux du sursis avec mise à l'épreuve au sens étroit, en ce qui concerne les effets immédiats du sursis (avec les diverses obligations pouvant être prévues, et la possibilité de l'exécution provisoire), et la révocation du sursis (pour les mesures de contrôle, v. art. 132-55). Mais :

- La dispense d'exécution ne peut ici être que totale (art. 132-56) : **il n'y a pas ici de sursis partiel**.

- Si la juridiction a prononcé une interdiction du territoire comme peine complémentaire pour 10 ans au plus, il est sursis à son exécution pendant la durée de l'épreuve.

- Quant à l'épreuve, les règles spécifiques sont ici les suivantes.

1. Délai de l'épreuve

- La durée du délai d'épreuve est fixée par la juridiction, dans la limite de **12 mois** (art. 132-54, al. 2), ce délai pouvant être suspendu, pour motif grave d'ordre médical, familial, professionnel ou social, ainsi que pendant l'incarcération, et pendant le service national (art. 132-54 et 131-22 C. pén.). Si le JAP prolonge le délai d'épreuve, le délai total ne peut dépasser 18 mois (art. 747-1, 3°).

Le point de départ du délai est (comme pour le sursis avec mise à l'épreuve au sens étroit) le jour de la condamnation exécutoire, même si le JAP tarde à fixer les modalités du TIG.

- La juridiction peut décider que les obligations imposées au condamné dureront **après l'accomplissement du travail**, dans la limite de 12 mois (art. 132-54, al. 2).

- La durée du travail est comprise entre **40** et **210** heures (art. 132-54, al. 1) ; ce travail **n'est pas rémunéré**.

2. Modalités de l'épreuve

- Le TIG peut se cumuler avec une activité professionnelle.

- La juridiction peut imposer au condamné une ou plusieurs des obligations prévues pour le sursis avec mise à l'épreuve au sens étroit (art. 132-45, dern. al., *v. cette question*).

- Le condamné doit satisfaire aux mesures de contrôle de l'art. 132-55 : outre l'obligation de répondre aux convocations du juge et de recevoir le travailleur social, comme pour le sursis avec mise à l'épreuve, ordinaire, il doit :

— se soumettre à un examen médical avant « l'exécution de la peine » (le condamné ne doit pas être atteint d'affection dangereuse pour les autres travailleurs, et doit être apte au travail envisagé) ;
— justifier des motifs de ses changements d'emploi ou de résidence faisant obstacle au TIG ;
— obtenir l'autorisation du JAP pour tout déplacement faisant obstacle au TIG.

• Il doit satisfaire aux obligations particulières imposées.

3. Conséquences

• Si la totalité du travail est accomplie avant la fin du délai fixé, la condamnation est réputée non avenue **dès la fin du travail**, sauf si la juridiction a ordonné que des obligations dureraient au-delà de l'exécution du travail — pour 12 mois maximum — (art. 132-54, dern. al.).

• Il a été jugé que si ce sursis (ou un sursis avec mise à l'épreuve au sens étroit) a été déjà accordé pour une 1re condamnation, celle-ci est considérée comme non avenue si la 2e est déclarée ou réputée non avenue dans les mêmes conditions.
Le JAP ne peut déclarer la condamnation non avenue (art. 747-1, 4° C. pr. pén.).

Section 2 › LE FRACTIONNEMENT ET LA SUSPENSION DE LA PEINE

Deux sortes de mesures sont prévues à cet égard. Les premières concernent la peine d'emprisonnement en matière correctionnelle, les peines correctionnelles non privatives de liberté, et les peines contraventionnelles ; elles peuvent jouer pour plusieurs motifs ; la seconde concerne seulement les peines privatives de liberté, mais peut jouer pour toutes ces peines ; elle suppose des raisons médicales très graves.
Le fractionnement d'une peine privative de liberté peut être accordé, selon la jurisprudence, à un condamné que l'on n'a pas eu le temps encore de placer sous écrou.

§ 1 – FRACTIONNEMENT ET SUSPENSION DE PEINES POUR MOTIFS GRAVES D'ORDRE MÉDICAL, FAMILIAL, PROFESSIONNEL OU SOCIAL

Ces mesures consistent à faire exécuter certaines peines par fractions pour un motif grave, d'ordre médical, familial, professionnel ou social (art. 132-27 et 28 C. pén. ; 708, 720-1 et 1-1 C. pr. pén.). Elles ne sont pas applicables en matière criminelle, à la différence de la suspension qu'on verra plus loin, § 2. Elles peuvent jouer pour deux catégories de peines.
Il faut distinguer l'emprisonnement, et les peines correctionnelles non privatives de liberté ou contraventionnelles.

A. Fractionnement et suspension de l'emprisonnement en matière correctionnelle

a) Pour un emprisonnement prononcé pour un an au plus
Art. 132-27 C. pén. : la décision est prise par la juridiction prononçant la condamnation ; cette décision peut être modifiée ensuite, par le JAP (art. 720-1, al. 2 C. pr. pén.).

b) Pour un emprisonnement restant à subir inférieur ou égal à un an

Art. 720-1, al. 1 C. pr. pén. : la décision est prise par le JAP (dans les conditions de l'art. 712-6).

Cette mesure ne peut pas être décidée pendant la *période de sûreté* (art. 720-2 C. pr. pén. ; la question ne se pose pas dans le cas a), la période de sûreté, qui peut intervenir en matière correctionnelle, supposant une peine privative de liberté de plus de 5 ans, ou de 10 ans ou plus).

Dans ces deux cas, l'emprisonnement est alors *exécuté par fractions* : cela permet par exemple l'incarcération de fin de semaine, le condamné conservant son emploi. Dans certains pays existent les « arrêts de fin de semaine », dits parfois le « *week-end prison* », réduisant la durée totale de l'incarcération, ce que ne fait pas le fractionnement.

Aucune fraction ne peut être inférieure à **deux jours** et la période de fractionnement ne peut excéder **3 ans** (art. 132-27, 720-1).

Dans le cas d'un fractionnement accordé par le JAP, le condamné peut être soumis à une ou plusieurs mesures de contrôle ou obligations, identiques à celles prévues en matière de sursis avec mise à l'épreuve (art. 720-1, al. 1).

Si un suivi socio-judiciaire a été ordonné, les obligations en résultant sont applicables (art. 763-7, al. 3 C. pr. pén.).

Aucune décision de fractionnement ou suspension de peine ne peut intervenir sans une expertise psychiatrique préalable si la personne a été condamnée pour une infraction pour laquelle le suivi socio-judiciaire est encouru (art. 712-21, art. D. 49-23)

B. Fractionnement et suspension des peines correctionnelles non privatives de liberté, et des peines contraventionnelles

Ces mesures peuvent être décidées dans deux sortes de cas.

a) Pour une peine d'amende et, pour les personnes physiques, peine de jours-amende et de suspension du permis de conduire

La juridiction, en matière **correctionnelle** et **contraventionnelle**, peut décider au moment du jugement que la peine sera exécutée par **fractions** ; la période de fractionnement ne peut excéder 3 ans. Mais le fractionnement de la suspension du permis de conduire n'est pas possible en cas de délit ou de contravention pour lesquels la peine ne peut être limitée à la conduite hors activité professionnelle. Art. 132-28 C. pén.

Des *modifications postérieures* sont possibles : la décision est alors prise par le ministère public ou par le tribunal (correctionnel, de police, juridiction de proximité), « selon que l'exécution de la peine doit être suspendue pendant moins ou plus de trois mois » (art. 708, al. 3 C. pr. pén.). Et pour trois mois ?

b) Pour une peine correctionnelle non privative de liberté, ou pour une peine contraventionnelle

La décision de **suspension ou de fractionnement** est prise par le ministère public ou par le tribunal, selon les règles ci-dessus, notamment avec l'exclusion dans certains cas pour le permis de conduire (art. 708, al. 3 C. pr. pén).

Si un suivi socio-judiciaire a été ordonné, les obligations en résultant sont applicables (art. 763-7, al. 3 C. pr. pén.).

§ 2 – LA SUSPENSION DES PEINES PRIVATIVES DE LIBERTÉ POUR RAISONS MÉDICALES TRÈS GRAVES

Sauf s'il existe un risque grave de renouvellement de l'infraction (mais l'on ne peut opposer le risque d'un trouble à l'ordre public consécutif à la suspension pour le refuser), *quelle que soit la durée de la peine prononcée ou restant à subir et quelle que soit l'infraction commise* (donc même pour une peine criminelle, même pour une peine perpétuelle), une suspension de peine peut être accordée aux détenus atteints d'une *pathologie engageant* (à court terme, selon la chambre criminelle) *le « pronostic vital », ou dans un état de santé durablement incompatible avec le maintien en détention* – dans cette seconde hypothèse, peu importe que le « pronostic vital » ne soit pas engagé : les deux conditions sont alternatives – (art. 720-1-1, D. 147-1 et s. C. pr. pén.).

- Cette suspension peut jouer même pendant la période de sûreté.

- Elle ne joue pas pour les détenus en établissement de santé pour troubles mentaux.

- Elle ne peut bénéficier au condamné qui s'oppose à son traitement.

- Il faut deux expertises médicales distinctes et concordantes ; mais il n'est pas nécessaire qu'elles soient préalables : donc si une expertise conclut négativement, une seconde n'est pas nécessaire.

- La suspension est prononcée (art. 720-1-1, al. 3, 4) :
– **par le JAP** : si la peine prononcée est inférieure ou égale à 10 ans ou si, quelle que soit la peine prononcée, la durée restant à subir est inférieure ou égale à 3 ans ;
La décision suppose un débat contradictoire, sauf accord du procureur de la République et du condamné ou de son avocat (art. 712-6) ; appel possible dans les 10 jours, par le condamné, le procureur de la République et le procureur général, devant la chambre de l'application des peines de la cour d'appel (art. 712-11 et 13) ;
– **par le tribunal de l'application des peines** pour les peines supérieures (avec débat contradictoire, appel possible devant la chambre de l'application des peines de la cour d'appel : art. 712-7 et 13).

- Une ou plusieurs obligations ou interdictions, identiques à celles prévues en matière de sursis avec mise à l'épreuve, peuvent être imposées au condamné (art. 720-1-1, al. 5), ex. établir sa résidence ou être hospitalisé dans un lieu déterminé par la juridiction (v. art. D. 147-2). Ces obligations peuvent être modifiées ou supprimées par le JAP (art. 712-8). Si elles ne sont pas respectées, le JAP peut mettre fin à la suspension (art. 720-1-1, al. 6 ; débat contradictoire comme ci-dessus). Mandat d'amener et mandat d'arrêt peuvent alors être délivrés par le JAP (art. 712-17 ; pour l'incarcération provisoire, v. art. 712-19).

- À tout moment le JAP peut ordonner une expertise médicale et ordonner qu'il soit mis fin à la suspension dont les conditions ne sont plus remplies. En matière criminelle, une telle expertise doit intervenir tous les 6 mois (art. 720-1-1, al. 7).

Section 3 › LA SEMI-LIBERTÉ, LE PLACEMENT À L'EXTÉRIEUR OU SOUS SURVEILLANCE ÉLECTRONIQUE PRONONCÉS PAR LE JUGEMENT

On rappelle qu'*après condamnation* par la juridiction, ces mesures peuvent aussi être décidées *par le JAP*, dès l'incarcération ou pendant l'incarcération, principalement pour les condamnés n'ayant plus à subir qu'un an de privation de liberté (*v. cette question*, et Mémento de *Criminologie et science pénitentiaire*).

Mais la semi-liberté, le placement à l'extérieur ou le placement sous surveillance électronique peuvent aussi, à certaines conditions, être décidés *par la juridiction de jugement*.

La semi-liberté permet au condamné, seulement astreint à rejoindre quotidiennement l'établissement pénitentiaire à la fin du temps nécessaire à son activité, de conserver emploi et rapports familiaux (art. 132-25, 26, 26-1 à 3 C. pén. ; 723-2 C. pr. pén.).

Le condamné admis au bénéfice du placement à l'extérieur est employé en dehors de l'établissement pénitentiaire à des travaux contrôlés par l'administration.

Le *placement sous surveillance électronique* emporte interdiction de s'absenter du domicile ou de tout autre lieu désigné par le juge de l'application des peines en dehors des périodes fixées par lui.

Si un *suivi socio-judiciaire* a été ordonné, les obligations en résultant sont applicables (art. 763-7, al. 3 C. pr. pén.).

• Ces mesures, qui sont **facultatives** pour le tribunal, supposent :
– une peine ne dépassant pas **un an** (bien entendu, ces mesures ne peuvent être décidées en cas de période de sûreté, laquelle de toute façon suppose une peine supérieure) ; selon la chambre criminelle, en cas de sursis partiel, la semi-liberté peut être décidée si la partie ferme de l'emprisonnement ne dépasse pas un an ;
– un condamné justifiant de l'exercice d'une activité professionnelle ou de son assiduité à un enseignement ou à une formation professionnelle, ou d'un stage ou d'un emploi temporaire en vue de son insertion sociale future, ou de sa participation essentielle à la vie de sa famille, ou de la nécessité de subir un traitement médical.

• Le tribunal peut soumettre le condamné à des mesures de contrôle et des obligations identiques à celles prévues en matière de sursis avec mise à l'épreuve ; le condamné peut aussi bénéficier des mêmes mesures d'aide et d'assistance.

• Le JAP fixe les modalités de la semi-liberté ou du placement à l'extérieur (par ordonnance non susceptible de recours), dans les 4 mois au plus de la condamnation. Si les conditions n'en sont plus réunies, si le condamné n'exécute pas ses obligations ou se conduit mal, le JAP peut **retirer le bénéfice de la mesure**, après débat contradictoire (art. 723-2 C. pr. pén.).

• Le JAP peut **substituer** la semi-liberté au placement à l'extérieur et vice versa, ou substituer à l'une de ces mesures le placement sous surveillance électronique (art. 723-2 C. pr. pén.).

Section 4 › LA LIBÉRATION CONDITIONNELLE

C'est la mise en **liberté** d'un condamné **avant la date d'expiration** normale de sa peine, en vue de sa réinsertion et de la prévention de la récidive, sous **condition**, ensuite, de

bonne conduite (art. 729 et s., D. 520 et s. C. pr. pén. ; cette mesure fut instituée par une loi de 1885).

Buts :

• Mieux vaut ne pas prolonger la détention si les conditions de la réinsertion paraissent acquises.

• Elle stimule les efforts du détenu pendant l'incarcération, en vue de cette réinsertion. Mais elle est **révocable** : à ce titre, elle donne au libéré intérêt à se bien conduire après sa sortie de l'établissement pénitentiaire.

• Elle permet l'**apprentissage de la vie en liberté**, favorise ainsi la réinsertion (exécution de la peine en milieu libre), et prévient la récidive (art. 729, al. 1).

• Quand elle concerne un étranger condamné à une peine privative de liberté, elle peut avoir pour objet de mettre fin à l'incarcération pour l'exécution d'une interdiction du territoire, d'une reconduite à la frontière ou d'une expulsion (art. 729-2, D. 535, 4° C. pr. pén.). Toutefois, le JAP ou le TAP peut accorder la libération conditionnelle à un étranger condamné à la peine complémentaire d'interdiction du territoire, en suspendant cette peine pendant la durée des mesures d'assistance et de contrôle : si ensuite la libération conditionnelle n'est pas évoquée, il y a relèvement de plein droit de l'interdiction du territoire.

Valeur : elle est utile pour la prévention individuelle (il y a peu de révocations), et comme dernière phase de l'exécution de la peine (comme est aussi une épreuve la semi-liberté décidée pendant l'incarcération). Dans le même dessein, les détenus peuvent aussi bénéficier de réductions de peine (*v. cette question*).

§ 1 – CONDITIONS

Elles concernent les condamnés pouvant bénéficier de la libération conditionnelle, et la procédure permettant d'aboutir à cette libération.

A. Condamnés pouvant bénéficier de la libération conditionnelle

1. Domaine de la libération conditionnelle

Seuls peuvent bénéficier de cette libération les condamnés à une **peine privative de liberté**, à condition qu'ils ne se trouvent pas dans la **période de sûreté** (*v. cette question*).

2. Conditions tenant en principe à l'exécution de la peine

Sauf dans certains cas, le détenu doit avoir accompli une **partie de sa peine** (art. 729, al. 2).

a) Pour les condamnés à une peine privative de liberté à temps

• En principe : une durée au moins *égale à celle restant à subir*.

• Pour un récidiviste : une durée au moins *égale au double de la peine restant à subir*. Aucun de ces délais ne peut excéder 15 ans, ou, pour un récidiviste, 20 ans.

On remarque qu'on tient compte, pour ces calculs, non de la peine prononcée, mais de la peine *restant à subir*, pouvant être plus brève, par exemple après réduction ou grâce. La libération conditionnelle est donc possible, conditions remplies, *même si le condamné n'est pas sous écrou* (art. D. 525 C. pr. pén.).

• Pour un condamné à une *peine inférieure ou égale à 4 ans* (donc même avant toute exécution, et dans ce cas en tenant compte de la peine prononcée), ou à qui il ne reste *pas plus de 4 ans à subir*, s'il exerce l'autorité parentale sur un *enfant de moins de 10 ans* ayant chez lui sa résidence habituelle (cette disposition ne s'applique pas aux personnes condamnées pour un crime ou pour un délit contre un mineur ou pour une infraction commise en état de récidive). Art. 729-3.

b) Pour les condamnés à la réclusion criminelle à perpétuité
Le délai est de 15 ans, de 22 ans pour un récidiviste. Des réductions de ce délai (les réductions de peine étant impossibles pour les condamnations à perpétuité) peuvent être accordées, dans la limite de 20 jours ou un mois par année d'incarcération, selon qu'il y a ou non récidive (art. 729-1 ; cela rappelle les réductions de peines pour les peines temporaires, que l'on verra *chapitre 3*). En cas de période de sûreté, les réductions sont imputables seulement sur la peine excédant cette période.

c) En cas de condamnation assortie d'une période de sûreté de plus de 15 ans
Il faut avoir été placé en semi-liberté de 1 à 3 ans ; la semi-liberté est décidée par le TAP, sauf si la peine restant à subir est intérieure à 3 ans (art. 720-5).
La rigueur des conditions peut donc se trouver atténuée par des mesures de grâce ou de réductions de peines successives.

3. Condition d'efforts de réadaptation

Le condamné doit manifester des **efforts sérieux de réadaptation** sociale (possibilité de constater ces progrès en semi-liberté ou en placement à l'extérieur sans surveillance) : ex. justifier d'une activité professionnelle, ou de l'assiduité à un enseignement ou à une formation professionnelle, ou d'un stage ou d'un emploi temporaire en vue de son insertion sociale, ou de sa participation essentielle à la vie de famille, ou de la nécessité de suivre un traitement, ou de ses efforts en vue d'indemniser ses victimes (art. 729, al. 1). Selon la jurisprudence, ces critères n'ont pas à être examinés dans le cas de l'étranger visé ci-dessus.

4. Condition d'acceptation de mesures

La personne condamnée à la réclusion criminelle à perpétuité ne peut bénéficier d'une libération conditionnelle qu'après avis de la commission pluridisciplinaire des mesures de sûreté, évaluant sa dangerosité – avec expertise médicale par deux experts – (art. 729, dern. al.).
Le condamné peut devoir accepter certaines conditions et des mesures d'**aide** et de **contrôle**, en vue de sa réinsertion.
Lorsque la personne a été condamnée pour un crime ou délit pour lequel le suivi socio-judiciaire est encouru, une libération conditionnelle ne peut lui être accordée que si elle accepte de suivre le traitement qui lui a été proposé par le JAP lorsqu'un médecin aura estimé qu'elle est susceptible de faire l'objet d'un tel

traitement ; la libération conditionnelle ne peut lui être accordée non plus si elle refuse de s'engager à suivre le traitement après libération (art. 729, al. 4).

Certaines obligations existent dans tous les cas : ex. résider au lieu fixé. D'autres sont particulières à chaque cas : ex. avoir satisfait à une épreuve de semi-liberté ou de placement à l'extérieur sans surveillance, suivre une formation professionnelle, se soumettre à un traitement médical, payer les sommes dues à la victime (art. D. 533 et s.).

Pour l'étranger condamné une peine privative de liberté et objet d'une interdiction du territoire, d'une reconduite à la frontière, d'une expulsion ou d'une extradition, la libération conditionnelle est subordonnée à l'exécution de la mesure ; toutefois, pour le cas de peine complémentaire d'interdiction du territoire, *v. supra* (art. 729-2, D. 535-4° C. pr. pén.).

Mais même lorsque toutes ces conditions sont réunies, la libération conditionnelle reste une **faculté** pour l'autorité de décision.

Il faut noter que le condamné peut **refuser** la libération conditionnelle (art. D. 531), sauf dans le cas de l'étranger objet de l'une des mesures indiquées ci-dessus (art. 729-2, al. 1).

B. Procédure

Selon la durée de la peine prononcée ou restant à subir, la décision est prise par le JAP, ou par le TAP. La décision peut être d'accorder la libération conditionnelle, de l'ajourner, ou de la refuser ; le TAP peut aussi prévoir que la libération s'effectuera *entre deux dates déterminées*, à une date qui sera fixée par le JAP (art. 732, al. 1).

1. Décision par le JAP

Pour les condamnés à une **peine inférieure ou égale à 10 ans, ou, quelle que soit la peine prononcée, n'ayant plus à subir qu'une durée inférieure ou égale à 3 ans, c'est le juge de l'application des peines qui prend la décision**. Art. 730, al. 1.

La décision du JAP est prise après avis d'un représentant de l'administration pénitentiaire, à l'issue d'un *débat contradictoire* (sauf accord du procureur de la République et du condamné ou de son avocat), en chambre du conseil (réquisitions du ministère public, observations du condamné et le cas échéant de son avocat) ; elle peut faire l'objet d'un *appel* par le condamné, le procureur de la République et le procureur général, dans les 10 jours de la notification de la décision, devant la chambre de l'application des peines de la cour d'appel (art. 712-6, 11 et 13).

Des conditions d'expertise psychiatrique sont requises pour les condamnés pour les infractions rendant possible un suivi socio-judiciaire, afin de déterminer s'ils peuvent faire l'objet d'un traitement (ex. viol ; v. art. 712-21).

La décision est assortie de l'*exécution provisoire* : elle prend effet immédiatement. Mais quand l'appel est formé par le ministère public dans les 24 heures de la notification, il suspend l'exécution de la décision ; l'affaire doit venir devant la chambre dans les 2 mois (art. 712-14).

2. Décision par le tribunal de l'application des peines

Dans les autres cas, la décision relève du TAP. Art. 730, al. 2 et 712-7.

• Il est saisi sur la demande du condamné, à l'initiative du JAP ou sur réquisitions du procureur de la République.

• Le TAP qui envisage d'accorder la libération conditionnelle doit demander l'avis du procureur de la République dans le ressort duquel le condamné souhaite établir sa résidence (art. D. 527).

• Même règle que pour le JAP pour l'expertise psychiatrique en cas d'infractions pour lesquelles le suivi socio-judiciaire est possible.

• Il statue, après avis d'un représentant de l'administration pénitentiaire, à l'issue d'un *débat contradictoire* en chambre du conseil (réquisitions du ministère public, observations du condamné et le cas échéant de son avocat).

• La décision est motivée. Elle peut faire l'objet d'un *appel*, dans les 10 jours de la notification, devant la chambre de l'application des peines de la cour d'appel (art. 712-11 et 13). La décision est immédiatement exécutoire : il y a exécution provisoire ; mais en cas d'appel du ministère public formé dans les 24 heures, l'exécution est suspendue. La chambre examine l'affaire dans les 2 mois (art. 712-14).

§ 2 – EFFETS

On distinguera les effets qui se produisent immédiatement, et les effets postérieurs à l'expiration des délais.

A. Effet immédiat

Immédiatement et pendant la durée de la peine fixée par la condamnation (et, pour certaines mesures, éventuellement plus longtemps, *v. infra*), le condamné est libéré, sous condition.

1. Libération

Le condamné libéré n'est plus, comme jadis, censé subir sa peine en liberté (on disait « *sub pœna* »). La contrainte judiciaire lui est donc le cas échéant applicable.

a) Mesures d'aide et de contrôle

• C'est une libération, mais *non une liberté complète* ; des **mesures de d'aide et de contrôle**, notamment des mesures prévues pour le sursis avec mise à l'épreuve par les art. 132-44 et 45 C. pén., peuvent être décidées (mises en œuvre par le service pénitentiaire d'insertion et de probation, d'autres organismes, art. 731). Toutes ces mesures sont une sorte d'épreuve en milieu libre, comme dans le sursis avec mise à l'épreuve.

La durée des mesures d'aide et de contrôle dépend de la peine en cours d'exécution (art. 732) :

– *peine temporaire* : la durée est au moins la durée de la peine non subie au moment de la libération, au plus un an de plus. La durée totale de ces mesures ne peut dépasser 10 ans.

— *peine perpétuelle* : la durée est de 5 à 10 ans. Ces mesures peuvent même être fixées *sans limitation dans le temps* quand la cour d'assises décide qu'aucune mesure de faveur ne pourra être prise pour un condamné à la réclusion à perpétuité (art. 720-4, dern. al.). C'est le souci d'un soutien perpétuel à apporter à certains libérés, évoqué à propos des mineurs délinquants.

• Les dispositions de la décision peuvent être **modifiées** pendant la durée de la libération conditionnelle : suivant qui a pris la décision de libération, par le JAP après avis du service pénitentiaire d'insertion et de probation, ou, sur proposition du JAP, par le TAP (art. 732, al. 4).

• *Les incapacités, interdictions et déchéances* subsistent, si elles n'ont pas pris fin pour une autre cause. *L'interdiction de séjour* est applicable dès le début d'une peine privative de liberté sans sursis, mais son exécution se poursuit, pendant le délai fixé, à compter du jour de la libération.

b) Obligations du suivi socio-judiciaire

Le libéré peut être soumis aux obligations du suivi socio-judiciaire s'il a été condamné pour un crime ou un délit pour lequel cette mesure est encourue. S'il est établi par expertise qu'il peut faire l'objet d'un traitement, il est soumis à une **injonction de soins**, sauf décision contraire du JAP ou du TAP (art. 731-1, al. 1).

c) Placement sous surveillance électronique

Peut être décidé le **placement sous surveillance électronique,** pour un an au plus, si le condamné a été soumis à ce régime à titre probatoire (art. 723-7, al. 3 C. pr. pén.).

2. Libération conditionnelle

a) Causes de révocation

Le maintien de la libération est suspendu à la *bonne conduite* du condamné : la libération peut être révoquée non seulement en cas de nouvelle condamnation, mais même en cas « *d'inconduite notoire* », ou si les *conditions* particulières auxquelles elle a pu être soumise n'ont pas été observées ; de même si, la libération non encore exécutée, le condamné n'en remplit plus les conditions (art. 733, al. 2). Le débat ci-dessous doit intervenir dans le mois ou dans les 2 mois de l'arrestation, selon que la décision relève du JAP ou du TAP : à défaut, la personne est mise en liberté si elle n'est détenue pour autre cause (art. D. 540 C. pr. pén.). Pour le mandat d'amener ou arrêt pouvant être délivré par le JAP, v. art. 712-17 et D. 541.

Mais la révocation n'est pas automatique : elle est soumise, suivant qui a pris la décision de libération, à l'appréciation du JAP ou du TAP, après avis d'un représentant de l'administration pénitentiaire (avec la même procédure que pour l'octroi de la libération : débat contradictoire, possibilité d'appel, *v. supra*, art. 733).

Il a été jugé que le délai pendant lequel la révocation peut intervenir est suspendu pendant l'exécution d'une autre peine non confondue avec la première.

b) Effets de la révocation

Elle entraîne la réincarcération du condamné pour le temps qui restait à courir lors de la libération : la révocation opère en effet comme condition résolutoire. Mais **il peut y avoir une réduction de ce temps** par la décision de révocation (art. 733, al. 2).

B. Après l'expiration du délai prévu

Ces effets se produisent pendant la durée de la peine fixée par la condamnation, éventuellement plus longtemps, on l'a vu.

En l'absence de révocation de la libération :

1. Le condamné est considéré comme ayant effectivement purgé sa peine

Il y a **libération définitive**. Et la peine est *réputée terminée depuis le jour de la libération conditionnelle* (qui est donc le point de départ des délais de réhabilitation, de récidive).

2. Mais il est dans la situation d'un libéré ordinaire

Il continue donc à subir les **conséquences attachées à la condamnation**. **Exemples :** les incapacités ; la condamnation reste inscrite au casier judiciaire, avec mention de la libération, elle est un obstacle au sursis simple, elle compte pour la récidive.

Chapitre 2 > EXTINCTION DES PEINES AVEC EFFACEMENT DE LA CONDAMNATION

> Deux institutions entraînant effacement de la peine avec extinction de la condamnation seront étudiées ici : *l'amnistie*, et *la réhabilitation*. On rappelle qu'en cas de *sursis non révoqué* après les délais prévus, la condamnation disparaît du B.2, et même du B.1 après les délais de réhabilitation légale. On a vu aussi que dans de nombreux autres cas, les fiches sont retirées du *casier judiciaire*.

Section 1 > L'AMNISTIE

L'amnistie est une intervention du **législateur** (art. 34 Constitution), qui efface le caractère délictueux de certains actes, désormais considérés comme licites au point de vue pénal.

Chaque **loi d'amnistie** fixe la date après laquelle les infractions commises ne seront plus effacées : ex. la loi 6 août 2002 s'applique aux infractions commises avant le 17 mai 2002 ; d'où l'intérêt de la notion d'infraction continue, l'amnistie ne jouant pas pour une infraction continue qui se prolonge après la date fixée ; de même pour des actes réitérés, ex. prise illégale d'intérêts.

L'ancien Code pénal était muet sur l'amnistie. Le Code pénal actuel contient désormais une réglementation, très générale, de l'amnistie (art. 133-9 à 133-11).

Mais chaque loi d'amnistie apporte sa propre réglementation, et peut donc soumettre l'amnistie à des conditions particulières, par exemple le paiement de l'amende. Dans ce cas, l'amnistie subordonne l'effacement de la condamnation à l'exécution de la peine, comme la réhabilitation : solution curieuse, logiquement (puisque l'infraction est rétroactivement effacée par l'amnistie), mais qui s'explique par le fait que la loi, libre d'amnistier ou non, peut, sous réserve de respecter la Constitution, fixer librement les conditions et les effets de l'amnistie.

§ 1 – CONDITIONS

L'amnistie a évolué dans son domaine, son caractère, sa source.

A. Domaine de l'amnistie

1. Quant aux infractions amnistiées

Longtemps, l'amnistie est intervenue après une période de troubles *politiques*. Aujourd'hui, elle joue très souvent pour les infractions de *droit commun*. Les infractions amnistiées sont souvent *nombreuses*, ce qui a l'avantage de liquider les dossiers, et de désencombrer les établissements.

L'amnistie s'applique même à des infractions *graves* ; cependant chaque loi d'amnistie exclut certaines infractions, révélant ainsi les tendances de chaque époque : ex. la loi de 2002 exclut notamment l'homicide par imprudence et les atteintes à l'intégrité de la personne par imprudence commis à l'occasion de la conduite d'un véhicule, la corruption, l'abandon de famille, l'entrave à l'IVG, les infractions fiscales, le proxénétisme, certaines contraventions du Code de la route.

2. Quant aux mesures amnistiées

Longtemps, l'amnistie ne s'est appliquée qu'aux sanctions pénales. Elle s'applique souvent aujourd'hui à des sanctions *disciplinaires ou professionnelles*, ex. L. 2002, art. 11 (sauf pour des « manquements à l'honneur, à la probité, aux bonnes mœurs » : l'amnistie peut cependant jouer dans ce cas, par mesure individuelle accordée par décret du président de la République). Toutefois, si ces faits ont donné lieu à condamnation pénale, l'amnistie est subordonnée à l'amnistie ou à la réhabilitation de cette condamnation. L'amnistie s'applique plus rarement aux sanctions *civiles* ; quand elle le fait, elle risque d'entrer en conflit avec les règles du droit civil contractuel.

B. Caractère de l'amnistie

Longtemps, l'amnistie a eu un *caractère réel* : elle s'attachait à des infractions, non aux auteurs des infractions. Aujourd'hui, elle est souvent plus *personnelle*, lorsqu'elle vise certaines catégories de délinquants, ex. : personnes de moins de 21 ans, ou personnes s'étant distinguées dans les domaines humanitaire, culturel, sportif, scientifique ou économique (ex. L. 2002) : amnistie « par mesure individuelle ». Parfois l'amnistie ne s'applique qu'à des personnes préalablement graciées (*grâce amnistiante, v. la grâce*).

C. Source de l'amnistie

Longtemps, l'amnistie n'a pu résulter que d'une loi, puisqu'elle dénie à des faits un caractère pénal qui leur a été conféré par la loi. Aujourd'hui, le principe demeure, mais il est doublement atteint, par l'importance des prérogatives données au *juge* et au *pouvoir exécutif*.

• **Souvent l'amnistie dépend en réalité du juge** : c'est le cas de l'amnistie dite *au quantum de peine* (ex. quand elle est applicable seulement aux infractions qui sont ou seront punies de peines inférieures ou égales à 3 mois d'emprisonnement sans sursis, L. 2002) ; c'est alors bien le juge qui, par la peine qu'il décide de prononcer, déclenche ou non le jeu de l'amnistie. Dans ce cas l'amnistie ne joue que lorsque la condamnation est devenue définitive.

On ne confondra pas ce cas avec celui de l'amnistie qui s'applique en raison de la peine *encourue*, par ex. pour les infractions *punissables seulement d'amende*. Dans ces cas, les conditions d'application de l'amnistie restent déterminées par la *loi*.

• **Souvent l'amnistie dépend du pouvoir exécutif.** Il s'agit aujourd'hui du président de la République.

C'est *l'amnistie par mesure individuelle* (admission au bénéfice de l'amnistie par décret, ex. L. 2002), qui peut jouer même pour une personne non encore condamnée, ou qui a déjà subi sa peine, cas dans lesquels la grâce amnistiante, elle, ne pourrait jouer : les lois d'amnistie préfèrent aujourd'hui utiliser cette amnistie par mesure individuelle, plutôt que la grâce amnistiante. C'est donc le décret d'admission qui détermine les bénéficiaires de l'amnistie.

§ 2 – EFFETS

A. L'amnistie efface le fait en tant qu'infraction

• L'amnistie peut jouer *avant même les poursuites*, ou *pendant*, donc avant toute condamnation. Si la poursuite a déjà été engagée, il y aura non-lieu, ou acquittement (sauf évidemment dans le cas d'amnistie prévue non en raison de l'infraction, mais en raison du *quantum* de peine, ou moyennant le paiement d'une amende). L'amnistie est alors une cause d'extinction de l'action publique ; et cela vaut pour des poursuites sous toutes les qualifications possibles : c'est ce qu'on appelle la *« cristallisation des qualifications »*. En cas d'infractions *multiples*, il y a amnistie pour le tout si l'amnistie porte sur la plus grave, sauf pour les infractions exclues de l'amnistie (*v. le concours d'infractions*).

• Si l'amnistie joue après *condamnation définitive*, elle efface condamnation et peine, et cela en principe avec effet rétroactif.

1. Disparaissent, selon le moment où intervient la loi d'amnistie, la condamnation et la peine

a) La condamnation

Elle **cesse de figurer au casier judiciaire** (art. 769, al. 2 C. pr. pén.) et au *sommier de police technique* (art. 773-1), elle ne fait plus obstacle au sursis, elle ne compte plus pour la récidive.

Toutefois, l'amnistie n'efface pas les informations du Fichier national automatisé des auteurs d'infractions sexuelles (art. 706-53-4, al. 4).

b) La peine

La peine s'éteint (par exemple si elle est en cours d'exécution). Mais pendant longtemps, malgré l'amnistie, et après condamnation définitive, a été consacré le **maintien de certaines mesures de sûreté**, ex. admonestation, fermeture d'établissement, suspension du permis de conduire, **tout cela sauf disposition contraire** de la loi d'amnistie ; et ces dispositions contraires étaient **fréquentes**, déclarant par exemple l'amnistie applicable à l'admonestation (L. 1995).

Les lois d'amnistie plus récentes (1995, 2002) consacrent le **principe inverse** pour les **mesures de police et de sûreté** : le principe est l'application de l'amnistie, sauf les exceptions énumérées par la loi (ex. interdictions professionnelles).

On observera que l'amnistie d'une condamnation avec sursis avec mise à l'épreuve a l'inconvénient de faire cesser l'épreuve jugée utile pour le condamné.

L'interdiction de rappeler les condamnations amnistiées

Le Code pénal interdit aux personnes ayant connaissance, dans l'exercice de leurs fonctions, de condamnations pénales, sanctions disciplinaires ou professionnelles effacées par l'amnistie, *d'en rappeler l'existence, sous quelque forme que ce soit*, ou d'en laisser subsister la mention dans un document quelconque, sauf dans les décisions judiciaires, ou comme réparation civile (art. 133-11).

• Mais la règle n'est pas prescrite à peine de nullité de la procédure, sauf si la condamnation amnistiée a influé sur la détermination de la peine dans une poursuite pour une autre infraction ou une requête en réhabilitation. Le dossier pénal peut être versé aux débats d'une instance sur les intérêts civils. Mais l'on peut observer qu'en cas de nouvelles poursuites, à l'occasion desquelles les magistrats s'interrogent sur la personnalité de la personne poursuivie, cet effacement est un obstacle partiel à cette recherche.

• En dehors du Code pénal, des lois d'amnistie (ex. L. 2002) ont édicté la même interdiction, pénalement sanctionnée, sauf les limites ci-dessus. En application de ces lois, on ne peut donc pas rappeler dans une assignation ni le principe ni le quantum de la condamnation amnistiée, ni conserver dans un dossier de salariés des sanctions disciplinaires amnistiées, ni mentionner une sanction disciplinaire dans un rapport sur la carrière d'un agent. La référence à une condamnation amnistiée est possible pour la mise en œuvre de la dissolution civile des personnes morales mouvements sectaires (art. 18, L. 2002).

• En cas de *diffamation*, la preuve de la vérité des faits (*exceptio veritatis*) n'est pas admise pour des faits constituant une infraction amnistiée (art. 35, L. 1881 ; v. Mémento de *Droit pénal spécial*).

• Il ne subsiste que la **minute** des décisions ; les expéditions doivent porter mention de l'amnistie (art. 133-11 C. pén.).

2. L'amnistie a en principe un effet rétroactif

Par exemple, le sursis qui avait été révoqué par une infraction ayant donné lieu à une condamnation amnistiée est rétabli (art. 133-9).
Mais de **nombreuses limites** ont été apportées à cette rétroactivité :

• Malgré l'amnistie, le **recours en révision** reste ouvert (v. Mémento de *Procédure pénale*).

• Malgré la remise des peines, l'amnistie ne donne pas lieu à restitution (art. 133-9). L'**amende** déjà payée, avant l'amnistie, n'est pas remboursée : la solution constitue une prime aux mauvais payeurs, qui diffèrent le paiement de l'amende dans l'attente de l'amnistie, notamment « présidentielle », et qui n'auront donc pas à la payer après, alors que l'amende ne sera pas remboursée à ceux qui l'avaient payée. Mais le Conseil d'État juge que l'amende qui aurait été payée après l'amnistie doit être remboursée.

• Dans beaucoup de lois d'amnistie, l'amnistie est subordonnée au paiement de l'amende ou de la peine de jours-amende prononcée, *ou* à la contrainte judiciaire, *ou* à l'incarcération en cas défaut de paiement pour la peine de jours-amende.

• Les lois d'amnistie laissent souvent subsister certaines mesures d'éducation pour les mineurs. On a vu plus haut que, plus généralement, certaines mesures de sûreté sont maintenues malgré l'amnistie. L'arme confisquée après décision définitive avant l'amnistie n'est pas restituée.

• L'amnistie est sans effet sur la réduction des points du permis de conduire après condamnation définitive.

• L'amnistie est sans effet sur la dissolution civile des personnes morales en matière de sectes (art. 18, L. 2002).

B. Mais le fait demeure pour les réparations civiles

L'amnistie ne s'applique pas aux réparations civiles dues à la victime : la victime peut exercer l'action civile, malgré l'extinction de l'action publique, et obtenir des dommages-intérêts ; c'est le principe de la **réserve du droit des tiers** (art. 133-10). Ainsi, l'amnistie n'empêche pas l'exécution de la *publication* ordonnée à titre de *réparation* (art. 133-11), ni, selon la jurisprudence, la solidarité pour le paiement des dommages-intérêts. De même, l'amnistie n'empêche pas le prononcé d'un divorce pour faute.

La condamnation amnistiée a toujours autorité au civil : le dossier pénal peut être produit au civil.

Mais un problème naît de ce que *le fait a perdu son caractère pénal* : il en résulte des *difficultés* relatives à la compétence. La **compétence** reste pénale si le tribunal correctionnel ou de police a été saisi, en dehors même du cas des infractions non intentionnelles (art. 470-1 C. pr. pén. ; v. Mémento de *Procédure pénale*). Même si la juridiction pénale a n'a pas encore été saisie, la compétence est évidemment pénale si l'amnistie est prévue au *quantum* de peine.

Mais l'extension même du domaine de l'amnistie dans certaines lois fait que les effets de l'amnistie (qui est d'**interprétation stricte**) sont parfois limités par la jurisprudence (ex. dans certains cas pour la réintégration des salariés après amnistie des sanctions disciplinaires).

Section 2 > LA RÉHABILITATION

C'est une institution qui a été conçue pour permettre à un condamné de retrouver les droits perdus à la suite de sa condamnation (on disait jadis : son « titre d'honnête homme »). Le Code pénal actuel lui fait produire en principe les mêmes effets que l'amnistie (art. 133-12 et s. C. pén. et 782 et s. C. pr. pén).

Il ne faut pas confondre la réhabilitation avec des procédures voisines mais différentes, **ex.** :
— le **relèvement** des interdictions, déchéances, incapacités et mesures de publication, qui efface ces peines, mais non la condamnation elle-même.
— la **révision**, qui, à la différence de la réhabilitation, suppose une erreur judiciaire (v. Mémento de *Procédure pénale*).
— la « **réhabilitation** » en matière d'outrage aux bonnes mœurs (ancienne terminologie) par la voie du livre, L. 1946.

Notions générales sur la réhabilitation :
Comme l'amnistie, la réhabilitation efface la condamnation, et produit de nombreux effets identiques à ceux de l'amnistie (*v. § 2*).
Mais la réhabilitation **diffère** de l'amnistie :

• en ce que l'amnistie peut intervenir avant condamnation et même avant poursuites. La **réhabilitation suppose une condamnation**, et même, le plus souvent, l'exécution intégrale de la peine ;

- l'amnistie, en principe, efface tout, avenir, présent, passé ; mais elle laisse subsister certaines mesures : la réhabilitation, qui a désormais elle aussi un large effet rétroactif, permet de faire disparaître ces mesures, non atteintes en principe par l'amnistie (ex. interdiction professionnelle) ;

- l'amnistie est de source par principe légale (parfois avec décision du juge, parfois avec décision du pouvoir exécutif) ; la réhabilitation est judiciaire ou légale.

- La réhabilitation a été conçue pour stimuler la réinsertion des condamnés. En réalité, elle avait été souvent rendue inutile par la fréquence des lois d'amnistie ; mais comme aujourd'hui elle fait disparaître non seulement la condamnation, comme l'amnistie, mais aussi des mesures que l'amnistie n'efface pas, elle sera sans doute appelée à être plus souvent utilisée, sous sa forme judiciaire, malgré les délais qu'elle suppose.
Il y a en effet *deux formes* de réhabilitation : judiciaire et légale. La première est prévue par le Code de procédure pénale ; elle s'obtient dans plusieurs cas plus vite, mais toujours moins discrètement que la seconde, qui est régie par le Code pénal.

§ 1 – LES DEUX FORMES DE RÉHABILITATION

A. La réhabilitation judiciaire

Art. 782 et s. C. pr. pén.

1. Conditions de fond

Elles se réfèrent à l'exécution des peines, et au délai exigé (toutefois, en cas de services éminents rendus au pays depuis l'infraction, il n'y a ni condition d'exécution de la peine ni condition de temps : art. 789).

a) Exécution des peines et mesures
1. Exécution de la peine principale
– le *condamné avec sursis* ne peut donc pas demander sa réhabilitation pendant le délai d'épreuve (il n'exécute pas la peine) ;
– mais peut-il la demander *quand le délai d'épreuve aura couru sans révocation* ? On a longtemps estimé que non, car le condamné n'a pas exécuté sa peine, et d'ailleurs la condamnation, alors condamnation *non avenue*, disparaît du B.2 (sauf le suivi socio-judiciaire et l'interdiction de certaines activités), on l'a vu, et même, après les délais de réhabilitation légale, du B.1. Pourtant, il a été admis (Crim., 17 févr. 1998, *JCP* 1998. II. 10163, note Salvage) que ce condamné peut demander sa réhabilitation : selon cet arrêt, le condamné est « réputé avoir subi sa peine » ; la solution lui est très favorable, car, à défaut, il lui faudrait subir les délais de la réhabilitation légale, plus longs (*v. les délais ci-dessous* ; ex. : pour une personne physique majeure condamnée à un an d'emprisonnement, après les 5 ans sans révocation du sursis, il suffit d'attendre 3 ans, au lieu des 5 ans du délai de la réhabilitation légale – pour le point de départ du délai, *v. ci-dessous*). À noter que le condamné à un an sans sursis peut demander sa réhabilitation plus tôt que le condamné avec sursis (3 ans après l'exécution) : mais le condamné avec sursis a l'avantage de n'avoir pas à exécuter sa peine.

Sont assimilées *à l'exécution de la peine* la **grâce** et la **prescription** (en cas de prescription, il faut alors, outre les autres conditions, ne pas avoir *encouru* de condamnation pour crime ou délit, et avoir eu « une conduite irréprochable » : art. 787, dern. al.).

2. Exécution des autres mesures
– paiement de l'amende, sauf en cas de prescription, ou de contrainte judiciaire (art. 788 : c'est une exception à la règle selon laquelle cette contrainte ne vaut pas paiement), ou de renonciation du Trésor à ce moyen d'exécution ;
– paiement des dommages-intérêts, sauf en cas de prescription, ou de dépôt des sommes dues, ou de remise par la victime (art. 788 C. pr. pén.).

b) Écoulement d'un certain délai
• **La durée du délai** (art. 786)
– **5 ans** pour les peines criminelles, même si une grâce a commué la peine en peine correctionnelle ;
– **3 ans** pour les peines correctionnelles ;
– **1 an** pour les peines contraventionnelles.
Ces délais sont dans certains cas allongés (art. 787) ; ils sont de :
– **10 ans** :
1. pour les *récidivistes* ayant subi une peine criminelle ;
2. en cas de peine criminelle *prescrite* ; ex. pour crime, avec peine prescrite : au délai de prescription de la peine (20 ans, sauf exception) s'ajoute le délai de 10 ans, soit 30 ans ;
3. pour ceux qui, *déjà réhabilités*, ont *encouru* une nouvelle condamnation à une peine criminelle. La preuve d'une réhabilitation antérieure ne peut plus se faire par le casier, dont la réhabilitation entraîne aujourd'hui la disparition : elle se fera (avec l'aide de l'informatique) par la mention portée sur les décisions de condamnation.
– **6 ans** :
1. pour les récidivistes, s'ils n'ont subi aucune peine criminelle ;
2. en cas de peine correctionnelle prescrite ;
3. pour ceux qui ont déjà été réhabilités (*cf.* la difficulté de preuve *ci-dessus*), si seule une condamnation à une peine correctionnelle a été *encourue*.

• **Le point de départ du délai** est (art. 786, 787) :
– pour une peine privative de liberté : le jour de la libération définitive, ou conditionnelle si elle n'a pas été révoquée (en cas de *condamnation avec sursis* : le jour où la condamnation est considérée comme condamnation non avenue ; le délai de réhabilitation s'ajoutera donc, on l'a vu, au délai du sursis) ;
– pour une peine alternative prononcée comme peine principale : l'expiration de la peine ;
– pour l'amende : la condamnation définitive ;
– en cas de prescription : le jour où la prescription est acquise.
Toutes ces conditions d'exécution et de délai sont supprimées en cas de *services éminents rendus au pays* (art. 789).

2. Conditions de forme

a) La demande
Elle est faite par le condamné lui-même (ou son représentant pour le majeur en tutelle, ou, en cas de décès du condamné, par le conjoint, les ascendants et descendants s'il s'agit de continuer l'action, ou de la former dans l'année du décès : art. 785). Elle est adressée au *procureur de la République* de la résidence du condamné, avec détails et justifications (art. 790).

b) Procédure
Le procureur de la République procède à une *instruction préalable* (renseignements auprès des maires des communes de résidence, registre des lieux d'incarcération où la peine a été subie, avis du juge de l'application des peines).

c) Décision
La chambre de l'instruction (art. 783) statue, après débats en chambre du conseil.
La décision peut être de trois ordres :
– un *rejet* pur et simple (il faut alors attendre deux ans pour former une nouvelle demande : art. 797) ;
– si l'enquête est insuffisante, une *nouvelle enquête est ordonnée* ;
– l'*admission de la requête* : la réhabilitation est prononcée.

Cas des personnes morales (art. 798-1 C. pr. pén.). Plusieurs conditions sont plus favorables que pour les personnes physiques : il ne faut pas, en effet, que l'activité de ces groupements soit entravée trop longtemps, notamment si leurs membres ont été renouvelés.

• La demande, formée par le représentant légal, peut l'être dès après un délai de 2 ans à compter de l'expiration de la durée de la sanction.

• Le délai pour former une nouvelle demande après rejet d'une première est d'un an seulement.

Les autres règles sont les mêmes que pour les personnes physiques (sauf par ex. que la contrainte judiciaire n'est évidemment pas applicable aux personnes morales).

B. La réhabilitation légale

Art. 133-12 et s. C. pén.

La réhabilitation légale est un moyen souvent *plus long*, mais toujours *plus discret* que la réhabilitation judiciaire.

Elle opère **de plein droit**, au bout d'un certain délai écoulé sans nouvelle condamnation à une peine criminelle ou correctionnelle : alors que la réhabilitation judiciaire *constate* l'amendement, la réhabilitation légale le *présume*.

Conditions : la réhabilitation légale suppose l'exécution de la peine, l'écoulement d'un certain temps, et l'absence de condamnation.

1. Exécution de la peine

Sont **assimilées** à l'exécution de la peine la **grâce** (art. 133-17) et la **prescription**, ou, pour l'amende prononcée contre une personne physique, la contrainte judiciaire (art. 133-13).

2. Écoulement d'un certain délai

a) Pour les personnes physiques (art. 133-13)

— **3 ans** pour la condamnation à l'amende ou à la peine de jours-amende.

— **5 ans** pour une *condamnation unique* à un emprisonnement ne dépassant pas un an, ou à une peine autre que la réclusion, la détention, l'emprisonnement, l'amende ou le jour-amende.

— **10 ans** pour une *condamnation unique* à un emprisonnement ne dépassant pas 10 ans, *ou pour plusieurs condamnations* à l'emprisonnement dont le total ne dépasse pas 5 ans. Il n'y a donc pas de réhabilitation légale si ce total dépasse 5 ans, ni pour les peines de plus de 10 ans, ni pour les peines de réclusion ou de détention. Il n'y a pas de réhabilitation *légale* pour ces peines criminelles : mais il peut y avoir réhabilitation *judiciaire* après 5 ans ; et les condamnés à ces peines peuvent, par *simple requête*, obtenir l'exclusion de la mention de la condamnation au B.2, 20 ans après leur libération définitive ou conditionnelle, s'ils n'ont pas été depuis condamnés à une peine criminelle ou correctionnelle (art. 775-2 C. pr. pén.) ; 40 ans après la condamnation la fiche est retirée du casier judiciaire, aux conditions qu'on a vues.

Sont considérées comme *condamnation unique*, les condamnations dont la *confusion* a été ordonnée (art. 133-15).

Il faut tenir compte, dans le calcul des délais, de ce que certaines condamnations ont pu être effacées par une amnistie : ex. deux condamnations à l'emprisonnement dont le total ne dépasse pas 5 ans : le délai de réhabilitation est de 10 ans ; mais si l'une des condamnations a été effacée par une amnistie, il peut subsister seulement une condamnation à une peine (alors unique) d'emprisonnement ne dépassant pas un an : le délai de réhabilitation devient de 5 ans.

Ces délais sont doublés en cas de récidive.

Point de départ du délai (art. 133-13) :

— *pour l'amende ou les jours-amende* : jour du paiement de l'amende ou du montant global des jours-amende, ou de l'expiration de la contrainte par corps ou de l'incarcération pour défaut de paiement des jours-amende, ou grâce, ou prescription accomplie.

— *pour les autres peines* : jour de l'exécution de la peine, grâce, ou prescription accomplie.

— *pour les condamnations assorties d'un sursis,* les délais courent à compter de la date à laquelle la condamnation est non avenue.

b) Pour les personnes morales (art. 133-14)

Le délai est de **5 ans** pour une condamnation à l'amende ou aux autres peines (autres que la dissolution).

Les mêmes règles que ci-dessus sont applicables pour le point de départ du délai, et la confusion des peines.

3. Absence de condamnation à une peine criminelle ou correctionnelle pendant les délais ci-dessus (art. 133-13 et 14)

§ 2 – LES EFFETS DE LA RÉHABILITATION

A. La réhabilitation efface la condamnation

Elle agit indivisiblement : elle s'étend à **toutes** les condamnations précédentes. Depuis le Code pénal actuel (art. 133-16 C. pén. ; art. 783 C. pr. pén.), elle produit les effets de l'amnistie (elle est même plus forte à certains égards).

1. Effacement des traces de la condamnation

La condamnation ne figure plus au casier judiciaire (elle ne peut donc plus faire obstacle à la limitation à 6 mois de la détention provisoire pour certaines personnes mises en examen, en cas de condamnation antérieure art. 145-1, al. 2 C. pr. pén.) ; elle cesse de figurer au *sommier de police technique* (art. 773-1 C. pr. pén.) ; toutefois, la réhabilitation n'efface pas les informations du Fichier national automatisé des auteurs d'infractions sexuelles (art. 706-53-4, al. 4). Mention de la réhabilitation est portée en marge des décisions de condamnation ; la condamnation n'est plus mentionnée au B.2 ni au B.3, et l'arrêt qui accorde la réhabilitation peut ordonner son retrait des fiches du casier, si bien qu'elle n'est plus mentionnée non plus au B.1 (art. 798).

2. Effacement des effets de la condamnation

La condamnation ne fait pas obstacle au sursis, ne compte plus pour la *récidive*.

3. Cessation des incapacités et déchéances

La réhabilitation fait cesser pour l'avenir toutes les incapacités et déchéances qui résultaient de la condamnation (art. 133-16), *même les mesures de sûreté* (Crim., 14 oct. 1971, D. 1972. 501, note Roujou de Boubée, pour une interdiction professionnelle), *que l'amnistie peut ne pas atteindre*.
Exceptions :
– la réhabilitation est *sans effet* sur la perte de points du permis de conduire (art. L. 223-4 C. route).
– en cas de suivi socio-judiciaire ou d'interdiction d'activité impliquant un contact habituel avec des mineurs, la réhabilitation n'a d'effet qu'à la fin de la mesure (art. 133-16, al. 2 C. pén.).

4. Effet commun avec l'amnistie

Il est *interdit aux personnes ayant connaissance, dans l'exercice de leurs fonctions*, de condamnations pénales, sanctions disciplinaires ou professionnelles effacées par la réhabilitation, *d'en rappeler l'existence, sous quelque forme que ce soit*, ou d'en laisser subsister la mention dans un document quelconque (art. 133-16 et 133-11). Dans une poursuite ultérieure, les juges ne peuvent donc pas, pour apprécier la peine à prononcer, prendre en compte une condamnation effacée par une réhabilitation, sauf pour l'application des règles de la récidive (art. 133-16, al. 3).
En cas de diffamation, la preuve de la vérité des faits (*exceptio veritatis*) n'est pas admise pour des faits ayant donné lieu à une condamnation effacée par la réhabilitation (art. 35, L. 1881 ; v. Mémento de *Droit pénal spécial*).

B. Mais les conséquences civiles demeurent

La réhabilitation ne préjudicie par aux tiers : c'est le même principe qu'en matière d'amnistie (art. 133-16 et 133-10, réserve du droit des tiers).

Remarques :

1. En cas, notamment, de prescription d'une peine d'un an d'emprisonnement, la loi exige, pour la réhabilitation *judiciaire*, un délai de 6 ans, après les 5 ans de prescription, soit 11 ans : mais la réhabilitation *légale* est alors déjà acquise, son délai étant dans ce cas de 5 ans après la prescription, soit 10 ans…

2. En ce qui concerne le *casier judiciaire*, et en dehors du cas où la **condamnation avec sursis** devient **non avenue**, on peut rapprocher, de la réhabilitation :

– les **suppressions de fiche** du casier judiciaire, dans de nombreux cas, ex. parfois après 3 ans (*v. le casier judiciaire*) ;

– l'effet de l'**exclusion d'une condamnation du B.2**, qui entraîne relèvement des interdictions, déchéances ou incapacités.

Chapitre 3 > EXTINCTION DES PEINES SANS EFFACEMENT DE LA CONDAMNATION

• Une extinction *partielle* de la peine se produit en vertu de règles dont certaines ont été déjà étudiées, d'autres l'étant plus loin :
– pour les peines privatives de liberté, en cas de *libération conditionnelle* **non révoquée**.
– pour *l'interdiction de séjour, qui cesse* quand le condamné atteint 65 ans.
– si une loi nouvelle abroge une incrimination après une condamnation définitive : la peine en cours d'exécution *cesse alors de s'exécuter* (art. 112-4 C. pén.) ; l'abolition d'une peine met obstacle à son exécution (ex. pour l'ancienne interdiction légale). Dans tous ces cas, la condamnation reste inscrite au casier, fait obstacle au sursis simple, compte pour la récidive.

• Un autre cas d'extinction partielle de la peine existe, pour les *peines privatives de liberté temporaires* : outre le *crédit de peine*, pouvant être retiré (art. 721 C. pr. pén.), la **réduction de peine**, en cas d'*efforts sérieux de réadaptation sociale* (ex. dans l'indemnisation des victimes) ; elle est décidée par le JAP. Il s'agit d'une *atténuation de la peine pour bonne conduite* (art. 721-1, 723-5 C. pr. pén.), évoquée à propos du régime pénitentiaire (pour plus d'informations, v. Mémento de *Criminologie et science pénitentiaire*).

Les **maximums** sont :
– pour un *non-récidiviste*, de **3 mois** par année d'incarcération ou **7 jours** par mois pour une durée restant à subir inférieure à un an ;
– pour un *récidiviste* : respectivement, de **2 mois, 5 jours**.

Pour la réduction de peine des repentis, v. art. 721-3.
Le pouvoir du JAP est ici une sorte de délégation du droit de grâce.
Les réductions de peines auraient dû entraîner la disparition des « grâces collectives », insuffisamment individualisées : elles ne l'ont pas fait.

Trois institutions seront étudiées ici, qui ont pour résultat d'éteindre la peine, totalement ou partiellement, sans effacer la condamnation ; elles proviennent de trois sources différentes : il y a, selon le cas :
– décision du *juge* : le relèvement ;
– décision du *chef de l'État* : la grâce ;
– écoulement du *temps* : la prescription.

Section 1 > LE RELÈVEMENT

C'est une décision par laquelle la juridiction de jugement peut effacer des mesures **d'interdictions, déchéances, incapacités ou parfois de mesures de publication**, résultant d'une condamnation pénale (peut également être demandé le relèvement du suivi socio-judiciaire).
Le relèvement est prévu par le Code pénal (art. 132-21, al. 2) et le Code de procédure pénale (art. 702-1, 703, 763-6).

On a vu que deux institutions ont un effet se rapprochant de ceux du relèvement :
• **La dispense de peine correctionnelle ou contraventionnelle**, qui, elle, peut porter même sur une peine principale ;
• Le relèvement de certaines peines par exclusion du B.2 (*v. le casier judiciaire*).

§ 1 – CONDITIONS DU RELÈVEMENT

Le Code pénal et le Code de procédure pénale prévoient les cas dans lesquels peut être décidé le relèvement ; mais il y a des mesures auxquelles, en vertu de la loi ou selon la jurisprudence, le relèvement est inapplicable.

A. Le moment du relèvement

• **Relèvement immédiat ou postérieur** (art. 132-21, 702-1) : lorsque la mesure résulte **de plein droit** d'une condamnation pénale, en application de dispositions particulières (puisque dans le Code pénal il n'y a pas de peine encourue de plein droit), le relèvement peut être demandé **dès la condamnation, ou par la suite** ; mais le relèvement *immédiat* n'est possible que pour les *interdictions, déchéances ou incapacités* : ex. pas pour les mesures de publication, selon la chambre criminelle.

• **Relèvement postérieur** (art. 702-1, al. 3) : lorsque la mesure (interdiction, déchéance, incapacité ou mesure de publication ; ex. interdiction de séjour) a été prononcée dans le jugement **à titre de peine complémentaire**, le relèvement immédiat n'est pas prévu, car, au moment de la condamnation, le juge n'avait qu'à ne pas prononcer la peine complémentaire facultative (cette raison, toutefois, ne vaut pas pour les peines complémentaires obligatoires).

La demande ne peut être faite qu'après un **délai de 6 mois** suivant la décision. C'est la date de la saisine de la juridiction qui compte : peu importe que la demande adressée au procureur elle-même soit antérieure.

En cas de refus, la ou les demandes ultérieures ne pourront être présentées que 6 mois après le ou les refus (ces délais sont d'*un an* pour les demandes de relèvement du *suivi socio-judiciaire* : art. 763-6, al. 2).

Si le relèvement concerne *l'interdiction du territoire*, le juge doit rechercher si le maintien de la mesure respecte « un juste équilibre » entre le droit au respect de la vie privée et familiale et les impératifs de sûreté publique, selon l'art. 8, Conv. EDH. Comme on l'a vu, le JAP ou le TAP peut accorder la libération conditionnelle à l'étranger condamné à cette interdiction en suspendant cette peine : si la libération n'est pas révoquée, il y a *relèvement de plein droit* de l'interdiction du territoire (art. 729-2, al. 2).

Si la demande concerne une déchéance, interdiction ou incapacité prononcée pour banqueroute en application du Code de commerce, le relèvement ne peut être accordé que si l'intéressé a apporté une contribution suffisante au paiement du passif du débiteur (art. 702-1, al. 2).

B. L'exclusion du relèvement

Le relèvement est inapplicable :

• aux peines privatives de droits prononcées **comme peines principales** : sinon, il vaudrait dispense de peine, sans les conditions de celle-ci ; de même pour le suivi socio-judiciaire prononcé comme peine principale (art. 763-6, dern. al.) ;

- aux *mesures réelles* : ex. fermeture d'établissement ; selon la jurisprudence, annulation du permis de conduire (mais il peut y avoir relèvement, total ou partiel, du délai pour obtenir un nouveau permis, si l'annulation n'a pas été prononcée comme peine principale) ;
- à la perte de points du permis de conduire (art. L. 223-4 C. route) ;
- à ce qui ne constitue pas une peine privative de droits, ex. jurisprudentiels : révocation d'un sursis, reconduite d'un étranger à la frontière ;
- à ce qui ne résulte pas de la condamnation pénale, ex. jurisprudentiel : la destitution d'un notaire prononcée par une juridiction disciplinaire ;
- à des mesures à caractère de réparation civile, ex. la démolition d'ouvrages irréguliers.

L'étranger ne peut obtenir le relèvement d'une *interdiction du territoire* que s'il réside hors de France (sauf notamment pendant le temps où il subit en France une peine privative de liberté sans sursis : art. L. 542-2 C. entrée et séjour des étrangers.

§ 2 – MODALITÉS DU RELÈVEMENT

Le relèvement peut être **total ou partiel** (ex. pour la durée) ; en ce qui concerne la *suspension du permis de conduire*, le relèvement peut être limité à la conduite dans l'activité professionnelle, sauf pour un délit pour lequel cette suspension ne peut être ainsi limitée (art. 702-1, dern. al.).

Le relèvement ne peut être conditionnel (ex. il ne peut être suspendu à l'absence de condamnation pendant 5 ans).

§ 3 – PROCÉDURE DU RELÈVEMENT

La décision sur le relèvement (demande au procureur de la République) est de la compétence de la juridiction qui a statué (art. 702-1 ; pour le suivi socio-judiciaire, la demande est adressée au JAP, qui ordonne une expertise médicale et la transmet à la juridiction : art. 763-6). En cas de condamnation par une cour d'assises, c'est la chambre de l'instruction qui est compétente.

Le relèvement est une *faculté discrétionnaire* du juge, sauf contradiction, ou erreur de droit, ou motifs erronés, ex. niant à tort l'existence d'un fait nouveau. Toutefois, pour le relèvement de l'interdiction du territoire, le refus doit être motivé ; v. *cette peine*.

§ 4 – EFFETS DU RELÈVEMENT

La condamnation subsiste (ex. elle est un obstacle au sursis simple, terme de récidive), de même que subsistent les mesures non touchées par le relèvement (mais dans ce cas v., pour certaines peines, le relèvement par exclusion du B.2, v. le casier judiciaire).

Mention du relèvement, total ou partiel, est portée au casier judiciaire, et en marge de la décision de condamnation (art. 703, dern. al.).

Section 2 > LA GRÂCE

C'est une faveur par laquelle le **chef de l'État** (art. 17 Constitution) dispense un condamné de tout ou partie de sa peine (art. 133-7 et 8 C. pén.) ; mais elle dispense seulement d'exécuter la peine : elle ne vaut pas exécution.

Caractères : la grâce *diffère de l'amnistie* à plusieurs points de vue, notamment quant à ses effets, mais aussi :

1. Par l'autorité dont elle émane

C'est le **chef de l'État** (d'où, parfois, la critique relative à l'atteinte à la séparation des pouvoirs).

2. Par sa conception

L'amnistie a en principe un caractère réel, la grâce un **caractère personnel**, visant un condamné nommément désigné.

Il y a cependant des **grâces collectives**, par décret, s'appliquant sans distinction à un grand nombre de détenus, ex. à l'occasion du 14 juillet. Ces mesures très contestables auraient dû disparaître du fait de la possibilité de **réduction de peine** par le JAP ; elles n'ont pas disparu (ex. depuis 1991, un décret tous les ans, sauf en 2007) ; elles ont pour effet, il est vrai, de désencombrer les établissements pénitentiaires, et, en juillet, à une période de fortes chaleurs.

Utilité :

a) Fondement

La grâce permet de tenir compte de la bonne conduite du coupable après sa condamnation.

Elle ne fait donc pas double emploi avec l'atténuation judiciaire de la peine lors du jugement, ni avec le sursis simple. Certaines grâces sont dites médicales parce qu'elles permettent de libérer des détenus en raison de leur maladie (ex. Sida), notamment en fin de peine ; *v. aussi la suspension de peine pour raisons médicales très graves*.

b) Domaine

La grâce s'applique à toutes les peines, et pas seulement aux peines privatives de liberté ; elle est donc utile malgré la libération conditionnelle et la réduction de peine.

c) Effet modérateur

La grâce permet de corriger la sévérité de la loi, en cas de peine considérée comme trop forte : l'exécutif corrige alors le législatif. Si la grâce atténue une peine *prononcée*, considérée comme trop sévère en l'espèce, l'exécutif corrige alors, plus curieusement encore, le judiciaire (ex. les peines perpétuelles prononcées font souvent l'objet de grâces).

d) Cas de l'erreur judiciaire

La grâce est utile en cas d'erreur judiciaire :
— *démontrée* en attendant la conclusion de la procédure de révision, souvent longue (v. Mémento de *Procédure pénale*) ;
— *probable* mais non suffisamment établie.

§ 1 – CONDITIONS

A. La grâce suppose

1. Une peine
Il n'y a pas de grâce pour les réparations dues à la victime, les sanctions disciplinaires.

2. Une condamnation définitive
C'est-à-dire irrévocable, voies de recours épuisées ou délais écoulés.

3. Une condamnation exécutoire
Ne peuvent donc pas faire l'objet d'une grâce :
– les condamnations avec sursis, les condamnations par défaut ;
– les peines subies, les peines prescrites.

B. Procédure

1. Recours en grâce ou grâce d'office
Le condamné adresse un recours en grâce au président de la République (environ 35 000 par an). Le recours suspend le recouvrement de l'amende, si l'autorité le demande. Après, le cas échéant, un examen préalable par les ministres intéressés, le recours est instruit par le ministre de la Justice (art. R. 133-1 C. pén. ; sur le traitement automatisé de l'instruction des recours en grâce, v. arr. 5 oct. 1995). Mais le recours n'est pas indispensable : la grâce peut être accordée **d'office**.

2. Examen du dossier
Le dossier est examiné par la **Direction des affaires criminelles et des grâces**, au ministère de la Justice.

3. Le décret de grâce
La grâce est accordée par **décret**, signé par le président de la République, contresigné par le Premier ministre, le ministre de la Justice, et le cas échéant le ou les ministres ayant procédé à l'examen préalable (art. R. 133-2). Contre ce décret, le Conseil d'État juge que le condamné n'a aucun recours.

C. La grâce conditionnelle
La grâce est souvent subordonnée à certaines conditions : on l'appelle alors grâce conditionnelle (ex. : indemnisation de la victime, absence de condamnation pendant un certain délai, traitement de désintoxication).
Cette technique suscite des *difficultés* juridiques (v. § 2), et porte atteinte à l'ancienne notion de grâce irrévocable. Mais elle constitue un utile moyen de politique criminelle, poussant le bénéficiaire à se bien conduire : c'est une *sorte de sursis administratif* et de *mise à l'épreuve*.

§ 2 – EFFETS
La grâce est une dispense d'exécution de la peine (art. 133-7 ; elle ne vaut pas exécution, v. le problème pour la libération conditionnelle), mais qui laisse subsister la condamnation, et produit des effets particuliers lorsqu'elle est conditionnelle.

A. La grâce dispense d'exécuter la peine, pour l'avenir

– **soit totalement (remise intégrale), soit partiellement ;**
– **soit par commutation de peine.**

C'est la substitution, *à la peine prononcée, d'une peine moins sévère* (ex. réclusion à temps à la place de la réclusion à perpétuité).

B. Mais la grâce laisse subsister infraction et condamnation

À la différence de l'amnistie, la grâce *n'a pas d'effet rétroactif*.

1. Le maintien du principe de la condamnation

a) Le principe et ses conséquences

• La condamnation **reste inscrite au casier judiciaire** (avec mention de la grâce), fait toujours **obstacle au sursis simple** (pas au sursis avec mise à l'épreuve), compte toujours pour la **récidive** ;

• Malgré la grâce, la condamnation peut empêcher **l'amnistie** de jouer. Exemple : une personne est condamnée à un an d'emprisonnement ; elle bénéficie d'une grâce de 10 mois ; si une amnistie vise les condamnations ne dépassant pas 4 mois, elle ne joue pas, car la condamnation est toujours d'un an ;

• La condamnation peut être effacée par la révision en cas d'erreur judiciaire.

b) Exceptions

Il y a des cas où l'on tient compte de la peine résultant de la grâce :
– pour le non-cumul des peines (art. 132-6 C. pén.) ; *v. le concours d'infractions* : la grâce ne vaut pas exécution ;
– pour le calcul du délai de *libération conditionnelle* (la grâce ne vaut pas exécution, mais les délais tiennent compte, on l'a vu, de la peine restant à subir) ;
– pour le calcul de la durée de la période de sûreté : v. art. 720-2, al. 2 C. pr. pén.

2. Le maintien des conséquences accessoires de la condamnation

• La grâce laisse subsister les peines *complémentaires* (sauf si elles ont été expressément visées par le décret de grâce) : la grâce ressemble sur ce point à la prescription, non à l'amnistie.

• Elle ne fait pas obstacle au droit pour la victime d'obtenir *réparation* (art. 132-8).

C. Cas de la grâce conditionnelle

Quand la grâce est conditionnelle, elle impose certaines *obligations* (v. supra § 1), dont *l'inexécution* entraînera *révocation* de la grâce. Il s'ensuit que :

• Le condamné à 4 mois d'emprisonnement bénéficiaire d'une grâce sous condition de n'être pas condamné pendant 3 ans ne peut invoquer avant l'expiration de ce délai l'amnistie visant des condamnations ne dépassant pas 3 mois.

• Le point de départ du délai de réhabilitation est le jour de la grâce, mais seulement si les conditions dont la grâce a été assortie sont remplies, ex. pas de condamnation pendant 5 ans.

Remarque : des lois d'amnistie ont prévu la possibilité d'une grâce amnistiante, ayant les effets de l'amnistie, plus profonds que ceux de la grâce, mais ne bénéficiant qu'aux personnes désignées par décret du président de la République. Aujourd'hui, les lois d'amnistie préfèrent, à la grâce amnistiante, *l'amnistie par mesure individuelle* (*admission au bénéfice de l'amnistie par décret*) ; ce procédé n'exige pas les conditions de la grâce : il peut jouer par exemple pour une personne non encore condamnée, ou ayant déjà subi sa peine, cas dans lesquels, on l'a vu, la grâce ne peut intervenir.

Section 3 > LA PRESCRIPTION DE LA PEINE

C'est l'impossibilité juridique d'exécution de la peine après écoulement d'un certain délai sans que la peine ait été exécutée, par exemple parce que le condamné s'est soustrait à l'exécution. Art. 133-2 à 6. C. pén.

On ne confondra pas la prescription de la *peine* et la prescription de *l'action publique*, qui est l'extinction du droit de poursuivre après un certain délai (v. Mémento de *Procédure pénale*).

Fondement :

1. On a invoqué plusieurs arguments en faveur de la prescription de la peine : la prescription est fondée en même temps sur l'*oubli* (chez le public), et sur le *souvenir* (chez le condamné).

• *Dans le public* : on oublie, car « le temps puissant efface toute chose ».

• *Chez le condamné* : le souvenir de la condamnation persiste (du moins pour celui qui a connu sa condamnation) ; il y aura pour lui à la fois :

– *remords*, dans lequel on peut voir une expiation équivalente, du fait des privations, de l'inquiétude ; on connaît l'argument de « l'insomnie de 20 ans » ;

– *prudence* ; le condamné a intérêt à se bien conduire, pour ne pas attirer l'attention sur lui : c'est alors la prescription moyen de politique criminelle.

2. Certains répondront à ces arguments :

• Contre l'argument de l'oubli, demeure une atteinte à *l'autorité des jugements*.

• Contre l'argument du souvenir :

– le *remords* ? C'est mal connaître la *mentalité* des malfaiteurs.

– la *prudence* ? La prescription est alors une *prime* aux plus habiles, donc aux *plus dangereux*.

Il faudrait la réserver aux délinquants d'occasion. L'accorder à tous les malfaiteurs, même professionnels, revient à récompenser les plus dangereux.

§ 1 – CONDITIONS

Elles se réfèrent aux peines, et au délai.

A. En principe, toute peine peut se prescrire

La prescription de la peine a un domaine général. La chambre criminelle l'a même étendue à une peine négative comme l'interdiction de séjour (Crim., 2 févr. 1983, D. 1983. 534, note J.-M. R.).

Il y a cependant des **exceptions** :

1. Peines prononcées pour crimes contre l'humanité
Art. 213-5 C. pén. Antérieurement, la solution avait été discutée, la L. 1964, tendant à constater l'imprescriptibilité des crimes contre l'humanité ne visant que les crimes, non les peines.

2. Certaines peines incompatibles avec la prescription
Ex. les peines privatives de droits, qui fonctionnent en effet sans actes d'exécution.

B. Délai de la prescription de la peine

1. Durée

La prescription de la peine est de :

• **20 ans** pour les peines prononcées pour *crime* (**30 ans** en matière de *terrorisme*, de trafic de *stupéfiants* et de *clonage reproductif* : art. 706-25-1, 706-31 C. pr. pén. ; 215-4 C. pén.) ;

• **5 ans** pour les peines prononcées pour *délit* (**20 ans**, pour l'*association de malfaiteurs* en vue du *terrorisme*, et pour les délits en matière de trafic de *stupéfiants* et l'association de malfaiteurs en vue de ce trafic : art. 706-25-1 et 706-31 C. pr. pén.).

• **3 ans** pour les peines prononcées pour *contravention*.

Remarques :
1. C'est la *nature de l'infraction*, non celle de la peine, qui détermine la longueur du délai (on a rencontré un problème voisin, à propos de la diminution de peine des mineurs) : même si c'est une peine correctionnelle (ex. emprisonnement) qui est prononcée pour un crime, par atténuation décidée par la cour d'assises, la peine est prononcée pour crime ; la prescription de la peine est donc de 20 ans.
2. Les délais de prescription de la *peine* sont plus longs que ceux de la prescription de *l'action publique* (cette dernière empêchant le ministère public de poursuivre), sauf en matière de terrorisme et de trafic de stupéfiants. C'est qu'il s'agit de la prescription de la peine : cela suppose qu'il y a eu condamnation, ce qui a attiré l'attention du public, l'oubli étant dès lors moins rapide (les délais de prescription de l'action publique sont, sauf pour certaines infractions, de 10 ans pour les crimes, 3 ans pour les délits, 1 an pour les contraventions).

2. Point de départ

a) Pour une décision :

• *contradictoire* : le moment où la condamnation devient définitive ;

• *par défaut* : en matière correctionnelle ou contraventionnelle, lorsque l'opposition n'est plus possible (en principe 10 jours après la signification ; si le jugement n'est pas signifié, la prescription de la peine ne court donc pas : mais 3 ans après ce jugement, non signifié, il y aura prescription de l'action publique) ;

b) Sursis

En cas de condamnation avec sursis et de révocation de ce sursis par une deuxième condamnation, la *prescription de la première peine*, assortie du sursis révoqué, part, selon la jurisprudence, de la date de la décision de révocation devenue définitive.

c) Évasion

Jour de l'évasion.

d) Amende forfaitaire majorée

À compter de la signature du titre exécutoire par le ministère public (art. 530 C. pr. pén.).

3. Suspension du délai

Le délai est suspendu :

a) Par un obstacle de fait à l'exécution de la peine

Ex. guerre, inondation.

b) Par un obstacle de droit empêchant d'exécuter la peine

Ex. sursis, grâce conditionnelle, exécution d'une autre peine, ex. à l'étranger.
Le temps déjà écoulé **avant l'événement suspensif reste acquis.**

4. Interruption du délai

Le délai est interrompu par les *actes d'exécution de la peine* :

• pour l'**amende forfaitaire majorée**, la réclamation du contrevenant ouvre un nouveau délai de prescription de *l'action publique* (il en est de même en cas d'opposition irrecevable) ;

• pour les **peines privatives de liberté** : l'arrestation.

Le temps déjà écoulé avant l'événement interruptif *ne compte plus* : il faut recommencer une nouvelle prescription.

§ 2 – EFFETS

A. La peine prescrite ne peut plus être exécutée

La prescription empêche l'exécution de la peine, mais elle ne vaut pas exécution. La *réhabilitation* peut intervenir, mais les délais sont alors allongés, pour la réhabilitation judiciaire (*v. cette question*).

B. Mais la condamnation subsiste

• Elle reste inscrite au *casier*, fait obstacle au *sursis simple*, compte pour la *récidive* ; elle permet de prolonger la détention provisoire selon l'art. 145-1, al. 2 C. pr. pén.

• La condamnation par défaut devient définitive.

• **Subsistent également les conséquences accessoires** de la condamnation comme les peines privatives de droits.

• La prescription fait même apparaître une peine, en cas de *peine criminelle prescrite* : il y a interdiction de séjour définitive de plein droit, dans le département où demeurent la victime ou ses héritiers directs (art. 763 C. pr. pén.).

Remarques :

1. Les effets de la prescription sont d'**ordre public** : ils s'imposent au juge, et au condamné, qui ne peut donc y renoncer : c'est une différence entre la prescription du droit civil et celle du droit pénal. Le condamné pourrait avoir intérêt à y renoncer, notamment en cas d'amende prescrite, pour pouvoir bénéficier de l'amnistie prévue moyennant le paiement de l'amende : une amende prescrite n'est pas due (mais il se peut que le Trésor accepte pourtant ce paiement).

2. Les obligations de nature *civile* résultant d'une décision pénale définitive se prescrivent selon les règles du Code civil (art. 133-6 C. pén.).

POUR ALLER PLUS LOIN

EXEMPLE DE SUJET POSSIBLE D'EXAMEN :

Dissertation :
> Les peines et la bonté du législateur (sujet portant sur l'ensemble du Titre 4)

Étude complémentaire 1 › CONFLIT DE LOIS PÉNALES DANS LE TEMPS : NON-RÉTROACTIVITÉ DE LA LOI PÉNALE

Principe de non-rétroactivité de la loi pénale.
La loi pénale s'applique, depuis sa promulgation jusqu'à son abrogation, **à tous les actes commis après l'entrée en vigueur de la loi ; elle ne s'applique pas aux actes commis et définitivement jugés** avant cette entrée en vigueur (art. 112-1 et s. C. pén.).
1. *Le problème suppose*, pour qu'il y ait *conflit* entre la loi antérieure et la loi nouvelle, *un acte commis sous l'empire d'une loi déterminée, et non jugé définitivement au moment où entre en vigueur une loi nouvelle.*
Si l'acte a été jugé *définitivement, la loi nouvelle lui est donc inapplicable*, sauf les **exceptions** que l'on verra à propos de l'exécution des peines :

- La peine cesse d'être exécutée quand elle a été prononcée pour un fait qui, en vertu d'une loi postérieure au jugement définitif, *n'a plus le caractère d'une infraction* (art. 112-4, al. 2) ; encore faut-il que la loi nouvelle supprime totalement l'incrimination ayant fondé la peine, ex. la dépénalisation de l'émission de chèque sans provision ; cela implique que la peine continue de s'exécuter si les faits peuvent être qualifiés autrement selon la loi nouvelle, car alors ils ont toujours le caractère d'une infraction ;

- Sont d'application immédiate, comme les lois de procédure, les lois sur **l'exécution des peines** ; si elles ont pour effet de rendre la peine plus sévère, elles ne s'appliquent qu'aux condamnations pour faits postérieurs à leur entrée en vigueur (art. 112-2, 3° C. pén.).

- *L'abrogation d'une loi instituant une peine* met obstacle à son exécution (ex. à propos de l'ancienne interdiction légale), et cela même après condamnation.

- Pour une disposition *civile*, la loi nouvelle n'a pas en principe d'effet rétroactif (art. 2 C. civ. ; ex. pour la réparation après détention).

2. *Les solutions supposent connus :*

- le moment de l'**entrée en vigueur de la loi**.
Une loi entre en vigueur à la date qu'elle fixe, ou à défaut le lendemain de sa publication (sur papier ou sous forme électronique), sauf si son exécution nécessite des mesures d'application : alors à la date d'entrée en vigueur de ces mesures.
En cas d'**abrogation** de la loi, des textes réglementaires (ex. arrêtés) non abrogés, mais pris pour l'application de la loi abrogée subsistent, avec la sanction pénale qu'ils prévoient, s'ils n'ont pas été rapportés et ne sont pas inconciliables avec la loi nouvelle.

- le moment de l'**infraction**.
Ce moment est facile à préciser en cas d'infraction instantanée. Il est plus difficile à déterminer pour l'infraction *continue ou d'habitude* ; on admet en général que l'acte tombe sous le coup de la loi nouvelle dès lors qu'il se produit ou se prolonge sous le régime de celle-ci (ex. le recel de choses) ; mais il est des infractions instantanées qui se renouvellent à chaque acte (ex. le trafic de stupéfiants). Une loi nouvelle sur la récidive, posté-

rieure à la deuxième infraction, s'applique, on l'a vu, même si la première infraction a été commise sous l'empire de la loi antérieure ;

• le moment où la décision devient **décision définitive** (irrévocable).

Une décision devient définitive, on l'a vu, lorsque les voies de recours sont épuisées ou leur délai (le plus long) écoulé : 2 mois pour la condamnation par le tribunal correctionnel (délai d'appel du procureur général), 5 jours pour la condamnation par la chambre des appels correctionnels (délai du pourvoi en cassation). Il s'agit des recours du droit français.

Remarque : on distingue *l'effet rétroactif* d'une loi, et l'*application immédiate de la loi*. Par *l'effet rétroactif*, la loi nouvelle modifierait une situation établie sous l'empire d'une loi antérieure, en supprimant par exemple les effets d'actes déjà accomplis, ce qui est en principe exclu. Par *l'effet immédiat* de la loi nouvelle, la loi ancienne continue de s'appliquer aux actes déjà accomplis, la loi nouvelle s'appliquant seulement aux situations en cours, ce qui est admis dans plusieurs cas.

Les solutions sont différentes pour les lois de fond, les lois de forme, et les lois sur la prescription.

Section 1 > LOIS DE FOND

Les *principes*, sous leurs aspects divers, découlent de la règle générale, garantie de liberté individuelle, exprimée par le Code, comme par le droit antérieur. Mais ils sont parfois *déformés*, pour des lois d'une nature particulière.

§ 1 – LES PRINCIPES

• **Principe de non-rétroactivité de la loi pénale** (art. 112-1 C. pén.) : *seuls sont punissables les faits constitutifs d'une infraction à la date à laquelle ils ont été commis. Peuvent seules être prononcées les peines légalement applicables à la même date.*

Fondement : le principe de non-rétroactivité est une *garantie de liberté individuelle* ; la loi doit avertir avant de frapper (*cf.* Benjamin Constant : « La loi qui rétroagit n'est pas une loi »). C'est un corollaire de la règle plus générale de la légalité, déjà étudiée, et garantie fondamentale de liberté individuelle, avec le principe *nullum crimen*, et l'interprétation stricte.

• Le fondement du principe, libéral, conduit à un **deuxième principe** : l'**application immédiate des lois plus douces**, favorables à l'intéressé, à des faits antérieurs non jugés définitivement (on parle parfois de « rétroactivité *in mitius* »). L'art. 112-1, al. 3 vise les « dispositions nouvelles moins sévères ».

A. Énoncé des deux principes

1. Maintien de la loi ancienne si la loi nouvelle est plus sévère

Ex. : les lois sur le régime d'exécution et d'application des peines qui auraient pour effet de rendre plus sévère la peine prononcée ne s'appliquent pas aux condamnations prononcées pour des faits antérieurs (art. 112-2, 3° ; ex. une loi rendant plus strictes les conditions des permissions de sortir). Si tel n'est pas le cas, elles sont d'application immédiate.

Le même principe de maintien de la loi ancienne lorsque la loi nouvelle est plus sévère vaut pour les lois sur la *prescription* (*v. section 3*).

2. Application immédiate de la loi nouvelle plus douce ; (« rétroactivité in mitius »)

Ce principe, qui joue sauf texte contraire, a *valeur constitutionnelle* (son respect s'impose donc au législateur lui-même), mais il est parfois contesté. Bien entendu, comme on l'a vu *ci-dessus*, la loi nouvelle plus douce ne s'applique pas à la décision devenue définitive, sauf si le fait n'a plus le caractère d'une infraction (*pour les peines, v. aussi infra*).

B. Mise en œuvre des deux principes

Les deux principes supposent déterminée quelle est, des deux lois en conflit, la **loi la plus douce**, qui va, comme telle, s'appliquer immédiatement.

1. La loi nouvelle est plus douce

a) Si elle supprime l'incrimination

Ex. : suppression de certains cas de banqueroute, de la tentative de conduite en état d'ivresse, de l'émission de chèque sans provision, d'un cas de proxénétisme, de suppression d'une prohibition par un règlement communautaire.

b) Si elle transforme un crime en délit (*v. d*)

c) Si elle donne à l'incrimination des conditions plus étroites

Ex. : en ajoutant un élément constitutif, ex. l'intention, en matière de douanes ; par la suppression de la présomption du caractère volontaire d'un fait, ex. le défaut de paiement dans l'abandon de famille ; par une *définition plus étroite de la faute d'imprudence ou de négligence dans certains cas.*

d) Si elle supprime la peine prévue pour l'infraction, ou la déclasse

Ex. : suppression de la peine de mort ; amende prévue par la loi nouvelle à la place de l'emprisonnement, en principe plus sévère (malgré la volonté des auteurs du Code de mettre ces peines sur le même plan) ; peine correctionnelle au lieu d'une peine criminelle ; suppression d'une peine complémentaire.

Par application du *nouveau Code pénal* à son entrée en vigueur : suppression de la peine d'emprisonnement pour les contraventions, de l'interdiction légale ; peine accessoire devenant peine complémentaire facultative, circonstance aggravante devenant plus étroite.

e) Si elle abaisse le taux de la peine

Ex. : durée de la réclusion, d'une peine privative de droits, du sursis probatoire ; taux de l'amende ; de même si la loi nouvelle, comme l'a fait l'actuel Code pénal, ne prévoit plus de période de sûreté de plein droit pour l'infraction commise, ou réduit la durée de la période de sûreté.

Le Code pénal (art. 112-2, 3°) déclare d'application immédiate, comme les lois de procédure, **les lois sur l'exécution des peines**, ex. semi-liberté (le nouveau régime étant présumé meilleur que l'ancien) ; mais, on l'a vu, si elles ont pour effet de rendre la peine plus sévère, elles ne s'appliquent qu'aux condamnations pour faits postérieurs (ex., pour la révocation du sursis avec mise à l'épreuve).

Aux dispositions plus douces de la loi nouvelle, la chambre criminelle a cru devoir assimiler les dispositions *« équivalentes »* (*sic*).

Mais un **règlement** plus doux (ou abrogé) ne s'applique pas à des faits antérieurs si son support législatif, lui, n'a pas été modifié.

2. La loi nouvelle est plus sévère

Il s'agit des hypothèses opposées (donc alors en principe la loi ancienne est maintenue), ex. : loi rendant l'incrimination plus large ; créant une responsabilité pénale des personnes morales ; aggravant la peine principale ; transformant une contravention en délit ; créant une circonstance aggravante, etc.

Ces solutions, normales notamment si la loi nouvelle crée une incrimination, le sont peut-être moins si la loi nouvelle se borne à aggraver la peine d'une infraction déjà prévue. À noter que l'aggravation de peine résultant de la récidive peut découler, on l'a vu, d'une 2e infraction postérieure à la loi nouvelle même si la 1re a été commise avant, car il dépendait de l'agent de ne pas commettre la 2e.

On notera que, traditionnellement, la non-rétroactivité d'un texte plus sévère ne s'appliquait pas à une interprétation jurisprudentielle. Mais, sur le fondement de l'art. 7 de la Conv. EDH, la Cour EDH exige que la nouvelle interprétation jurisprudentielle ait été raisonnablement prévisible.

3. La loi nouvelle peut être à la fois plus douce et plus sévère que la loi ancienne

• Si la loi nouvelle est divisible, certaines de ses dispositions étant plus sévères, d'autres plus douces, on *dissocie* ces dispositions en appliquant les règles ci-dessus selon que la disposition en cause est plus sévère ou plus douce que la loi antérieure (ex. L. 1980 pour le viol : définition élargie du viol, mais peines moins élevées).

• Si la loi est indivisible, formant un tout, on recherche le caractère de l'*ensemble* ou de la *disposition principale* (ex. la réforme du sursis en 1970).

§ 2 – DÉFORMATION DES PRINCIPES

Les principes étudiés ci-dessus sont écartés dans certains cas : la loi pénale nouvelle plus sévère va s'appliquer, la loi ancienne plus sévère sera maintenue.

A. Application de la loi pénale nouvelle même plus sévère

Cette dérogation aux principes s'explique parce la loi dont il s'agit est *pénale, mais pas vraiment nouvelle*, ou *nouvelle, mais pas vraiment pénale*.

1. Lorsque la loi pénale n'est pas réellement nouvelle

C'est le cas de la loi interprétative : elle est considérée comme faisant corps avec le texte qu'elle interprète ; elle s'applique donc aux faits commis entre la promulgation du texte interprété (mais pas avant) et sa propre promulgation ;

• la solution est normale si la loi est vraiment interprétative : le premier texte, s'il avait été clair, se serait appliqué aux faits postérieurs à lui ;

• mais il y a rétroactivité, critiquable, si la loi est en réalité modificative.

On rapprochera de la loi interprétative la **loi déclarative**, se bornant à constater une règle préexistante : ex. L. 26 déc. 1964, « tendant à constater l'imprescriptibilité des crimes contre l'humanité », confirmant une règle déjà admise par des accords internationaux.

Mais on distinguera des lois interprétatives ou déclaratives la **loi de validation** (c'est-à-dire qui valide des décisions réglementaires dont la légalité était contestée) ; la validation a effet pour l'avenir, mais la violation *antérieure* du règlement illégal ne peut être pénalement sanctionnée : ces lois n'ont **pas d'effet rétroactif**.

2. Lorsque la loi nouvelle n'est pas réellement pénale

Cela a été décidé par la jurisprudence, notamment pour les lois suivantes :

• la loi prévoyant une *mesure de sûreté* : ex. L. 1930 (aujourd'hui remplacée par L. 1984) sur l'interdiction bancaire, L. 1947, jadis, sur l'interdiction d'exercer les professions commerciales ou industrielles : c'est l'un des grands intérêts qu'il y a à distinguer les peines et les mesures de sûreté ; ex. jurisprudentiel : application immédiate d'une loi nouvelle pour une condamnation antérieure, en matière d'interdiction professionnelle (mais dans une autre décision, la chambre criminelle a fait respecter le principe de la non-rétroactivité à propos de l'interdiction d'avoir une activité impliquant un contact habituel avec des mineurs).

Le Conseil constitutionnel, lui-même, a accepté *l'application rétroactive de mesures de sûreté* qu'il a considérées (non sans audace) comme n'étant ni des peines, ni des sanctions ayant le caractère d'une punition : ainsi du placement sous surveillance judiciaire (Cons. const., 8 déc. 2005) et du placement sous surveillance de sûreté (Cons. const., 21 févr. 2008). En revanche, même si, à l'en croire, la rétention de sûreté appartient à la même catégorie, le conseil a refusé son application rétroactive au nom de la protection des libertés individuelles, en raison de sa durée illimitée et de son prononcé après la condamnation (Cons. const., 21 févr. 2008).

• la législation sur les *mineurs délinquants*, censée intervenir dans l'intérêt de ces mineurs, même si une *mesure d'éducation* de 2 ans succède à une *peine d'emprisonnement* de 6 mois ;

• la loi ne visant pas une *peine*, mais une *mesure d'exécution forcée* (ex. contrainte judiciaire). Selon la chambre criminelle, la loi nouvelle s'applique immédiatement, même si l'obligation est née sous l'empire d'une loi antérieure. Pour la Cour EDH, au contraire, quant à l'application de la loi dans le temps, la contrainte dite auparavant par corps a été considérée comme une peine selon la Conv. EDH : un texte nouveau plus sévère n'est donc pas applicable.

B. Maintien de la loi ancienne plus sévère

En d'autres termes, la loi nouvelle plus douce ne s'applique pas :

1. Si la loi contient une **disposition expresse** dans ce sens, selon la chambre criminelle (et cela malgré la décision du Cons. const. 1981, et le Pacte international relatif aux droits civils et politiques de 1981 pour la France).

2. En matière économique : il faut aujourd'hui distinguer deux sortes de textes, les lois et les actes réglementaires, puisque seuls les seconds seront maintenus alors qu'ils sont plus sévères :

• **Pour les lois :** après une jurisprudence dérogeant aux principes, la chambre criminelle a fait retour aux normes, à propos d'incriminations économiques prévues par l'Ordonnance de 1945, et *abrogées* ou *contraventionnalisées* par l'Ordonnance du 1er déc. 1986 (ex. prix illicites, certains refus de vente) :

« En l'absence des dispositions contraires expresses », une loi économique nouvelle plus douce, *« même en matière économique »*, s'applique aux faits antérieurs (la restriction visant les dispositions contraires expresses a été discutée, sur le fondement du Pacte international) ; la solution est la même pour un *règlement communautaire*, qui a en droit interne une valeur supralégale.

• **Pour des actes réglementaires** tels que des *arrêtés de taxation* nouveaux dans un domaine où les prix ne sont pas libres, la *solution contraire* demeure (ex. arrêtés supprimant une tarification, ou prévoyant un tarif plus élevé, donc plus doux pour le commerçant qui a vendu au-dessus du tarif ancien sous l'empire de la taxation antérieure). **Le texte ancien est maintenu**, *sauf si le texte a été abrogé avant poursuites*.

La *raison* de cette solution est que ces textes ne disposent que pour une période déterminée et sous l'influence de nécessités économiques variables.

Cette exception est elle-même discutée, sur le fondement du Pacte international : mais à vrai dire il s'agit ici de la non-rétroactivité d'un texte plus doux, et non de la rétroactivité d'un texte plus sévère.

S'il s'agit d'un **règlement communautaire**, toutefois, le texte nouveau plus doux s'applique, car ce règlement a en droit interne, on vient de le voir, une valeur supérieure à celle de la loi nationale.

Remarque : des solutions longtemps admises, maintenant la loi ancienne plus sévère, ont été abandonnées :

• Cela a été le cas pour les *amendes fiscales et douanières* (on invoquait jadis, pour le maintien de la loi ancienne, les « droits acquis » de l'administration). Mais la chambre criminelle a fait retour au principe : désormais, le texte nouveau plus doux s'applique, sauf disposition contraire. Il en est de même s'il s'agit d'un texte international rendant caduques les poursuites.

• En matière de *changes*, les faits commis et poursuivis avant l'abrogation d'un texte réglementaire restaient punissables. Depuis un revirement de jurisprudence intervenu en 1992, ils ne le sont plus, dès lors que des textes, même non expressément abrogés, sont *inconciliables* avec la loi nouvelle.

Section 2 > LOIS DE FORME

§ 1 – LE PRINCIPE

C'est l'**application immédiate** des dispositions nouvelles à la répression des infractions commises avant leur entrée en vigueur (art. 112-2 C. pén.).

On sait qu'il ne faut confondre *l'application immédiate* et *l'effet rétroactif*, par lequel la loi nouvelle s'appliquerait aux procédures en cours, mais en supprimant les effets des actes déjà accomplis : l'application immédiate d'une loi nouvelle est sans effet sur la validité des actes accomplis conformément à la loi ancienne (art. 112-4, al. 1).

Fondement du principe d'application immédiate :

• Ces textes nouveaux ont pour objet de rendre plus rapide la *découverte de la vérité* ;

• ils n'influent pas sur la conduite du délinquant, qui peut envisager la sanction, non la procédure ;

• le principe évite les difficultés qui résulteraient par exemple de la suppression de juridictions, si celles-ci devaient rester compétentes.

Mais on a pu **critiquer** cette application immédiate, en observant que les réformes de procédure peuvent avoir pour objet de *renforcer la répression*.

§ 2 – APPLICATION

A. Organisation judiciaire

Exemple : loi nouvelle créant ou supprimant une juridiction. La loi nouvelle est d'application *immédiate*, sauf si un jugement au fond a été rendu en 1re instance.

B. Compétence

Exemple : loi nouvelle transformant un crime en délit.

1. Si la juridiction de jugement n'est pas saisie

La loi nouvelle est d'application *immédiate* (même si l'instruction est commencée) ;

2. Si la juridiction de jugement est saisie

L'art. 112-2 C. pén. confirme la jurisprudence antérieure : la loi nouvelle est d'*application immédiate* (ex. jurisprudentiel : création de la juridiction de proximité), *sauf* s'il y a eu *jugement au fond* en 1re instance – acquittement ou condamnation –, même si une voie de recours a été exercée – mais la loi nouvelle est d'application immédiate si ce jugement n'a été qu'une décision d'incompétence.

Remarques :
1. Contre l'application immédiate de la loi nouvelle, on invoquait parfois l'idée de droit acquis : mais cette notion est contestable en procédure pénale plus encore qu'en procédure civile ;
2. La loi nouvelle ne s'applique pas si, *modifiant la compétence à raison de la modification de la peine*, elle est plus sévère que la loi ancienne.
3. Si fond et forme sont indissociables, le caractère de loi de fond prévaudra.

C. Modalités des poursuites et formes de la procédure

La loi nouvelle est d'application *immédiate*. Ex. jurisprudentiels : loi nouvelle sur la garde à vue, sur le déroulement de l'instruction, ex. sur la détention provisoire, sur les conditions de la poursuite ; L. 1986 sur les infractions à but terroriste ; règles du nouveau Code pénal sur le prononcé de l'interdiction de séjour ; règles nouvelles du délai de forclusion pour des demandes d'annulation dans l'instruction.

De même application immédiate : de la disposition nouvelle du Code pénal obligeant le juge à motiver la condamnation à l'emprisonnement sans sursis (art. 132-19, al. 2) – mais une décision régulièrement rendue avant la loi nouvelle a été maintenue – ; de la loi nouvelle sur la procédure de révocation du sursis avec mise à l'épreuve, sur l'amende civile pour constitution de partie civile abusive, sur la comparution immédiate.

Pour les voies de recours, le Code pénal (art. 112-3) décide que :

- les lois relatives à leur *nature*, aux *cas d'ouverture*, aux *délais*, à la *qualité* des personnes admises à les exercer, s'appliquent aux recours formés contre les décisions prononcées après leur entrée en vigueur ;

- les *règles* de *forme* sont celles en vigueur au jour où les voies de recours ont été exercées.

Comme on l'a vu plus haut, le Code pénal déclare d'application immédiate, comme les lois de procédure, les lois sur l'exécution des peines, sauf si la loi nouvelle rend la peine plus sévère : cette loi ne s'applique alors qu'à des condamnations pour des faits postérieurs à son entrée en vigueur (art. 112-2, 3°). Mais les lois sur le mandat d'arrêt européen ne sont pas relatives à l'exécution des peines.

Section 3 › LOIS SUR LA PRESCRIPTION

Art. 112-2, 4° C. pén.
Exemple : une loi nouvelle modifiant un délai. Il faut distinguer deux cas.

§ 1 – LE DÉLAI EST DÉJÀ ÉCOULÉ

La prescription est acquise.

Il en va autrement pour les *crimes contre l'humanité* : mais la raison en est que dès avant le nouveau Code pénal, qui déclare imprescriptibles ces crimes, et les peines prononcées, une loi de 1964 sur l'imprescriptibilité de ces crimes n'avait fait que confirmer une règle déjà admise par l'effet des accords internationaux (affaire

Barbie ; affaire *Touvier*) ; selon la jurisprudence, il en est de même pour des crimes de guerre (qui sont en eux-mêmes prescriptibles), s'ils sont en même temps des crimes contre l'humanité.

§ 2 – LE DÉLAI N'EST PAS DÉJÀ ÉCOULÉ

Sont d'**application immédiate** les lois relatives à la prescription tant de l'action publique que de la peine, bien que l'action publique relève de la forme et la peine du fond ; la solution, après la L. 2004, vaut même si la loi nouvelle aggrave la situation de l'intéressé.

Pour la prescription de la *peine*, la date à prendre en compte, par rapport à la loi nouvelle, est celle de la condamnation définitive, et non celle de l'infraction.

POUR ALLER PLUS LOIN

EXEMPLE DE SUJET POSSIBLE D'EXAMEN :

Dissertation :
> La rétroactivité *in mitius*

Étude complémentaire 2 › CONFLIT DE LOIS PÉNALES DANS L'ESPACE (DROIT PÉNAL INTERNATIONAL) ET DROIT INTERNATIONAL PÉNAL

Il s'agit essentiellement du droit pénal international. Pour le droit international pénal, *v. section 2*.

A. Problèmes posés par le droit pénal international

• Le droit pénal international pose *a priori* trois ordres de problèmes :
1. Celui du domaine territorial d'une loi *pénale*, ex. si un crime est commis en France par un étranger : faut-il appliquer la loi pénale française ou étrangère ? Il y a **conflit de lois** : c'est un problème de *compétence législative*.
2. Doit-on donner compétence au *juge* français ou étranger ? Il y a **conflit de juridictions** : c'est un problème de *compétence judiciaire*.
3. Quelle est *l'autorité du jugement* hors des frontières ? Il y a **conflit d'autorités.**
Compétence législative et compétence judiciaire sont liées en matière pénale : la compétence de la loi pénale française entraîne compétence du juge pénal français, lequel ne peut en principe appliquer que la loi pénale française.

B. Systèmes concevables pour les conflits de lois

• Trois systèmes sont concevables pour la solution des conflits de lois :

1. Personnalité de la loi

• la loi pénale d'un pays s'applique à *tous les nationaux* même hors du territoire ;

• elle ne s'applique *qu'à ces nationaux* même à l'intérieur du territoire.
Par « *loi personnelle* », on entend le plus souvent la loi nationale du *coupable* (« personnalité active »), parfois, mais plus rarement, celle de la victime (« personnalité passive » : ce dernier système est admis dans certains cas par le droit français).

2. Territorialité de la loi

C'est le système français de principe, et c'est le système le plus généralement admis.
— la loi pénale d'un pays s'applique à *toutes les infractions commises sur le territoire* du pays (quelle que soit la nationalité du coupable) ; dans le même sens, les *actes de procédure* sont régis en la forme par la loi du pays où ils sont accomplis ;
— elle ne s'applique pas *aux infractions commises hors du pays* (même par des nationaux).
Les fondements de ce principe sont les suivants, au regard de son double aspect : pour l'application de la loi à toutes les infractions commises sur le territoire : il est la conséquence de la *souveraineté nationale* (art. 3 C. civ.) ; pour la non-application hors du territoire : le principe se fonde sur *l'absence de trouble* de l'ordre public pour le pays (donc si cet ordre est troublé, la loi pourra trouver à s'appliquer, ex. fausse monnaie).

3. Compétence universelle

C'est le système de l'universalité du droit de punir : le juge pénal peut punir, quel que soit le lieu de l'infraction, quelle que soit la nationalité du coupable ou de la victime. Ce système est admis pour certaines infractions par le droit français, et prôné par certains (ex. pour le terrorisme) ; ex. la loi française est compétente pour des tortures visées par la Conv. internationale 1984-1987, malgré l'amnistie prévue par la loi étrangère.

Principe du droit pénal français.

Les règles de conflit de lois pénales sont réparties entre le Code pénal (art. 113-1 et s.) et le Code de procédure pénale (art. 689 et s).

Le principe est celui de la **territorialité de la loi pénale** (art. 113-2, al. 2 C. pén.) ; ex. : le juge français ne peut se référer à la loi étrangère pour déterminer la peine encourue par le coupable étranger ; on a vu aussi, pour le sursis avec mise à l'épreuve, que le juge ne peut interdire de se rendre à l'étranger : mais d'autres règles permettent d'aboutir au même résultat ; de même pour le contrôle judiciaire.

Mais il y a de **nombreuses exceptions** au principe.

Et le droit français **atténue le principe** (outre les exceptions), en lui apportant un complément par les procédures d'entraide internationale (art. 694 et s. C. pr. pén.), ex. l'**extradition** (*cf.* Grotius : *aut dedere, aut punire* : ou livrer, ou punir) ou le **mandat d'arrêt européen**. Au sein de l'Europe, pour le terrorisme, une loi (2001) définit de manière commune les infractions et harmonise les peines, ce qui sera transposé dans les droits internes.

On étudiera la territorialité de la loi pénale, avant quelques données de droit international pénal.

Section 1 > LA TERRITORIALITÉ DE LA LOI PÉNALE

Ce principe général commande la détermination des *cas d'application de la loi française*. Mais, découlant du principe de la souveraineté nationale, il conduit aussi au rejet de principe du *jugement pénal étranger*, et à la restriction des possibilités d'*investigation pénale hors des frontières*.

§ 1 – L'APPLICATION DE LA LOI PÉNALE FRANÇAISE

Le principe d'application de la loi française aux infractions commises sur le territoire de la République, et seulement à ces infractions, conduit à devoir préciser les éléments du problème que constituent ces notions ; ensuite seront exposées les solutions, avec les nombreuses exceptions que comporte le principe.

A. Les éléments du problème

La notion d'infraction commise sur le territoire suppose définis le lieu de l'infraction, et le territoire de commission.

1. Lieu de l'infraction

La localisation de l'infraction dans l'espace s'opère de la façon suivante.

L'infraction est *réputée commise* sur le territoire de la République dès lors qu'**un de ses faits constitutifs** a eu lieu sur ce territoire (art. 113-2, al. 2 C. pén.).

La chambre criminelle manifeste une *tendance à élargir la compétence* de la loi et du juge français, par deux voies.

a) Par l'extension de la notion d'infraction réputée commise en France

Cette condition est considérée par la jurisprudence comme facilement réalisée (v. la jurisprudence sur l'ancien art. 693 C. pr. pén., avec sa formule : « acte caractérisant un de ses éléments constitutifs »).

Exemples jurisprudentiels d'infractions réputées commises en France : pour *l'abus de confiance*, chose remise en France et détournement à l'étranger ; *tentative d'escroquerie*, avec seulement un élément des manœuvres frauduleuses en France ; *association de malfaiteurs* par participation par téléphone à des projets de crime en France ; *délit d'initié*, avec opérations sur une place étrangère, mais informations provenant de France ; *tentative d'importation de stupéfiants*, par le recrutement du destinataire en France ; *contrefaçon*, avec seulement atteinte aux droits du propriétaire en France (le résultat localisant alors l'infraction) ; *message pornographique punissable* mis sur *l'internet* à l'étranger mais reçu en France ; contrat en France pour la diffusion d'images pornographiques de mineur enregistrées en Thaïlande ; *recel à l'étranger*, mais consécutif à des vols commis en France. On a même considéré qu'il y avait *recel* en France, par la prise de possession en France par l'intermédiaire de tiers, à la suite d'une commande faite de l'étranger par un étranger. Un délit continu est réputé commis en France s'il se poursuit en France, même s'il a commencé à l'étranger (ex. soustraction de mineur).

b) Par le recours aux notions d'*indivisibilité* et de *connexité*

Il s'agit de l'indivisibilité et de la connexité (v. Mémento de *Procédure pénale*) entre les faits constatés en France et l'infraction commise à l'étranger.

C'est surtout *l'indivisibilité* qui est utilisée, et cette notion est aisément admise par la jurisprudence (parfois dans des cas relevant plus de la connexité que de l'indivisibilité) ; ex. pour une séquestration et un vol avec arme et en bande organisée à l'étranger, et association de malfaiteurs en France.

La loi elle-même permet de réprimer la *complicité* en France d'un crime ou délit commis à l'étranger (*v. B. 3.*).

2. Notion de territoire

Le territoire sur lequel la loi pénale française est applicable est l'espace sur lequel s'étend *l'autorité politique de l'État* : *métropole, départements et territoires d'outre-mer, mer territoriale, espace maritime et aérien* ; la loi française s'applique également aux infractions commises à bord (ou contre) des *navires battant pavillon français*, en quelque lieu qu'ils se trouvent, et aux infractions commises à bord (ou contre) des *aéronefs immatriculés en France*.

La loi française est *seule applicable* aux infractions commises à bord (ou contre) des navires de la marine nationale, en quelque lieu qu'ils se trouvent, et aux infractions commises à bord (ou contre) des aéronefs militaires français, en quelque lieu qu'ils se trouvent (art. 113-3 et 4).

Dans les *eaux territoriales françaises*, les juridictions françaises sont compétentes pour les infractions commises à bord d'un navire étranger, par ou contre une personne ne faisant pas partie de l'équipage – et pour les infractions *indivisibles* – (avis du Conseil d'État, 1806 ; solution reprise par la chambre criminelle pour des séquestrations et assassinats de passagers clandestins. Pour des infractions commises hors du territoire par des personnes trouvées en France, les juridictions françaises sont compétentes, en vertu des art. 689-1 et 689-2 C. pr. pén., pour des crimes et délits constituant des traitements inhumains : *v. B. 2*).

Lorsque le prévoient les *conventions internationales* et la *loi*, la loi pénale française est applicable aux infractions commises *au-delà de la mer territoriale* (art. 113-12 C. pén ; pour le trafic de stupéfiants en haute mer, v. L. 15 juill. 1994) ; ex. Conv. de Vienne, 1988, pour l'arraisonnement d'un navire étranger en haute mer.

B. Les solutions

Il faut distinguer le cas de l'infraction commise sur le territoire de la République, celui de l'infraction commise hors de ce territoire, et celui de la complicité en France d'une infraction commise à l'étranger.

1. Infraction commise sur le territoire de la République

a) Le principe d'application de la loi française

La loi française est seule applicable, quels que soient la nationalité des auteurs ou des victimes et le contenu de la loi de l'État d'origine de l'auteur. Le juge français n'a pas à rechercher si l'infraction commise par un étranger est punissable dans le pays de celui-ci, même si l'étranger ne réside pas en France. Mais, pour définir le propriétaire d'un bien (ex. destruction), le problème étant civil, il doit rechercher la loi civile applicable.

Exceptions : **en cas d'infraction commise par un étranger**, il y a immunité pénale :

• pour les *chefs d'États étrangers séjournant en France* (sauf pour les crimes de guerre et les crimes contre l'humanité) ; *v. cette immunité de juridiction* ;

• pour les *agents diplomatiques* accrédités. L'immunité diplomatique est une règle de courtoisie internationale ; il ne s'agit pas d'exterritorialité : l'auteur étranger, non couvert par l'immunité, d'une infraction dans une ambassade en France est justiciable des juridictions françaises.

L'immunité couvre la personne, la famille, la suite et les bagages de l'agent. Elle est étendue aux représentants permanents auprès du Conseil de l'Europe. Pour les agents en transit d'un État tiers (Convention de Vienne, 1961, art. 40), elle est inapplicable en l'absence de mission internationale précise.

b) Absence de chose jugée pour la décision étrangère pour une infraction commise en France

Sauf convention contraire (ex. Accord de Schengen, entre certains États de l'Union européenne : décr. 21 mars 1995, art. 54 à 58), *l'étranger ayant commis une infraction en France peut être jugé en France même s'il a été jugé à l'étranger, et même condamné définitivement, pour cette infraction* : il n'y a pas chose jugée si la peine n'est pas prescrite.

c) Cas de la complicité

Si l'acte commis en France est un acte de complicité d'un crime ou d'un délit commis à l'étranger, sont applicables les art. 113-5 C. pén. et 689 C. pr. pén. : *v. 3*.

Remarque : lorsque l'un des faits constitutifs d'un crime a été commis hors du territoire national, la détention provisoire peut être plus longue (v. art. 145-2, al. 2 C. pr. pén.).

2. Infraction commise hors du territoire de la République (art. 113-6 C. pén.)

• Le **principe** *(aujourd'hui très atténué)* est la **non-application de la loi française** (bien que, pour juger des demandes d'*extradition*, on tienne compte, largement mais non exclusivement, de la loi française, ex. pour déterminer si une infraction est ou non politique) ; ex. recel à l'étranger par un étranger.

• Mais les **exceptions à ce principe** sont aujourd'hui importantes : il y a **application de la loi française dans de nombreux cas**.

Ces cas prennent en compte plusieurs éléments : la **gravité de l'infraction** (les règles sont en partie différentes pour les crimes et les délits ; la loi française ne s'applique pas aux *contraventions* commises à l'étranger), le fait que **la loi étrangère s'est déjà appliquée** (c'est alors la règle de **subsidiarité** de la loi française), parfois la **réciprocité législative**, parfois enfin la **nationalité française** de la **victime**.

Dans certains cas, loi française s'applique seulement lorsque l'infraction a été *commise par un Français*, dans d'autres cas, seulement si elle a été commise par un étranger, dans d'autres cas, indifféremment, qu'elle ait été commise *par un Français ou par un étranger*.

a) Infraction commise à l'étranger par un Français, ou par un étranger ayant acquis la nationalité française après l'infraction

Les conditions d'application de la loi française sont tantôt communes aux crimes et aux délits, tantôt spéciales aux délits.

• **Condition commune aux crimes et aux délits** : l'application de la loi française est **subsidiaire** (art. 113-9) : **elle ne joue pas si la loi étrangère s'est appliquée définitivement** (à la condition, en cas de condamnation, qu'il y ait eu exécution ou prescription de la peine ; sinon, on ne peut imputer sur l'exécution d'une peine prononcée par le tribunal français l'incarcération subie à l'étranger) ; au contraire, pour la durée de la peine *prononcée à l'étranger* et restant à subir en France, *v. § 2* ; pour certains pays, l'Accord de Schengen prévoit, plus largement, les cas où la sanction ne peut plus être exécutée : ex. en raison de la grâce. C'est le principe de *l'autorité négative* du jugement étranger en France. Mais des poursuites fondées sur la compétence territoriale française sont possibles.

• **Conditions spéciales aux délits** (art. 113-6)

– 1re **condition** : la loi française ne s'applique que si le délit est *punissable par la loi étrangère* (système de la « *double incrimination* », art. 113-6). C'est le principe de la

réciprocité législative, qui traduit un effort vers un droit pénal universel (ex. : destruction d'objet destiné à l'utilité publique, ex. desceller les briques du plafond de la cellule d'une prison en Belgique ; non-représentation d'enfant en Suisse ; l'interprétation de la loi étrangère échappe au contrôle de la Cour de cassation). Mais, par exemple, la loi pénale suisse ne réprimant pas la défense de payer un chèque, la condition de réciprocité n'est pas remplie.

Exceptions : *pour certaines infractions, commises par un Français ou par une personne résidant habituellement en France*, la loi française est applicable même si le fait n'est pas puni par la loi étrangère ; ex. : agression sexuelle contre un mineur, corruption de mineur, diffusion d'images pornographiques de mineur, proxénétisme à l'égard d'un mineur, recours à la prostitution d'un mineur, atteinte sexuelle sur mineur de 15 ans (ou plus si l'auteur est un ascendant ou une personne abusant de son autorité) : art. 222-22, al. 2, 225-11-2, 225-12-3, 227-27-1 C. pén. Même exception à la réciprocité d'infraction commise par un Français pour le clonage reproductif (art. 511-1-1 C. pén.) ; de même pour l'activité de *mercenaire* par un Français ou une personne résidant habituellement en France (art. 436-1 et s., 436-3).

Remarques :
1. Le juge français applique la loi française, ex. quant à la nature continue du délit et au point de départ de la prescription.
2. Pour les infractions dont il s'agit, un acte de poursuite ou d'instruction à l'étranger interrompt la prescription, quel que soit son effet selon la loi étrangère.
3. Lorsque le juge français tient compte du contenu de la loi étrangère (principe de *réciprocité*), ou de sa mise en œuvre (principe de *subsidiarité*), il n'applique pas la loi étrangère, mais il la prend en considération.
4. L'immunité diplomatique n'empêche pas un agent diplomatique français d'être poursuivi devant les juridictions de son pays (art. 31, Conv. Vienne 1961).

– **2ᵉ condition** : la poursuite est subordonnée à la *requête du ministère public* (la citation directe par la victime n'est pas possible), et suppose (art. 113-8) :
1. la *plainte* de la victime ou de ses ayants droit (la plainte peut être contre inconnu ; elle peut être déposée en France, ou à l'étranger et transmise à la France),
2. ou la *dénonciation* officielle par l'autorité du pays du lieu où l'infraction a été commise (la prescription de l'action publique peut être acquise lors de cette dénonciation, puisque, selon la chambre criminelle, elle n'est pas suspendue avant cette dénonciation). Cette dénonciation officielle n'est pas nécessaire s'il y a plainte.

Exceptions : le ministère public peut agir **sans cette plainte ni cette dénonciation pour les mêmes infractions contre les mineurs que ci-dessus** (art. 222-22, al. 2, 225-12-3, 227-27-1 C. pén. : c'est le souci de lutter contre le « tourisme sexuel » avec prostitution des enfants ; mais les autorités locales coopèrent peu : en 10 ans, 5 condamnations) ; même exception, en cas d'infraction commise par un Français, pour le clonage reproductif (art. 511-1-1 C. pén.) ; pour l'activité de *mercenaire* par un Français ou une personne résidant habituellement en France (art. 436-3).

b) Infraction commise à l'étranger par un étranger seulement

La loi française s'applique à tout crime ou délit puni d'au moins 5 ans d'emprisonnement, commis à l'étranger par un étranger dont l'extradition a été refusée parce que la peine encourue est contraire à l'ordre public français, ou parce que la personne a été jugée sans les garanties nécessaires, ou parce que l'infraction est politique.

c) Infraction commise à l'étranger, indifféremment par un Français ou un étranger

L'application de la loi française découle dans certains cas de la *nationalité française de la victime*, dans d'autres cas, pour certaines infractions, de la *résidence en France* de la victime, de la *nature de l'infraction* commise, dans d'autres cas enfin de ce qu'est en cause un *aéronef non immatriculé en France*.

En dehors de ces cas, la loi française ne s'applique pas pour des infractions commises à l'étranger sur des étrangers par des étrangers.

• **Application de la loi française en raison de la nationalité française de la victime**

La loi française est applicable en raison de la **nationalité française de la victime**, pour tout **crime**, ou tout **délit puni d'emprisonnement**, lorsque la victime est française au moment de l'infraction (art. 113-7 : c'est le système de la *personnalité passive* : envisagée du côté de la victime) ; mais c'est la victime directe qui doit être française : les juridictions françaises sont incompétentes pour l'assassinat à l'étranger d'un chef d'État étranger, même si l'épouse de celui-ci est française.

Les conditions de la poursuite, et celle tenant à la **subsidiarité**, sont les mêmes que *supra, a)*. Mais le classement sans suite n'est pas un jugement. De même la condition de *réciprocité législative* indiquée ci-dessus pour les délits n'est *pas exigée*.

• **Application de la loi française en raison de la résidence en France de la victime mineure**

Il s'agit des violences aggravées (crime ou délit), ex. excision, commise sur une victime mineure résidant habituellement en France : le ministère public peut agir sans plainte, ni dénonciation (art. 222-16-2).

• **Application de la loi française à certaines infractions, quelle que soit la nationalité de l'auteur**

La loi française s'applique à **certaines infractions**, *que l'auteur de l'infraction soit français ou étranger* (c'est le système de la *compétence réelle*, ou *universelle*).

Peuvent donc être poursuivis et jugés par les juridictions françaises les **auteurs** ou **complices** des infractions citées ci-après (art. 689 C. pr. pén.), en vertu de la loi, ou de *conventions internationales*.

En vertu de la **loi** :

– Art. 113-10 C. pén. : crimes ou délits qualifiés d'atteintes aux intérêts fondamentaux de la nation (ex. trahison, espionnage), falsification ou contrefaçon du sceau ou de l'État, de pièces de monnaie ou de billets de banque ou d'effets publics (et mise en circulation de signes contrefaits), détention irrégulière d'éléments destinés à la fabrication ou à la protection contre la falsification de billets ou de

pièces, crime ou délit contre les agents ou les locaux diplomatiques ou consulaires français (joue ici encore le concept de *personnalité passive*).
– L. 2 janv. 1995 : violations graves du droit international humanitaire (et la tentative quand elle est punissable) commises dans l'ex-Yougoslavie (ex. crimes contre l'humanité), si l'auteur ou le complice est trouvé en France ; L. 22 mai 1996 pour le Rwanda.

En vertu de **conventions internationales** :
Ces règles supposent que **la personne**, après avoir commis l'infraction à l'étranger, **se trouve en France** (art. 689-1 C. pr. pén.). Elles s'appliquent aux infractions suivantes, et à leur **tentative** quand elle est punissable (et la chambre criminelle a jugé qu'elles jouent même si dans le territoire étranger les faits ont été amnistiés).
– Convention (1984) contre la torture et autres peines ou traitements cruels, inhumains ou dégradants (art. 689-2 ; ex., *cité plus haut*, pour des séquestrations et assassinats de passagers clandestins). Mais, comme pour les autres cas, la compétence française suppose la présence en France des auteurs présumés des infractions : la présence des victimes ne suffit pas (ainsi d'une décision à propos de l'ex-Yougoslavie).
– Convention européenne pour la répression du terrorisme (1977) et accord (1979), pour les infractions énumérées (art. 689-3), ex. : 1°) meurtre ou séquestration d'une personne ayant droit à une protection internationale, y compris les agents diplomatiques (art. 689-3-1°) ; 2°) séquestration, ou tout autre crime comportant l'utilisation de certains moyens (ex. bombe, colis piégé), lorsque l'infraction est en relation avec une entreprise individuelle ou collective ayant pour but de troubler gravement l'ordre public par l'intimidation ou la terreur (art. 689-3-2° ; art. 421-1 C. pén.).
– Convention (1980) sur la protection physique des matières nucléaires : certaines infractions, ex. meurtre, blessures, destructions commises au moyen de matières nucléaires (art. 689-4).
– Convention (1988) pour la répression des actes contre la sécurité de la navigation maritime et des plates-formes fixes sur le plateau continental, ex. meurtre, atteinte volontaire à l'intégrité physique, destruction, de nature à compromettre la sécurité (art. 689-5).
– Conventions (1970, 1971) sur la répression de la capture illicite d'aéronefs et la sécurité de l'aviation civile (art. 689-6).
– Protocole (1988) pour la répression des violences dans les aéroports (art. 689-7).
– Protocole (1996) à la Convention pour la protection des intérêts financiers de l'UE et à la Convention de Bruxelles (1997) sur la lutte contre la corruption des fonctionnaires de l'UE (art. 689-8 C. pr. pén., décr. 2003).
– Convention internationale (New York, 1998) pour la répression des attentats terroristes, pour les infractions avec engin explosif et autres engins meurtriers (art. 689-9 C. pr. pén.).
– Convention internationale (New York, 2000) sur la répression du financement du terrorisme (art. 689-10 C. pr. pén. ; décr. 14 juin 2002).

– Convention (New York, 1973, décr. 2003) pour les infractions contre les personnes jouissant d'une protection internationale.
– Convention (New York, 2000, décr. 2003) contre la criminalité transnationale organisée.

Dans tous ces cas d'application de la loi française à certaines infractions, cette application est **subsidiaire** : il n'y a pas de poursuites en France si la personne a été jugée définitivement à l'étranger pour les mêmes faits, et si, en cas de condamnation, la peine a été subie ou prescrite (art. 692).

Remarques :

1. La juridiction compétente est celle de la résidence du prévenu, du lieu où il est trouvé, de la résidence de la *victime* (mais non d'une autre personne, même lésée par l'infraction), ou à défaut, celle de Paris. Sur requête du ministère public ou sur demande des parties, la Cour de cassation peut renvoyer l'affaire devant une juridiction plus voisine du lieu de l'infraction (v. art. 693 C. pr. pén.).

2. Par application de la *Convention de Schengen* (1990), est punie par la loi française *l'aide à l'entrée, à la circulation, au séjour irrégulier d'un étranger en France*, apportée *sur le territoire d'un État partie à la Convention*. L'application de la loi française est subsidiaire (art. L. 622-2, al. 2 C. entrée et séjour des étrangers).

• **Crimes ou délits commis à bord ou à l'encontre d'aéronefs non immatriculés en France**

La loi française s'applique, avec la condition de **subsidiarité**, v. supra (art. 113-11 C. pén.) :
– lorsque l'auteur ou la victime est de nationalité française au moment de l'infraction ;
– lorsque l'appareil atterrit en France après l'infraction ;
– lorsque l'aéronef a été donné en location sans équipage à une personne qui a le siège principal de son exploitation, ou sa résidence permanente sur le territoire de la République.

3. Complicité en France d'une infraction commise à l'étranger

Art. 113-5 C. pén. ; art. 689 C. pr. pén. (pour une infraction commise *en France*, le complice même *à l'étranger* est punissable en vertu des règles de la complicité).

Pour le complice en France d'une infraction commise à l'étranger, la loi française est applicable dans deux sortes de cas.

a) Conditions de poursuite de la complicité en France d'un crime ou d'un délit commis à l'étranger

Indépendamment des infractions pour lesquelles joue le système de la compétence universelle (*v. b*), et par exception à la criminalité d'emprunt (*v. la complicité*), le complice peut être poursuivi, et jugé par le tribunal français, à deux conditions, dont la réunion est nécessaire.

1. Condition de réciprocité législative

Le *fait principal* (donc pas nécessairement l'acte de complicité) doit être puni à la fois par la loi française et la loi étrangère.

2. Constatation par la juridiction étrangère

Le *fait principal* doit avoir été constaté par *décision définitive* de la juridiction étrangère. Mais le recours à ces règles est inutile (et donc les conditions de ce texte sans application) si l'auteur principal peut être jugé par les juridictions françaises (ex. auteur français d'un crime commis à l'étranger) : le complice peut alors être jugé par la juridiction française, en application des règles ordinaires de la complicité. Entre certains États de l'Union européenne, le jugement définitif, ou, en cas de condamnation, l'exécution de la sanction, dans l'un de ces États, fait obstacle à la poursuite dans un autre, en vertu de l'Accord de Schengen (décr. 21 mars 1995, art. 54 à 58).

b) Compétence universelle

En cas de commission de l'une des infractions pour lesquelles joue le système de la *compétence universelle* (en vertu des art. 689 et s. C. pr. pén., en application de la loi, ou d'une convention internationale : ex. torture), la juridiction française est compétente (et ici même pour une complicité à l'étranger), avec les deux conditions exposées ci-dessus.

Remarque : il est à noter que la loi française protège les intérêts de certains États étrangers liés à la France : par application de l'*Accord de Schengen*, est puni par la loi française le délit (ici fait principal) d'*aide à l'entrée*, *à la circulation*, *au séjour irrégulier d'un étranger sur le territoire d'un État partie à l'Accord de Schengen* (dans ce cas les poursuites supposent une dénonciation officielle ou une attestation des autorités de l'État). L'application de la loi française est subsidiaire.

§ 2 – LES EFFETS INTERNATIONAUX DES JUGEMENTS RÉPRESSIFS

Les principes de souveraineté nationale et de territorialité s'opposent à ce qu'un jugement pénal étranger produise ses effets en France : ce jugement ne peut être *exécuté* en France ; il n'y a pas de procédure d'*exequatur* des jugements en matière pénale (la décision d'une juridiction pénale sur l'action civile est rendue en matière civile). Toutefois, le jugement pénal étranger a une certaine *autorité négative*, et même parfois une *autorité positive*.

A. Autorité négative

On a vu qu'il est tenu compte du jugement étranger, en vertu du principe de subsidiarité, lorsque la loi française ne s'applique pas parce qu'une décision étrangère a statué définitivement (art. 113-9 C. pén.). Mais une décision étrangère n'a pas d'autorité pour une infraction commise en France.

B. Autorité positive

Principe : c'est l'absence d'autorité : sauf convention contraire, une condamnation étrangère, on l'a vu, n'est pas un premier terme de récidive, ne fait pas obstacle au sursis, n'obéit pas aux règles du concours d'infractions.

Exceptions :

Par exception, certains textes (en dehors même des conventions internationales) tiennent compte des condamnations étrangères : par exemple en matière d'interdiction pour les professions commerciales et en matière de banque et de sociétés, pour les commissaires aux comptes.

Mais l'exécution en France des jugements pénaux étrangers, qui porterait atteinte à la souveraineté nationale, est impossible, *sauf convention contraire* : ex. la Convention du Conseil de l'Europe sur le blanchiment, le dépistage, la saisie, la confiscation des produits du crime (ex. exécution en France d'une confiscation prononcée par une juridiction étrangère) : L. 13 mai 1996, art. 9 et s. ; décr. 25 févr. 1997 portant publication de la Convention de Strasbourg. Pour les peines privatives de liberté, en application d'une convention internationale (ex. Conv. de Schengen, art. 54 et s.), la peine prononcée à l'étranger et restant à subir peut être exécutée en France, selon les règles françaises à partir de transfèrement, mais en tenant compte des réductions de peine ou grâces décidées à l'étranger (v. art. 728-2 et s. C. pr. pén.) ; si la peine prononcée est plus rigoureuse que celle prévue par la loi française, la juridiction la réduit au maximum légal applicable (art. 728-4, al. 2).

§ 3 – L'ENTRAIDE PÉNALE HORS DES FRONTIÈRES

L'entraide pénale (policière et judiciaire) se développe. Et contribuent à cette aide par-dessus les frontières deux procédures de remise de personne : l'extradition, ou, entre les États de l'UE, celle, plus simple, du mandat d'arrêt européen.

A. L'entraide pénale internationale

L'entraide pénale internationale s'est développée par les conventions internationales. C'est que le principe de souveraineté nationale s'oppose en principe à ce qu'un État puisse agir par voie policière ou judiciaire sur le territoire d'un autre. On a souvent déploré la lenteur avec laquelle progresse à cet égard la solidarité internationale : certaines catégories de malfaiteurs profiteront de ces lacunes. La L. 9 mars 2004 a introduit les règles de l'entraide judiciaire internationale dans le C. pr. pén.

La L. 13 mai 1996 prévoit une *coopération internationale* pour le dépistage, la saisie et la confiscation des *produits des crimes* (décr. 25 févr. 1997 portant publication de la Convention de Strasbourg). V. Conv. internationale 1998 pour la répression des attentats terroristes à l'explosif ; Conv. New York 1979 sur la prise d'otages (L. 2000) ; traité de Maastricht (1992).

1. Échange de renseignements

Des conventions prévoient une coopération policière, ex. accords de 1989 et 1991 entre la France et le Royaume-Uni ; Accord de Schengen, entre certains États de l'UE.

Par l'échange de renseignements, certains États collaborent, particulièrement par *Interpol*, qui n'est pas une police, mais un organisme de coordination entre les polices nationales, qui transmet des renseignements. L'office de police européen *Europol* n'est pas une police, mais un système d'échange d'informations ; un accord (2001) a organisé entre Europol et les États-Unis un échange d'informations sur le terrorisme ; de même le système d'information Schengen, mais avec une coopération policière. A été créé l'*Eurojust* (art. 695-4 et s. C. pr. pén.) qui est une unité de coopération facilitant la coordination des enquêtes transfrontières entre les autorités des États de l'UE, simplifiant l'exécution des commissions rogatoires.

2. Recherche de preuves

La coopération peut même se faire sous cette forme de recherche par la police sur le territoire d'un autre pays : ex. Convention de Vienne, 1988, contre le trafic de stupéfiants. V. l'art. 18, al. 5 C. pr. pén. : les OPJ peuvent, sur *commission rogatoire expresse du juge d'instruction ou réquisitions du procureur de la République*, procéder à des auditions sur le territoire d'un État étranger, avec l'accord des autorités de celui-ci.

Pour les **équipes communes d'enquête** pour les États membres de l'UE, v. art. 695-2 et s. C. pr. pén.

Beaucoup de conventions internationales prévoient notamment la possibilité d'adresser une *commission rogatoire*, dite alors *internationale* (par voie diplomatique, ou judiciaire en cas d'urgence), par les juges d'un pays *à l'autorité judiciaire étrangère*, par exemple pour entendre des personnes, ou procéder à des mises en examen et des perquisitions (ex. pour Schengen, art. 48 à 53).

Il existe une *Convention européenne d'entraide judiciaire* (20 avr. 1959, compl. par Conv. 2000). En 1996 a été signé entre la France et la Suisse un accord additionnel à cette Convention, pour permettre la transmission de demandes judiciaires sans passer par la voie diplomatique ; Convention d'entraide judiciaire avec les États-Unis (1998-2001). Des efforts sont fait pour mettre en réseau le casier judiciaire entre certains États.

Une loi du 15 juill. 1994, sur l'exercice par l'État de ses pouvoirs de contrôle en mer, a prévu des sanctions pénales pour refus d'obtempérer, et des règles sur les perquisitions. Sur le droit de visite des navires, v. L. 5 juill. 1983.

La loi du 2 janv. 1995 a prévu une entraide judiciaire pour les violations graves du droit international humanitaire commises dans l'ex-Yougoslavie ; L. 22 mai 1996 pour le Rwanda.

Pour les règles de **l'entraide judiciaire internationale**, v. art. 694 et s. C. pr. pén. Ex. l'interrogatoire d'une personne poursuivie ne peut être réalisé à l'étranger à la demande des autorités judiciaires françaises qu'avec le consentement de la personne (art. 694-5).

En matière de *criminalité et de délinquance organisées*, la surveillance de l'art. 706-80 à l'étranger est autorisée par le procureur de la République (art. 694-6) ; pour l'infiltration, v. art. 694-7 et 8.

Pour les demandes d'entraide entre la France et les autres États de l'UE, v. art. 695-1 et s.

Les demandes d'entraide de l'étranger et vers l'étranger peuvent comporter auditions, interrogatoires ou confrontations par télécommunications (art. 706-71 et 694-5, al. 1 C. pr. pén.) : visioconférence.

Pour la coopération avec la *Cour pénale internationale* (coopération judiciaire, exécution des peines et des mesures de réparation), v. art. 627 à 627-20 et s. C. pr. pén.

B. L'extradition

C'est la remise d'une personne à juger ou d'un condamné, par l'État sur le territoire duquel la personne s'est réfugiée (territoire de refuge, ou État *« requis »*), à l'État sur le territoire duquel elle doit être jugée ou subir sa peine (État *requérant*).
Utilité :

• L'État requérant apaisera le trouble causé sur son territoire ;

• L'État requis se débarrassera d'une personne indésirable ;

• L'extradition facilitera la répression à l'encontre des malfaiteurs internationaux : il s'agit d'une importante aide entre les États.
Danger : l'extradition peut être demandée pour des motifs politiques.
L'extradition est régie par les art. 696 et s. C. pr. pén. Ces textes ont remplacé la loi 10 mars 1927, mais ils ne s'appliquent qu'en l'absence de conventions internationales contraires, qui prévalent en cas de divergence quant aux règles de fond : ces conventions sont nombreuses (plusieurs dizaines ; ex. Conv. New York 1979 sur la prise d'otages, L. 2000 ; *Convention européenne d'extradition*, 1957-1986, Convention entre les États membres de l'UE, 1996, décr. 8 juill. 2005 ; *Conventions bilatérales*, ex. Convention de 1996-2002 avec les États-Unis ; traité franco-chinois, 2007, excluant l'extradition si la peine de mort est encourue en Chine). Entre les pays de l'UE, et indépendamment de l'extradition simplifiée entre ces États, le *mandat d'arrêt européen* a remplacé l'extradition (v. C.).
Remarque : l'extradition est inutile si la personne arrive en France, venant d'être expulsée d'un autre pays ; mais la solution est discutée, car elle peut constituer une fraude à l'extradition, comme dans d'autres cas où un étranger est transféré en France dans des conditions restées inconnues (*male captus, bene detentus*).

1. Conditions

L'extradition suppose réunies des conditions de fond, et obéit à une procédure particulière.

a) Conditions de fond

Ces conditions sont celles du C. pr. pén., mais seulement en l'absence de convention contraire. Elles sont *nécessaires mais non suffisantes* : même si elles sont réunies, l'État français peut refuser l'extradition, sauf convention contraire, et avec le contrôle du Conseil d'État. Dans 8 cas l'extradition n'est pas accordée ; et en dehors de ces situations, l'extradition suppose diverses conditions.

• **Cas où l'extradition n'est pas accordée :**
– *S'il s'agit de nationaux.*
La France n'extrade pas ses nationaux (art. 696-4, 1°), qui peuvent être jugés en France. La règle ne joue que si la nationalité était possédée au moment des faits.
– *S'il s'agit de motifs politiques.*

L'extradition n'est pas accordée si le crime ou le délit a un caractère politique, ou si elle est demandée « dans un but politique » (art. 696-4, 2°), du moins si l'infraction est purement politique (v. cette notion, 1re partie). Pour l'extradition, parfois, la notion d'infraction politique est plus large que dans d'autres domaines, on l'a vu pour l'infraction connexe : c'est qu'intervient ici l'idée de **droit d'asile**. C'est que la notion de droit d'asile est *en recul pour le terrorisme* : ainsi, dans la Convention européenne pour la répression du terrorisme (1977), pour l'extradition ne sont pas considérées comme politiques (art. 1er), et l'extradition est alors possible, certaines infractions complexes ou connexes constituant des actes graves, ex. attentat, assassinat, prise d'otage, extorsion de fonds, vol à main armée, ou même la simple appartenance à un mouvement terroriste ; d'autres infractions, dirigées contre la vie, l'intégrité corporelle ou la liberté des personnes, peuvent n'être pas considérées comme politiques (art. 2).

Ne sont pas politiques (et l'extradition est donc possible pour ces infractions), les crimes « graves », non politiques par nature, même s'ils ont été commis dans la lutte pour l'indépendance du pays basque, au sein d'une organisation armée, ni l'association de malfaiteurs, non politique par son objet, ayant pour but de promouvoir la révolution, selon le Conseil d'État. V. art. 3, 3 Conv. europ. d'extrad., pour l'attentat à la vie d'un chef d'État ou d'un membre de sa famille (clause belge).

Le Conseil d'État juge que les principes généraux du droit s'opposent à l'extradition des *réfugiés politiques* vers leur pays d'origine sauf infraction de droit commun, ou menace pour la sécurité nationale.

— *Les crimes ou délits commis sur le territoire de la République* (art. 696-4, 3°). Leurs auteurs sont en effet justiciables des tribunaux français.

— *Les crimes et délits commis hors de France et jugés en France définitivement* (art. 696-4, 4°).

— *En cas d'extinction de l'action publique* (ex. prescription de l'action publique) *ou prescription de la peine* (art. 696-4, 5°).

— *Peine ou mesure de sûreté contraire à l'ordre public français* (art. 696-4, 6°).

— *Tribunal de l'État requérant n'assurant pas les garanties fondamentales* (art. 696-4, 7°).

— *Infraction militaire prévue par le Code de justice militaire* (art. 696-4, 8°).

• **Les infractions « extraditionnelles »**

1. *Lieu et auteur de l'infraction*. L'infraction doit avoir été commise (art. 696-2) :
— soit sur le territoire de l'État requérant ;
— soit, ailleurs, par un ressortissant de cet État,
— soit, ailleurs, par un étranger à cet État, mais alors seulement si l'infraction est de celles dont la loi française autorise la poursuite en France, même si elles sont commises à l'étranger par un étranger.

2. *Gravité de l'infraction*. L'extradition ne joue que pour des infractions punies, dans l'État requérant (art. 696-3) :
— de *peines criminelles* ;
— ou, pour les peines *correctionnelles* :

pour l'extradition d'une personne *non condamnée* : d'un maximum de *2 ans au moins* d'emprisonnement (Conv. europ. d'extrad. : maximum d'au moins un an ; v. aussi art. 61 Accord de Schengen) ;

pour l'extradition d'un *condamné* : d'une peine prononcée de *2 mois au moins* d'emprisonnement (Conv. europ. d'extrad. : sanction prononcée d'au moins 4 mois). Condamnations devant être définitives, selon le Conseil d'État.

Principe de spécialité : l'extradition n'est accordée qu'à condition que la personne ne soit ni poursuivie ni condamnée pour une infraction autre que celle ayant motivé l'extradition, sauf les exceptions indiquées plus loin, 2.).

En cas de pluralité d'infractions non encore jugées, le maximum de la peine encourue doit être, dans l'État requérant, égal ou supérieur à deux ans.

Pour le cas de plusieurs demandes concurrentes, v. art. 695-5.

b) Procédure

Il faut distinguer selon que la France demande l'extradition – la France, *pays requérant* –, ou que l'extradition est demandée à la France – la France, *pays requis* (**au sein de l'UE, et en dehors du mandat d'arrêt européen,** *v.* **C, la procédure est simplifiée** : v. art. 695-25 à 33 C. pr. pén. : ex. dossier transmis sans obligation de passer par la voie diplomatique).

• **La France demande l'extradition**

– requête par le *procureur de la République*, accompagnée du jugement, de l'arrêt ou du mandat d'arrêt.

– transmission au *procureur général*.

– transmission, avec avis, à la *Chancellerie*.

– transmission au *ministère des Affaires étrangères*, qui agit par voie diplomatique.

• **On demande l'extradition à la France**

La procédure est ici *largement judiciaire*.

1. Déroulement de la procédure

• La demande est faite au gouvernement français par voie *diplomatique* (alors qu'entre les États de l'UE, la demande est adressée directement au ministre de la Justice : art. 696-8, dern. al.) :

• *Le ministère des Affaires étrangères* transmet la demande au *ministre de la Justice*, qui l'adresse au procureur général, lequel la transmet au procureur de la République ; en cas d'urgence et sur demande de l'État requérant, **l'arrestation provisoire** peut être ordonnée (art. 696-23 ; *cf.* art. 16 Conv. europ. d'extrad.) ; pour la mise en liberté de la personne, v. art. 696-24.

• La personne appréhendée est déférée dans les 24 heures au *procureur de la République* (avec dans ce délai les mêmes garanties que dans la garde à vue), pour un interrogatoire d'identité ; elle comparaît dans les 7 jours devant le procureur général ; elle peut être assistée par un avocat (art. 696-10), et est avisée de son droit de consentir ou de s'opposer à son extradition (art. 696-17). Si l'incarcération a été ordonnée, la personne est transférée dans les 4 jours à la maison d'arrêt (art. 696-11).

- *Si la personne déclare consentir à son extradition*, la chambre de l'instruction est saisie, la personne comparaissant dans les 5 jours ouvrables (audience en principe publique). La chambre de l'instruction statue sans recours (art. 696-14).

- *Si la personne a déclaré ne pas consentir à son extradition*, la chambre de l'instruction est saisie, la personne comparaissant dans les 10 jours ouvrables (audience en principe publique).

La chambre rend son avis en principe dans le mois (délai sans sanction, selon la chambre criminelle) ; un pourvoi en cassation contre l'avis n'est recevable que pour *vice de forme* de nature à priver l'avis des conditions essentielles de son existence légale (ex. la personne ou son avocat doivent avoir eu la parole en dernier : revirement de jurisprudence, fondé sur les principes généraux du droit ; la chambre ne peut se borner à se référer aux motifs d'un précédent arrêt relatif à la même personne) ; mais les moyens *de fond* ne sont pas recevables (ex. la prescription).

L'État requérant peut être autorisé à intervenir à l'audience, mas il n'est pas partie à la procédure (art. 696-16).

2. Décisions

- Si l'avis repousse la demande, l'extradition ne peut être accordée une fois l'avis devenu définitif (art. 696-17). Le rejet n'empêche pas une nouvelle demande pour les mêmes faits, fondée sur des éléments nouveaux. Le Conseil d'État juge que l'extradition peut être refusée quand elle aurait des conséquences d'une gravité exceptionnelle pour la personne (âge, état de santé). La personne non détenue pour une autre cause est mise d'office en liberté.

- Si l'avis ne repousse pas la demande, l'extradition est autorisée par un *décret* du Premier ministre et sur le rapport du ministre de la Justice. Le décret doit être motivé en droit et en fait. Si, dans le mois de la notification du décret d'extradition à l'État requérant la personne n'a pas été reçue par les agents de cet État, elle est mise en liberté, sauf force majeure (art. 696-18).

Contre le décret un *recours pour excès de pouvoir* est possible, dans le mois. En application de la jurisprudence du Conseil d'État, peuvent être contrôlées la légalité formelle du décret, et l'application des conditions de fond de l'extradition ; ex. il peut y avoir annulation pour violation des formes, ou même par exemple quand l'extradition a un but politique, ou si l'extradition est accordée pour un pays où la peine de mort est applicable – sauf si des garanties suffisantes de non-exécution de la peine sont données –, ou si l'intéressé risque d'être soumis à la torture dans le pays requérant.

Pour les demandes de mise en liberté et le contrôle judiciaire, v. art. 696-19 à 21.

2. Effets

1. Lorsque l'extradition est autorisée, l'extradé est remis à l'État requérant. Pour le cas où l'extradition est demandée par plusieurs États, v. art. 696-5 (au sein de l'UE, la réextradition est possible entre États membres sans le consentement de l'État requis : Conv. 1996).

Si dans le mois de la notification du décret la personne n'est pas reçue par l'État requérant, elle est mise en liberté (art. 696-18 ; pour la Conv. européenne, v. art. 18, 4 ; la personne peut être mise en liberté après 15 jours).

Pour la nullité de l'extradition irrégulière, v. art. 696-36 et s.

2. Mais l'extradé ne peut être jugé que pour l'infraction qui a motivé l'extradition : c'est le **principe de spécialité de l'extradition** : art. 696-6 (v. art. 14 de la Conv. europ.).

Ex. : l'extradition demandée pour infraction de stupéfiants ne permet pas de poursuivre pour délits douaniers. Mais le principe de spécialité n'interdit pas un *changement de qualification* (sauf évidemment le changement d'une infraction de droit commun en infraction politique), dès lors qu'il s'agit des mêmes faits, ex. jurisprudentiels : mode de participation, circonstance aggravante.

• *Raison* du principe : si cette règle n'existait pas, l'État requérant pourrait tourner certaines conditions de l'extradition, par exemple en demandant l'extradition pour une infraction de droit commun, puis en jugeant pour une infraction politique.

• *Sanction* du principe : en cas de violation du principe, l'extradition est annulée ; mais l'État requis ne pourra guère que protester par voie diplomatique, et rejeter des demandes ultérieures d'extradition du même État requérant.

• *Exceptions* au principe (art. 696-34, 38 et 39) :

L'extradé peut être poursuivi ou condamné pour d'autres infractions dans cinq cas :

— *Renonciation de la personne réclamée* (cela est plutôt rare).

— *Consentement spécial du pays requis.*

— La personne a eu, pendant *30 jours*, la possibilité de quitter le territoire de l'État requérant (art. 696-39 ; le délai est de 45 jours dans la Conv. europ. d'extrad.).

— En cas d'annulation de l'extradition, la personne est arrêtée sur le territoire français dans les 30 jours de sa libération (art. 696-38).

— Poursuites pour *fait postérieur* à l'extradition.

C. Le mandat d'arrêt européen (MAE)

C'est une décision judiciaire en vue de l'arrestation et de la remise, par un autre État membre de l'UE (État d'exécution), d'une personne recherchée (dans l'État d'émission) pour des poursuites pénales ou pour l'exécution d'une peine ou mesure de sûreté privative de liberté (art. 695-11 et s. C. pr. pén.).

Le mandat d'arrêt européen s'est substitué, entre les pays de l'Union, aux règles sur l'extradition (*v. B.*), procédure en partie politique et souvent longue (ex. 18 mois, au lieu de 40 jours pour le MAE). Entre ces pays peut être aussi utilisée une procédure d'extradition simplifiée, selon la Convention européenne d'extradition. Le MAE est une *procédure uniquement judiciaire*, sans phase diplomatique ni administrative, donc plus rapide que l'extradition.

1. Personnes pouvant faire l'objet du MAE

— personnes poursuivies pour une infraction punissable (peine ou mesure de sûreté) égale ou supérieure à **un an**, alors que pour l'extradition il faut une peine égale ou supérieure à 2 ans ;
— personnes condamnées à une privation de liberté égale ou supérieure à **4 mois** (ici, les conditions sont plus strictes que pour l'extradition, où il suffit d'une peine égale ou supérieure à 2 mois).
La Cour constitutionnelle de Karlsruhe a jugé le MAE inapplicable en Allemagne.

2. Émission du MAE par une juridiction française (art. 695-16 et s.)

Principe de spécialité (art. 695-18) : la personne visée ne peut être poursuivie, condamnée ou détenue pour un fait autre, **sauf** :
— renonciation expresse à la spécialité ;
— consentement de l'autorité judiciaire de l'État d'exécution ;
— la personne n'a pas quitté le territoire dans les 45 jours, ou y est revenue volontairement ;
— l'infraction n'est pas punie d'une peine privative de liberté.

3. Émission du MAE par une juridiction étrangère (art. 695-22 et s.)

Les motifs de refus sont nombreux, expression de la souveraineté persistante des États, et limitant l'efficacité de ce mandat. Tout refus doit être motivé (art. 695-25).

a) Refus obligatoire
— **principe de la double incrimination** : il y a refus si le fait ne constitue pas une infraction pour la loi française.
Exceptions : la loi prévoit des exceptions à cette exigence, le contrôle de la double incrimination n'étant pas alors requis : le juge n'a pas à vérifier si les faits sont punissables dans son pays ; il s'agit des infractions motivant le MAE :
— punies, dans l'État d'émission, d'une peine privative de liberté égale ou supérieure à **3 ans**, ou d'une mesure de sûreté « similaire » ;
— et faisant partie des **32 catégories** énoncées par l'art. 695-23 (ex. terrorisme, traite des êtres humains, trafic de stupéfiants, corruption, homicide intentionnel) ;
— **amnistie** ;
— **chose jugée** : décision définitive, la peine étant exécutée ou ne pouvant l'être ;
— personne recherchée de **moins de 13 ans** au moment des faits ;
— **prescription** de l'action publique ou de la peine, alors que les faits pouvaient être jugés par les juridictions françaises ;
— le mandat a été émis pour des raisons **discriminatoires** : poursuivre ou condamner une personne en raison de son sexe, de sa race, religion, origine ethnique, nationalité, langue, de ses opinions politiques ou de son orientation sexuelle.

b) Refus facultatif
— en l'absence de double incrimination, dans les cas indiqués plus haut où cette condition n'est pas requise ;

— la personne est poursuivie pour les faits objet du mandat devant les juridictions françaises, ou celles-ci ont renoncé aux poursuites ;
— pour l'exécution d'une peine ou d'une mesure de sûreté : la personne est de **nationalité française** : la remise d'un national est donc possible, à la différence de l'extradition (mais le juge peut demander qu'il subisse la peine dans son État ; pour le transit, art. 695-47) ;
— faits commis sur le territoire français ;
— infraction commise hors du territoire de l'État d'émission, si la loi française n'autorise pas la poursuite dans ce cas ;
— si le mandat a pour but de poursuivre ou de punir une personne en raison de ses opinions politiques.
Cette énumération est limitative.

Pour la procédure, *entièrement judiciaire,* v. art. 695-26 et s. La personne appréhendée en France doit être conduite dans les 48 heures devant le procureur général (pendant ce délai, les garanties de la garde à vue s'appliquent ; mais la rétention n'est pas la garde à vue). L'avocat peut consulter le dossier. La personne est informée de la possibilité de consentir ou de s'opposer à sa remise (art. 695-27). Il n'appartient pas à la chambre de l'instruction d'apprécier l'opportunité de la poursuite par l'autorité judiciaire de l'État d'émission.

La personne comparaît devant la chambre de l'instruction dans les 5 jours (art. 695-29). L'audience est en principe publique (art. 695-30). Si, devant la chambre de l'instruction, la personne ne consent pas à sa remise, la chambre statue dans les 20 jours ; un pourvoi en cassation est possible, dans les 3 jours (art. 568-1) ; la chambre criminelle statue dans les 40 jours (art. 574-2).

Pour la remise de la personne, v. art. 695-37 et s. La remise doit se faire dans les 10 jours de la décision de la chambre (délai non prévu à peine de nullité, selon la chambre criminelle) ; si la personne est en détention à l'expiration du délai, elle est en principe remise en liberté (art. 695-37, dern. al.). En cas de demande pour d'autres infractions, la chambre de l'instruction statue sans recours (art. 695-46, al. 4).

Sur l'exercice des recours par la personne arrêtée hors du territoire national, v. art. 803-4.

Section 2 > LE DROIT INTERNATIONAL PÉNAL

Il ne faut pas confondre les problèmes de **droit pénal international** avec le **droit international pénal** et la responsabilité pénale des *États* (beaucoup plus difficile à mettre en œuvre), des *groupements* et des *individus*. Car si, en droit interne, le Code pénal français incrimine désormais, par des dispositions spéciales, le génocide et les autres crimes contre l'humanité (art. 211-1 et s.), la poursuite de ces infractions suppose réunies les conditions étudiées plus haut : malgré les progrès du système de la compétence universelle, la répression rencontre donc ici des limites.

Le droit international pénal est vraiment né avec l'accord de Londres (1945), créant un tribunal militaire international : ce fut, pour les criminels de guerre nazis et japonais, le jugement de Nuremberg (1946) ; puis le commandement des forces alliées d'Extrême Orient créa un autre tribunal (jugement de Tokyo, 1948).

Ont été ainsi définis :

1. les *crimes de guerre* : violations les plus graves des lois et coutumes de la guerre (pillages) ;
2. les *crimes contre la paix* (actes d'un État provoquant la guerre) ;
3. les *crimes contre l'humanité* : ex. *génocide* (destruction d'un groupe racial par exemple) :
– physique (assassinats),
– biologique (stérilisations),
– intellectuel (destruction de la langue, de la culture).

Pour juger des faits de cette nature, on a créé des tribunaux pour les infractions commises dans certains territoires, et souhaité la création d'une juridiction ayant une compétence permanente et plus générale.

Pour certains territoires :

1. En 1993, le Conseil de sécurité des Nations unies a institué un Tribunal international pour juger les faits commis depuis 1991 dans l'ex-Yougoslavie : c'est le *Tribunal pénal international de La Haye* (trois juges dans chacune des deux chambres de 1re instance, 5 pour la chambre d'appel).

Ce tribunal qui doit juger les personnes qui ont planifié, incité à commettre, ordonné, commis ou aidé et encouragé à planifier, préparer ou exécuter une *violation grave du droit international humanitaire* (génocide, ex. intention de détruire un groupe ethnique, crimes de guerre, crimes contre l'humanité) : pourront donc être poursuivis les dirigeants politiques, les supérieurs hiérarchiques auteurs des ordres, les exécutants. Plusieurs condamnations ont été prononcées depuis 2001 (pour génocide, crimes de guerre, crimes contre l'humanité).

Le droit humanitaire se définit par la Convention de Genève (1949), visant par exemple le meurtre, les tortures sur des civils, la Convention IV de La Haye, interdisant des méthodes de guerre comme les armes empoisonnées, la Convention sur le *génocide* (1948), et le statut du tribunal de Nuremberg, définissant le *crime contre l'humanité*.

En France, la loi du 2 janv. 1995 dispose que les juridictions françaises, qui sont compétentes si les auteurs ou complices de ces infractions (ou de la tentative lorsqu'elle est punissable) sont trouvés en France, pourront être dessaisies au profit de ce tribunal international, sur décision de la chambre criminelle de la Cour de cassation.

2. La loi du 22 mai 1996 a adapté la législation française à la résolution de 1994 instituant un tribunal international pour les actes commis en 1994 au Rwanda (plusieurs condamnations, notamment pour incitation au génocide).

La Cour pénale internationale

En 1998 (traité, Rome 18 juill. 1998) a été adopté le *statut d'une juridiction permanente, à compétence universelle*, la Cour pénale internationale (siège à La Haye), comprenant 18 juges. Le traité est entré en vigueur le 1er juill. 2002, décret 23 juill. 2004.

Compétence :

• **Quant aux personnes** : la Cour est compétente à l'égard des personnes physiques, non des États ni des personnes morales. Cette compétence :

– suppose que la personne poursuivie appartienne à un pays ayant adhéré au traité ; 94 États ont ratifié le traité : mais certains pays, dans la crainte de l'utilisation politique de la Cour, ne veulent pas que leurs ressortissants puissent être poursuivis devant cette juridiction, et ont obtenu de nombreux États des accords bilatéraux dérogatoires.
– ou suppose qu'elle ait commis des infractions dans un tel pays (dans ce cas, même si l'État du ressortissant n'est pas partie au traité) ;
Toutefois, sur saisine par le conseil de sécurité de l'ONU, peu importe que soit ou non partie au traité le pays de l'accusé et celui où le crime a été commis.
– suppose que *la juridiction du pays de l'auteur de l'infraction ne puisse ou ne veuille le juger : c'est la primauté des juridictions nationales sur la Cour pénale internationale.*

• **Quant aux infractions** ; la Cour a compétence pour :
– le génocide ;
– les crimes contre l'humanité ;
– les crimes de guerre (la Convention les énumère avec beaucoup de détails, ex. l'emploi de certaines balles, art. 8-2 b) commis dans des guerres opposant plusieurs États ou dans des conflits internes à un pays (cela va contre l'ancien principe de non-ingérence). Exemples de crimes de guerre : tortures, attaques contre des « casques bleus » ; n'est pas un crime de guerre l'usage de l'arme nucléaire ; mais pour les crimes de guerre commis sur son territoire ou par ses ressortissants, pendant 7 ans un État signataire peut refuser la compétence de la Cour (art. 124 ; ex. la France) ;
– les crimes de terrorisme, ou d'agression, constatés par le Conseil de sécurité de l'ONU (la définition, difficile, est renvoyée à la conférence de révision de 2009 ; la question du terrorisme sera étudiée à la même date) ;

Procédure : la Cour peut être saisie :
– par un État partie au traité ;
– par le Conseil de sécurité de l'ONU ;
– par le procureur de la Cour (une chambre de juges doit alors donner son accord).
Un barreau pénal international doit être mis en place.
Le Conseil de sécurité peut demander la suspension de la poursuite pendant 12 mois.
Pour la démence, l'intoxication, la légitime défense, la contrainte, v. art. 31 ; pour l'erreur de droit, art. 32 ; pour l'ordre de la loi et du supérieur, art. 33.
Pour la possibilité pour l'accusé de plaider coupable, et ses limites, v. art. 65-4.
Pour les interventions des victimes, si elles sont « appropriées », v. art. 68.
Voies de recours : appel (devant une chambre composée de juges n'appartenant pas à la chambre de 1re instance) et révision.
Peines applicables : la détention à perpétuité, ou de 30 ans.
Pour la coopération de la France avec la CPI (coopération judiciaire, exécution des peines – ex. arrestation – et des mesures de réparation), v. art. 627 à 627-20 C. pr. pén. (ex. arrestation).

POUR ALLER PLUS LOIN

EXEMPLE DE SUJET POSSIBLE D'EXAMEN :

Dissertation :

> La personnalité de la loi pénale

INDEX ALPHABÉTIQUE

A
Abrogation d'un texte réglementaire, 237
Abrogation de la loi, 231
Absorption des peines, 164
Abstention, *v. Omission.*
Acte administratif, 18
Acte préparatoire, 25, *v. aussi Tentative.*
Affaires :
– des *brigands corses*, 37
– des *dames de Jeufosse*, 54
– du *marin déserteur*, 36, 37
– *Laboube*, 32
– *Lacour*, 26, 27, 77, 82
– *Ménard*, 55
– *Nicolaï*, 79
– *Pochon*, 54
– *Schieb*, 26, 27, 77, 82
– de la *séquestrée de Poitiers*, 23
Aide ou assistance, 83
Ajournement de peine, 160 et s.
Alcoolique dangereux, 21, 28
Amende :
– forfaitaire, 129
– fiscale, 93, 166
Amnistie, 210
Anthropométrie, 176
Application immédiate de la loi, 232 et s., *v. aussi Loi nouvelle.*
Arrêté, 18, 231
Assignation à résidence, 124, 142
Association de malfaiteurs, 74
Atténuation de la peine, 151
Attroupement, 74
Auteur :
– moral, 82, 90, 91
– principal, 59, 77 et s., 82 et s., 249
Autonomie du droit pénal, 3

Autorisation :
– de la coutume, 48
– de la loi, 47
– de sortie sous escorte, 121
– de l'usage, 48
Avortement, *v. Interruption volontaire de grossesse.*

B – C
Bande organisée, 74
« Bizutage », 48, 58
Boxe, 48
Cas fortuit, 38
Casier judiciaire, 177 et s.
Causalité, 44
CEE (traité de Rome), 17, *v. aussi Union européenne.*
Centres de détention, 122
Centres éducatifs renforcés (mineurs), 145
Centres pour peines aménagées, 122
Centres de placement immédiat (mineurs), 144, 171
Centres de semi-liberté, 122
Chef d'entreprise (responsabilité pénale), 91 et s.
Circonstances :
– aggravantes, 86, 149
– atténuantes, 147, 152, *v. aussi Pouvoirs du juge.*
Circulaires, 20
Classifications :
– des infractions, 61 et s.
– des peines, 110 et s.
Coauteur, 75
Code :
– de justice militaire, 69

– pénal, 7
– de procédure pénale, 10
Commandement de l'autorité légitime, 48
Commencement d'exécution, *v. Tentative.*
Commission de l'application des peines, 121
Compétence réelle, ou universelle, 246
Complicité, 75 et s., 248
Complicité corespective, 85
Concours d'infractions, 162 et s.
– idéal d'infractions, 163
– réel ou matériel d'infractions, 163
Condamnation définitive (irrévocable), 162, 170, 184, 190, 194, 197, 225
Condamnation non avenue, 192, 196, 200, 215
Confiscation, 132 et s. :
– générale, 132
– spéciale, 133
Conflit :
– d'autorités, 240
– de juridictions, 240
– de qualifications, 163
Conflit de lois :
– dans l'espace, 240
– dans le temps, 231 et s.
Confusion des peines, 168, 194
Connexité, *v. Infraction connexe.*
Consentement de la victime, 57 et s.
Contrainte, 36 et s., 130
Contrainte par corps, 71, 130 et s.
Contraventions, 62 et s.
Contravention de 5e classe, 64
Contrôle judiciaire, 142
Convention européenne de sauvegarde des droits de l'homme, 17
Conversion d'une peine sans sursis en une peine avec TIG, 198
Correctionnalisation, 149
Cour pénale internationale, 259
Courses de taureaux, 48
Courtes peines d'emprisonnement, 119
Coutume, 20, 48
Crédit de peine, 121
Crime :
– contre l'humanité, 47, 49, 170, 228, 259
– contre la paix, 259

– des foules, 74
– de guerre, 259
– passionnel, 39
Crimes, délits, contraventions, 62 et s.
Criminalistique, 1
Criminalité d'emprunt, 87
Criminel-né, 4
Criminel de guerre, 49
Criminologie, 1
Culpabilité, 38 et s.
Cumul :
– d'infractions, *v. Concours d'infractions.*
– des peines, 163
– juridique des peines, 164
Cure de désintoxication, *v. Désintoxication.*

D

Décision définitive, 232, *v. aussi Condamnation définitive.*
Déclaration de culpabilité, 159, 160
Déclaration d'irresponsabilité pénale pour trouble mental, 34
Décret, 18
Décret-loi, 18
Défense sociale, 5
Délégation (employeur), 92
Délinquant primaire, 186
Délits (*v. aussi Infractions*) :
– distincts, 77, 80-81, 82, 83, 89
– obstacles, 28
– privés, 6
– putatifs, 29
Démence, *v. Troubles psychiques ou neuropsychiques.*
Désintoxication, 141
Désistement volontaire, *v. Tentative.*
Détention criminelle, 110
Détention provisoire, 142
Dettier, 131
Diminution de peine, 151 et s.
Dispense de peine, 159 et s.
Dol :
– déterminé, 40
– éventuel, 39, 86

– général, 39
– indéterminé, 40
– spécial, 39
Droit international pénal, 258
Droit pénal des affaires, 2
Droit pénal des sociétés, 2
Droit pénal économique, 2
Droit pénal international, 240
Droit pénal spécial, 1
Dualité des fautes, 43

E

École :
– anthropologiste, 4
– néoclassique, 4
– positiviste italienne, 4
– sociologique, 5
Égalité des peines, 104
Éléments de l'infraction, 12 et s. :
– injuste, 46 et s.
– légal, 14 et s.
– matériel, 21 et s.
– moral, 31 et s.
Élément moral de la complicité, 79
Empoisonnement, 29, 30
Empreintes :
– digitales, 177
– génétiques, 177
Emprisonnement, 119
Enfant en danger moral, v. Mineurs en danger.
Enregistrement d'images (complicité), 81, 85
Entraide judiciaire internationale, 250
Entrée en vigueur de la loi, 231
Erreur :
– de droit, 40
– de fait, 41
– invincible, 41
Établissements pénitentiaires, 122 et s.
État dangereux, 21, 107, 135
État de nécessité, 54 et s.
Étranger, 142, 246
Europol, 250
Euthanasie, 38, 58
Évasion, 165

Exception d'illégalité, 18
Excès de légitime défense, 53
Exclusion :
– du B.2, 180
– du B.3, 182
Excuse :
– absolutoire, 158
– de minorité, v. *Diminution de peine (mineur)*.
Exécution provisoire, 136, 161, 193, 194, 196, 197, 199, 206, 207
Exemption de peine, 158 et s. :
– légale, 158
– judiciaire, v. *Dispense de peine*.
Expulsion, 142
Exterritorialité, 243
Extinction des peines, 184 et s., 210 et s., 221 et s.
Extradition, 252 et s.

F

Faits justificatifs, 46
Faute, 38 et s. :
– antérieure, 37, 56
– d'imprudence ou de négligence, 42
– intentionnelle, 38
Fermeture d'établissement, 138
Force majeure, 31, 36
Fractionnement du paiement de l'amende, 129
Fractionnement et suspension :
– de l'emprisonnement en matière correctionnelle, 200
– de la peine, 200
– des peines correctionnelles non privatives de liberté et des peines contraventionnelles, 201

G – H

Génocide, 259
Grâce, 170, 205, 224 et s.
Habitude, 69
– (criminologique), 69, 166

Histoire du droit pénal, 4
Homicide par imprudence, 30

I – J

Identité judiciaire, 176
Illégalité manifeste, 49
Immobilisation du véhicule, 136
Immunités, 12 :
– diplomatique, 13, 243
– familiale, 12
– de juridiction pour les chefs d'État étrangers, 13, 243
– parlementaire, 13
– des plaideurs, 12
– du président de la République, 12
Imprudence, 75
Imprudence ou négligence, 30, 31, 42 et s.
Imputabilité, 32
Indemnité forfaitaire, 129
Individualisation de la peine, v. *Personnalisation de la peine.*
Indivisibilité, v. *Infractions indivisibles.*
Infraction :
– collective par unité de but, 68
– de commission par omission, 23
– complexe, 68, 163
– complexe (politique), 70
– connexe, 66, 73, 130, 242
– consommée, 21, 24
– continue, 66
– continuée, 68
– de droit commun, 69, 70
– extraditionnelle, 253
– formelle, 21, 28
– d'habitude, 69, 163
– impossible, 28
– d'imprudence ou de négligence, 75
– indivisible, 66, 242
– instantanée, 66
– intentionnelle, v. *Intention.*
– manquée, 28
– matérielle, 21, 28, 31
– militaire, 69
– d'omission, 22
– permanente, 67
– politique, 70 et s., 253
– praeterintentionnelle, 40
– simple, 68
– successive, 68
Injonction de soins, 141
Instigateur, 82
Institution publique d'éducation surveillée (IPES), 145, 146
Instructions, 82
Intention, 38 et s. :
– de nuire, 39
Interdiction
– d'émettre des chèques, 137
– de paraître, 124
– de séjour, 124
– du territoire, 125
Interdictions professionnelles, 137
Interpol, 250
Interprétation stricte de la loi pénale, 15
Interruption volontaire de grossesse, 59
Ivresse, 35
JAP, v. *Juge de l'application des peines.*
Jeunes adultes, v. *Mineurs.*
Jours-amende, 131
Juge de l'application des peines (JAP), 131, 194, 201, 202, 205, 206 et s., 222
Jugement de Nuremberg, de Tokyo, 259
Jugement étranger, 249
Juridiction de la libération conditionnelle, 206 et s.

L

Légalité :
– de l'acte administratif, 18
– des incriminations et des peines, 14, 104
Légitime défense, 50
Libération conditionnelle, 203
Liberté surveillée (mineurs), 146
Lien de causalité, 22
Lieu de l'infraction, 241
Localisation de l'infraction, 67, 241
Loi :
– de fond (non-rétroactivité), 232
– de forme (application immédiate), 237

– de validation, 235
– déclarative, 235
– économique (nouvelle), 236
– interprétative, 235
– sur la prescription, 238
Loi nouvelle :
– plus douce (application immédiate), 233
– plus sévère, 234
Lombroso, 4

M – N

Maisons :
– d'arrêt, 123
– centrales, 122
Maladie mentale, *v. Troubles psychiques ou neuropsychiques.*
Mandat d'arrêt européen, 256
Médecine légale, 1
Médiateur de la République, 13
Médiation, 144, 147
Menaces, 25
Mer territoriale, 242
Mesures de sûreté, 106 et s., 141 et s.
Meurtre sur demande, 58
Mineurs, 32 :
– responsabilité, 145
– délinquants (mesures), 143
– en danger, 144
Mise à l'épreuve (ajournement de peine), *v. Sursis avec mise à l'épreuve.*
Mise en danger, 40 :
– délibérée, 30, 44
Mise sous protection judiciaire, 145
Mobile, 28, 38, 72
Motivation spéciale de la décision d'emprisonnement, 153
Multirécidivistes, 171
Négligence, 42 et s., 75, 79, 98
Nemo cogitationis pœnam patitur, 21
Ni infraction, ni peine sans texte, 14
Non bis in idem, 171
Non-cumul des peines, 164, 226
Non-obstacle à la commission d'un crime ou d'un délit contre l'intégrité corporelle de la personne, 23
Non-rétroactivité de la loi pénale, 231
Non-révélation d'une atteinte aux intérêts fondamentaux de la nation, 22
Non-révélation de crime ou de certains délits, 22
Non-témoignage, 22
Nul n'est censé ignorer la loi, 40
Nullum crimen, nulla pœna sine lege, *v. Ni infraction, ni peine sans texte.*

O – P

Omission, 22
– de porter secours, 23
Ordonnance pénale, 129
Ordonnances (président de la République), 18
Ordre :
– de la loi, 46
– illégal, 48
Organisation frauduleuse de l'insolvabilité, 129
Pardon judiciaire, 159
Pécule de libération, 122
Peine, 101 (*v. aussi Peines*) :
– accessoire, 115
– alternative, 111, 154
– complémentaire, 110, 112, 114, 115, 116
– de mort, 118
– justifiée, 85
– principale, 110, 111, 114, 115
– principale, alternative, 134, 136, 138
Peines, 118
– contraventionnelles, 114
– correctionnelles, 111
– criminelles, 110
– de même nature (concours d'infractions), 166, 168
– de droit commun, 110
– morales, 140
– patrimoniales, 128
– politiques, 110
– privatives de liberté, 119
– privatives ou restrictives de droits, 135
– restrictives de liberté, 124
Pénologie, 101

Période de sûreté, 120
Permis de conduire, 136
Permission de la loi, *v. Autorisation de la loi.*
Permission de sortir, 118, 120
Personnalisation de la peine, 106, 147, 153
Personnalité :
– active, 240
– de la loi, 240
– de la peine, 105
– passive, 240, 246
Personnes morales, 95 et s. :
– (casier judiciaire), 99, 179
– (peines), 99
– (placement sous surveillance judiciaire), 113
– (récidive), 175
– (responsabilité pénale), 95
– (sursis), 99
Placement à l'extérieur, 122
Placement sous surveillance électronique, 119, 124, 208
Placement sous surveillance électronique mobile, 21, 108, 142, 143
Plainte de la victime, 60
Pluralité d'infractions, 162
Pluralité de participants, 74
Pluralité de poursuites, 168
Pœnalia sunt restringenda, 15
Pouvoirs du juge (peine), 152
Prélèvements d'organes, 58
Prescription (lois de), 238 et s.
Prescription de la peine, 170, 227 et s.
Prévention, 5, 105
Principes généraux du droit, 20
Provocation, 37, 81 et s. :
– administrative, 81
– au suicide, 76, 82
Psychopathes, 33
Publicité du jugement, 140

R

Raisonnement par analogie, 16
Réadaptation, *v. Réinsertion sociale*
Recherches biomédicales, 58
Récidive, 170 et s. :
– (personnes morales), 175
– (preuve), 176
Réciprocité législative, 245
Réclusion criminelle, 110
Réduction de peine, 121, 170, 221
Régime pénitentiaire, 120
– progressif, *v. Système progressif*
– spécial, 123
Réhabilitation, 214
– judiciaire, 215
– légale, 217
Réinsertion sociale, 5 ; 105, 106, 120
Réitération, 162, 170
Relégation, 171
Relèvement, 170, 221 et s.
Repentir actif, 27
Réserve du droit des tiers, 214, 219
Resocialisation, *v. Réinsertion sociale*
Responsabilité pénale, 31 :
– du fait d'autrui, 90
– des mineurs, 143 et s.
– des personnes morales, 95
Rétention de sûreté, 10, 21, 106, 107, 108, 122, 141, 142, 185, 235
Rétroactivité *in mitius*, 232

S

Sanctions éducatives, 145 et s., 172, 179
Sanction-réparation, 113, 132
Scène de violences collectives, 85
Science pénitentiaire, 1
Secret professionnel, 47
Semi-liberté :
– (décidée par le JAP), 120
– (décidée par jugement), 203
Sentence indéterminée, 185
Service médicopsychologique, 108, 122, 142
Service pénitentiaire d'insertion et de probation, 120, 194, 207
Solidarité passive, 93, 130
Sommier de police technique, 178
Spécialité de l'extradition, 256
Sports violents, 48
Stage :

– de citoyenneté, 112, 114, 138, 141, 195
– de responsabilité parentale, 112, 114, 138, 141
– de sensibilisation à la sécurité routière, 108, 113, 114, 138, 141, 195
– de sensibilisation aux dangers de l'usage de produits stupéfiants, 113, 141
Suicide (provocation), 76
Suivi socio-judiciaire, 35, 112, 141, 181, 182, 192, 193, 196, 201, 202, 203, 215, 221, 222, 223
Sursis, 186 :
– avec mise à l'épreuve, 160, 192
– avec travail d'intérêt général, 198
– partiel, 186, 189, 190, 196, 199, 203
– simple, 187
Surveillance de sûreté, 107, 108, 141, 142, 185, 235
Surveillance électronique, v. *Placement sous surveillance électronique.*
Surveillance électronique mobile, v. *Placement sous surveillance électronique mobile.*
Suspension des peines, 184, 186 et s., 200 et s.
Système d'Auburn, 120
Système progressif, 120

T
Talion, 4, 5
Tentative, 24 :
– de complicité, 77
Territoire, 242
Territorialité de la loi pénale, 240 et s.
Terrorisme, 72 et s., 228, 247, 253
Toxicomanes, 141

Traités internationaux, 16
Transaction (action publique, amende), 129
Travail à l'extérieur, 122
Travail d'intérêt général :
– (peine), 126, 198
– (sursis avec –), v. *Sursis.*
Tribunal de l'application des peines, 120
Tribunal pénal international de La Haye, 259, v. aussi *Cour pénale internationale.*
Trouble mental, v. *Déclaration d'irresponsabilité pénale pour trouble mental.*
Troubles psychiques ou neuropsychiques, 33

U
Union européenne (UE), 17
Unité de la faute civile et pénale, 43
Unité de poursuite, 166
Usage, v. *Coutume.*

V
Victime, 57 et s., 246 :
– (nationalité), 246
– (plainte), 60
– (consentement), v. *Consentement de la victime.*
Violences ayant entraîné la mort sans l'intention de la donner, 40
Voies de recours (loi nouvelle), 238
Volenti non fit injuria, 57
Volonté, 38
Vols ou pillages exécutés avec violence, 54, v. aussi *Légitime defense.*

TABLE DES MATIÈRES

V	Sommaire
1	**INTRODUCTION**
1	Section 1 › Définition des sciences criminelles
1	§ 1 – Objet des sciences criminelles, droit pénal et sciences annexes
1	§ 2 – Rapports des sciences criminelles avec les autres disciplines
3	§ 3 – Nature du droit pénal
4	Section 2 › Évolution des sciences criminelles
4	§ 1 – Les idées : fondement du droit de punir
5	§ 2 – Le droit positif
11	**Première partie** **L'INFRACTION**
12	**Titre 1 › ÉLÉMENTS CONSTITUTIFS DE L'INFRACTION**
14	Chapitre 1 › L'élément légal
14	Section 1 › Le principe de légalité
14	§ 1 – Ni infraction, ni peine, sans texte légal
15	§ 2 – Interprétation stricte de la loi pénale
16	Section 2 › La notion de loi, source du droit pénal
21	Chapitre 2 › L'élément matériel
21	Section 1 › Nature de l'élément matériel en cas d'infraction consommée
21	§ 1 – Les infractions de commission
22	§ 2 – Les infractions d'omission
24	Section 2 › Nature de l'élément matériel en cas d'infraction non consommée : la tentative
25	§ 1 – Éléments de la tentative punissable
29	§ 2 – Domaine de la tentative punissable
31	Chapitre 3 › L'élément moral
32	Section 1 › L'imputabilité
32	§ 1 – L'état des facultés intellectuelles
36	§ 2 – Le libre exercice des facultés intellectuelles : le problème de la contrainte

38	Section 2 › La culpabilité
38	§ 1 – La faute intentionnelle
42	§ 2 – La faute d'imprudence ou de négligence
46	**Chapitre 4 › L'élément injuste**
46	Section 1 › L'ordre de la loi ou le commandement de l'autorité légitime
46	§ 1 – L'ordre de la loi
48	§ 2 – Le commandement de l'autorité légitime
50	Section 2 › La légitime défense
50	§ 1 – Fondement de la légitime défense
50	§ 2 – Conditions générales de la légitime défense
53	§ 3 – Présomptions de légitime défense
54	Section 3 › L'état de nécessité
55	§ 1 – Fondement rationnel de l'état de nécessité
55	§ 2 – Conditions de l'état de nécessité
57	Section 4 › Le problème du consentement de la victime
58	§ 1 – Le consentement de la victime n'est pas un fait justificatif
59	§ 2 – Le consentement de la « victime » est dans certains cas un obstacle à l'exercice des poursuites
61	**Titre 2 › CLASSIFICATIONS DES INFRACTIONS**
62	**Chapitre 1 › La distinction légale : crimes, délits, contraventions**
62	Section 1 › Intérêts de la distinction
62	§ 1 – Au point de vue de l'incrimination
63	§ 2 – Au point de vue de la peine
63	§ 3 – Au point de vue de la procédure
64	Section 2 › Valeur de la distinction
66	**Chapitre 2 › Les autres distinctions**
66	Section 1 › Distinction des infractions d'après leur mode de réalisation
66	§ 1 – Infractions instantanées – Infractions continues
67	§ 2 – Infractions permanentes – Infractions successives
68	§ 3 – Infractions simples – Infractions complexes
69	Section 2 › Distinction des infractions de droit commun et des infractions militaires
69	§ 1 – Intérêts de la distinction
70	§ 2 – Notion
70	Section 3 › Distinction des infractions de droit commun et des infractions politiques
70	§ 1 – Intérêts de la distinction
71	§ 2 – Définition

74	**Titre 3 › PLURALITÉ DE PARTICIPANTS À L'INFRACTION**
75	Chapitre 1 › La complicité
75	Section 1 › Conditions de la complicité
75	§ 1 – Conditions relatives au fait principal
79	§ 2 – Conditions relatives à la participation au fait principal
85	Section 2 › Effets de la complicité (les peines applicables au complice)
86	§ 1 – Le sens de la règle légale
86	§ 2 – Les causes d'aggravation, de diminution ou d'atténuation des peines
87	Section 3 › Valeur du système français
87	§ 1 – La criminalité d'emprunt absolue a été critiquée
87	§ 2 – Les autres conceptions
88	§ 3 – L'équilibre du système français actuel
90	Chapitre 2 › La responsabilité pénale du fait d'autrui
90	Section 1 › Déplacement de responsabilité
91	§ 1 – La responsabilité pénale du chef d'entreprise
92	§ 2 – L'exonération de la responsabilité pénale par la délégation de pouvoirs
93	Section 2 › Déplacement du paiement de l'amende
95	Chapitre 3 › La responsabilité pénale des personnes morales
95	Section 1 › Principe de la responsabilité pénale des personnes morales
96	Section 2 › Personnes morales pouvant être pénalement responsables
97	Section 3 › Conditions de la responsabilité pénale des personnes morales
97	§ 1 – L'auteur des faits
98	§ 2 – Le titre auquel a agi l'auteur des faits
98	Section 4 › Procédure et peines
98	§ 1 – La procédure
99	§ 2 – Les peines
101	**Deuxième partie** **LA PEINE**
103	**Titre 1 › NOTIONS GÉNÉRALES SUR LA PEINE**
104	Chapitre 1 › Caractères et fonctions des peines
104	Section 1 › Les peines
104	§ 1 – Caractères de la peine
105	§ 2 – Fonctions de la peine
106	Section 2 › Les mesures de sûreté
107	§ 1 – Comparaison de la peine et de la mesure de sûreté
108	§ 2 – Coexistence de la peine et de la mesure de sûreté

110	Chapitre 2 › Classifications des peines
110	Section 1 › Classifications juridiques
110	§ 1 – La classification légale
115	§ 2 – La classification fondée sur la façon dont les peines sont encourues
117	Section 2 › Classifications criminologiques
117	§ 1 – Classification des peines fondée sur leur but pénologique
117	§ 2 – Classification des peines fondée sur ce qu'elles atteignent chez le condamné
118	**Titre 2 › ÉTUDE DES DIFFÉRENTES PEINES**
119	Chapitre 1 › Les peines privatives de liberté
119	Section 1 › Diverses catégories de peines privatives de liberté
119	§ 1 – Peines criminelles
119	§ 2 – Peine correctionnelle
120	Section 2 › Régime pénitentiaire
120	§ 1 – Régime d'exécution
122	§ 2 – Lieux d'exécution : les établissements pénitentiaires
124	Chapitre 2 › Les peines restrictives de liberté
124	Section 1 › L'interdiction de séjour
124	§ 1 – Définition
124	§ 2 – Fonctions
125	§ 3 – Durée
125	Section 2 › L'interdiction du territoire
125	§ 1 – Domaine de l'exclusion
125	§ 2 – Exigence d'une motivation spéciale en matière correctionnelle
126	Section 3 › Le travail d'intérêt général
126	§ 1 – Conditions
126	§ 2 – Procédure
126	§ 3 – Durée
127	§ 4 – Régime
127	§ 5 – Sanctions
128	Chapitre 3 › Les peines patrimoniales
128	Section 1 › L'amende
128	§ 1 – Valeur de l'amende en tant que peine
129	§ 2 – Recouvrement
131	§ 3 – La peine de jours-amende
132	Section 2 › La sanction-réparation
132	Section 3 › La confiscation
132	§ 1 – La confiscation générale
133	§ 2 – La confiscation spéciale

135	**Chapitre 4 › Les peines privatives ou restrictives de droits**
135	Section 1 › La privation de droits civiques, civils et de famille
136	Section 2 › Déchéances diverses
136	§ 1 – Peines applicables aux personnes physiques
138	§ 2 – Peines applicables aux personnes morales
140	**Chapitre 5 › Les peines morales**
141	**Chapitre 6 › Les mesures de sûreté**
141	Section 1 › Mesures de sûreté véritables
142	Section 2 › Peines devenant mesures de sûreté
143	**Chapitre 7 › Les mesures applicables aux mineurs délinquants**
143	Section 1 › Les choix de politique pénale
144	Section 2 › Les mesures éducatives
145	Section 3 › Les sanctions éducatives
146	Section 4 › La liberté surveillée
146	§ 1 – Principes
146	§ 2 – Rôle du délégué
147	**Titre 3 › MESURE DES PEINES**
149	**Chapitre 1 › Aggravation, atténuation, exemption des peines**
149	Section 1 › Les circonstances aggravantes
149	§ 1 – Classifications des circonstances aggravantes
150	§ 2 – Distinction des circonstances aggravantes et des éléments constitutifs de l'infraction
151	Section 2 › Les causes d'atténuation
151	§ 1 – Les causes légales de diminution de peine
152	§ 2 – Les pouvoirs du juge
157	Section 3 › L'exemption de peine
158	§ 1 – Les causes légales d'exemption de la peine
159	§ 2 – La dispense de peine par le juge
162	**Chapitre 2 › La pluralité d'infractions**
163	Section 1 › Le concours réel d'infractions
163	§ 1 – Les solutions concevables
164	§ 2 – Le droit positif
170	Section 2 › La récidive
172	§ 1 – Le régime de la récidive
176	§ 2 – La preuve de la récidive
184	**Titre 4 › SUSPENSION ET EXTINCTION DES PEINES**
186	**Chapitre 1 › La suspension des peines**

186	Section 1 › Les sursis
187	§ 1 – Le sursis simple
192	§ 2 – Le sursis avec mise à l'épreuve
198	§ 3 – Le sursis avec obligation d'accomplir un travail d'intérêt général
200	Section 2 › Le fractionnement et la suspension de la peine
200	§ 1 – Fractionnement et suspension de peines pour motifs graves d'ordre médical, familial, professionnel ou social
202	§ 2 – La suspension des peines privatives de liberté pour raisons médicales très graves
203	Section 3 › La semi-liberté, le placement à l'extérieur ou sous surveillance électronique prononcés par le jugement
203	Section 4 › La libération conditionnelle
204	§ 1 – Conditions
207	§ 2 – Effets
210	**Chapitre 2 › Extinction des peines avec effacement de la condamnation**
210	Section 1 › L'amnistie
210	§ 1 – Conditions
212	§ 2 – Effets
214	Section 2 › La réhabilitation
215	§ 1 – Les deux formes de réhabilitation
219	§ 2 – Les effets de la réhabilitation
221	**Chapitre 3 › Extinction des peines sans effacement de la condamnation**
221	Section 1 › Le relèvement
222	§ 1 – Conditions du relèvement
223	§ 2 – Modalités du relèvement
223	§ 3 – Procédure du relèvement
223	§ 4 – Effets du relèvement
224	Section 2 › La grâce
225	§ 1 – Conditions
225	§ 2 – Effets
227	Section 3 › La prescription de la peine
227	§ 1 – Conditions
229	§ 2 – Effets
231	**ÉTUDE COMPLÉMENTAIRE 1 › Conflit de lois pénales dans le temps : non-rétroactivité de la loi pénale**
232	Section 1 › Lois de fond
232	§ 1 – Les principes
234	§ 2 – Déformation des principes
237	Section 2 › Lois de forme
237	§ 1 – Le principe
237	§ 2 – Application

238	Section 3 › Lois sur la prescription
238	§ 1 – Le délai est déjà écoulé
239	§ 2 – Le délai n'est pas déjà écoulé
240	ÉTUDE COMPLÉMENTAIRE 2 › Conflit de lois pénales dans l'espace (droit pénal international) et droit international pénal
241	Section 1 › La territorialité de la loi pénale
241	§ 1 – L'application de la loi pénale française
249	§ 2 – Les effets internationaux des jugements répressifs
250	§ 3 – L'entraide pénale hors des frontières
258	Section 2 › Le droit international pénal

263 Index alphabétique
271 Table des matières

MÉMENTOS DALLOZ

Série droit privé

Criminologie et science pénitentiaire, J. Larguier
Droit des assurances, H. Groutel, C. J. Berr
Droit bancaire, F. Dekeuwer-Défossez
Droit civil général, P. Bihr
Droit civil. Les biens, P. Courbe
Droit civil. Les contrats spéciaux, G. Vermelle
Droit civil. Les obligations, G. Légier
Droit civil. Les personnes, la famille, les incapacités, P. Courbe
Droit civil. Régimes matrimoniaux, libéralités, successions, F. Lucet, B. Vareille
Droit civil. Sûretés, publicité foncière, M.-N. Jobard-Bachellier
Droit commercial. Notions générales, J.-P. Le Gall, C. Ruellan
Droit du commerce international, H. Kenfack
Droit de la construction, R. Saint-Alary, C. Saint-Alary-Houin
Droit des entreprises en difficulté, P.-M. Le Corre, J.-P. Le Gall
Droit fiscal des entreprises commerciales, J.-P. Le Gall
Droit international privé, J. Derruppé, J.-P. Laborde
Droit pénal des affaires, G. Giudicelli-Delage
Droit pénal général, J. Larguier, P. Conte, P. Maistre du Chambon
Droit pénal spécial, J. Larguier, P. Conte, A.-M. Larguier
Droit de la propriété industrielle, J. Schmidt-Szalewski
Droit rural, J. Audier
Droit de la sécurité sociale, J.-J. Dupeyroux, X. Prétot
Droit des sociétés. Droit commun et droit spécial des sociétés, A. Constantin
Droit des sociétés. Volume II. Aspects particuliers, J.-P. Le Gall, C. Le Gall-Robinson
Droit du travail. Volume I. Rapports collectifs, J.-M. Verdier, A. Cœuret, M.-A. Souriac
Droit du travail. Volume II. Rapports individuels, J.-M. Verdier, A. Cœuret, M.-A. Souriac
Grands systèmes de droit étrangers, M. Fromont
Institutions judiciaires, J.-J. Taisne
Introduction générale au droit, P. Courbe
Procédure civile. Droit judiciaire privé, J. Larguier, P. Conte
Procédure pénale, J. Larguier, P. Conte
Propriété littéraire et artistique, P. Sirinelli

Série droit public – science politique

Administration de l'État, F. Chauvin

Administration régionale, départementale et municipale, J. Moreau

Contentieux administratif, G. Peiser

Droit administratif des biens, G. Peiser

Droit administratif général, G. Peiser

Droit constitutionnel et institutions politiques, J. P. Jacqué

Droit des contrats publics, F. Lichère

Droit européen, J.-C. Gautron

Droit fiscal, C. de Lauzainghein, M.-H. Stauble-de Lauzainghein, L. de Mellis

Droit de la fonction publique, G. Peiser

Droit international public, D. Ruzié

Droit public, L. Dubouis, G. Peiser

Droit public économique, D. Linotte, A. Graboy-Grobesco

Droit de la santé publique, J. Moreau, D. Truchet

Droit de l'Union européenne et politiques communes, P. Le Mire

Droit de l'urbanisme, J. Morand-Deviller

Finances locales, R. Muzellec

Finances publiques. Budget et pouvoir financier, F. Deruel, J. Buisson

Histoire du droit, J. Hilaire

Histoire des idées politiques de l'Antiquité à la fin du XVIIIe siècle, D. G. Lavroff

Histoire des idées politiques depuis le XIXe siècle, D. G. Lavroff

Histoire des institutions publiques de la France, P. Villard

Institutions internationales, J. Charpentier

Introduction à la science politique, J. Baudouin

Libertés publiques et droits de l'homme, A. Pouille

Relations internationales, M. Gounelle

Composé par Nord Compo
707862 - (I) - (7) - OSB-P 60° - NC - EDO
Dépôt légal : juin 2008

Imprimé en Belgique par SNEL